普通高等学校应用型教材·会计与财务

财务管理

主　编◎杨慧辉
副主编◎宣　扬　杨亚娥

THE FINANCIAL MANAGEMENT

中国人民大学出版社
·北京·

前　言

无论是企业还是个人，都需要考虑如何在风险可控的前提下以较低的成本获取资金，如何更有效地运用资金创造价值。这些问题是财务管理学科的核心内容。投资、筹资、营运、风险管理等财务活动对企业起着基础支撑和战略支撑作用。本书以公司理财为主体，围绕不断创造企业价值这一理财目标，在介绍财务管理内容、财务报表分析技术的基础上，系统讲解货币时间价值、风险与收益权衡的资本资产价值评估基本理论与技术；基于财务管理的价值评估理论和技术，讲解投资项目价值评估的基本方法、资本成本与资本结构、股利政策、公司融资方式、流动资产管理与短期融资的日常营运活动管理策略的基本理论与方法。本书的主要特点体现如下：

1. 循序渐进，体系合理、科学

本书第一章和第二章梳理财务管理的概念、特征、目标和环境，便于读者理解。这一内容编排尤其对没有财务、会计等经济管理基础知识和实践经验的学习者有所助益，能够帮助他们对财务管理产生更加完全、清晰的认知。第三章和第四章介绍财务分析与财务预测技术：财务分析有助于了解过去财务决策形成的经济后果，财务预测则有助于合理安排收支，提高资金使用效益，做到“极往知来”。第五章和第六章讲解货币时间价值、风险与报酬两大财务管理价值理念，为后续基于财务管理的价值评估理论的投资和筹资决策学习奠定基础。基于财务管理的价值评估理论和技术，按照筹资、长期资产投资、日常营运、回报投资者的逻辑，展开第七章至第十一章筹资方式、资本成本与资本结构、资本预算、营运资本管理、股利理论与政策的讲解。难度适中，详略得当。

2. 立足中国实践，理论联系实际，与时俱进

财务管理课程的理论性与实践性都很强，课程的最终目的是让学生能够运用财务管理理论知识来进行财务决策。为此，本书的各章都以启发式案例导入，在正文中辅以相关的实务案例分析、法律法规和制度背景梳理，在各章结尾安排练习题，引导和启发读者的财务思维，进行适应中国本土案例分析情景的财务决策分析，凸显了教材内容的前沿性、时代广度与深度。

3. 立体化数字教材，深入浅出，可读性和实用性强

本书条理清晰、循序渐进，通过例题解析、案例分析等形式，将抽象的财务理论和相关数学模型、公式深入浅出地呈现出来，在语言表达上力求通俗易懂。各章均设置“引导案例”“学习目标”“要点总结”“练习题”等栏目，增加本书的可读性和实用性。本书内容对应的课程已在中国大学 MOOC（慕课）上免费开课多轮，并获评上海市 2020 年度一流在线本科课程（https://www.icourse163.org/course/SUIBE-1206350805），读者可通过慕课的教学视频讲解，更直观地理解财务管理的理论和方法。本书各章节还设置了“以史鉴今”“文献链接”“法条链接”“知识拓展”等栏目，读者可扫描栏目对应的二维码进行延伸阅读，拓宽学术视野，培养创新思维。

本书由荣获“首批国家级一流本科专业建设点”称号的上海对外经贸大学会计学专业主要任课教师团队编写，为首批国家级一流本科专业建设点专业配套教材。全书共十一章，由杨慧辉教授主编，负责确定全书逻辑框架、章节安排与定稿前的修改、补充和总纂，宣扬博士和杨亚娥副教授任副主编，协助主编的有关工作。其中，第一、二、三、四、七、八章由杨慧辉编写，第十、十一章由宣扬编写，第五、六、九章由杨亚娥编写。本书不仅可作为高等院校经济管理类专业的教材，还可供经济管理干部、财会人员进修培训以及自学之用。

数字时代下财务管理的创新层出不穷，基于中国实践升华财务管理理论是一个持续不断的过程。尽管我们力求本书内容与时俱进，但限于学识水平，难免存在错误和缺陷，敬请读者批评指正。

编者

目 录

第一章

财务管理总论

引导案例

2021年3月1日，四川海底捞餐饮股份有限公司（简称海底捞）发布公告称预期2020年净利润相较2019年下降约90%，引发广泛关注。面对业绩断崖式下跌，海底捞在业绩公告中出具的解释是新冠肺炎疫情以及全球各地区防控措施对消费场所实施的限制，对集团运营造成重大影响，同时美元兑人民币的汇率波动出现净汇兑损失约2.35亿元。

作为餐饮行业具有较高知名度的火锅品牌，海底捞的资金主要是通过经营活动和银行贷款获得的。经营活动收入主要包括门店餐厅、外卖以及出售调味品食材等获得的收入，根据2020年半年报，门店餐厅为其贡献了93.7%的收入。因此，在业务战略上，海底捞通过开设新店增加市场份额并实现营业收入的增长，同时提高门店覆盖的密度。而开设门店的同时，企业也面临原材料、员工薪酬以及租金成本等在内的资金支出压力。面对巨额的成本负担，如果企业的日常经营被“按下暂停键”则会为其带来更加巨大的资金压力。受疫情的影响，海底捞中国大陆门店曾在2020年1月26日起停业46天，此后门店虽然开放，但因防疫政策限制就餐人数，门店就餐人数大大减少；此外，中国大陆以外的市场也有许多门店陷入关闭或暂停餐饮服务状态。在此情况下，企业仍需要定期支付员工工资和门店租金等成本。此前，海底捞曾尝试通过涨价来缓解疫情歇业带来的资金压力，结果收到市场的负面反应，最终发布道歉声明并将价格恢复如初。除此之外，海底捞也在积极进行原材料替换、部分菜品低价单独供应以及新食材品类研发等尝试。

作为市值3 000多亿元的餐饮巨头，海底捞虽然因疫情经营受到影响，但仍未放缓开店的脚步，管理层表示未来2～3年将增加上千家门店。同时，海底捞也受到资金的追捧，在业绩亏损情况下，股价涨幅近10%；还获得了银行大额无抵押贷款授信额度，来应对开店扩张的现金流量支出。

资金关乎着企业生存运转的命脉，财务管理的核心即对资金及其运动进行控制。在经济高速发展的今天，一个企业的生存必定离不开好的管理，财务管理作为企业管理的核心起着至关重要的作用。良好的财务管理会给企业注入生机，只有严格、高效地对企业进行财务管理，才能保证企业健康、可持续发展。那么，究竟什么是财务管理？财务管理的基本内容有哪些？让我们一起来进入本章的学习吧！

学习目标

1. 理解财务管理的概念和财务管理活动的主要内容。

2. 了解企业的组织形式以及各种形式的特点。

3. 掌握财务管理目标的各种观点，理解代理问题的类型、产生以及其对财务目标实现的影响。

4. 了解现代企业的财务组织架构。

第一节　财务管理概述

财务管理是研究企业经营活动所需的财务资源的取得与使用的一门管理学科。在市场经济环境下，企业进行生产经营活动需要资金的支持，在这一过程中资金表现为收入与支出两种运动方向。企业购买厂房、机器设备、原材料，支付员工薪酬，向国家缴纳税款等是资金的支出活动，而销售商品、提供劳务以及为经营活动筹集资金等会带来资金流入。由于企业从事与经营相关的财务活动会引发资金运动，财务管理的本质即对资金及其运动进行管理。财务管理活动的内容从总体上可分为投资活动和筹资活动两大类：资金的取得即筹资，筹集企业进行生产经营活动以及投资所需要的资本；资金的使用即投资，将企业筹集到的资金运用到能够提升企业价值的各项活动中。根据时长期限的不同，其具体又可以划分为长期投资、短期投资以及长期筹资、短期筹资活动。其中，短期投资和短期筹资通常合并在一起讨论，称为营运资本管理。财务管理研究的核心问题就是如何提高资本的配置效率以及进行企业资产定价。财务管理活动的主要内容如图 1－1 所示。

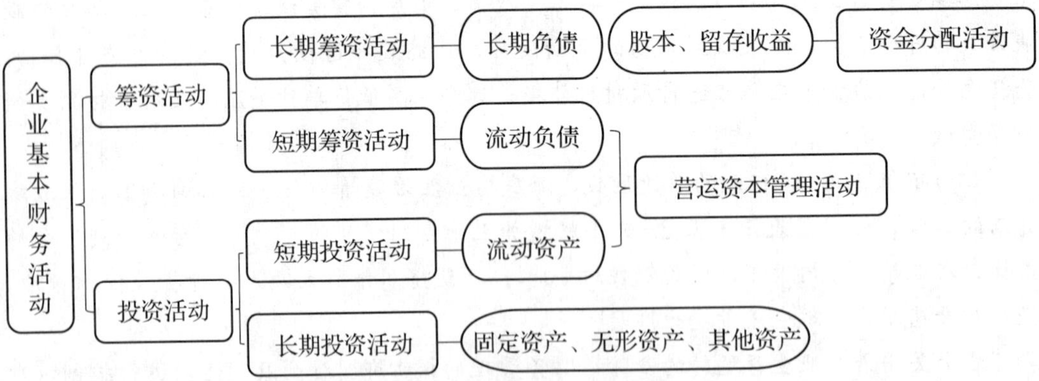

图 1－1　财务管理活动的主要内容

（一）企业筹资活动

资金是企业生产运营的血脉，筹集资金作为资金运动的起点，是企业进行生产经营活动的重要前提。筹资的主体是企业，它可以在资本市场上筹集资本，同时承诺提供回报。企业为了筹集生产经营所需的资金可以在资本市场上向潜在的投资者直接筹资，如发行股票、债券等；也可以通过金融机构间接筹资，如从银行借款等。这种外部筹资既可以形成企业的权益资本，也可以形成负债资本。永久性的权益资本不需要归还，企业可以长期使用，属于长期资本；负债资本往往具有一定的期限，其中，期限在 1 年以上的负债资本称为长期负债资本，期限在 1 年（含）以下的属于短期资本。通常企业获取的外部资金都是货币资金形态，有时也可以根据需要选择实物资产或无形资产。筹资活动并不是完全没有成本的，在这一过程中往往会伴随着支付利息、支付股利等各项融资费用，造成部分资金流出。

筹资的目的是满足企业的资金需要，因此筹集的资金金额应当与需求相匹配。企业面临筹资问题时既要考虑选择何种合理有效的筹资渠道，同时也要妥善安排时间结构，控制利率风险和偿债风险，使筹资效率最大化、筹资风险最小化。

（二）企业投资活动

企业筹资的主要目的是通过进行投资获取盈利，从而不断为企业带来价值的增值。

按照投资主体的不同，投资可以划分为直接投资和间接投资。直接投资是指企业将现金直接投资于生产经营资产，用以开展经营活动。间接投资则是指个人或专业投资机构将现金投资于企业，企业再使用这些现金投资于经营资产。

按照投资期限的不同，投资可以划分为长期投资和短期投资。长期资产的投资期限超过 1 年，而短期资产的投资期限通常不超过 1 年。企业的经营性长期资产包括厂房、建筑物、机器设备、运输设备等。金融资产投资有别于经营资产投资，金融资产投资的对象主要是债券、股票、各种衍生金融工具等，通常称为证券投资。

按照投资对象的不同，投资还可以划分为内部投资和外部投资。企业把筹集到的资金用于获取经营活动所需的实物资源，如兴建厂房和建筑物、购置机器设备、形成无形资产等构成内部投资；以赚取利息、股利或差价为目的投资于资本市场上的股票、债券，以及对其他企业进行联营投资或并购投资等构成外部投资。无论是内部投资还是外部投资，企业都要支付大量资金，而当企业变卖各种资产和收回投资时也会发生资金流入。因此，投资活动是资金运动过程中的重要环节，不仅影响到筹资环节的筹资金额，还对企业项目投资的预期收益有决定性作用。

（三）营运资本管理活动

企业开展生产经营活动将发生各种资金收支，购买产品的生产要素需要耗费资金，支付员工的劳动报酬以及支出各种管理费用等也会造成资金的消耗；销售产品获取销售收入，实现了产品的价值，同时也带来了资金的回笼流入。在这一过程中，对资本的营运管理通常分为营运资本投资管理和营运资本筹资管理两部分。营运资本投资管理主要是指制定营运资本投资政策，决定用于各项活动的资金分配，如多少用于应收账款和存货、多少用于保留现金以备支付，以及对这些资产进行日常管理。营运资本筹资管理主要是指制定营运资本筹资政策，决定向谁借入多少短期资金、是否需要采用赊购融资等。营运资本管理与企业的现金流量有密切关系。由于营业现金流量在时间和金额上具有不确定性，以及现金流入量和现金流出量在时间上不匹配，企业经常会出现现金流量的缺口。在日常活动中，营运资本管理主要涉及流动资产与流动负债的管理。流动资产与流动负债的差额为营运资本，企业配置较多的营运资本有利于减小现金流量的缺口，但会增加资本成本；企业配置较少的营运资本则有利于节约资本成本，但会增大不能及时偿债的风险。因此，企业需要根据具体情况权衡风险和报酬，制定适当的营运资本政策。

（四）资金分配活动

资金分配是企业资金运动的终点，也代表着新一轮资金运动的起点。企业通过生产经营活动和投资创造了利润，继而会按照法定程序和办法进行分配。首先，对于在一定时期内所实现的经营利润、投资收益以及其他收益，要按照现行财务制度规定依法纳税；其次，将税后利润用于弥补亏损，并按规定的标准提取法定盈余公积金，形成企业的资本积累；最后，按照企业未来投资对资金的需求，采取特定的股利分配政策进行股利分配，回报投资者。

【知识拓展】财务管理的发展历程

【以史鉴今】西方管理思想与中国古代财务管理

股利政策是企业将获取的利润在发放股利与进行再投资之间进行分配的决策。企业财务人员需要合理考虑如何分配资金使其既满足投资者获取回报的愿望，又满足企业未来发展的需要。较少的股利分配不能满足投资者的期望，会降低他们对企业的信任度和满意度，但若将过大比例的资金支付给投资者，企业扩大投资的能力可能会受到限制，遇到较好的投资项目时会因资金短缺而错失良机。企业将利润留存下来作为一项资本来源进行再投资可以继续创造财富，因此，企业的股利政策也可以视为筹资活动中的一个组成部分。

第二节　企业组织形式

组织形式是企业最基本的制度安排，对企业的投融资、经营模式、财务特征以及法律责任承担等诸多方面产生着深远影响。企业最基本的组织形式主要有三种：个人独资企业、合伙企业和公司制企业。

（一）个人独资企业

个人独资企业是指由一个自然人投资兴办，财产为投资者个人所有，同时投资者以其个人财产对企业债务承担无限责任。这是最简单的企业组织形式。

个人独资企业的优点是：

（1）创立手续便捷，不需要与他人协商并取得一致，只需较少的注册资本等。

（2）维持成本较低，例如，政府对其监管较少，规模限制较少，企业决策程序简单。

（3）税负较轻，不需要缴纳企业所得税。

（4）经营方式灵活。

（5）企业的商业秘密容易保密。

个人独资企业也有在经营和发展上的约束条件：

（1）风险较大。业主对企业债务承担无限责任，有时企业的损失会超过业主最初对企业的投资，需要用个人其他财产偿债。

（2）企业的寿命有限。企业的存续年限受制于业主的寿命。

（3）筹资困难，难以从外部获得大量资本用于经营。

（4）企业的规模通常都比较小，抵御外部风险、承担经营失误损失的能力较弱，平均存续年限较短。

（5）企业的所有权很难转移，当部分个人独资企业发展壮大后会发现其固有约束条件被放大，可能会转变为合伙企业或公司制企业。

（二）合伙企业

合伙企业是由两个或两个以上的合伙人订立合伙协议，共同出资，合伙经营，共享收益，共担风险。合伙企业包括普通合伙企业和有限合伙企业。

普通合伙企业由普通合伙人组成，合伙人对合伙企业债务承担无限连带责任。有限合伙企业由普通合伙人和有限合伙人组成，普通合伙人对合伙企业债务承担无限连带责任，有限合伙人以其认缴的出资额为限对合伙企业债务承担责任。其中，普通合伙企业还包括一种特殊类型的合伙企业，即特殊普通合伙企业。此类合伙企业的一个或多个合伙人在执业活动中因故意或者重大过失造成合伙企业债务的，应当承担无限责任或者无限连带责任，其他合伙人以其在合伙企业中的财产份额为限承担责任。律师事务所、会计师事务所、设计师事务所等可以设立为特殊普通合伙企业。

合伙企业设立程序相对简单，设立费用较低，但也存在责任无限、权力分散、产权转让困难等缺点。虽然合伙企业在一定程度上优于个人独资企业，但仍然受到一定程度的限制。

（三）公司制企业

公司是指依照国家相关法律集资创建的，实行自主经营、自负盈亏，由法定出资人组成，具有法人资格的独立经济组织。相较于个人独资企业和合伙企业，它具有以下优点：

（1）无限存续。一个公司在最初的所有者和经营者退出后仍然可以继续存在。

（2）所有权和经营权分离。公司的所有者权益被划分为若干股权份额，每个份额可以单独转让，无须经过其他股东同意。所有者委托管理层负责公司的日常运营。

（3）有限责任。公司债务是法人的债务，不是所有者的债务，所有者对公司债务的责任以其出资额为限。

（4）筹资渠道多元化。公司对债务负有限责任，降低了投资者的风险，同时股权便于转让，也提高了资产流动性。

然而公司制企业也具有一定缺陷：一是双重课税。公司作为独立的法人，其利润需缴纳企业所得税，企业利润分配给股东后，股东还需缴纳个人所得税。二是组建成本高，程序复杂。公司法对于公司建立的要求比个人独资企业和合伙企业的要求高，并且要求提交一系列法律文件，花费的时间通常较长；公司成立后，政府对其监管比较严格，需要定期报备和公开各种报告。三是公司制企业还存在代理问题。在经营者和所有者分离的情况下，经营者成为代理人，所有者成为委托人，代理人可能为了自身利益而损害委托人利益。

公司制企业的组织形式有无限责任公司、有限责任公司、两合公司、股份有限公司等，国家授权的国有独资公司也属于公司制企业的范畴。其中，股份有限公司和有限责任公司是现代企业制度中最常见的形式。股份有限公司是指全部注册资本由等额股份组成，并通过发行股票筹集资金的法人组织。股东作为出资人持有股票，可以进行股票转让或流通，根据所持股份享有权利，也以其所持股份对公司负有限责任。其设立程序通常较为复杂，法律要求比较严格。有限责任公司是由股东共同出资，各股东以其所认缴的出资额对公司承担有限责任的法人组织，即股东所持股份不一定相等。有限责任公司可以其全部资产对债务承担责任，并且设立程序比较简单。两类公司之间存在明显的差异，具体如下所示。

1. 所有者（即股东）的数量要求不同

我国公司法规定，有限责任公司的股东最少为 2 人，最多为 50 人，股东人数有限。股份有限公司的股东则没有数量上的限制，具有上万人股东的股份有限公司实际中也比较多。

2. 所有者资金募集方式不同

我国公司法规定，有限责任公司只能由公司发起人筹集资金设立。有限责任公司不能发行股票和公开募集资金；股份有限公司可以通过发起人筹集资金，也可以发行股票向社会募集资金。

3. 所有者出资后的股权证明形式不同

在有限责任公司中，股东的股权证明是出资证明书，出资证明书不能转让、流通；在股份有限公司中，股东的股权证明是股票，即股东所持有的股份是以股票的形式体现，股票是公司签发的证明股东所持股份的凭证，可以进行转让、流通。

4. 股权转让的条件限制不同

我国公司法规定，有限责任公司的股东对内可以自由转让股份，对外转让时须经过全体半数以上股东同意，且相同条件下其他股东享有优先购买权；股份有限公司的股东对所持有的股份可以自由转让，但对于公司高层领导、公司发起人持有的股份在公司成立一段时间内会限制转让，以保证公司发展的稳定。

5. 财务信息披露差异

有限责任公司的财务报表可以不经过注册会计师审计，也可以不向社会公告，只要按照规定期限送交至各个股东即可；股份有限公司的股东人数多，流动频繁，所以财务报表必须要经过注册会计师审计并出具报告，还要存档以便股东查阅，其中以募集设立方式成立的股份有限公司，还必须公告其财务报告。

综上而言，有限责任公司的优点是设立程序比较简单，不必发布公告，也不必公布账目，尤其是公司的资产负债表一般不予公开，公司内部机构设置灵活；其缺点是由于不能公开发行股票，筹集资金的范围和规模一般都比较小，难以适应大规模生产经营活动的需要。企业若想要上市，就必须改制成为股份有限公司。股份有限公司有能力筹集大量资金，但由于股票的流动性强，中小股东的责任心不强，当公司业绩不好或出现意外情况时，便会抛售股票。持股比例较大的大股东具有更多话语权，容易掌握公司的控制权，为公司提供更多资金支持，但也容易为谋求自身利益实施“大股东掏空”行为，损害中小股东的权益。

企业的每种组织形式都具有一定的合理性，但公司制企业相比个人独资企业、合伙企业在组织架构、经营发展、筹资能力、风险承担等多方面具有更多优势，逐渐成为企业的主导组织形式。本书中若无特殊说明即将公司制企业作为财务管理的主体。

【要点总结】企业组织形式间的差异

企业组织形式间的差异如表 1－1 所示。

表 1－1　不同企业组织形式间的差异

项目	个人独资企业	合伙企业	公司制企业
投资者	一个自然人	两个或两个以上的自然人，有时也包括法人或其他组织	数量无限制
责任承担	无限债务责任	普通合伙人承担无限连带责任，有限合伙人承担有限责任	有限债务责任
企业寿命	受制于业主寿命	合伙人卖出所持股份或死亡	无限存续
权益转让	较难	较难	容易
筹资难度	难以从外部获取大量资金	较难从外部获取大量资金	容易在资本市场上筹集资金
纳税情况	个人所得税	个人所得税	个人所得税、企业所得税
代理问题	不明显	不明显	明显
组建成本	较低	中等	较高

【知识拓展】
“法人”与“法定代表人”
概念辨析

【法条链接】
“揭开公司面纱”
与股东责任

第三节　财务管理目标

一、财务管理目标概念

管理是有目的的行为，企业作为现代化的经济组织，能否设计科学合理的管理目标对于员工以及自身而言都有着深远影响。财务管理的目标是企业进行理财活动的最终方向和目的，决定着企业财务管理所采用的原则、程序和方法，是建立财务管理体系的逻辑起点。财务管理作为企业管理的重要组成部分，其目标的制定应当与企业管理目标协调一致，并为实现企业整体层面的目标而服务。

在实践过程中，企业采取怎样的财务目标与企业的资本结构、治理结构以及经济社会政策等诸多因素有关。关于企业财务管理的基本目标，人们有不同层面的认识与解读。投资者成立企业最重要的目的是盈利，因此，财务管理的目标也是基于盈利。总体来看，财务管理的基本目标主要有五种表述，分别为利润最大化、每股收益最大化、股东财富最大化、企业价值最大化以及利益相关者利益最大化。

（一）利润最大化

利润最大化目标的理论基础为，企业是营利性的经济组织，根据经济学原理，经济利润[①]代表企业新创造的财富，经济利润越多企业财富增加越多，就越接近企业的目标。企业追求利润最大化，就需要讲求经济核算，加强管理，改善技术，降低产品成本，提高劳动生产率。这些措施都有利于资源的合理配置，有助于经济效益的提高。目前，我国企业的业绩评价在很多情况下还是以利润为基础。

利润最大化具有一定的合理性。从财务角度看，利润是企业在一定时期内经营成果的累积净额，反映了经营活动中投入与产出的关系，能够有效衡量企业的盈利能力和经营绩效；并且利润的衡量指标比较容易计算和理解，也易于操作。企业通过创造利润为社会带来经济财富，体现了企业的价值与贡献。但在实践中，利润最大化的目标显露了其局限性，不适合作为企业的财务管理目标，主要表现在：

① 经济利润不等同于会计利润，经济利润是在会计利润的基础上扣除机会成本，所以通常小于会计利润。

（1）会计利润不等同于现金流量。现实中常用来源于利润表的会计利润来衡量利润。财务管理是对资金的筹集与使用的管理，强调的是现金流量，但会计利润与现金流量存在一定差异。会计利润是基于权责发生制计算得出的，例如，企业赊销一批货物，虽然没有收到现金，但是增加了利润；对机器设备等计提折旧，折旧费用会使会计利润减少，但是没有发生实际的现金流出。

（2）对同一经济问题会计处理方法的灵活性和多样性可以使利润不反映企业的真实情况。利润存在可操作的空间，使用不同的会计处理方法反映出的利润存在差别。例如，企业采取不同的固定资产折旧方法，会影响当期计提的折旧费用；存货采用先进先出法和移动加权平均法计算出的成本是不同的，进而利润也是不相同的。

（3）没有考虑货币的时间价值。例如，一个项目当期能够获利 100 万元和 10 年后获利 200 万元，怎样选择才是最优决策呢？只考虑利润最大化会导致忽略货币的时间价值。这笔资金在相对较长的时间内会面临一定的不确定性，企业越早取得资金就越保险，对企业的价值也就越大。

（4）没有有效考虑利润取得与风险承担的问题。如果企业同样投资两个项目，第一个项目当年即可取得现金收入，而第二个项目全部为应收账款，那么第二个项目的收入存在变为坏账损失的可能，具有潜在的无法收回的风险。

（5）没有考虑利润与投入资本的关系。例如，A 公司投入 100 万元产生了 10 万元利润，B 公司投入 50 万元产生了 7 万元利润，虽然从绝对数额上看 A 公司获利更多，但是 B 公司的投入回报比显然更高。因此，若不将利润与投入的资本数额联系起来，很难做出正确判断。

（6）会使企业财务决策具有短期行为的倾向。短期化行为是指只注重实现近期利润目标，而忽视企业长期战略发展的企业行为。例如，为了实现预期的利润目标，企业将资金盲目投入扩大生产忽视了研发新产品和新技术，这不利于企业长期核心竞争力的巩固，在技术发展日新月异的当下很可能会被逐出赛道。研发投入可以帮助企业形成核心竞争力，但会计准则要求研发活动的支出大多进行费用化处理，计为利润表中的一项费用，这会导致企业利润降低，以利润最大化为目标会使得企业不愿意进行研发投资，不利于企业的长远发展。

（二）每股收益最大化

每股收益＝归属于普通股股东的净利润/发行在外的普通股加权平均数

根据每股收益的计算公式可知，每股收益最大化是利润最大化的另一种表现方式。相比利润最大化，每股收益最大化的目标将公司利润与股东投入的资本相联系，用每股收益衡量财务管理的目标，克服了利润最大化目标没有考虑所获利润与投入资本额的关系这一缺点，但是利润最大化目标的其余缺点依旧没有得到解决。

这一目标的局限性表现在没有考虑每股收益取得的时间，以及每股收益的风险。如果每股收益的时间、风险相同，则每股收益最大化也是一个可以接受的目标。事实上，许多投资者也把每股收益作为评价企业业绩的关键指标，但是每股收益最大化仍不适合作为企业财务管理的目标。

（三）股东财富最大化

公司制企业的所有者是股东，股东是公司的出资者。股东创办公司的目的是增加财富，如果股东不能在公司中获利，就不会为公司提供资本，那么公司也就不复存在。因此，从公司资源提供与风险承担的角度分析，在确定公司财务管理目标时，应从股东的利益角度出发，选择股东财富最大化这一目标。

股东财富最大化是指通过财务上的合理运营，为股东创造更多的财富。公司为股东创造的价值是股东财富的增加值，也就是股东权益的市场增加值。我们可以通过股东权益市场的价值与投入资本的差额来计算，如图 1－2 所示。对于上市公司而言，股东权益的市场价值可以用股票数量乘以股票价格来衡量，当股票数量一定时，就转化为股票价格最大化，也可以理解为总市值最大化。

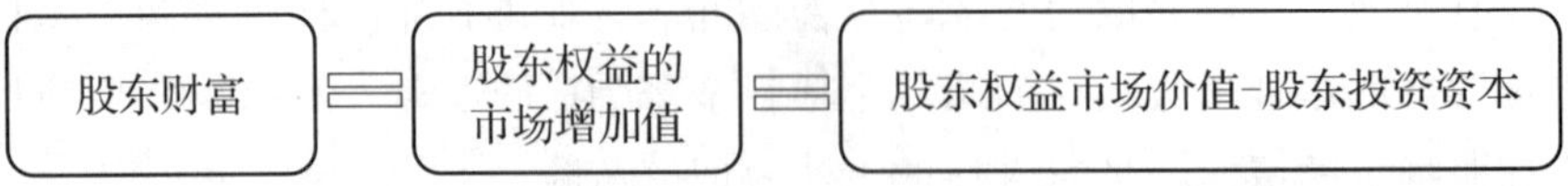

图 1－2　股东财富的衡量

股东财富最大化作为财务管理的目标考虑了现金流量的时间价值因素，因为市场价值是基于未来现金流量的现值估算的；考虑了风险因素，因为折现率中包含对风险的考量；也考虑了资本与报酬之间的关系，能够充分体现公司所有者对资本保值与增值的要求，增值代表价值扣除投资成本的增量。同时，股东财务最大化目标能够在一定程度上克服企业在追求利润上的短期行为，对于现金流量的考量通常是基于 10 年、20 年乃至更长期限的视角。但这一目标也是不完备的，仍然存在一定的局限性。股东财富用股东权益的市场价值衡量，股东权益的市场增加值是公司为股东创造的价值，这一衡量方式只适用于上市公司，对非上市公司则很难适用；并且股票价格的变动是受诸多因素影响的综合结果，它的高低实际上并不能完全反映股东财富或价值的大小。在实际工作中，仅仅追求股东财富最大化可能会导致公司所有者与其他利益主体之间产生矛盾与冲突。

（四）企业价值最大化

企业价值最大化强调了企业的整体价值，有两种衡量方式：

（1）从资产负债表的资产端看，企业价值＝企业所能创造的预计未来现金流量的现值。

（2）从资产负债表的权益端看，企业价值＝所有者权益市场价值＋债权人权益市场价值。

企业价值考虑了取得报酬的时间，并用时间价值原理进行了计量；也考虑了风险与报酬的关系，能够引导管理者将更多注意力关注在风险上而不是一味地追求收益；将企业长期、稳定的发展和持续的获利能力放在首位，能克服企业在追求利润上的短期行为；用价值代替价格，避免了外界市场因素的过多干扰，有效规避了企业的短期行为。

但是，企业价值最大化目标也存在一些缺陷：

（1）未考虑企业的投入与产出的关系，即股东投入与所创造价值之间的联系。

（2）企业价值实际计量困难并且可操作性较低，理论上，企业价值每时每刻都在变动，企业价值如何引导财务决策成为一大难题。

（3）如果市场有效，企业价值可直接以其股票价格来评估，而我国市场距此还有差距，还存在大量的个人独资企业、合伙企业与有限责任公司，其价值评估就更加困难。如果使用未来现金流量折现法对企业进行估值，企业的加权平均资本成本（WACC）和未来现金流量的持续性、评估的客观性都值得质疑。因此，由于制度、市场以及信息不对称性等因素，评估结果并不一定能真实、客观反映其真实价值。

（4）对于上市公司来说，如果以企业价值最大化作为财务管理的目标，可能导致理论层偏离经营的实际，过于看重股票价格对于企业的重要性；同时，可能存在管理者为抬高股票价格发布虚假信息误导投资者，利用信息的不对称谋求自身利益的行为。

（五）利益相关者利益最大化

1. 利益相关者主义

以利益相关者利益最大化作为财务管理的目标源于利益相关者主义和理论。按照利益相关者理论，在企业中除股东外，还存在其他利益相关者。企业是利益相关者缔结的合约网络，利益相关者财务支持网络是企业合约结构的核心内容。这些利益相关者与企业的生存和发展密切相关，他们有的分担了企业的经营风险，有的为企业的经营活动付出了代价，有的对企业进行监督和制约，企业的经营决策必须要考虑他们的利益或接受他们的约束。现实中的企业财务活动，均是通过利益相关者财务支持网络展开的。[①] 企业财务管理的实质说到底还是面向利益相关者的一种财务制度性的安排与运作，因此，财务管理的目标不能仅考虑股东的利益，还需考虑其他与企业有利益关系的相关者的利益。

早在 20 世纪 60 年代，美国通用电气的首席执行官 Ralph Cordiner 就强调，作为受托人，高层管理者的管理责任是在股东、客户、员工、供应商、社区的利益之间实现平衡。20 世纪 80 年代迎来了利益相关者主义发展的高峰，1990 年美国宾夕法尼亚州议会一度通过了利益相关者中心导向的 36 号法案。2019 年 8 月 19 日，由苹果、百事、摩根大通与沃尔玛等全球知名企业共同参与的美国工商团体“商业圆桌会议”发表了名为 *Statement on the purpose of a corporation* 的声明，强调每个与会公司都有自身的目的，但我们对所有利益相关者都有着共同的承诺；每个利益相关者都至关重要，我们致力于为所有公司、社区和国家的未来成功创造价值。

2. 利益相关者及其利益

利益相关者有广义与狭义之分。狭义的利益相关者是指其他对企业现金流量具有潜

---

① 李心合. 利益相关者财务论：新制度主义与财务学的理论互动与发展. 南京：南京大学，2001.

在索取权的人，即除股东、经营者、债权人之外可对企业现金流量进行索取的人。广义的利益相关者涵盖了一切与企业决策有利益关系的个人和群体，例如，企业向政府缴纳税款、提供就业岗位、注重环境保护、遵守金融市场秩序与规则等，因此，政府、媒体、社会机构和团体组织等也是企业的利益相关者（如图 1－3 所示）。具体包括：

（1）资本市场的利益相关者，如股东、债权人。

（2）产品市场的利益相关者，如上游的供应商、下游的客户、所在的社区、工会组织等。

（3）企业内部的利益相关者，经营管理者和其他员工等。

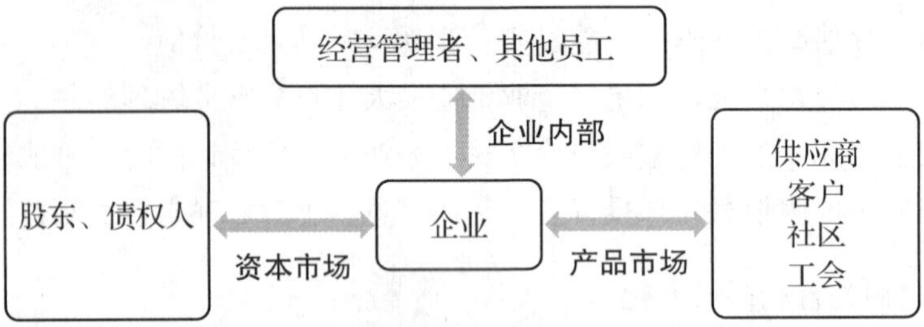

图 1－3　利益相关者结构图

根据利益相关者是否处于企业内部，又可将利益相关者分为内部利益相关者，如股东、管理层、员工等，以及外部利益相关者，如债权人、客户、供应商、政府、社会组织、媒体等。

利益相关者利益最大化以实现相关者利益最大化为目标，其优点在于：

（1）有利于企业长期稳定发展。

（2）体现了合作共赢的价值理念，有利于实现企业经济效益和社会效益的统一。

（3）这一目标本身是一个多元化、多层次的目标体系，较好地兼顾了各利益主体的利益。

（4）体现了前瞻性和现实性的统一。

但是，利益相关者利益最大化目标面临的最大问题是在公司治理实践中实施困难：

（1）所有利益相关者都持有自身的目标以及利益，并且通常与其他利益相关者存在冲突。

（2）具有多重目标，这相当于没有目标。

【知识拓展】
利益相关者主义与股东至上主义

3. 利益相关者利益最大化与股东财富最大化

短期而言，股东可能通过侵占其他利益相关者的利益来实现自身利益，例如，成本外部化、提供高价劣质商品等。但是，从长远来看，利益相关者利益最大化与股东财富最大化并不矛盾。根据《中华人民共和国公司法》（简称《公司法》）的有关规定，股东权益是剩余要求权，即只有满足了其他方面的利益之后才会有股东的利益。例如，公司首先需要缴纳税款、给员工发放工资补贴、为顾客提供满意的产品和服务，然后才会有股东的利益。因此，股东财富最大化是在其他利益相关者的利益都得到保障的基础上方可实现，在考虑到利益相关者的利益受到完全保护后，股东财富最大化成为财务管理的最佳目标。

值得注意的是，追求股东财富最大化是以保证其他利益相关者的利益为前提的。股东的资本投入是公司必需的财务资源，为公司的经营提供了基本前提保证。如果对其他利益相关者的要求不加限制，股东没有“剩余”利益可获取，那么股东将撤资。离开股东的投资，公司即成为无源之水、无本之木。如果连公司都不存在了，其他利益相关者的利益保护也就无从谈起。

【以史鉴今】
中国古代徽商的“贾而好儒”与利益相关者利益的综合考量

【要点总结】财务管理目标

财务管理目标如图1-4所示。

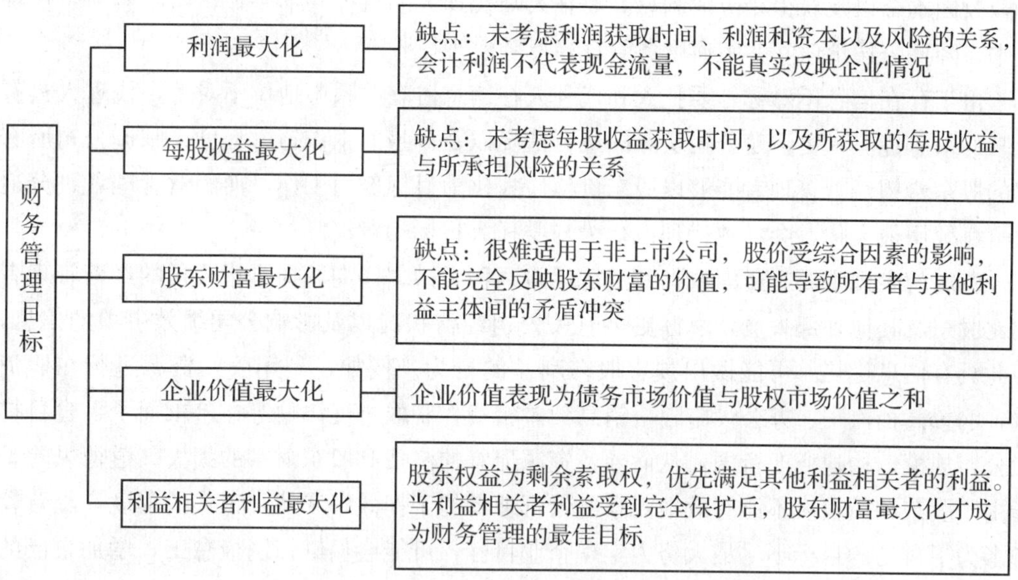

图1-4　财务管理目标

二、代理问题与财务管理目标实现

（一）委托代理关系

现代公司制企业的一个显著特征是所有权与经营权的分离，两权分离便会产生代理问题。代理问题的产生基于委托代理关系，表现为股东与经营管理者之间以及股东与债权人之间这两类委托代理关系。股东聘请职业经理人委托其管理企业，经营管理者作为代理人代表着股东的利益，并通过为其提供服务获得相应的报酬，由此产生了经营管理者与股东之间的委托代理关系。企业开展经营活动和投资活动需要资金支持，通过发行债券、引入投资等方式借入债权人的资金，强调借入资金的收益性。债权人将资金的支配使用权交给企业经营管理者与股东，同时收取利息作为有偿回报，并希望能够到期收回本金，强调贷款的安全性，由此产生债权人与股东之间的委托代理关系。依据委托代理关系的不同，公司中的代理问题可以划分为股权代理问题和债权代理问题两类。

（二）代理问题的产生

依照西方经济学中的自利人性假设，即个体的决策都倾向于实现自身经济利益和满意度最大化，委托人与代理人之间存在天然的利益冲突。股东的目标是实现资本的保值增值，最大限度地提高资本收益，增加股东价值。经营管理者的目标通常是最大限度地获取高额工资与奖金，尽量改善办公条件，追求个人声誉和社会地位，以及避免风险。前者表现为货币性收益目标，后者表现为非货币性收益目标。债权人的目标则是按时从企业收回本金以及获得相应的利息。委托人与代理人的目标并不一致，由此会产生代理成本，降低公司价值，并阻碍财务管理目标的实现。

由于存在信息不对称，委托人和代理人在信息占有关系中地位不对等，代理人具有更多的信息优势，更清楚公司实际的经营情况以及自身的工作努力程度。掌握公司所有权的股东希望经营管理者能够以股东价值最大化为目标努力工作，而经营管理者过分追求自身效用最大化，会导致代理人行为与委托人目标相背离。

背离的表现主要有逆向选择和道德风险两种类型。逆向选择是指公司的经营管理者相比股东及其他外部人员，掌握更多有关公司经营状况以及影响公司绩效事项的信息，因此具有信息优势，可能做出损害股东利益的行为。例如，利用公司资源进行在职消费，购置高档汽车、办公设施，报销高额差旅费，获取过度津贴等；追求面子、盲目扩大公司规模，构建商业帝国，从而导致资源配置的浪费和股东财富的损失。道德风险是指由于股东和债权人不能有效地观察经营管理者的工作效率和认真工作的程度，经营管理者为了自己的目标不尽最大努力实现企业目标，可能会偷懒，消极怠工，增加自己的闲暇时间，还可能为避免风险放弃可能收益较高的投资项目；经营管理者可能还会基于自己的任期情况考虑投资项目，若在其任期之内投资项目不能及时带来回报，无法为其带来良好业绩以便于获得奖金、晋升机会等奖励，则可能倾向于采取无所作为的利己短视行为。这些行为仅涉及经营管理者的职业道德，不构成法律和行政责任问题，股东很难追究其责任。这种股东与经营管理者之间的冲突构成了传统意义上的第一类股权代理问题。

经营管理者与股东之间的代理问题主要存在于股权结构较为分散的公司中，事实上世界上绝大多数国家的公司都存在持股数量较多的大股东，控制权并非完全掌握在公司的经营管理者手中，大股东往往可以利用各种控制机制增持股权成为控股股东，由此导致公司现金流量权和控制权的分离以及股东在集团内部的代理冲突。大股东为获取自身利益，实施掏空行为，侵害中小股东的利益。例如，从公司转移资源，包括提供贷款担保、签订有利于控制股东的转移定价和资产买卖价格合同；支付过高的经营管理者薪酬；无偿占用资金；剥夺公司的商业机会；实现有利于自身的资源转移，并把风险转嫁给公司等。除此之外，还有增发股票引起股权稀释；冻结中小股东的股份，实施内幕交易、爬行收购以及其他歧视中小股东的金融交易等。而中小股东也存在不劳而获“搭便车”的行为，只想享受经营收益，却不想通过股东大会机制履行监督义务。大小股东之间也因此存在利益冲突，构成第二类股权冲突问题。近年来，国内外资本市场上控股股东侵占中小股东利益的案例屡见不鲜，第二类代理问题日益成为人们关注的焦点，也逐渐成为公司主要的代理问题。

债权代理问题表现在股东获得债权人的资金后，在实施股东财富最大化目标时会在一定程度上损害债权人的权益。例如，在进行资产置换时，未经债权人同意投资预期风险更高的项目。如果项目取得超额回报，收益归股东独享，债权人只能获取原本的利息收入。如果投资失败，公司无力偿还债务，则需要双方共同承担损失。此外，还存在发行新债稀释原来旧债的价值，使债权人利益受损的情况。因为发行新债后，公司的资产负债率升高，偿还债务的压力和风险会加大。如果公司不幸破产，原本的债权人需要同新债权人共同分配剩余财产，使得原债权的价值下降。处于较大偿债压力下，濒临资不抵债而破产的公司，在面临收益较好的投资项目时，股东往往不会“放手一搏”。因为即使项目有所收益，取得的回报补偿也只会优先清偿债权人的借款，所以往往导致投资不足，公司的资源利用效率降低。

【知识拓展】
信息不对称理论与金鱼缸效应

由此可见，代理问题的产生是以双方利益目标不一致以及双方信息不对称为条件的，具体如图 1－5 所示。

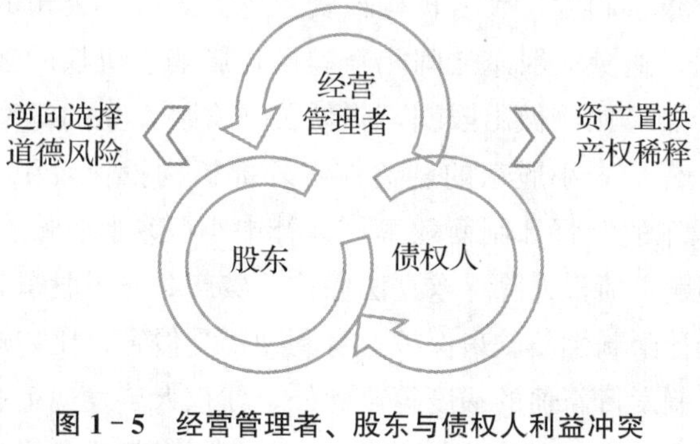

图 1－5　经营管理者、股东与债权人利益冲突

（三）代理问题对财务管理目标实现的影响

代理问题的存在使得财务管理目标的实现受到阻碍和限制，根据前述我们可以概括为以下几个方面：

（1）管理层自利动机。侵占公司利益，导致公司价值和股东财富受损。

（2）大股东自利动机。侵占公司利益和中小股东利益（通常称为“大股东掏空”），导致公司价值和中小股东财富受损。

（3）管理层与股东合谋。管理层与股东通过设计趋同机制，进行利益捆绑，共同侵占债权人利益，导致债权人不愿意贷款；或者提高贷款利率、缩短贷款期限，使公司资金链紧张、借款成本过高等。

【知识拓展】
股权结构
与控股股东

代理问题的解决有助于财务目标的实现，解决代理问题可以通过建立契约关系减少信息不对称。股东与管理层之间的股权代理问题可以通过设置监督、激励和惩罚机制来协调解决。例如，股东直接干预，实行监督，或者解聘管理层人员。在实际应用中，存在许多公司治理机制安排。这些公司治理机制一般可分为内部公司治理机制和外部公司治理机制。内部公司治理机制包括股东大会和董事会层面的行政监督，内部审计部门的审计监督，以及对经理人员薪酬制度、公司的资本结构做出规定等；外部公司治理机制包括外部审计师的审计监督、限制经理人道德风险的法律法规等。激励手段则包括给予股票期权、股权激励、与业绩挂钩的奖金等方式。激励具有一定的成本，会使股东权益减少，因此只有当激励带来的效益高于付出的成本时，这种方式才是有效的。除此之外，控制权市场中，企业之间的兼并收购，以及经理人市场的人才挖掘、解聘等也能够纠正股东与管理层利益目标的偏差，使双方进行利益协调时，综合考虑其成本效益。

股东之间代理问题的解决，一方面可以通过法律保护的方式，降低自由现金流量的代理成本，减少大股东侵占中小股东利益的可能性。我国调整股份有限公司利益主体关系的法律主要有《公司法》、《中华人民共和国企业破产法》（简称《破产法》）、《中华人民共和国民事诉讼法》（简称《民事诉讼法》）等；另一方面，可以通过股权制衡建立和完善独立董事制度、引入机构投资者等方式改善公司的治理结构。公司股东对控制权做出承诺，避免大股东之间相互勾结，影响表决权的独立性；对控股股东的持股比例和董事会席位比例做出限制，降低关联交易发生的概率；设立独立董事席位，发挥监督作用，保护中小股东的利益；将外部机构投资者引入公司治理体系中，也可以提高对控股股东的监督和制衡效率，弥补中小股东监督缺失的不足。

解决债权代理问题，债权人除寻求立法保护，破产时先于股东分配财产外，还可以通过在债务协议中设计限制性条款来保护自身利益不受侵害，比如规定贷款的用途，规定不得发行新债或限制发行新债的额度等。此外，债权人若发现企业管理层企图利用他们，可以拒绝与该企业有进一步的业务往来，提前收回贷款或者要求较高的利率以补偿可能遭受的损失。

为更好地实现财务管理的目标，企业应当注重协调股东、债权人、管理层之间的利益趋同关系，采取相应措施减少对彼此利益的侵害，加强监督；在企业价值创造的过程中，注重优化组织资产结构、融资结构，提高资金使用效率，保持资金链条的通畅。

（四）企业财务组织结构

代理问题的解决与财务管理目标的实现需要依靠财务经理团队共同完成。图 1－6 介绍了公司制企业财务管理的组织架构。公司制企业的最高权力机构是股东大会，它由投资给企业权益资金的众多股东组成。股东选举代表组成董事会，委托董事会对企业的经营方向、重大投融资事项等进行决策。董事会将日常经营决策权授予以总经理为代表的管理层，并设置若干管理部门，分别对生产活动、财务活动、销售活动、人力资源活动等进行独立运作。财务管理部门是其中行使财务管理职能的重要机构。通常企业在财务管理部门中设置会计和财务两个分支机构，分别由会计经理和财务经理向财务总监汇报工作。会计部通常负责信息处理、成本核算、税务管理以及财务会计的工作；财务部通常负责资本预算、筹资决策、投资决策、现金和信用管理以及股利决策等工作。

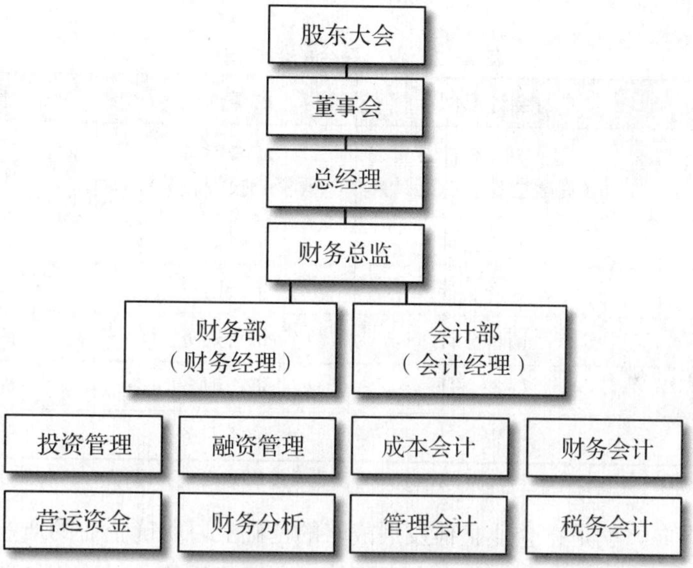

图 1－6　企业财务组织架构图

大数据时代的到来为财务管理指明了全新的变革方向，海量冗长的数据信息给传统的企业财务管理带来了一系列挑战。随着经济的进步和科技的飞速发展，计算机技术为海量数据的整合提供了支持，大型企业集团的点线面工作交织在一起，构成错综复杂的网络结构。在这样的巨型网络平台中企业通过信息技术对数据进行控制处理，维护企业的运营。随着人工智能与财务、会计、税务、审计等的不断融合，财务管理进入变革发展新时期。一些报告指出，分散的财务管理体系不仅难以为企业提供全面的管理信息，使得财务部门无法进行多维信息分析以支持业务决策，还会造成资金管理混乱、预算管理困难等。整合信息资源，将企业分散的事务性功能进行集中处理的财务共享中心，对企业的财务向低成本高效率、资源释放、战略风险控制、形成规模效应转型具有重要意义。企业实行财务共享之后，财务人员的主要工作是向决策者、客户和员工“贩卖”数据，使之随后把数据用于决策、业务和营销。[①] 财务人员职能的转变，使得市场对财务管理基础人员的需求减少，如何适应智能时代新的变革成为我们需要思考的问题。

在新的时代背景下，企业财务管理应当以业务为导向，以财务为中心，以会计为基础，以价值创造为目标。实现财务管理改革的重要抓手，就是实行业财融合的组织结构变革，建设业财融合交叉的网络组织结构。目前从企业组织构架看，财务与会计往往设置在同一部门，即财务部下设置会计与财务两个分支机构，这在某种程度上做到了财会融合，但与业务部门融合程度不够。所谓业财融合，就是使各个会计、财务与业务岗位不仅有属于自己的管理部门（如会计部、财务部、业务部），同时结合企业业务的特点设置协调部门（采购协调部、生产协调部、销售协调部、资产协调部、劳资协调部等）。每一个岗位都同时接受会计、财务和业务三个部门的指挥或指导。表 1－2 反映了业财融合的组织网络。

表 1－2　业财融合的组织网络

业务类型	会计部门	财务部门	协调部门
综合业务	综合会计 （资金会计、总会计）	综合财务 （筹资、投资、分配）	综合协调部
采购业务	采购会计	采购财务	采购协调部
生产业务	生产会计	生产财务	生产协调部
销售业务	销售会计	销售财务	销售协调部
资产业务	资产会计	资产财务	资产协调部
劳资业务	劳资会计	劳资财务	劳资协调部

资料来源：张先治．新中国基于会计的财务管理发展历程及改革探索．会计研究，2020（8）．

以业务为导向，就是在企业整体发展战略的基础上，明确企业的产业和业务发展方向，据此设置企业的业务组织构架、业务板块、业务流程等。以价值创造为目标，是企业业财融合的根本目标。企业的一切活动，包括业务活动、财务活动和会计活动的目的本质上都是创造价值。要以财务为中心，一方面要使企业在战略规划和业务发展中以财务优化配置为中心，注重提升资源配置效率；另一方面要使企业在业务决策与控制中始终以财务效率为中心，注重提升财务资源使用效率，同时发挥会计对业务活动和财务活动的信息反映功能，为企业业务发展和财务决策提供相关可靠的信息。

【要点总结】代理问题的类型与应对

代理问题的类型与应对如图 1－7 所示。

① 徐晨阳，王满，沙秀娟，等．财务共享、供应链管理与业财融合：中国会计学会管理会计专业委员会 2017 年度专题研讨会．会计研究，2017（11）．

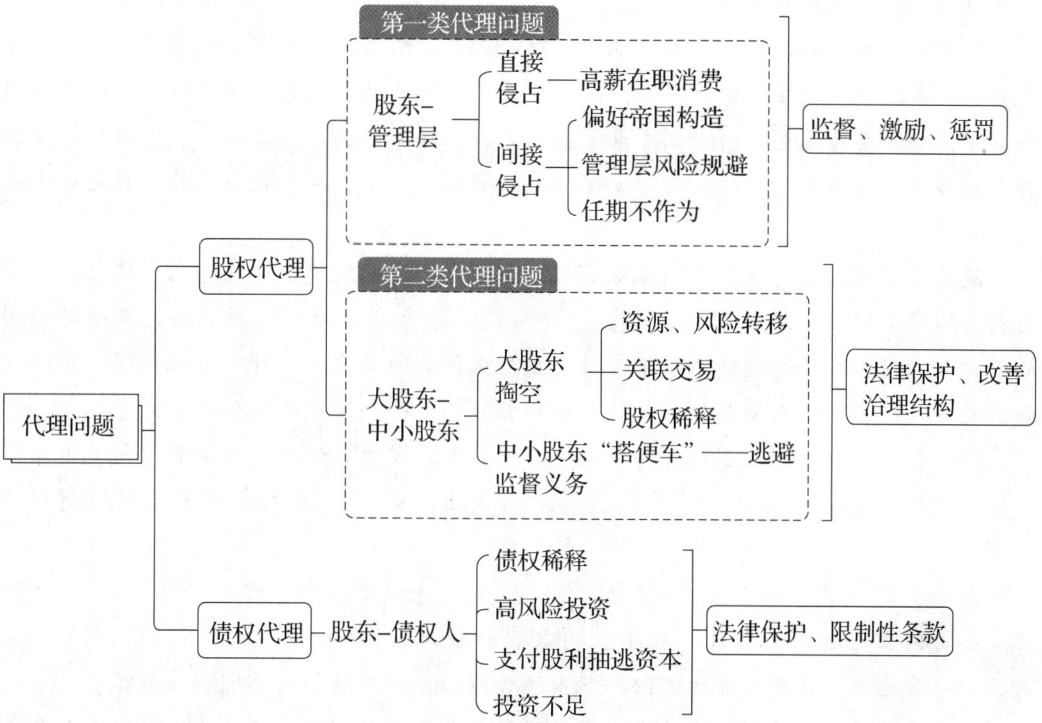

图 1－7　代理问题的类型与应对

练习题

一、复习思考题

1. 不同组织形式的企业在获取融资时有何种差异，哪种组织形式更具优势？

2. 为什么基于会计利润的目标不适合作为财务管理目标？

3. 股东财富最大化、每股收益最大化、企业价值最大化、利益相关者利益最大化的内在联系是怎样的？

4. 为什么代理问题会阻碍财务管理目标的实现？如何缓解代理冲突？

二、案例分析题

雷士照明的控制权之争①

雷士照明控股有限公司（简称雷士照明）是一家中国领先的照明产品供应商。公司自 1998 年年底由吴长江、杜刚和胡永宏三位创始人设立后，经过 20 多年的发展壮大，现已成为业务遍及全球的专业化照明企业，在世界 30 多个国家和地区设立了经营机构，积极实施国际化营销战略。雷士照明注重自主研发，开展创新活动，并保持高速增长，为市场大众提供高品质的产品和服务。2010 年 5 月雷士照明在港交所上市，并于 2010

① 马忠. 公司财务管理案例分析. 北京：机械工业出版社，2016.

年 6 月以 25.18 亿元的品牌价值入围“中国 500 最具价值品牌”排行榜，位列行业第一。公司的业务领域广泛，涉及商业、建筑、办公、家居、工业等，在照明行业居于领先地位。雷士照明的生产制造布局广泛，建立了完善的业务服务网络，形成了较强的市场竞争优势。其产品也广泛应用于北京奥运会、上海世博会、天津地铁、上海虹桥交通枢纽等著名工程项目。除此之外，知名的星级酒店、汽车品牌和服装品牌等也是雷士照明的客户。

随着雷士照明在全球范围内把业务做大做强，为了实现更快速的增长，雷士照明先后引入赛富亚洲投资基金（简称赛富）、施耐德和德豪润达等外部投资者，来缓解公司的资金需求问题，并通过建立战略合作关系形成彼此间的优势互补。与此同时，外部投资者的注入使得创始人吴长江的股权被逐步稀释，第一大股东的地位也受到了威胁。在双方战略合作过程中，吴长江作为民营企业家其管理风格、治理意识等难免与其他大股东出现理念分歧和利益冲突，曾先后三次被逐出公司。公司也经历了三次控制权的纷争。

1. 第一次控制权纷争：创始人吴长江 vs. 创始人杜刚、胡永宏

公司创立之初，吴长江、杜刚、胡永宏持股比例分别为 45%、27.5%、27.5%，并各自分管生产、销售和资源调配，三人配合得力，一度被誉为“照明三剑客”。

但在随后的发展过程中，三人对于公司的经营决策与利润分配产生分歧，由此积累了矛盾。吴长江曾在 2005 年提出渠道变革，整合经销商并建立区域运营中心的设想。但是这一方案遭到杜刚、胡永宏二人的强烈反对，并引发股东纷争，对公司的稳定经营与持续发展造成了负面影响。不久后，吴长江辞去总经理职务，经销商集体倒戈挺吴。杜刚与胡永宏被迫转让股份并退出雷士照明。巨大的股权转让成本给公司造成了资金短缺危机，随后重掌雷士照明的吴长江转向寻求毛区健丽女士的帮助为公司引资。

2. 第二次控制权纷争：创始人股东吴长江 vs. 机构投资者赛富

2006 年 8 月毛区健丽为吴长江引荐了赛富入股，帮助雷士照明解决了资金危机，双方以此为契机建立了战略合作关系，带动了公司业绩与价值的双线快速增长，公司随后成功上市。然而在雷士照明上市之后，吴长江因其管理风格、治理意识等因素，与赛富出现了治理理念上的分歧，双方矛盾日益积累。

对自己一手创立的公司，吴长江牢牢把握核心控制权，过往的成功助长了其管理自信，也容易将个人权威凌驾于董事会之上。例如，他曾未经董事会决议擅自发放高管奖金，擅自将公司总部迁至重庆。相较于吴长江，机构投资者赛富则秉承契约精神，坚持推行制度化管理，严格遵守规则。2012 年，吴长江辞职不久后又想回公司任职，结果遭到第一大股东赛富主导的董事会拒绝。为此经销商们集体停止供货，声称要另起炉灶来支持吴长江。迫于经营压力，董事会妥协和解，矛盾冲突逐渐平息。

3. 第三次控制权纷争：创始人股东吴长江 vs. 战略投资者德豪润达

为了拓展雷士照明的 LED 照明业务，并对赛富、施耐德形成股权制衡，吴长江引入战略投资者德豪润达，通过股权置换助其成为雷士照明的第一大股东。然而，吴长江

在大幅转让自身股权的同时，忽略了对表决权优势机制的设置，为日后控制权纷争埋下了隐患。

2014 年 7 月德豪润达联合赛富、施耐德全面替换雷士照明 11 家控股子公司董事，吴长江及其管理团队的核心成员全面出局。面对这一威胁，吴长江又想联合区域经销商采取手段争夺对雷士照明销售渠道和网络关系的控制权。随后的公司商标使用权纠纷，致使双方矛盾进一步激化。同年雷士照明的管理层一把手换血，新任 CEO 与吴长江就诸多问题公开对峙，并召开临时股东大会，征集罢免吴长江执行董事及委员会职务的意见。在两军对垒、相互指控的情况下，雷士照明处于分裂状态。同年 10 月，吴长江因涉嫌挪用资金，被公安局立案侦查，之前一直由他实际控制的万州工厂被董事会接管。随后吴长江被批准逮捕，王冬雷成为雷士照明的实际控制人。

2016 年 12 月 21 日，吴长江因挪用资金罪、职务侵占罪一审被判处有期徒刑 14 年，雷士照明控制权纷争暂告一段落。风波接踵而至，治理环境不稳定，使公司的经营业绩和价值遭受了严重损失。2019 年 8 月 12 日，美国投资机构 KKR 又以 7.94 亿美元收购了雷士照明 70%的股权，成为第一大股东。雷士照明通过引入外部大股东的投资，不仅实现了公司业务的快速增长，对公司治理结构与治理机制产生了显著影响。

通过阅读上述案例，请思考如下问题：

1. 你认为雷士照明的财务管理目标是什么？
2. 从创始人和资本投资者的角度出发，如何看待其利益的矛盾与平衡？
3. 为什么创始人股东和引入的外部大股东之间会发生控制权争夺？

第二章

财务管理环境

引导案例

财务管理活动总是依存于特定的财务管理环境。2020 年全球爆发新冠肺炎疫情，引发大范围短期经济萧条，使很多企业陷入了财务危机甚至倒闭。据《纽约时报》报道，2021 年 1 月，欧舒丹美国分公司向美国破产法院申请破产保护，以减少新冠肺炎疫情期间越来越难以承担的租赁义务。像欧舒丹一样实体店生意大打折扣的零售商不计其数。例如，日本美妆巨头资生堂将出售个人护理业务，主要是因为疫情导致业绩大幅恶化，此次出售也是资生堂根据自身情况做出的战略决策，以塑造高端品牌影响力挽救业绩。

相比海外美妆品牌大批“因疫折戟”，国货美妆反倒弯道超车，根据 2020 年 11 月的 BrandQ 指数，完美日记成为美妆行业中唯一挤进销售前五强的国货品牌。企业扎推上市，国货品牌崛起。2020 年是国货的大年。尽管如此，我国化妆品行业根基薄、起步晚，依旧处于弱势地位。如何在国家推动“内循环”的大背景下，增强市场竞争力并提升品牌形象，依旧是国货企业需要考虑的问题。

由此可见，新冠肺炎疫情对经济、企业造成的冲击，是一种典型的外在环境产生的系统性风险，这种风险，既可能是“危”，也可能是“机”。除此之外，战争、经济周期、宏观经济政策、科技进步等也都会对企业的经营和财务管理决策活动产生影响。那么，影响财务管理活动的环境有哪些？它们如何对财务管理活动和决策产生影响？请带着这些问题，让我们一起来系统地学习财务管理环境。

学习目标

1. 了解财务管理环境的概念和基本内容。
2. 了解各类宏观经济政策的特点和区别，理解宏观经济政策对企业的影响。
3. 了解金融市场的概念和种类，理解金融工具的分类、特点以及作用。
4. 了解资本市场有效的含义和分类，理解其对财务管理的影响。

财务管理环境对企业财务管理行为产生了重要的影响，任何一个财务行为都存在于特定的、具体的财务环境中。本章我们将学习财务管理环境基本理论以及其对企业财务行为的影响，尤其是宏观经济政策对微观企业财务管理行为的影响。财务管理的本质是筹划企业内部资源的分配以及企业内部与外部资源的交互。作为资金交易的场所，金融市场对财务管理的作用不可小觑。财务管理的基本理论是以市场有效为假设前提的，有效的资本市场对企业财务管理实践具有指导意义。科学的财务管理应当使财务管理环境不断改善，从而更有利于财务主体财务目标的实现。

第一节　财务管理环境概论

任何事物都是在一定的环境条件下存在和发展的，是一个与其环境相互作用、相互依存的系统，财务管理活动也不例外。企业财务管理环境（或称理财环境）是影响企业财务主体财务机制运行的各种外部条件和因素的总和，是实施财务管理的基础条件。

在竞争日益激烈的市场经济条件下，企业财务管理环境的好坏直接制约和影响企业的发展。因此，企业要想追求更快更好的发展，就必须深入了解当前企业面临的综合环境。现代管理理论极为注重环境对组织的影响。作为企业重要的管理活动之一的财务管理活动，也就需要对财务管理环境进行审视和评估，及时了解环境中各因素的变动，并提升自身对环境变换的适应和运用能力，根据其所处的具体财务管理环境的特点，采取与之相适应的财务管理手段和管理方法，防范风险、抓住机遇，实现财务管理的目标。

财务管理环境包括微观环境和宏观环境。微观环境指企业的组织形式，生产、销售和采购方式等；宏观环境主要是指企业理财所面临的政治环境、法律环境、经济环境、社会文化环境、市场环境、科技环境等。本节主要讨论企业难以控制的几种重要的宏观环境。

一、政治环境

政治环境是指一个国家或地区在一定时期内的意识形态、执政阶层的价值取向，例如，政治体制、政治的稳定性、政府机构的管理水平和办事效率、政府的干预程度等。我国现代政治制度主要包括社会主义制度、人民代表大会制度、民族区域自治制度、基层群众自治制度以及中国共产党领导的多党合作和政治协商制度。

在各个环境因素中，政治环境就如同企业这栋大厦的地基，在规范与制约企业的同时，给予企业支撑和保护，对企业的生存和发展有着举足轻重的影响。因此，一个国家的政治环境会对作为企业重要管理活动之一的财务管理决策产生至关重要的影响。和平稳定的政治环境有利于企业的中长期财务规划和资金安排。

【法条链接】
《中华人民共和国宪法》对我国政治制度的明确

二、法律环境

财务管理的法律环境是指企业发生经济关系时所应遵守的各种法律、法规和规章。国家管理企业经济活动和经济关系的手段包括行政手段、经济手段和法律手段三种。随着经济体制改革不断深化，行政手段逐步减少，而经济手段、法律手段日益增多，特别是法律手段，即将越来越多的经济关系和经济活动的准则用法律的形式固定下来。与企业财务管理活动有关的法律规范主要有以下几个方面：

【法条链接】《中华人民共和国宪法》对我国经济体制的明确

（一）经济组织法规

经济组织法规是指涉及经济组织方面的法规，包括全民所有制企业法规、集体所有制企业法规、私营企业法规、公司法规、涉外企业法规等。

（二）经济管理法规

经济管理法规是指国家在组织管理和协调经济活动中形成的法规，包括计划法规、基本建设法规、税收法规、金融法规、会计和审计法规、产品质量责任法规、价格法规、自然资源法规、市场管理法规、知识产权法规等。

（三）经济合同法规

经济合同法规是指企业在经济流通和交换过程中形成的法规，包括经济合同法规、技术合同法规等。

我国宪法中明确了国家实行社会主义市场经济。市场经济是以法律规范和市场规则为特征的制度经济，企业必须在既定的法律环境下从事经营、管理活动。法律为企业的经营、管理活动规定了活动空间，也为企业在相应空间内的自由经营提供了法律上的保护。公司法、证券法、金融法、证券交易法、企业财务通则、企业财务制度、税法等这些法律法规都是影响财务主体的财务机制运行的重要约束条件。守法是财务管理活动的最基本底线要求。企业的财务管理活动，无论是筹资、投资还是利润分配，都应当遵守有关的法律规范，按照有关法律法规的要求处理与各方面的财务关系。

三、经济环境

经济环境是指企业在进行财务活动时所面临的宏观经济状况，主要包括经济体制、经济发展状况、经济周期、经济政策以及通货膨胀状况等。

（一）经济体制

经济体制是指为对有限资源进行配置而制定并执行决策的各种机制。典型的经济体制包括计划经济体制和市场经济体制两种。计划经济体制是指对生产、资源分配以及产品消费事先进行计划，根据政府计划调节经济活动的经济运行体制。一般是政府按事先制定的计划，提出国民经济和社会发展的总体目标，制定合理的政策和措施，有计划地安排重大经济活动，引导和调节经济运行方向。资源的分配，包括生产什么、生产多少，都由政府计划决定。市场经济体制是指以市场机制作为配置社会资源基本手段的一种经济体制，其最基本的特征是经济资源商品化、经济关系货币化、市场价格自由化和经济系统开放化。

在计划经济体制下，企业财务管理的权力较小，企业的投资、筹资、生产、利润分配的自主决策权也都较小，主要按照上级主管部门的指令执行。有规划、计划地发展经济，可以避免市场经济发展的盲目性、不确定性等，避免给社会经济发展造成危害，例如，重复建设、企业恶性竞争、工厂倒闭、工人失业、地域经济发展不平衡、产生社会经济危机等。

在市场经济体制下，企业筹资、投资、生产的权力都归企业所有，企业必须根据自身条件和外部环境做出各类财务决策并组织实施。

【以史鉴今】
中国经济体制回顾

（二）经济发展状况

经济发展状况包括经济发展水平和经济发展阶段，它们对财务管理也有着重要影响。如果经济发展处于落后状态，生产力水平不高，财务管理就得不到重视，也便无法充分发挥其职能；如果生产力水平提高，财务管理将受到重视，便可充分发挥其职能，对经济效益的提高产生重大影响。

（三）经济周期

经济周期是指经济发展与运行出现的波动性，包括衰退、萧条、复苏和繁荣四个阶段的循环。经济的周期性波动（见图 2－1）是以现代工商业为主体的经济总体发展过程中不可避免的现象，是经济系统存在和发展的表现形式。从财务管理的观点看，经济的周期性波动要求企业顺应经济周期的过程和阶段，通过制定和选择富有弹性的财务战略抵御大起大落的经济震荡，减少它对财务活动的影响，特别是减少经济周期中上升和下降抑制财务活动的负效应。

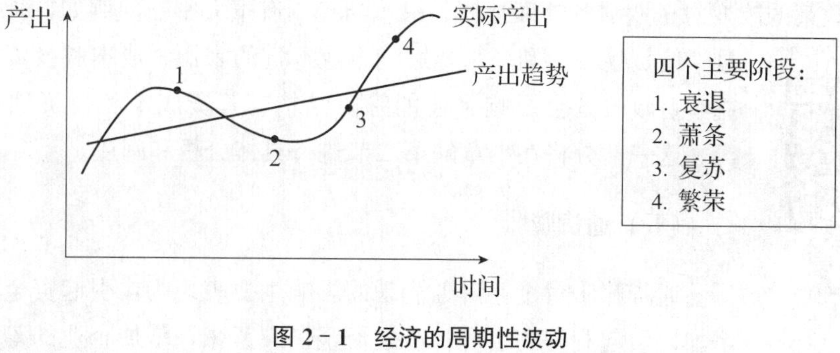

图 2－1　经济的周期性波动

财务战略的选择和实施要与经济运行周期相配合（见表 2－1）。在经济复苏阶段应采取扩张型财务战略，扩充厂房设备，采用融资租赁，建立存货，开发新产品，增加员工数。在经济繁荣阶段应采取快速扩张型财务战略和稳健型财务战略相结合：在繁荣初期继续扩充厂房设备，继续采用融资租赁，继续建立存货，开展营销筹划、提高产品价格，继续增加员工数；在繁荣后期采取稳健型财务战略。在经济衰退阶段应采取防御收缩型财务战略，停止扩张并处置闲置的厂房设备，停止融资租赁，减少存货，停产不利产品，停止员工招聘甚至裁减员工。在经济萧条阶段，特别是在经济处于低谷时期，处置闲置的厂房设备，建立投资标准，缩减管理费用、减少存货，保持市场份额，裁减员工。

表 2－1　经济周期不同阶段的财务管理策略

复苏	繁荣	衰退	萧条
扩充厂房设备	继续扩充厂房设备	停止扩张并处置闲置的厂房设备	处置闲置的厂房设备
采用融资租赁	继续采用融资租赁	停止融资租赁	建立投资标准
建立存货	继续建立存货	减少存货	缩减管理费用、减少存货
开发新产品	开展营销策划、提高产品价格	停产不利产品	保持市场份额
增加员工数	继续增加员工数	停止员工招聘甚至裁减员工	裁减员工

因此，企业财务管理人员要跟踪时局的变化，对经济的发展阶段做出恰当的反应，在经济周期的不同阶段采取不同的财务管理战略和策略。在经济繁荣时期，市场需求旺盛，销量上升，投资活跃，财务人员应迅速筹集资金，满足生产经营的需要；在经济衰退时期，市场需求减少，销量下降，投资锐减，财务人员则需及时调节资金配置，调整生产经营。

（四）经济政策

经济政策是指国家或政府为了达到充分就业、价格水平稳定、经济快速增长、国际收支平衡等宏观经济政策的目标，为增进经济福利而制定的解决经济问题的指导原则和措施。经济政策有宏观经济政策和微观经济政策之分。宏观经济政策包括财政政策、货币政策、汇率及国际收支政策等，微观经济政策是指政府制定的一些反对干扰市场正常运行的法律法规以及环保政策等。

经济政策的改变对企业财务管理计划、决策与控制有重大影响。例如，货币的发行量、信贷规模、利率都能影响企业筹资的来源、成本和投资的预期收益，财政政策会影响企业的筹资结构、筹资成本和投资项目的选择等。这一部分将在本章的第二节进行具体分析和阐述。

【知识拓展】
通货膨胀的概念及种类

（五）通货膨胀

通货膨胀对企业财务活动的影响主要表现为：引起资金占用量的增加；引起利率的上升，造成资金供应紧张，增加企业的筹资困难和筹资成本；引起有价证券价格下跌，增加企业的筹资难度；引起利润虚增，造成资金流失；引起价格波动，加剧企业财务状况和经营成果的不确定性，增大企业的经营风险，不利于投资和发展。

在货币主义经济学中，通货膨胀产生的原理为：当市场中货币发行量超过流通中所需要的货币量时，就会出现纸币贬值、物价上涨，导致购买力下降。

衡量通货膨胀率的价格指数一般有三种：消费者物价指数、生产者价格指数、GDP平减指数。

（1）消费者物价指数（consumer price index，CPI），又称居民消费价格指数，是反映居民家庭一般所购买的消费品和服务项目价格水平变动情况的宏观经济指标，是一个月内商品和服务零售价格的变动系数。

（2）生产者价格指数（producer price index，PPI），是衡量工业企业产品出厂价格变动趋势和变动程度的指数，是反映某一时期生产领域价格变动情况的重要经济指标。PPI 与 CPI 不同，PPI 反映生产环节价格水平，CPI 反映消费环节价格水平。

我国的 CPI 和 PPI 数据由国家统计局以新闻发布的形式统一公布，公布形式包括国务院统一安排的新闻发布会和国家统计局官方网站的公示，如图 2－2 所示。

指标	2019年	2018年	2017年	2016年	2015年	2014年
居民消费价格指数(上年=100)	102.9	102.1	101.6	102.0	101.4	102.0
工业生产者出厂价格指数(上年=100)	99.7	103.5	106.3	98.6	94.8	98.1

图 2－2　国家统计局官方网站中列报的年度 CPI 和 PPI 的截图

（3）GDP 平减指数（GDP deflator），又称 GDP 缩减指数，是指没有剔除物价变动前的 GDP（名义 GDP、现价 GDP）增长与剔除了物价变动后的 GDP（真实 GDP、不变价 GDP）增长之比。其计算基础比 CPI 更广泛，涉及全部商品和服务，除居民消费外，还包括企业生产资料和资本、出口商品和劳务等。因此，这一指数能够更加准确地反映一般物价水平走向，是对价格水平最宏观的测量。①

为了减少通货膨胀对企业造成的不利影响，财务人员必须对通货膨胀有所预测，并采取相应措施加以防范，例如，利用长期利率合同、利率期货、利率期权等衍生金融工具进行通货膨胀造成的利率上涨风险的管理，从而减少损失。

四、社会文化环境

社会文化环境是指人们在特定的社会环境中形成的习俗观念、价值观念、行为准则和教育程度以及人们对经济、财务的传统看法等，具体包括教育、科学、文学、艺术、新闻出版、广播电视、卫生体育、世界观、习俗等方面的传统与认知，以及同社会制度

① GDP 平减指数＝(GDP 现价发展速度/GDP 不变价发展速度)×100。在国家统计局的官方网站上，我们可以查询各季度现价 GDP 以及不变价 GDP 的信息，进而计算 GDP 平减指数。

相适应的权利义务观念、道德观念、组织纪律观念、价值观念和劳动态度等。

社会文化环境通过社会舆论监督对企业价值产生影响，主要体现在企业对社会的贡献方面，如满足就业、增加职工福利、保护环境、节约资源等。这些因素会直接影响企业的经营目标和投资方向，对企业财务管理目标有重大影响。例如，可持续发展理论促使企业重视经营的外部效应，考虑公众对企业经济效益和社会效益的评价，从而更重视企业的环保能力和科技创新能力。

五、市场环境

完善的市场体系包括产品市场、金融市场、经理与一般劳动力市场、技术市场、信息市场、产权交易市场等，各种市场都会对企业的生产经营和财务管理活动及其结果产生不同程度的影响。按照经济学中的供需关系对价格的影响，供不应求时，价格上涨。因此，无论是生存要素市场（原料、人工等）还是金融市场出现供给小于需求，都会导致企业成本的上升，影响增值目标的实现。

六、科技环境

科学技术的发展为现代财务管理方法的创新奠定了良好基础，也影响着财务管理技术方法的革新。以人工智能、大数据、区块链、物联网、5G 等为代表的第四次科技浪潮的到来，重塑了产业形态和商业模式，也在潜移默化地改变着财务管理技术和财务管理实践活动。例如，当前的财务云、财务实时共享等，可以为企业从各个角度实时而非等到一个经营周期结束衡量价值提供方法。

【知识拓展】
大智移云数字经济下对财务管理的影响

当然，环境不是一成不变的，各种财务管理环境都处于不断发生变化的状态。因此，企业的财务人员必须随时关注其具体财务管理环境的变化，并注意一般财务管理环境可能发生的变化及其所产生的潜在影响，采取与之相适应的财务管理手段和管理方法，以便尽快适应财务管理环境的变化，实现财务管理的目标。

财务管理活动对财务管理环境，特别是具体的财务管理环境也有一定的反作用。科学的财务管理应当使财务管理环境不断改善，从而更有利于财务主体财务目标的实现。

第二节　宏观经济政策

宏观经济政策是指政府为了增加社会经济福利、改善社会经济运行状况对宏观经济进行的有意识的干预。宏观经济政策包括为促进充分就业、价格稳定、经济持续均匀增长和国际收支平衡这四大宏观经济管理目标而制定的手段和措施。[①]

政府在运用各种手段进行经济干预时，应该使各种政策手段相互配合协调一致。如果财政政策和货币政策发生冲突，不仅原有的目标达不到，甚至会产生相反的经济效果。除此之外，政府在制定目标时，也应该综合考虑政策的协调性以及时效性。只有经济政策契合市场需要，才能发挥理想的经济效果。因此，政府在制定经济目标和经济政策时应该做整体性的宏观战略安排和考虑。

【知识拓展】
宏观经济管理目标

宏观经济政策可分为需求管理政策和供给管理政策，前者包括财政政策和货币政策，后者包括人力政策和收入政策。我国是一个开放型经济实体，与其他国家或地区的经济往来密切，从宏观经济政策第四个目标来看，汇率政策对我国整体经济和微观企业主体也会产生重要的影响。

与企业财务行为关系比较紧密的宏观经济政策包括财政政策、货币政策、汇率政策、经济管制政策、产业政策等。宏观经济政策的改变对微观企业主体财务管理行为产生的影响至少有三个方面，如表 2－2 所示。一是宏观经济政策通过改变宏观经济前景预期、行业前景预期影响企业的相应行为（如投资行为、雇佣行为等）；二是宏观经济政策通过改变企业资本成本发挥作用（如影响企业融资行为、现金管理行为等）；三是宏观经济政策可能改变了企业经营的信息环境从而影响企业行为（如信息不确定性增加导致企业财务管理活动变得谨慎等）。我们主要来看财政、货币和汇率政策的内涵以及对企业财务行为的影响。

表 2－2　宏观经济政策以及政策工具的描述

与企业财务关系紧密的宏观经济政策	对微观企业主体财务管理行为的影响	微观企业主体具体的财务管理行为
财政政策	通过改变宏观经济前景预期、行业前景影响企业的行为	预期宏观经济发展好，企业会进行投资、扩大产能、增加员工数；反之亦然
货币政策		
汇率政策	通过改变企业资本成本影响企业的行为	资本成本是企业融资的关键因素。资本成本低，企业更愿意进行融资行为，然后进行合理的现金管理
经济管制政策		
产业政策	通过改变企业经营的信息环境影响企业的行为	信息的不确定性以及不对称性都会使企业财务管理活动变得更加谨慎
其他经济政策		

一、财政政策

（一）财政政策的概念及财政政策的工具

国家的财政主要包括财政收入和财政支出两个方面。为了实现相应的财政政策目标，

① 高鸿业. 西方经济学（宏观部分）. 7 版. 北京：中国人民大学出版社，2018.

必须有相应的财政工具。财政政策的运行主要是通过财政收入（主要是税收）、财政支出和国债等财政工具的具体操作来实现的。

【知识拓展】
财政政策工具

财政政策也可以分为扩张性财政政策和紧缩性财政政策。扩张性财政政策是国家通过减税、增加支出等扩大财政赤字，增加和刺激社会总需求的一种财政分配方式；相反，紧缩性财政政策是国家通过增加税收、压缩支出等抑制社会总需求增长的一种财政政策。

（二）财政政策对企业的影响

宏观财政政策与微观企业主体的财务行为息息相关，主要体现在企业投资、筹资以及利润分配这几个方面。

首先，我们来看扩张性财政政策对企业财务行为的影响。例如，在经济萧条时，扩大政府支出可以刺激总需求、刺激经济，增加国民收入。对企业来说，增加了投资机会，形成经济前景向好的预期，增加投资获利，在企业外部融资不受约束的前提下，企业会愿意进行更多的分红。

税收对国民收入是一种收缩性力量。政府减少税收，可以刺激总需求、增加国民收入。对企业来说，可支配的税后现金流量增加，一方面内部融资增加，促进投资；另一方面可用于分配的现金流量增加，企业会愿意进行更多的分红。如果股东股利所得税也可以得到减免，股东也愿意企业进行更多的分红。

【知识拓展】
2021 年
《政府工作报告》
相关内容

当然，在经济高涨、通货膨胀十分严重时，政府也会采取减少政府支出、增税等紧缩性财政政策控制经济过热和物价上涨。对于企业来说，可供支配的税后现金流量减少，会相应减少投资，采取保守的投资策略，也不愿意进行过多的分红。

二、货币政策

【知识拓展】
货币政策工具

（一）货币政策的概念

货币政策又称金融政策，是指中国人民银行（也称中央银行）为实现特定的经济目标，运用各种政策工具调节和控制货币供应量，进而影响宏观经济的方针和措施的总和。[①]

【知识拓展】
货币政策的目标

货币政策也可以分为扩张性货币政策和紧缩性货币政策。扩张性货币政策主要是政府通过增加货币供应量来提升社会总需求，企业取得信贷会相对容易，利率也会相对降低；相反，紧缩性货币政策是政府通过减少货币供应量来降低社会总需求，企业取得信贷会相对较

① 丁志国，赵晶. 金融学. 北京：机械工业出版社，2019.

难，利率也会相对提高。一般而言，当社会总需求较低和经济萧条时，采取扩张性货币政策较为合适；而在通货膨胀较为严重时，采取紧缩性货币政策较为合适。

（二）货币政策对企业的影响

当经济衰退、经济发展动力不足时，政府一般会采取扩张性货币政策。利用货币政策工具使货币的供给量增加，一般不会直接发行货币，而是通过政府买进债券、降低再贴现率、降低各商业银行的存款准备金率等手段降低利率，使流通的货币量增加。货币供给量的增加和利率的下降，一方面，直接引起筹资成本下降，企业会更加积极地寻求投资机会，扩大投资规模，使企业的盈利水平增加，相应地企业的利益相关者也会有更多的利润分配；另一方面，消费者手中可供支配的货币量增加，会更加愿意进行消费品支出，也促使企业投资扩产以满足增加的市场需求。

相应地，当通货膨胀严重、经济过热时，政府一般会采取紧缩性货币政策。政府通过卖出债券收回资金、提高再贴现率、提高商业银行的存款准备金率等手段提高利率，中央银行直接加息也可以起到相同的作用。市场上流通的货币量减少，会使企业可供流转的货币量减少，利率提高，企业筹资成本也会加大，信贷更加困难。因此，企业会减少投资，相应地控制投资规模，采取较为保守的资本结构，不愿意承担更多的风险。从消费者角度看，提高利率，消费者会更愿意把资金存入银行，减少消费支出，整个社会的需求降低，进而影响供给，同时，企业也会控制生产规模以适应市场变化。

三、汇率政策

（一）汇率政策的概念

1. 汇率

汇率是指一个国家的货币兑换成另一个国家货币的比率，它体现了两个国家货币的互换关系。简单来说，就是用一国货币表示的另一国货币的价格。汇率主要有两种标价方法：一种称为直接标价法，是指以一单位外币作为标的能够换得的本币所表示的汇率，汇率下降说明外币贬值即本币升值。另一种称为间接标价法，是指以一单位本币作为标的能够换得的外币所表示的汇率，汇率下降说明本币贬值即外币升值。

图 2－3 和图 2－4 分别是不同时期是人民币汇率的价位图。[①] 从图 2－3 中我们可以看出从 2005 年 7 月到 2021 年 3 月人民币汇率变动很大，从图 2－4 人民币对美元的汇率放大图中可以看出，从 2020 年 7 月到 2021 年 3 月人民币一直在升值，而美元在持续贬值。从宏观层面来看，这也与我国面对突如其来的疫情之后，经济基本恢复良好有关。

① 中国人民银行官网，http://www.pbc.gov.cn/.

图 2-3　人民币汇率中间价图

注：截止日期为 2021 年 3 月 16 日。

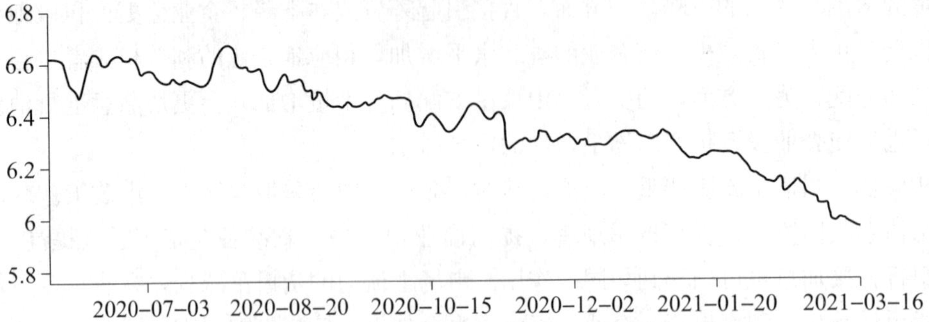

图 2-4　人民币对美元的汇率图

注：截止日期为 2021 年 3 月 16 日。

2. 汇率制度

汇率制度是指一国货币当局对本国汇率变动的基本方式所做的一系列安排和规定。图 2-5 描述了汇率制度的分类。汇率制度包括固定汇率制度和浮动汇率制度。固定汇率制度是指一国货币同其他国货币的汇率基本固定，其波动限于一定的幅度之内。固定汇率制度分为金本位制下的固定汇率制度和以美元为中心的固定汇率制度。浮动汇率制度是指一国不规定本币与其他国货币的官方汇率，听任汇率由外汇市场的供求关系自发决定。浮动汇率制度又分为自由浮动制度和管理浮动制度，前者指中央银行对外汇市场不采取任何干预措施，汇率完全由外汇市场的供求关系自发决定；后者指中央银行对外汇市场进行各种形式的干预活动，主要是根据外汇市场的供求情况出售或购入外汇，以通过外汇供求情况来影响汇率。我国目前实行的是以市场为基础的、单一的、有管理的浮动汇率制度即人民币汇率制度。

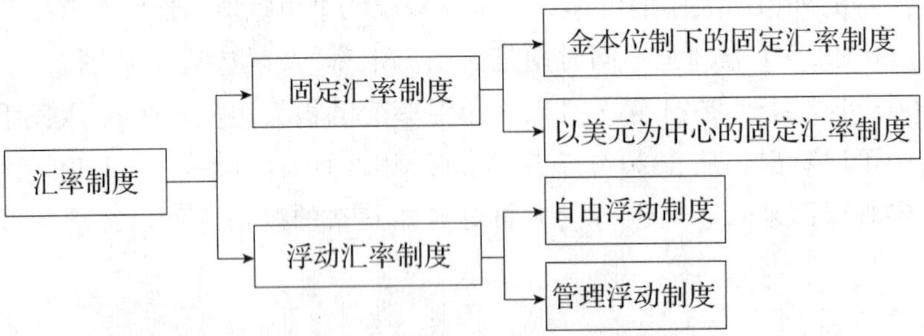

图 2-5　汇率制度的分类

（二）汇率政策对企业的影响

汇率的变动首先影响的是以进出口贸易为主的企业，因此接下来我们研究本币升值和贬值分别对企业财务行为的影响。

当外汇汇率下降（此处指直接标价法下的汇率）时意味着一单位外币可以兑换的人民币减少，外币贬值则人民币升值。对于以进口贸易为主的企业，本币升值会促进进口，企业以较低的成本价购入更多的原材料，可以提高产品价格竞争力并促进生产，有效地发展以扩大内需为主的经济可持续发展战略。对于以出口贸易为主的企业，本币减值会抑制出口，使企业承担更多的汇率风险，产品出口受阻，很多企业甚至会濒临破产。此时，企业可以改变销售策略，将重心更多地转移到国内市场，缓解出口的压力。

相反，当外汇汇率上升时，意味着一单位外币可以兑换的人民币增多，外币升值则人民币贬值。对于以出口贸易为主的企业，本币贬值降低了出口产品成本，使得产品出口量增加，企业可能需要投资扩产以满足增加的国外市场需求。同时，消费者对于进口商品替代品的国内商品的需求增加，企业也需要投资扩产以满足增加的国内市场需求。对于原料主要依赖进口的企业，本币贬值使得人民币的购买力减弱，进口产品的成本提高，企业需要花费更多资金来购买进口产品，其市场竞争力减弱。

【要点总结】宏观经济政策对企业财务计划与决策的影响

宏观经济政策对微观企业主体财务环境的影响是方方面面的。表 2-3 对三种主要的宏观经济政策对微观企业主体经济的影响进行了相应的梳理。积极的财政政策会使企业也相应地选择扩张性财务规划以及财务决策。同时，积极的货币政策和汇率政策会使微观企业主体做出相应的财务行为。如果财务大环境萧条，宏观经济政策也十分消极，微观企业主体的财务行为也会进行相应的调整。由此可见，宏观经济政策与微观企业主体财务管理行为息息相关，密不可分。

表 2-3 宏观经济政策对企业财务计划与决策的影响

政策	具体措施	对企业财务计划以及决策的影响
财政政策	（1）扩大财政支出 （2）减税降费	（1）选择投标政府项目 （2）消费者扩大支出，企业扩大产能 （3）从投资活动中获得更多的利润
货币政策	（1）增加货币供给量 （2）降低利率	（1）更多的消费需求 （2）企业更加偏好于债券融资
汇率政策	降低外汇汇率	（1）外币贬值，人民币升值 （2）企业以较低的成本购入原材料 （3）进口贸易会变得更加有吸引力

第三节 金融环境

财务管理本质就是筹划企业内部资源的分配以及企业内部与外部资源的交互。金融市场是交易资本的市场，是一种平行于银行这种间接融资手段的直接融资场所。企业需要到金融市场中筹措资金，满足自身的资金需求。

（一）金融市场的概述

金融市场（financial market）是指金融资产进行交易的一个场所。它反映了金融资产的供给者和需求者之间所形成的供求关系，包含金融资产交易过程中所产生的运行机制，其中最主要的是价格（包括利率、汇率及各种证券的价格）机制。

金融市场包括四个构成要素：金融市场主体、金融工具、金融中介以及金融市场价格。

1. 金融市场主体

金融市场主体又称金融市场的交易主体，即金融市场的交易者。参与金融市场的机构或个人，或者是资金的供给者，或者是资金的需求者，或者是以双重身份出现。它一般包括居民个人与家庭、工商企业、政府部门、金融机构、中央银行等。

2. 金融工具

金融工具是指一个企业形成金融资产，同时使另一个企业形成金融负债或权益工具的任何合约。金融工具具有三大特征：流动性、收益性和安全性。它是金融市场的交易对象，金融工具种类繁多，金融市场参与者可以根据自己的风险偏好和自身需求选择。企业也多是选择在金融市场中运用金融工具进行资金融通。

3. 金融中介

金融中介是指在金融市场资金融通过程中，在资金供求者之间起媒介或桥梁作用的人或者机构。按照企业融资是否通过金融中介，可以分为直接金融和间接金融。

直接金融是指资金需求者通过金融市场直接获取资金供给者的资金，如 A 企业发行债券，张某购买 A 企业发行的债券。间接金融是指资金需求者通过金融中介间接获取资金供给者的资金，如 A 企业去银行贷款，银行用从张某等小储户处吸收的存款向 A 企业发放贷款。

金融中介与金融市场相比，既有相同点又有不同点。图 2－6 列示了金融市场和金融中介资金融通的过程。直接金融中资金供给者直接将资金投放到金融市场，资金需求者直接在金融市场上筹集资金。有金融中介参与的间接金融则起到桥梁的作用，有利于资金从资金供给者手中流动到资金需求者手中，进而获取中介服务佣金。

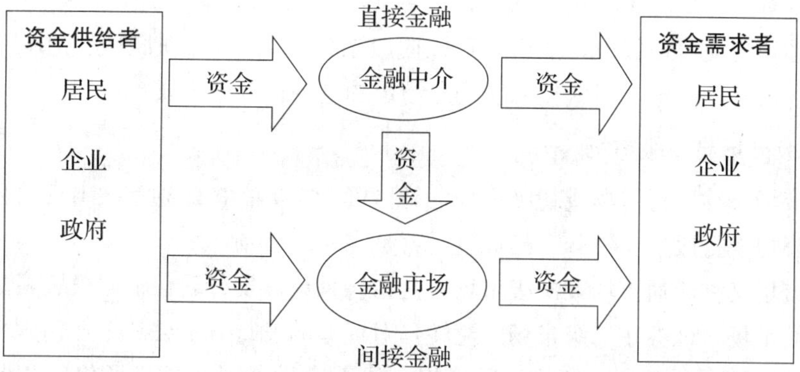

图 2-6 金融市场和金融中介资金融通流程

4. 金融市场价格

金融市场价格通常表现为各种金融资产的价格。金融工具的三大特征决定了其自身的内在价值，奠定了金融资产的价格基础。金融市场价格还受供给、需求、其他金融资产价格等的影响。

（二）金融市场的分类

金融市场种类繁多，不同的金融市场服务于不同的交易者，有不同的交易对象。金融市场可以是有形的交易场所（如上海证券交易所），也可以是无形的交易场所（如通过网络）。按照不同的标准，金融市场有不同的分类，我们仅介绍与企业投资和筹资密切相关的金融市场类型。

1. 货币市场与资本市场

货币市场是指短期金融工具交易的市场，交易的证券期限不超过 1 年。货币市场的主要功能是保持金融资产的流动性，以便随时转换为货币。它满足了借款者的短期资金需求，同时为暂时性闲置资金找到了出路。货币市场工具包括短期国债（国库券）、大额可转让存单、商业票据和银行承兑汇票等。

资本市场是指期限在 1 年以上的金融工具交易市场。资本市场包括银行中长期存贷市场和有价证券市场。与货币市场相比，资本市场交易的证券期限较长（超过 1 年），风险较大，利率或要求的报酬率较高。资本市场的主要功能是进行长期资本的融通。资本市场工具包括股票、公司债券、长期政府债券和银行长期贷款等。

2. 债务市场与股权市场

债务市场交易的对象是债务凭证，如公司债券、抵押票据等。债务凭证是一种契约，借款者承诺按期支付利息和偿还本金。

股权市场交易的对象是股票。股票是分享一个公司净利润和净资产权益的凭证。持有人的权益按照公司总权益的一定份额表示，没有确定的金额。股票的持有人可以不定期收取股利，且股票没有到期期限。

股票持有人与债务工具持有人的求偿权不同。股票持有人是排在最后的权益要求人，公司必须先支付债权人，然后才可以向股票持有人支付。股票风险高于债务工具，因为股票的收益不固定，而债权人能按照约定的利率得到固定收益。

3. 一级市场与二级市场

一级市场又称发行市场或初级市场，是指资金需求者将证券首次出售给公众时形成的市场。公司发行股票、债券筹集资金，就是在一级市场。

二级市场又称流通市场或次级市场，是指各种证券发行后在不同投资者之间买卖流通所形成的市场。证券在二级市场的流转，对证券的发行方不会产生任何现金流量。但是，在二级市场上会形成证券的流通价格，便于衡量公司债务市场价值和股权市场价值，进而衡量财务管理目标的实现程度。而且，公司证券在二级市场上的价格，决定了该公司在一级市场上新发行证券的价格。在一级市场上的购买者，只愿意向发行方支付其认为在二级市场上可接受的价格。二级市场上证券价格越高，公司在一级市场上出售证券的价格越高，发行方筹集的资金越多。因此，财务管理不仅需要关注一级市场，还需要密切关注二级市场。

4. 场内市场与场外市场

金融市场按照交易程序，分为场内市场和场外交易市场。场内市场是指各种证券的交易所。证券交易所有固定的场所、固定的交易时间和规范的交易规则，按拍卖市场的程序进行交易。证券持有人拟出售证券时，可以通过电话或网络终端下达指令，该信息输入后交易所撮合主机按价格从低到高排序，价低者优先。拟购买证券的投资者，用同样方法下达指令，按照由高到低排序，价高者优先。出价最高的购买者和出价最低的出售者达成一致时成交。证券交易所通过网络形成全国性的证券市场，甚至形成国际化市场。场外市场没有固定场所，由持有证券的交易商分别进行交易。任何人都可以在交易商的柜台上买卖证券，价格由双方协商形成。这些交易商相互之间用计算机网络联系，掌握各自开出的价格，竞价充分，与有组织的交易所相比并无多大差别。场外市场的交易对象包括股票、基金、债券、可转让存单和银行承兑汇票等。

场内交易的股票，只限于上市公司的股票，发行股票的上市公司的经营情况要向投资者公开，可以给投资者一种安全感。场外交易与场内交易相比，在公开公司财务方面没有那么严格，它是一种非组织性的市场。场外交易的特点是能为一些不能上市但有发展前途的中小企业筹措资金，为投资者提供具有吸引力的投资对象。

场内交易和场外交易的区别主要有：(1) 集中性不同。场外交易市场是一个分散的无形市场，它没有固定、集中的交易场所。(2) 组织性不同。场外交易市场的组织方式采取做市商制，而场内交易市场采取经纪制。(3) 公开性不同。场外交易市场是一个以议价方式进行证券交易的市场，其管理比证券交易所宽松，公开性要求不高。

【知识拓展】
我国资本市场中的场内市场与场外市场

【要点总结】金融市场的分类与特点

按照上述金融市场的分类标准，表2-4列示了金融市场的分类与特点。

表2-4 金融市场的分类与特点

分类标准	类别	特点
按照交易证券的不同特征	货币市场	(1) 短期债务工具交易的市场，交易的证券期限不超过1年； (2) 货币市场工具包括短期国债（国库券）、大额可转让存单、商业票据、银行承兑汇票等
	资本市场	(1) 资本市场是指期限在一年以上的金融资产交易市场； (2) 它包括两个部分：银行中长期存贷市场和有价证券市场； (3) 资本市场的工具包括股票、公司债券、长期政府债券和银行长期贷款
按照交易证券的不同属性	债务市场	债务市场交易的对象是债务工具
	股权市场	股权市场交易的对象是股票
按照交易证券是初次发行还是已经发行	一级市场	又称发行市场或初级市场，是资金需求者将证券首次出售给公众时形成的市场
	二级市场	又称流通市场或次级市场，是在证券发行后，各种证券在不同投资者之间买卖流通所形成的市场
按照证券交易程序	场内市场	指各种证券的交易所。证券交易所有固定的场所、固定的交易时间和规范的交易规则
	场外市场	没有固定场所，由持有证券的交易商分别进行交易

（三）金融市场与金融中介的功能

1. 金融市场的功能

在直接金融中，金融市场在资金供求双方间发挥着重要作用。金融市场的功能包括以下几个方面。

（1）资金的筹措与投放：发挥市场对资源的配置作用，提高经济效率。

（2）分散风险：直接金融中资金供给者可以构建投资组合，间接金融中资金供给者实质上将风险转嫁给了金融中介。

（3）调节经济：经济过热时中央银行可以在金融市场上出售证券，减少货币供应；减少货币供应的结果是利率提高，投资需求下降，从而达到抑制经济过热的目的。

（4）降低交易成本：完善的金融市场提供了充分的信息，可以节约寻找投资对象和评估投资价值的成本。

（5）确定金融资产价格：金融市场反映了金融工具的供给者和需求者之间所形成的供求关系，它包含金融资产交易过程中所产生的运行机制，其中最主要的是价格机制。金融市场上资金的供给方和需求方的相互作用决定了各种证券的价格、金融资产要求的报酬率等。

2. 金融中介的功能

在间接金融中，金融中介发挥着重要作用。金融中介的功能包括以下几点。

（1）充当信用中介，促进资金融通。金融中介最基本的职能是通过间接融资方式实现借贷者之间的资金融通。

（2）充当支付中介，便利支付结算。通过现代化的支付系统，为客户完成货币收付转移或清偿因交易形成的债权债务关系，提高支付效率。

（3）提供金融服务，降低交易成本。降低资金供求双方的搜寻和核实成本、监督和审计成本、风险管理和参与成本；同时利用专门技术，以廉价成本提供多种服务。

（4）解决信息不对称问题，防止逆向选择和道德风险。信息不对称即交易双方拥有不同的信息，信息不对称造成的后果是逆向选择和道德风险，而金融中介恰恰可以对这两者进行有效预防。

（5）转移和分散金融风险。

（6）资金池和期限转化。资金供给者的存款有多有少，闲置时限或长或短，资金需求者也是如此，两者很难做到数量、期限的匹配。金融机构作为中介，可以将社会公众的小额闲置资金汇集为大额资金，投放给大额资金需求者，还可以通过短期借款和长期借款来创造流动性，实现资金供给和需求上的期限转化。

第四节　金融工具

作为金融市场交易的重要载体，金融工具在资金融通过程中发挥着重要作用。一是将资金从供给方转移到需求方；二是使收益和风险在供给方和需求方之间重新分配。因此，金融工具的三大特征：收益性、流动性和安全性，能够满足不同资金供求者的要求。

金融工具的收益性是指金融工具能够带来价值增值。按照收益性特征可将金融工具分为以下三类：固定收益工具、权益工具、衍生工具。

（一）固定收益工具

固定收益工具是指能够提供固定或根据固定公式计算出来的现金流量的金融工具。例如，公司债券的发行人承诺每年向债券持有人支付固定的利息。固定收益证券是公司筹资的重要形式，收益与发行人的财务状况相关程度较低，除非发行人破产或违约，否则证券持有人将按规定数额取得收益。

从图 2-7 广发证券发行的固定收益证券中[①]，我们可以直观地了解固定收益证券应

① 东方财富网，http://quote.eastmoney.com/bond/sz112183.html.

该包含的信息：发行期限为10年；发行价为100元；发行票面利率为5.1%，计息方式为固定利率；每年付息日为6月17日等。因此，固定收益证券的获利稳定，收益与发行公司的财务状况相关程度较低。

债券全称	广发证券股份有限公司2013年...	债券简称	13广发03	债券代码	112183
发行量	90亿元	发行价	100元	计息方式	固定利率
期限	10年	发行票面利率	5.1%	交易市场	深圳证券交易所
起息日期	2013-06-17	到期日期	2023-06-17	发行起始日	2013-06-17
上市日期	2013-07-12	发行单位	广发证券股份有限公司	付息方式	周期性付息
币种	人民币	剩余期限	822天	每年付息日	06-17

图2-7　广发证券发行的固定收益证券

（二）权益工具

发行人事先不对持有者做出支付承诺，收益的多少不确定，要看公司经营的业绩和公司净资产的价值，因此其风险高于固定收益工具。权益工具是公司筹资的最基本形式，任何公司都必须有股权资本，代表特定公司所有权的份额。股票就是很典型的权益工具，是指股份公司在筹集资金时向出资人发行的，表示出资人按其出资比例享有权益和承担义务的可转让凭证。① 股票的形式包括普通股和优先股。

【知识拓展】
金融衍生工具

（三）衍生工具

衍生工具的种类繁多，并不断创新，包括各种形式的远期合约、期货、期权和互换合约等。衍生工具由于衍生品的价值依赖于其他工具，它的目的主要是用来套期保值、投机和套利。根据企业财务管理的原则，企业不应依靠衍生证券投机获利，而应利用衍生证券进行套期保值或者转移风险，进行风险管理。

【知识拓展】
上证50 ETF
期权

第五节　资本市场效率

资产市场效率是指资本市场实现资本资源优化配置功能的程度。资本市场效率包括两个方面：一是资本市场以最低的交易成本为资本需求者提供资本资源的能力；二是资本需求者使用资本资源为社会提供有效产出的能力。高效率的资本市场，应该是将有限的资本资源配置到效益最好的公司及行业进而创造具有最大价值的市场。

有效市场理论（efficient markets hypothesis，EMH）是西方主流的金融市场理论，

① 丁志国，赵晶．金融学．北京：机械工业出版社，2019.

又称有效市场假说，是由尤金·法玛于1970年提出的。资本资产定价模型（CAPM）、套利定价理论（APT）以及期权定价模型（OPM）都是基于有效市场理论建立起来的。

一、资本市场有效的含义与基础条件

（一）资本市场有效的含义

资本市场有效的外部标志包括两方面：一是信息充分、披露均匀，每个投资人在同一时间得到等量等质的信息；二是价格迅速反应，市场价格能够迅速地根据有关信息变动，不会出现没有反应或者反应迟钝。因此，资本市场有效是指资本市场上的价格能够同步、完全地反映全部的可用信息。

（二）资本市场有效的基础条件

资本市场有效主要包含以下三个基础条件。

1. 理性的投资人

假设资本市场上的所有投资人都是理性的，当资本市场发布新的信息时所有投资人都会以理性的方式调整自己股票的估值。金融市场上每只证券所代表的各家公司都处于这些理性人的严格监视之下，他们每天都在进行基本分析，以公司未来的获利性来评价公司的股价，把未来价值折算成今天的现值，并谨慎地在风险与收益之间进行权衡取舍。

2. 独立的理性偏差

资本市场的有效性并不要求所有的投资人都是理性的，总有一些非理性人的存在。只要非理性人不盲目跟从，市场依旧是有效的。具体来说，如果市场上存在非理性投资人，只要预期的偏差是非系统的、不一致的，非理性行为如乐观或悲观的投资行为就可以相互抵消，使得股价与预期理性一致，市场也仍旧是有效的。

3. 套利行为

资本市场的有效性并不要求所有的非理性预期都可以抵消，所以市场有时会高估或者低估股价。市场上存在两种投资人：一种是业余的非理性投资人，另一种是专业的理性投资人。即使非理性人盲从，专业投资人通过套利也会使市场有效。如果非理性投资人的偏差不能相互抵消，专业投资人会理性地重新配置资源，进行套利交易，从而使股价趋于理性。

二、资本市场有效的程度

资本市场有效程度不同，价格可以吸纳的信息类别也不同。法玛将与证券价格有关的信息分为三类：

（1）历史信息，指证券价格、交易量等与证券交易有关的历史信息；

（2）公开信息，指公司的财务报表、附表、补充信息等公司公布的信息，以及政府和有关机构公布的影响股价的信息；

（3）内部信息，指没有发布的只有内幕人知悉的信息。

根据这三类信息，可以把资本市场的有效性分为三种有效程度：弱式有效、半强式有效和强式有效。

（一）弱式有效

如果资本市场的股价只反映历史信息，则它是弱式有效资本市场。弱式有效资本市场是最低程度的有效资本市场。判断弱式有效的标志是有关证券的历史信息对证券的现在和未来价格变动没有任何影响。反之，如果有关证券的历史信息对证券的价格变动仍有影响，则资本市场尚未达到弱式有效。如果有关证券的历史信息与现在和未来的证券价格无关，说明这些历史信息的价值已经在过去为投资者所用，从而说明有关证券的历史信息已经被充分披露、均匀分布和完全使用，任何投资者都不可能通过分析这些历史信息来获取超额收益。

资本市场弱式有效的验证方法是考察股价是否随机变动，不受历史价格的影响。验证方法主要有两种：一种是检验证券价格的变动模式，看其是否与历史价格相关，如随机游走模型；另一种是设计一个投资策略，将其所获收益与“简单购买/持有”策略所获收益相比较，如过滤检验。

（二）半强式有效

如果资本市场的股价不仅反映历史信息，还反映所有的公开信息，则它是半强式有效资本市场。半强式有效资本市场的主要特征是现有股价能充分反映所有公开可得的信息。对于投资者来说，在半强式有效资本市场中不能通过对公开信息的分析获得超额收益。公开信息已反映在股价中，所以基本面分析是无用的。检验半强式有效资本市场的方法主要是事件研究法和投资基金表现研究法。

（三）强式有效

如果资本市场的股价不仅反映历史和公开信息，还能反映内部信息，则它是强式有效市场。强式有效资本市场的特征是无论可用信息是否公开，价格都可以完全、同步地反映所有信息。由于股价能充分反映所有公开和内部的信息，对于投资者来说，不能从公开和非公开的信息分析中获得超额收益，所以内幕消息是无用的。研究资本市场的强式有效问题，要明确“内幕信息获得者”。通常，大股东、董事会成员、监事会成员、公司高管成员以及有能力接触内部信息的人士，被列为内幕信息获得者。对强式有效资本市场的检验，主要考察内幕信息获得者参与交易时能否获得超额收益。

【要点总结】资本市场有效性

资本市场有效性总结如表 2－5 所示。

表 2－5　资本市场有效性

资本市场分类	股价所反映的信息	检验方法
弱式有效资本市场	历史信息	随机游走模型、过滤检验
半强式有效资本市场	历史信息＋公开信息	事件研究法、投资基金表现研究法
强势有效资本市场	历史信息＋公开信息＋内部信息	考察内幕信息获得者的超额收益

三、资本市场有效对财务管理的意义

资本市场效率与财务管理理论密切相关。首先，财务管理的基本理论是以市场有效为假设前提的。例如，价值评估理论、投资组合理论、资本结构理论等，其论证和模型构建都是基于资本市场有效的假设。其次，有效的资本市场对企业财务管理实践具有指导意义。企业财务管理行为总是发生在一个特定的资本市场环境中，资本市场环境影响企业财务管理行为及后果。资本市场连接着企业财务管理行为、企业价值和股票价格，具体关系如图 2－8 所示。在有效资本市场中，财务决策会改变企业的经营和财务状况，而企业状况会及时地被股票价格反映。如果企业的财务管理行为是理智的，投资和筹资将增加企业价值；如果资本市场是有效的，增加企业价值将会提高股票价格，从而增加股东财富。因此，股票价格可以检验企业财务管理目标的实现程度。反之，如果资本市场是无效的，明智的财务管理行为不能增加企业价值，企业价值的增加不能提高股票价格，财务管理行为就会失去目标和依据。

【知识拓展】
行为金融学对有效市场理论的质疑

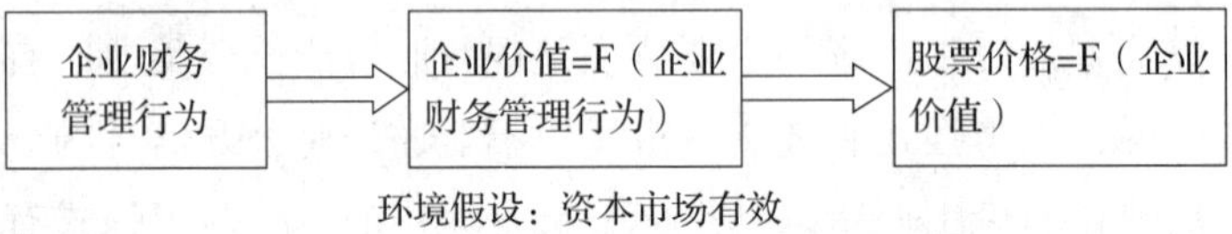

图 2－8　企业财务管理行为、企业价值和股票价格关系

练习题

一、单项选择题

1. 下列各项中，属于货币市场工具的是（　　）。

A. 可转换债券　　B. 优先股

C. 银行承兑汇票　　D. 银行长期贷款

2. 收益与发行人的经营成果相关程度高，其持有人非常关心公司的经营状况的证券是（　　）。

A. 固定收益证券　　B. 权益证券

C. 衍生证券　　D. 债务证券

3. 下列关于金融工具分类的表述，正确的是（　　）。

A. 浮动利率债券，由于利息收益不稳定，因此不属于固定收益证券

B. 金融工具可以分为固定收益证券和权益证券两种

C. 金融期权、期货和利率互换合约属于衍生证券

D. 固定收益证券的收益与发行人的财务状况相关程度很高

4. 在一个弱式有效资本市场上，下列表述错误的是（　　）。

A. 股价是随机变动的，不受历史价格的影响

B. 证券价格的时间序列存在显著的系统性变动规律

C. 有关证券的历史信息对证券现在和未来的价格没有任何影响

D. 利用历史信息的投资策略所获取的平均收益，都不会超过“简单购买/持有”策略所获取的平均收益

5. 根据有效市场假说，下列说法中错误的是（　　）。

A. 只要所有的投资者都是理性的，市场就是有效的

B. 只要投资者的理性偏差具有一致倾向，市场就是有效的

C. 只要投资者的理性偏差可以互相抵消，市场就是有效的

D. 只要有专业投资者进行套利，市场就是有效的

二、判断题

1. 财务管理的技术环境，是指财务管理得以实现的技术手段和技术条件，它决定着财务管理的效率和效果。（　　）

2. 可转换债券也属于固定收益证券。（　　）

3. 固定收益证券的收益与发行人的财务状况相关程度很高。（　　）

4. 资本市场是强式有效的，投资者只能获取与投资风险相称的报酬。（　　）

5. 资本市场半强式有效，利用非公开信息不能获得超额收益。（　　）

三、复习思考题

1. 新冠肺炎疫情爆发，部分企业遭受营收、现金流的重创，甚至出现生产经营困难。请从新冠肺炎疫情对企业的筹资、投资、经营产生的影响角度谈谈你认为企业面临的困难。

2. 什么是直接金融和间接金融？如果你是一个企业的财务经理，更愿意采用直接金融还是间接金融？说明理由。

3. 财务经理要关注二级市场，当二级市场金融工具的价格低于其价值时，财务经理应该怎样做？提示：可以从股价会对企业产生的影响入手分析，例如，从高管绩效评估、期权行权、期权质押、社会舆论等方面考虑。

4. 企业不能从二级市场获得融资，为什么财务经理还要关注二级市场？

四、案例分析题

宏观经济政策变动下企业的相机财务行为调整

相机财务理论是指在充满不确定性的复杂环境下，关于财务决策的目标、假设、原则、内容、程序与方法的理论。在当今文化、技术、科技不断变化更迭的时代，尤其是信息技术不断发展的情况下，企业面临很大的不确定性，此时就需要“相机而动”。

《第一财经》报道，2020 年疫情对经济造成了巨大冲击，各国政府主要关注的是如何走出疫情，推动经济反弹，所以，总量是当时的主要政策目标。[①] 2020 年年末，全球经济出现－3.3％的衰退，衰退背后体现的是在经济结构和经济活动中出现的新的不平衡。从大的格局来看，中国经济在 2020 年强劲反弹 2.3％，是世界上唯一实现正增长的大国。除了疫情使我国进入了经济结构不平衡阶段，2021 年我国也面临新的经济结构变化。

第一，老龄化。老龄化的速度和规模远远超出我们的想象。65 岁以上的人口占到总人口的 12％，我国已经进入老龄化社会。

第二，2060 年实现“碳中和”目标。碳中和是能源革命，涉及环保和排放，但远远不止这些。煤消耗占到 60％以上，把其降到 6％左右需要进行技术革命。若要从根本上走向绿色发展，发展方式和发展范式需发生根本性转变。中国会由此告别工业革命以来以石化燃料为基础的西方工业发展轨道，开始走上以绿色为主的发展轨道。

第三，数字化转型。疫情意外爆发，加剧了中美贸易摩擦，并转变成科技摩擦和科技竞争，科技竞争又演变成全球竞争。很多制造型企业都进入了数字化生产阶段。整个数字化过程会从根本上改变一个国家的核心竞争力。

根据目前的经济结构，2021 年的宏观经济政策应更注重经济结构和增长质量。宏观政策的目标是继续走出疫情危机，推动经济增长。2021 年的政策应更偏重结构，修正疫情造成的结构不平衡，与此同时，还要面向未来，看到我们的老龄化问题，看到“碳中和”发展范式带来的巨大改变，看到数字化转型的趋势，推动整个经济朝这三个方向走，把中国经济放到一个永久性、绿色、可持续、新的发展轨道上。这等于是三重任务，要修补过去的创伤，要推动经济的强劲增长，同时还要面向未来的结构优化和整个经济增长范式的转轨，这是 2021 年宏观政策最大的挑战。

就中央银行的货币政策而言，全球都处于继续刺激宽松和开始收紧之间的转换和犹豫阶段，市场也在不断变动，稍有风吹草动就会引起较大波动。在这种情况下，保持宽松的流动性还是很重要的。我国利率水平已经开始上升，而且上升速度快于国际平均利率水平的上升速度，所以货币政策还需要保持宽松，支持流动性很重要。

在这个大背景下，财政政策的精准发力显得特别重要，因为财政历来是调结构最有力和关键的工具。结构调整其实包括两个方面：一是修复疫情危机造成的新的不平衡，二是面向未来调整结构，引领未来的经济发展。因此，在 2021 年这个节点上，财政政

① 朱民. 2021 年的宏观经济政策应推动增长和平衡并重. ［2021－04－14］. https://www.yicai.com/news/101021268.html.

策的精准性和力度非常重要。

中国在这次疫情中采取了理性、合理的刺激。财政政策和货币政策的刺激程度与国际平均水平相比，都处于中等或中等偏下水平，既看到了我们已有的高债务等风险，也看到了传导机制的重要性，所以，用精准滴灌的办法逐渐推进，不仅提高了效率，还给财政政策和货币政策留出了空间。总量不是2021年最主要的政策目标，再平衡和结构恢复、发展、转型才是政策的主要目标。

总之，疫情常态化下的宏观经济策略在看到总量的同时也要看到结构，还要更多地关注结构，推动结构平衡，引领结构转型，把中国经济放到绿色、可持续和数字化的新发展模式上。这是2021年宏观政策的挑战和目标。

要求：

上述材料介绍了2021年宏观经济政策的基本概况，企业在充满不确定性的复杂环境中，又该如何“相机而动”？请运用本章所学并结合所给材料，简要分析宏观经济政策变动下企业的相机财务行为调整。

第三章

财务分析

引导案例

沃伦·巴菲特是一个非常传奇的人物，1930 年 8 月 30 日出生于美国内布拉斯加州的奥马哈市。1941 年，年仅 11 岁的巴菲特就已经开始自己的股市之旅，购买了自己人生中的第一只股票。1947 年，17 岁的巴菲特进入大学，主修财务和商业管理。两年的大学生活进一步激发了他对知识的渴望，他随后考入哥伦比亚大学金融系，在本杰明·格雷厄姆的门下学习有关金融的知识。进入金融领域的巴菲特找到了自己真正的人生归宿。

1956 年，仅仅 26 岁的巴菲特回到自己的家乡，建立了自己的投资帝国——伯克希尔-哈撒韦公司。公司创立后巴菲特在短短四十年的时间里，用 100 美元创造了超过 2 000 亿美元的财富。当年那个平平无奇的年轻人成了整个美国甚至世界投资领域的榜样。巴菲特的投资成功得益于有效的财务分析，从公司年报和季报中寻找线索，分析目标公司的发展前景以及财务状况，评估投资公司的价值。

如何进行财务分析？这正是本章的学习要义所在。

学习目标

1. 了解财务分析的依据、目的、作用、程序、方法以及局限性。
2. 掌握偿债能力、营运能力、盈利能力以及成长能力的分析。
3. 掌握运用杜邦分析法进行财务综合分析，了解财务比率综合评分法。

第一节　财务报表回顾

站在财务管理的视角，财务报告（也称财务会计报告）是对企业过去的筹资、投资、经营活动的总结。要分析和评价企业等经济组织过去和现在有关筹资、投资、经营活动对偿债能力、营运能力、盈利能力和成长能力的贡献，就要以财务报告等会计核算资料为依据。因此，财务分析是立足于财务报告等会计核算资料，采用一系列专门的分析技术和方法，对企业的经营管理能力状况等进行分析与评价的经济管理活动。

按照《企业会计准则——基本准则》①，财务会计报告是指企业对外提供的反映企业某一特定日期的财务状况和某一会计期间的经营成果、现金流量等会计信息的文件。财务会计报告包括会计报表及其附注和其他应当在财务会计报告中披露的相关信息和资料。会计报表及其附注统称为财务报表，是对企业财务状况、经营成果和现金流量的结构性表述。财务报表至少应当包括“四表一注”，即资产负债表、利润表、现金流量表、所有者权益（或股东权益）变动表以及附注。

一、资产负债表

资产负债表（balance sheet）（见表 3 - 1）反映的是企业在某一个特定时间点，通常是月末、季末、年末等的财务状况。资产负债表根据会计恒等式“资产=负债+所有者权益”编制。资产表示企业在某一特定日期所拥有或控制的经济资源，负债表示企业为了获得这些经济资源需要向债权人承担的现时义务，所有者权益则表示股东对企业净资产的要求权。站在财务管理的视角，资产反映的是企业投资的结果，形成了资产结构（assets structure）；负债和所有者权益反映的是企业筹资来源，形成了广义的资本结构（capital structure）。资产负债表中的资产，按照流动性（或称变现能力）排序，负债和所有者权益按偿还的先后顺序排列。信息使用者可通过对资产负债表的分析，了解企业的偿债、营运等财务能力。

表 3 - 1　资产负债表

单位：元

资产	期末余额	上年年末余额	负债和所有者权益（或股东权益）	期末余额	上年年末余额
流动资产：			流动负债：		
货币资金			短期借款		
交易性金融资产			交易性金融负债		
衍生金融资产			衍生金融负债		
应收票据			应付票据		
应收账款			应付账款		
应收账款融资			预收款项		
预付款项			合同负债		
其他应收款			应付职工薪酬		
存货			应交税费		
合同资产			其他应付款		
持有待售资产			持有待售负债		
一年内到期的非流动资产			一年内到期的流动负债		
其他流动资产			其他流动负债		

① 《企业会计准则——基本准则》（简称《基本准则》）于 2006 年 2 月 15 日公布，根据 2014 年 7 月 23 日《财政部关于修改〈企业会计准则——基本准则〉的决定》修改。《基本准则》分总则、会计信息质量要求、资产、负债、所有者权益、收入、费用、利润、会计计量、财务会计报告、附则共 11 章 50 条，自 2007 年 1 月 1 日起施行。

续表

资产	期末余额	上年年末余额	负债和所有者权益（或股东权益）	期末余额	上年年末余额
流动资产合计			流动负债合计		
非流动资产：			非流动负债：		
债权投资			长期借款		
其他债权投资			应付债券		
长期应收款			其中：优先股		
长期股权投资			永续债		
其他权益工具投资			租赁负债		
其他非流动资产			长期应付款		
其他非流动金融资产			预计负债		
投资性房地产			递延收益		
固定资产			递延所得税负债		
在建工程			其他非流动负债		
生产性生物资产			非流动负债合计		
油气资产			负债合计		
使用权资产			所有者权益（或股东权益）：		
无形资产			实收资本（或股本）		
开发支出			其他权益工具		
商誉			其中：优先股		
长期待摊费用			永续债		
递延所得税资产			资本公积		
其他非流动资产			减：库存股		
非流动资产合计			其他综合收益		
			专项储备		
			盈余公积		
			未分配利润		
			所有者权益（或股东权益）合计		
资产总计			负债和所有者权益（或股东权益）总计		

二、利润表

利润表（income statement）（见表 3－2）反映的是企业在一定会计期间（月度、季度、半年度、年度）经营成果的报表。利润表的构建是基于“利润＝收入—费用”的会计等式。表内包含收入、费用、利润等相关信息。利润表涵盖了企业在一个会计期间的收入、支出的详细情况，有助于信息使用者对企业盈利能力进行分析。基于对以往利润表的分析，可以预测企业未来的业绩和获利能力，也可以发掘企业在盈利方面的问题并加以改进。

表 3-2 利润表

单位：元

项目	本期金额	上期金额
一、营业收入		
减：营业成本		
税金及附加		
销售费用		
管理费用		
研发费用		
财务费用		
其中：利息费用		
利息收入		
加：其他收益		
投资收益（损失以“—”号填列）		
其中：对联营企业和合营企业的投资收益		
以摊余成本计量的金融资产终止确认收益（损失以“—”号填列）		
净敞口套期收益（损失以“—”号填列）		
公允价值变动收益（损失以“—”号填列）		
信用减值损失（损失以“—”号填列）		
资产减值损失（损失以“—”号填列）		
资产处置收益（损失以“—”号填列）		
二、营业利润（亏损以“—”号填列）		
加：营业外收入		
减：营业外支出		
三、利润总额（亏损总额以“—”号填列）		
减：所得税费用		
四、净利润（净亏损以“—”号填列）		
（一）持续经营净利润（净亏损以“—”号填列）		
（二）终止经营净利润（净亏损以“—”号填列）		
五、其他综合收益的税后净额		
六、综合收益总额		
七、每股收益		
（一）基本每股收益		
（二）稀释每股收益		

三、现金流量表

现金流量表（cash flow statement）（见表 3－3）是指反映企业在一定会计期间（月度、季度、半年度、年度）现金及现金等价物流入和流出的报表。与利润表反映的是基于权责发生制的会计盈余不同，这张报表反映的是基于收付实现制的现金流量的来源和去向。

【概念解析】
现金、现金等价物与现金流量

表 3-3　现金流量表

单位：元

项目	本期金额	上期金额
一、经营活动产生的现金流量：		
销售商品、提供劳务收到的现金		
收到的税费返回		
收到其他与经营活动有关的现金		
经营活动现金流入小计		
购买商品、接受劳务支付的现金		
支付给职工以及为职工支付的现金		
支付的各项税费		
支付其他与经营活动有关的现金		
经营活动现金流出小计		
经营活动产生的现金流量净额		
二、投资活动产生的现金流量：		
收回投资收到的现金		
取得投资收益收到的现金		
处置固定资产、无形资产和其他长期资产收回的现金净额		
处置子公司及其他营业单位收到的现金净额		
收到其他与投资活动有关的现金		
投资活动现金流入小计		
购建固定资产、无形资产和其他长期资产支付的现金		
投资支付的现金		
取得子公司及其他营业单位支付的现金净额		
支付其他与投资活动有关的现金		
投资活动现金流出小计		
投资活动产生的现金流量净额		
三、筹资活动产生的现金流量：		
吸收投资收到的现金		
取得借款收到的现金		
收到其他与筹资活动有关的现金		
筹资活动现金流入小计		
偿还债务支付的现金		
分配股利、利润或偿付利息支付的现金		
支付其他与筹资活动有关的现金		
筹资活动现金流出小计		
筹资活动产生的现金流量净额		
四、汇率变动对现金及现金等价物的影响		
五、现金及现金等价物净增加额		
加：期初现金及现金等价物余额		
六、期末现金及现金等价物余额		

现金流量表将企业的现金流量划分为三个部分，即经营活动产生的现金流量、投资活动产生的现金流量、筹资活动产生的现金流量。投资活动，是指企业长期资产的购建和不包括在现金等价物范围内的投资及其处置活动。筹资活动，是指导致企业资本及债务规模和构成发生变化的活动。投资活动和筹资活动以外的所有交易和事项均属于经营

活动。现金流量表直观地呈现了企业在一定会计期间的经营、筹资、投资活动对现金及现金等价物所产生的影响，信息使用者可通过现金流量表分析企业资金的来龙去脉、现金变动的具体原因，辨析企业持有现金增减的合理性，监控资金风险；还可以与资产负债表、利润表相结合，更为全面地判断企业创造现金的能力、盈利质量、偿债能力和支付能力等。

【知识拓展】现金流分析

企业总现金流量的三个来源中，最重要的是经营活动产生的现金流量，这是企业赖以生存的根本，也是企业获取现金的主要来源。

经营活动产生的现金流量是企业"造血"能力的重要体现。如果企业的主营业务做得好，市场销路畅通，市场需求旺盛，客户供不应求，企业的销售回款速度也非常快，那就表明企业的"造血"能力强。反之，如果企业的经营活动创造的现金流量较少，主营产品或服务没有适销对路，销售增长乏力，客户回款速度较慢，那就表明企业自身的"造血"能力弱。

投资活动产生的现金流量体现的是企业外部"造血"的一种能力。对于一些具备一定规模、账面资金充裕的企业来说，把闲置资金投资于一些短期债券、股权或者一些长期的项目以丰富企业收入来源，或者投入企业以外的其他领域，从而获取一些额外的投资收益，也是企业财务管理的一项重要内容。

投资活动产生的现金流量之所以没有经营活动产生的现金流量可靠，是因为投资的风险高，尤其是投资外部企业或项目的风险可控性差，加上如果企业缺乏专业投资方面的人才，投资收益具有很大的不确定性。

筹资活动产生的现金流量体现的是"输血"能力。筹资活动一般是借助外部的融资机构或者投资公司，通过股权融资或债务融资获取资金。融资已经成为现代财务管理的一种常态，即使企业的经营活动创造的现金流量能够满足正常经营，但企业只要有能力、有机会获取外部资金，也会积极融资，拓展资金途径，这是企业快速成长、做大做强的必经之路。

四、所有者权益变动表及附注

所有者权益变动表（statement of changes in owner's equity）（见表 3－4）是指反映构成所有者权益各组成部分当期增减变动情况的报表。所有者权益变动表以矩阵的形式列示。一方面，列示导致所有者权益变动的交易或事项即所有者权益变动的来源，对一定时期所有者权益的变动情况进行全面反映；另一方面，按照所有者权益各组成部分（即实收资本（或股本）、其他权益工具、资本公积、其他综合收益、盈余公积、未分配利润和库存股等）列示交易或事项对所有者权益各部分的影响。通过所有者权益变动表，既可以为报表使用者提供所有者权益总量增减变动的信息，也能为其提供所有者权益增减变动的结构性信息，特别是能够让报表使用者理解所有者权益增减变动的根源。

表 3-4　所有者权益变动表

单位：元

项目	本年金额						上年金额					
	实收资本（或股本）	资本公积	减：库存股	盈余公积	未分配利润	所有者权益合计	实收资本（或股本）	资本公积	减：库存股	盈余公积	未分配利润	所有者权益合计
一、上年年末余额												
加：会计政策变更												
前期差错更正												
其他												
二、本年年初余额												
三、本年增减变动金额（减少以“—”号填列）												
（一）综合收益总额												
（二）所有者投入和减少资本												
1. 所有者投入的普通股												
2. 其他权益工具持有者投入资本												
3. 股份支付计入所有者权益的金额												
4. 其他												
（三）利润分配												
1. 提取盈余公积												
2. 对所有者（或股东）的分配												
3. 其他												
（四）所有者权益内部结转												
1. 资本公积转增资本（或股本）												
2. 盈余公积转增资本（或股本）												
3. 盈余公积弥补亏损												
4. 设定受益计划变动额结转留存收益												
5. 其他综合收益结转留存收益												
6. 其他												
四、本年年末余额												

第二节　财务分析概述

一、财务分析的目的

财务分析的目的取决于会计信息使用者的目的。会计信息使用者主要包括股权投资者、债权人、企业管理者、政府及其相关部门和社会公众等。

企业的股权投资者是企业的所有者，拥有剩余权益。剩余权益是指只有在企业的债权人和优先股股东等优先权享有者的求偿权得到满足之后，股权投资者才享有剩余收益和剩余财产的分配权。因此，股权投资者要比债权人和优先股股东承担更多的风险。股权投资者通常关心企业的盈利能力和发展能力，为确保自身投入资产的保值增值，他们需要借助会计信息等相关信息来分析企业的发展前景、投资的风险和收益、企业的权益结构等，以决定是否调整投资、更换管理层和加强企业的内部控制等。

企业的债权人包括企业借款的银行、融资租赁的出租方、供应商以及债券的持有人。企业与债权人之间是债权资金的取得和本金利息的偿还关系。债权人将自己的资金暂时让渡给企业，从中获得一定的报酬作为让渡资金的补偿，其目标是按约定获得利息并收回本金。因此，债权人通常关心企业的偿债能力以及财务风险，他们需要借助会计信息等相关信息来判断企业能否按约定支付所欠货款、偿还贷款本金和支付利息等。由于债务期限不同，债权人进行财务分析所关注的重点也不尽相同。短期债权人的关注点在于企业的流动性和资金周转状况，企业在债务到期时是否有足够的流动资金偿还债务。而对于长期债权人来说，只要一个企业有良好的盈利能力，那么企业在未来的偿债能力就有了保障，正因如此，长期债权人会更关注企业未来的现金流量和盈利能力。

【知识拓展】贸易债权人和非贸易债权人

企业管理者主要是指 CEO、CFO 等企业的经理。现代公司制企业下，管理层受托于企业所有者，对企业进行直接的经营管理，对企业的经营成败负主要责任。因此，他们需要对企业现时的财务状况、盈利能力以及发展前景了然于胸。这就需要通过财务分析所提供的信息来监控企业的经营活动和财务状况的变化及发展趋势，发现企业筹资、投资、经营活动中的问题，以便及时采取有效的措施，杜绝短期化行为，改进企业财务管理工作，优化经营决策，引导和促进企业经营管理活动向着股东财富最大化的目标良性运行。

会计信息使用者还包括政府相关部门，如税务部门、财政部门等。政府部门进行财务分析的主要目的，一方面是了解企业的经营活动是否遵守法律法规，另一方面是通过对整个产业内的企业的分析，更好地了解宏观经济的运行情况，为其制定和完善相应的法律法规提供有效的依据。

二、财务分析的作用

财务分析既是对已完成的财务活动的总结，又是财务预测的前提，在财务管理的循环中起着承上启下的作用。

（1）财务分析是实现理财目标的重要手段。人们通过财务分析可以对企业经营管理成果和财务状况的具体情况得到更全面的了解，全面评价企业在一定时期内的财务状况、资产管理水平、获利能力等；可以从各方面揭露矛盾，找出差距，充分认识未被利用的人力、物力资源，寻找利用不当的原因，促进企业经营管理活动按照企业价值最大化目标运行；还可以判断企业的发展趋势，预测企业的经营前景，从而为其经营决策和投资决策提供重要依据。

（2）财务分析为决策者的相关决策提供依据。通过财务分析，股权投资者、债权人、政府及其相关部门等可以深入了解企业的财务状况、经营成果、现金流量以及风险情况，为其投资决策、信贷决策以及其他经济决策提供依据。

（3）财务分析为经营管理者的业绩评价提供依据。通过财务分析，可以将影响企业财务状况和经营成果的主观因素与客观因素、微观因素与宏观因素区分开来，划清经济责任，合理评价经营管理者的工作实绩，并据此奖优罚劣，以促进经营管理者不断改进工作，提高管理水平。

三、财务分析的程序与方法

（一）财务分析的程序

1. 相关信息的收集和整理

财务分析的主体不同，财务分析的目标也不同。在进行财务分析时，首先要明确界定分析目标，然后才能确定收集的资料。在收集信息时要保证信息的完整性和及时性，只有具有实效性的信息才能提高分析结果的决策有用性。

2. 会计分析

会计分析是指根据会计核算提供的会计信息，应用一定的分析方法对企业的经营过程及经营成果进行定量和定性的分析。会计分析侧重于会计数据的真实性、完整性和会计信息的相关性。

财务分析以财务会计核算的报表资料为依据，没有会计资料的正确性就没有财务分析的准确性。可靠的会计分析关系到财务分析的质量以及有关财务决策的正确性。如果财务报告不能清楚地揭示编制这些报告所采用的重要会计政策，财务报告使用者就必须依靠会计分析方法，对这些内容进行可靠的判断。按照会计分析得出的结果，对财务报表中的相关数据进行调整，减少不实的财务数据对财务报表的影响。

3. 选择分析方法和指标，确定分析标准

财务分析的目的和范围不同，所选用的分析方法和指标也不同。常用的分析方法包括比较分析法、因素分析法、结构分析法等。在指标选择上，营运能力指标应该采用资产周转率、周转天数等指标，获利能力指标应该采用利润率、资产收益率、权益净利率等指标。财务分析标准包括目标指标、历史指标、行业指标等，财务分析者可以根据自己的分析目的选择一种或多种分析标准。

4. 财务分析的评价

通过对各个财务指标的分析和比较，可以找出影响企业经营成果和财务状况的各种因素，这些因素包括主观因素与客观因素、宏观因素与微观因素。在进行财务分析评价时，需要将这些因素予以区分，结合企业发展的历史、现状和对未来的预测，针对主要影响因素来开展评价。

（二）财务分析的方法

1. 比较分析法

比较分析法是指通过同一企业不同时期的纵向比较或者不同企业同一时期的横向比较，来揭示企业财务状况或经营成果中所存在的差异的分析方法。

纵向比较法又称趋势分析法，可以揭示财务状况和经营成果的变化及其原因、性质，帮助预测未来。用于进行趋势分析的数据既可以是绝对值，也可以是财务比率或财务报表项目构成的百分比数据。采用纵向比较法时，应当注意以下问题：

（1）用于对比的各个时期的指标，其计算口径必须保持一致。

（2）应剔除偶发性项目的影响，使分析所利用的数据能反映正常的生产经营状况。

（3）应使用例外原则对某项有显著变动的指标做重点分析，为进一步分析指明方向。

横向比较法是指将本企业与同类企业在同一时点或同一时间段进行比较。在进行横向分析时，应当注意以下问题：

（1）选取的财务指标可比。例如，在比较本企业与同类企业存货状况时，不能简单地比较存货总额，还需要将存货项目下各组成成分（库存商品、原材料等）进行对比分析。同等价值的存货，全部是库存商品和全部为原材料得出的分析结论将完全不同。

（2）可比企业的选择具有相似性。同类企业至少要在销售的产品及提供的服务方面、产品在市场的供给与需求方面、企业的股权结构等方面相似。

2. 因素分析法

因素分析法是根据财务指标与各驱动因素之间的内在依存关系，确定各驱动因素对指标影响程度的一种方法。因素分析法一般分为四个步骤：

（1）确定要分析的财务指标，并计算其实际值与标准值之间的差异。

（2）确定该财务指标的驱动因素，建立财务指标与各驱动因素之间的函数关系。

（3）确定各驱动因素的替代顺序。

（4）将实际值按顺序替代各驱动因素并确定各驱动因素对财务指标脱离标准值的影响程度。

在进行驱动因素替代时需要注意，用下一个因素实际值进行替代时，应该采用上一个因素实际值替代过后的计算公式，而非标准值的计算公式。

【例3-1】 某一分析指标M是由互相联系的A，B，C三个因素相乘得到的，预算指标和实际指标分别为：

预算指标：$M0=A0\times B0\times C0$

实际指标：$M1=A1\times B1\times C1$

利用因素分析法确定各因素对指标M的影响程度，可以按如下顺序进行：

预算指标（1）：$M0=A0\times B0\times C0$

第一次替代（2）：$A1\times B0\times C0$

第二次替代（3）：$A1\times B1\times C0$

第三次替代（4）：$A1\times B1\times C1$

因素A变动对指标M的影响：(2)－(1)

因素B变动对指标M的影响：(3)－(2)

因素C变动对指标M的影响：(4)－(3)

总影响：$\Delta M=M1-M0=(4)-(3)+(3)-(2)+(2)-(1)$

我们可以看出，因素分析法下各驱动因素对财务指标的影响程度之和就等于全部因素对该财务指标的影响。

四、财务分析的局限性

进行财务分析时我们往往使用财务报表上的相关数字，但是财务报表具有一定的局限性，并不能完全、真实地反映企业的相关信息。

（一）财务报表信息披露的局限性

（1）对于以历史成本作为计量属性的资产、负债、所有者权益，不能全面反映其当前市场价值的信息。例如，厂房等固定资产采用历史成本法进行确认和披露，资产负债表上反映的是基于其购买时花费的代价计算的账面价值，不能反映现在的市价。

（2）由于会计估计的存在，财务报表不可能是真实情况的全面准确计量。例如，不同存货发出的计价假设，会导致不同的发出存货成本和期末结存存货账面价值。

（3）会计方法的选择，导致财务报表信息的横向可比性降低。对同一会计事项的会计处理，会计准则允许企业选择不同的会计方法。例如，固定资产折旧方法，准则允许使用直线法（即年限平均法）、工作量法、双倍余额递减法、年数总和法等。不同的方法，计算出的固定资产折旧费用是不同的。虽然财务报表附注对会计政策选择有一定的表述，但报表使用者未必能完成财务信息可比性的调整工作。

（二）财务报表信息可靠性的局限性

进行准确的财务分析的前提是财务报表信息可靠。注册会计师的审计报告对财务报表在所有重大方面都进行了公允的反映仅能提供合理保证，并不能完全保证财务报表没有任何错报和漏报。虽然通过财务分析得出的结果对财务报表中的相关数据进行调整，可以减少不实财务数据对财务报表的影响，但报表使用者未必能完成财务信息可靠性的调整工作。

（三）财务报表信息的比较基础问题

横向比较一般会选择同行业数据的平均值，但平均值未必具有代表性，或未必是合理的标准。而且，对于多元经营的企业，如何进行可比企业的选择也存在一定的问题。

趋势分析是将当期数据与历史数据进行比较，但这些历史数据只代表过去，并不代表合理性。例如，宏观经济政策由紧缩变为宽松后，本年比上年的利润提高了，并不代表企业的盈利能力已经达到应有水平，甚至并不代表管理有了改进。

实际数与预算数的差异不能简单地作为判断业绩或者部门效率的标准。例如，财务部门的实际费用明显低于预算数，不能直接说明财务部门节约成本、效率高，可能是财务部门效率低下耗费的资源少，也可能是预算不合理，还可能是企业不可控的因素导致的。

因此，我们在进行财务分析时，不能仅限于财务报表中的数字，还要考虑其他表外因素。

第三节　财务能力分析

财务能力分析包括四个方面：偿债能力分析、营运能力分析、盈利能力分析以及成长能力分析。通过这四个方面的分析，能更加全面地掌握企业的财务状况。

为方便说明财务比率的计算和分析方法，本节以格力电器公开披露的 2020 年度合并财务报表为例。

一、偿债能力分析

企业的偿债能力对于企业的经营稳定性和持续性至关重要，偿债能力一般按照债务的到期时间分为短期偿债能力和长期偿债能力两部分。如果企业不能保持一定的短期偿债能力，将会出现生存危机。但是企业的短期偿债能力较强，而长期偿债能力较弱，也会限制企业利用债务资本进行投资的能力，影响企业的长期发展能力。

(一) 短期偿债能力

短期债务在资产负债表中列示为流动负债。流动负债将在一年（含）或超过一年的一个营业周期内偿还，因此，用一年或超过一年的一个营业周期内消耗或转变为现金的流动资产作为其偿还保障较为合理。由于债务偿还最直接的方式是现金清偿，因此，短期偿债能力的分析也会涉及经营活动产生的现金流量净额。反映短期偿债能力的财务指标主要包括：营运资本、流动比率、速动比率、现金比率和现金流量比率。

1. 营运资本

短期偿债能力主要是企业流动资产与流动负债之间的比较与分析，流动资产超过流动负债较多，则认为偿债能力较强。从绝对数来看，流动资产减流动负债即为营运资本。营运资本是指企业流动资产超过流动负债的部分，其计算公式为：

营运资本=流动资产—流动负债

【例 3-2】格力电器 2020 年度和 2019 年度营运资本的计算，见表 3-5。

表 3-5 格力电器营运资本计算表 单位：亿元

项目	2020 年	2019 年
流动资产	2 136.33	2 133.64
流动负债	1 584.79	1 695.68
营运资本=流动资产—流动负债	551.54	437.96

由表 3-2 可知，格力电器 2019 年年末和 2020 年年末的营运资本分别为 437.96 亿元和 551.54 亿元。

流动资产的金额代表的是流动资产投资所需的资金，流动负债的金额代表的是短期融资可提供的资金。因此，营运资本本质上代表的是流动资产投资需要使用长期融资提供的金额。营运资本为正数，代表长期融资为流动资产提供资金来源。这部分长期融资不需要在一年或一个营业周期内偿还，成了流动负债的“缓冲垫”。一般来说，营运资本越多，短期偿债能力越强，企业的财务状况越稳定。

如果营运资本为负数，则意味着短期融资为非流动资产提供资金来源，流动负债清偿的现金流出早于非流动资产经营产生的现金流入，容易出现资金链断裂。

由于营运资本为绝对数，不便于不同历史时期及不同企业之间的比较。假设有两个不同规模的企业，一个企业的营运资本为 100 万元（流动资产 1 000 万元、流动负债 900 万元），另一个企业的营运资本也为 100 万元（流动资产 5 000 万元、流动负债 4 900 万元），虽然两者的营运资本相同，但偿债能力显然不同。因此，实务中主要使用相对数指标，如流动比率、速动比率来进行短期偿债能力分析。

2. 流动比率

流动比率是流动资产与流动负债的比值，它表明企业每 1 元流动负债有多少流动资产作为偿还保证，反映的是企业在短期内将流动资产变现偿还到期流动负债的能力。其计算公式为：

$$流动比率=\frac{流动资产}{流动负债}$$

【例 3-3】格力电器 2020 年度和 2019 年度流动比率的计算，见表 3-6。

表 3-6 格力电器流动比率计算表

金额单位：亿元

项目	2020 年	2019 年
流动资产	2 136.33	2 133.64
流动负债	1 584.79	1 695.68
流动比率=流动资产/流动负债	1.35	1.26

由表 3-6 可知，格力电器 2019 年年末和 2020 年年末的流动比率分别为 1.26 和 1.35。

流动比率是相对数指标，能够适用于不同规模企业之间的比较，由于其计算简单在实务中被广泛应用。计算出的流动比率必须与历史数据、同业数据、预算值等进行比较，高于比较基准值，一般认为短期偿债能力高。但是，我们还需要注意一些问题：

(1) 流动比率假设全部流动资产都可以转变为现金并用于偿债，全部流动负债都需要还清。实际上，有些流动资产的账面金额与变现金额有较大差异，如产成品等。经营性流动资产是企业持续经营所必需的，不能全部用于偿债；经营性应付项目可以滚动存续，无须动用现金全部结清。因此，流动比率仅是对短期偿债能力的粗略估计。

(2) 流动比率的经验标准值为 2 是就一般情况而言的，并不是绝对标准。流动比率过高可能表明企业存货积压或者有大量闲置资金没有良好的投资机会。而营业周期越短的行业，流动比率通常越低。因此，短期偿债能力的判断必须结合企业所在行业、生产经营性质与特点、流动资产的结构状况以及流动资产质量进行分析。比如，并非所有的流动资产都可以在短时间内变现，为流动负债提供偿债保障；而且流动资产中存货估价的多种方法、应收账款的质量较差，这些都可能导致资产负债表中的金额与变现金额相差甚远。在这种情况下，即使流动比率较高，其短期债能力也可能不强。

3. 速动比率

为了衡量容易变现的流动资产对流动负债的保障程度，可以使用速动比率。速动比率是速动资产与流动负债的比值。速动资产是指将流动资产中的存货、预付款项等不易变现的资产以及金额有偶然性、不代表正常变现能力的一年内到期的非流动资产和其他流动资产剔除后的资产。

速动资产有两种计算方法：一是将货币资金、交易性金融资产、应收账款、应收票据、其他应收款等可以在较短时间内变现的资产加总；二是流动资产总额减去存货、预付款项、一年内到期的非流动资产及其他流动资产等非速动资产。速动比率的计算公式为：

$$速动比率=\frac{速动资产}{流动负债}$$

【例 3-4】格力电器 2020 年度和 2019 年度速动比率的计算，见表 3-7。

表 3-7 格力电器速动比率计算表 金额单位：亿元

项目	2020 年	2019 年
货币资金（1）	1 364.13	1 254.01
交易性金融资产（2）	3.71	9.55
衍生金融资产（3）	2.85	0.92
应收票据及应收账款（4）	87.38	85.13
应收款项融资（5）	209.73	282.26
预付款项（6）	31.29	23.96
其他应收款（7）	1.47	1.59
存货（8）	278.80	240.85
合同资产（9）	0.79	—
一年内到期的非流动资产（10）	—	4.45
其他流动资产（11）	156.17	230.91
流动资产（12）	2 136.33	2 133.64
流动负债（13）	1 584.79	1 695.68
速动比率［(1)+(2)+(3)+(4)+(7)］/(13)	0.92	0.80
速动比率［(12)−(5)−(6)−(8)−(9)−(10)−(11)］/(13)	0.92	0.80

由表 3-7 可知，格力电器 2019 年年末和 2020 年年末的速动比率分别为 0.80 和 0.92。

速动资产剔除了流动资产中变现能力差的存货、预付款项等，相比流动比率在分析企业短期偿债能力方面更加准确。计算出的速动比率需要与历史数据、同业数据、预算值等进行比较，高于比较基准值，一般认为企业的短期偿债能力强。

速动比率的经验标准值为 1。速动比率大于 1，表明企业容易变现的流动资产对其流动负债有完全的保障能力，企业的短期偿债能力一般没有问题，但这并非绝对标准，不同行业、不同经营模式的企业速动比率差异很大。应收账款的变现能力决定速动比率的可信度。有些企业存在账龄较长的应收账款，可能实际坏账比计提的坏账准备要多得多。如果企业速动资产中的应收账款质量不高，即使速动比率高于 1，也不代表企业的短期偿债能力强。因此，在使用速动比率分析企业的短期偿债能力时，要结合应收账款的预期信用减值模型来进行判断。

【案例启示】辉山乳业

辽宁辉山乳业集团有限公司（简称辉山乳业）成立于 1951 年，是我国的大型乳制品企业，2013 年 9 月在港交所正式挂牌上市，上市首日市值近 400 亿港元，跻身中国乳业境外上市公司市值前三名。但是，2019 年 11 月 15 日辉山乳业除牌程序第三阶段届满，以退市黯然收场。推动产生这种结果的因素很多，从财务管理的角度来看，公司财务报表反映出的偿债风险高可能是重要推手之一。

辉山乳业的流动比率（见表3－8）从2015年的中报开始小于1，意味着公司的流动资产小于流动负债，流动负债代表的短期筹资不仅为流动资产提供资金来源，还为非流动资产的长期投资提供资金来源，也就是短融长投。而且该公司的流动负债主要是银行信贷（见表3－9）。公司债务短期化、投资长期化，投融资期限结构匹配不合理，这是一种非常危险的财务操作方式。在这种情况下，公司必须有足够强的能力持续产生良好的经营活动现金流量，否则，如果资产的盈利能力下降，经营活动现金流量匮乏，就会使公司的资金周转发生困难，进而增加债务滚动偿付的压力，造成偿债能力恶化，陷入难以自拔的财务困境。

表3－8 辉山乳业流动比率与速动比率

报告期	2016－09－30中报	2016－03－31年报	2015－09－30中报	2015－03－31年报	2014－09－30中报	2014－03－31年报
流动比率	0.88	0.92	0.81	1.49	1.48	2.49
速动比率	0.76	0.74	0.59	1.18	1.15	2.18

表3－9 辉山乳业融资结构明细

单位：亿元

项目	2016－09－30	2016－03－31	2015－03－31	2014－03－31	2013－03－31	2012－03－31	2011－03－31
流动负债：							
应付账款及应付票据	33	25	14	7	9	5	5
应交税费	0	0	0	1	0	0	1
交易性金融负债							
短期借款及长期借款当期到期部分	111	71	29	16	9	4	2
其他流动负债	15	14	9	5	4	33	23
流动负债合计	159	110	53	29	23	42	30
非流动负债：							
长期借款	50	57	51	47	21	19	20
其他非流动负债	3	3	3	2	2	2	2
非流动负债合计	53	61	54	49	23	21	22
总负债	212	171	106	78	46	63	51
股东权益：							
优先股							
普通股股本	11	11	11	11	0	0	0
储备	118	113	125	120	58	8	4

4. 现金比率和现金流量比率

在速动资产中，流动性最强、可直接用于偿债的资产是现金。与其他速动资产不同，现金本身可以直接用于偿债，而其他速动资产需要等待不确定的时间，才能转换为不确定金额的现金。如果将可偿债资产定义为现金类资产，计算其对流动负债的偿还保障，所得结果就是现金比率。现金比率表明1元的流动负债有多少现金可以作为偿还保障。

(1) 基于资产负债表的现金类资产计算现金比率。现金类资产包括库存现金、随时可用于支付的存款以及现金等价物。要从资产负债表中获取现金类资产数据，可使用资产负债表中的货币资金项目。如果有证据表明资产负债表中的交易性金融资产属于现金等价物，也可包含在现金类资产中。现金比率的计算公式如下：

$$现金比率=\frac{货币资金+属于现金等价物的交易性金融资产}{流动负债}\times100\%$$

【例 3-5】 格力电器 2020 年度和 2019 年度现金比率的计算，见表 3-10。

表 3-10　格力电器现金比率计算表　　金额单位：亿元

项目	2020 年	2019 年
货币资金	1 364.13	1 254.01
交易性金融资产	3.71	9.55
流动负债	1 584.79	1 695.68
现金比率（若交易性金融资产不是现金等价物）	86.08%	73.95%
现金比率（若交易性金融资产是现金等价物）	86.31%	74.52%

与流动比率、速动比率相比，现金比率可以更好地反映企业的直接偿付能力。现金比率高，说明企业有较好的支付短期债务本息的能力。如果企业的货币资金中不可随时用于支付的存款（如冻结存款）比重较高，则基于资产负债表中的现金类资产计算的现金比率不能很好地反映企业的直接偿付能力。而且，过高的现金比率，也可能意味着企业拥有过多的盈利能力较差的现金类资产，影响企业的获利能力。

(2) 基于现金流量表的现金流量计算现金流量比率。基于资产负债表的流动资产、速动资产以及现金类资产计算的流动比率、速动比率、现金比率，反映的都是企业的现存短期资源对短期债务偿还的保障程度，属于静态指标。要从动态角度反映本期经营活动产生的现金流量净额对短期债务偿还的保障程度，可以基于现金流量表计算现金流量比率，其为企业经营活动产生的现金流量净额与流动负债的比值：

$$现金流量比率=\frac{经营活动产生的现金流量净额}{流动负债}\times100\%$$

需要注意的是，这个比率中的流动负债采用的是期末数而非平均数，因为实际需要偿还的是期末金额，而非平均金额。

【例 3-6】 格力电器 2020 年度和 2019 年度现金流量比率的计算，见表 3-11。

表 3-11　格力电器现金流量比率计算表　　金额单位：亿元

项目	2020 年	2019 年
经营活动产生的现金流量净额	192.39	278.94
流动负债	1 584.79	1 695.68
现金流量比率=经营活动产生的现金流量净额/流动负债	12.14%	16.45%

现金流量比率表示企业通过经营活动获取的现金流量净额偿还短期债务的能力。一

般来说，该比率越高，代表企业偿债能力越强。但是不同行业之间由于经营活动产生的现金流量净额差别较大，该比率的差异也较大。

5. 影响短期偿债能力的其他因素

由于财务报表信息披露的局限性，在分析企业的短期偿债能力时，我们还需考虑影响短期偿债能力的其他表外因素。一方面是增强短期偿债能力的表外因素，如可动用的银行贷款指标、偿债能力的声誉以及可很快变现的非流动资产；另一方面是降低短期偿债能力的表外因素，如与担保有关的或有负债。按照企业会计准则，或有负债不在资产负债表中确认，仅在报表附注中披露，但如果它的金额较大并且很可能发生，就应在评价偿债能力时予以关注。

（二）长期偿债能力

长期偿债能力指企业偿还长期债务的能力。企业的长期债务即资产负债表中的非流动负债，主要包括长期借款、应付债券、长期应付款等。长期来看，企业的所有债务都需要偿还，既要还本，还要付息，因此需要分析企业的还本能力和付息能力。还本能力主要采用基于资产负债表进行分析的存量比率，包括资产负债率、长期资本负债率、产权比率和权益乘数等。付息能力主要采用基于利润表和现金流量表进行分析的流量比率，如现金流量债务比、利息保障倍数和现金流量利息保障倍数。

1. 存量比率

（1）资产负债率。资产负债率又称债务比率、负债比率或举债经营比率，是企业的负债总额与资产总额的比率，反映企业的资产对于债权人权益的保障程度。资产负债率的计算公式如下：

$$资产负债率=\frac{负债总额}{资产总额}\times 100\%$$

【例 3-7】 表 3-12 列示了格力电器资产负债表的节选数据，格力电器 2020 年度和 2019 年度资产负债率的计算如下。

表 3-12 格力电器资产负债表数据节选

单位：亿元

项目	2020 年	2019 年
资产总额	2 792.18	2 829.72
流动负债	1 584.79	1 695.68
非流动负债	38.59	13.56
负债总额	1 623.37	1 709.25
股东权益	1 168.80	1 120.48

根据表 3-12 中格力电器的有关财务数据，可计算得出：

2020 年资产负债率=(1 623.37/2 792.18)×100%=58.14%

2019 年资产负债率=(1 709.25/2 829.72)×100%=60.40%

资产负债率可以反映企业的资产中有多少比例是由债权人提供的，能否及时、足额收回自己出借的资金和所应得的利息是债权人的根本需求。资产负债率越高，说明企业资金来源中债权人提供的资金越多，股权资金为债权资金提供的安全保障越少，借款的安全性缺乏保障，偿还债务的能力就越差。因此，站在债权人的角度，其总是希望企业的资产负债率低一些为好。

股东更为关注的是投资的获利性。股东权益是剩余权益，企业用从股东和债权人处筹集的资金进行资产投资与经营后获得的经营回报（即资产报酬率），首先要支付债权人要求的利息。只有当总资产报酬率大于债务利息率时，负债筹资才能给股东带来正的杠杆效应，有利于股东财富的增加。① 因此，站在股东的角度，在全部资本利润率高于借款利息率时，其希望企业通过更多的负债资金的使用，一方面保障自身的控制权，另一方面获得举债经营的杠杆利益。

企业的经营管理者需要在企业的获利和风险承受两方面进行权衡。负债的使用虽然可以带来杠杆利益，但资产负债率过高，企业的财务风险将增大，这会影响企业负债以及股权筹资的成本和能力。因此，经营管理者需要充分考虑举债经营的风险和报酬，权衡利弊，以确定适当的资产负债率。

需要注意的是，资产负债率的高低没有一个统一的标准，不同行业之间差异很大。例如，我国房地产行业由于预售产生大量的预收账款形成负债，且周转周期较长，资产负债率比较高。而食品行业由于毛利率较低，现金流量稳定，不需要大量前期投入，资产负债率就比较低。因此，在分析企业的资产负债率时要结合具体的行业特征。

（2）长期资本负债率。负债中的流动负债在短期偿债能力指标中已有体现，因此，如果直接反映企业非流动负债的保障程度，可以使用长期资本负债率。其中，长期资本是长期负债和所有者权益的合计。长期资本负债率的计算公式如下：

$$长期资本负债率=\frac{非流动负债总额}{非流动负债总额+股东权益}\times 100\%$$

【例 3-8】格力电器 2020 年度和 2019 年度长期资本负债率的计算。

根据表 3-12 中格力电器的有关财务数据，可计算得出：

2020 年长期资本负债率＝38.59/(38.59＋1 168.80)×100%＝3.20%

2019 年长期资本负债率＝13.56/(13.56＋1 120.48)×100%＝1.20%

由于流动负债的金额经常变化，长期资本负债率的计算剔除了流动负债，因此相对稳定一些。该指标体现了长期资本的构成，在企业长期筹资考虑资本结构的决策中经常被使用。

（3）产权比率和权益乘数。产权比率又称负债股权比率，反映的是负债总额与股东权益总额之间的比率，是衡量企业融资结构的一个重要指标。产权比率的计算公式为：

① 权益净利率＝总资产报酬率＋(总资产报酬率－债务利息率)×产权比率，所以只有当总资产报酬率大于债务利息率时，权益净利率才会大于总资产报酬率，即为该股东带来正的财务杠杆效应，增加投资回报率。

$$产权比率=\frac{负债总额}{股东权益总额}$$

通过产权比率，我们可以了解到债权人提供的资本与所有者提供的资本之间的相对关系，同时也可以看到企业的自有资金是否有偿还全部债务的能力。因此，该指标是衡量企业负债经营是否安全的重要指标。通常情况下，该指标越低，企业的长期偿债能力就越强，股东所提供的资本足以覆盖企业所借来的负债，债权人的权益就越有保障，承担的风险就越小。

权益乘数是资产总额相比股东权益总额的倍数，是衡量企业财务结构稳健与否的重要指标。权益乘数的计算公式为：

$$权益乘数=\frac{资产总额}{股东权益总额}$$

权益乘数越大，表明股东投入的资金在总资产中的比重就越小，企业营运资金中有很大部分来源于债权人提供的资金，财务风险及财务杠杆越大。

按照“资产＝负债＋所有者权益”的会计恒等式不难发现：

$$权益乘数=产权比率+1$$

【例 3-9】格力电器 2020 年度和 2019 年度产权比率与权益乘数的计算。

根据表 3-12 中格力电器的有关财务数据，可计算得出：

2020 年产权比率＝1 623.37/1 168.80＝1.39

2019 年产权比率＝1 709.25/1 120.48＝1.53

2020 年权益乘数＝2 792.18/1 168.80＝2.39

2019 年权益乘数＝2 829.72/1 120.48＝2.53

2. 流量比率

(1) 现金流量债务比。清偿债务最直接的是使用企业经营活动产生的现金流量，可以通过现金流量表中提供的经营活动产生的现金流量计算现金偿付全部债务的能力，即现金流量债务比。其计算公式如下：

$$现金流量债务比=\frac{经营活动产生的现金流量净额}{负债总额}\times 100\%$$

一般认为，经营活动产生的现金流量体现的是企业的自我造血功能，现金流量债务比可以衡量企业通过经营活动所获得的具有可持续性的现金偿还债务的能力。该比率越高，偿还债务的能力越强。在计算时，分母中的负债总额采用期末数而非平均数，因为实际需要偿还的是期末金额，而非平均金额。

【例 3-10】格力电器 2020 年度和 2019 年度现金流量债务比的计算。

根据表 3-11 和表 3-12 中格力电器的有关财务数据，可计算得出：

2020 年现金流量债务比＝(192.39/1 623.37)×100％＝11.85％

2019 年现金流量债务比＝(278.94/1 709.25)×100％＝16.32％

（2）利息保障倍数和现金流量利息保障倍数。除了还本，债务资金的使用还需要付息。从利润表上看，息税前利润是企业用债权人和股东的资金通过资产投资和经营产生的经营收益，应该由股东和债权人共享。因此，息税前利润是企业用于支付债权人收益（即利息）的来源，这就是利息保障倍数的含义，即息税前利润相比利息费用的倍数。其计算公式如下：

$$利息保障倍数=\frac{息税前利润}{利息费用}$$

息税前利润即支付利息和所得税之前的利润，可以按利润表中的净利润＋利息费用＋所得税费用计算得出。需要注意的是，分子中的利息费用为本期利润表财务费用项目下的利息费用；而分母的利息费用是指本期全部的应付利息，既包括本期利润表财务费用中的利息费用，也包括计入固定资产成本的资本化利息。

长期债务通常不需要每年还本但往往需要每年付息。利息保障倍数表明每 1 元利息费用有多少倍的息税前利润作为偿还保障，它可以反映债务风险的大小。如果企业一直保持按时付息的信誉，则长期负债可以延续，举借新债也比较容易。利息保障倍数越大，利息支付越有保障。如果利息支付尚且缺乏保障，归还本金就更难指望。因此，利息保障倍数可以反映长期偿债能力。

【例 3－11】 格力电器 2020 年度和 2019 年度利息保障倍数的计算（假定格力电器固定资产成本中不含资本化利息），见表 3－13。

表 3－13　格力电器利息保障倍数计算表　　金额单位：亿元

项目	2020 年	2019 年
利息费用	10.88	15.98
所得税费用	40.30	45.25
净利润	222.79	248.27
息税前利润	273.97	309.50
利息保障倍数	25.18	19.37

一般情况下，利息保障倍数大于 1，才能保证企业能够按时支付利息；如果利息保障倍数小于 1，表明企业自身经营活动产生的收益不足以支撑当前规模的债务。值得注意的是，利息保障倍数等于 1 也不能保证利息的安全支付，因为息税前利润受经营风险的影响很不稳定，但支付利息是固定的；并且利息需要用现金支付，企业如果有足够的利润但是没有足够的现金流量，就无法保证利息的支付。

如果考虑支付利润最终是使用企业经营活动产生的现金流量而非会计利润，则可通过现金流量表中提供的经营活动产生的现金流量净额计算现金偿付全部债务所产生的利息的能力，即现金流量利息保障倍数。其计算公式如下：

$$现金流量利息保障倍数=\frac{经营活动产生的现金流量净额}{利息费用}$$

需要注意的是，分母的利息费用同样是指本期的全部应付利息，不仅包括计入利润表中的财务费用的利息费用，还包括计入资产负债表中的固定资产成本的资本化利息。

【例 3-12】格力电器 2020 年度和 2019 年度现金流量利息保障倍数的计算（假定格力电器固定资产成本中不含资本化利息）。

根据表 3-11 和表 3-13 中格力电器的有关财务数据，可计算得出：

2020 年现金流量利息保障倍数=192.39/10.88=17.68

2019 年现金流量利息保障倍数=278.94/15.98=17.46

现金流量利息保障倍数是以现金为基础的利息保障倍数，表明每 1 元利息费用有多少经营活动产生的现金流量净额作为支付保障。它比以利润为基础的利息保障倍数更为可靠，因为实际用以支付利息的是现金，而非会计利润。

3. 影响长期偿债能力的其他因素

除了利用资产负债表中的财务指标进行长期偿债能力分析之外，还需要关注一些表外因素对企业长期偿债能力的影响。

（1）或有事项。或有事项是指企业在经营活动中面临的一些具有较大不确定性的经济事项，其结果须由某些未来事项的发生或不发生才能决定。一旦该经济事项发生，可能会对企业的财务状况造成很大影响，但或有事项发生的影响并不会反映在财务报表中，因此在进行财务分析时需要关注或有事项的影响。比如，债务担保。企业在日常经营活动中，由于业务需要、存在较多关联方等原因，往往会发生许多担保。一旦发生担保的债务人无法偿还或及时偿还债务，担保人就需要代债务人向债权人履行偿付义务，会对企业的偿债能力造成较大的影响。因此，在分析企业长期偿债能力时，应根据有关资料判断担保责任可能带来的影响。再如，没有计入预计负债的未决诉讼。企业涉及的未决诉讼一旦判决败诉，可能会对其偿债能力产生重大影响，因此在分析长期偿债能力时需要考虑未决诉讼的潜在影响。

（2）可用的银行授信额度。可用的银行授信额度是指银行授予企业的贷款指标，该项信用额度已经得到银行批准，企业可以随时使用，快速办理好手续取得银行借款，提高企业的偿付能力。

（3）抵押品。抵押品是指当债务人不能满足还款条款时，可以用作债务担保的资产或其他担保物。如果一个企业的资产结构体现为较多可作为抵押品的有形资产，则容易通过资产抵押的方式获得新的资金，提高企业的偿付能力。

二、营运能力分析

营运能力分析是指对企业资产营运效率与效益的指标进行计算与分析，以评价企业资产管理效率。主要使用的财务指标包括周转率和周转天数。

（1）周转率又称周转次数，衡量的是从货币资金形成某种资产到通过收入回到货币资金形态的这个过程在一年内可以发生的次数。一般来说，周转率越高，资产的变现速度和管理效率越高、流动性越强。

（2）周转天数衡量的是从货币资金形成某种资产到通过收入回到货币资金形态的这个过程一次需要的时间。如果知道周转率，用一年的天数除以周转率，即为周转天数；反之，如果知道周转天数，用一年的天数除以周转天数，即为周转率。与周转率不同，周转天数与企业的经营效率呈反向变动。周转天数越短，资产的变现速度和管理效率越高、流动性越强。

（一）流动资产营运能力分析

企业主要的经营性流动资产包括货币资金、存货、应收账款等，企业经营利润就是在流动资产之间形态变化的过程中实现。可以通过流动资产的周转速度分析流动资产营运能力，主要指标包括应收账款周转率与周转天数、存货周转率与周转天数、流动资产周转率与周转天数。

1. 应收账款周转率与周转天数

衡量企业应收账款的流动性可以采用应收账款周转速度指标进行衡量，分为应收账款周转率和应收账款周转天数两种表现形式。应收账款周转率是营业收入与应收账款的比率，反映企业一年中应收账款周转的次数，也表示 1 元应收账款投资支持的营业收入。应收账款周转天数又称应收账款平均收现期，表明从销售开始到收回现金需要的平均天数。计算公式分别为：

$$应收账款周转率=\frac{营业收入}{应收账款平均余额}$$

$$应收账款周转天数=\frac{一年的天数}{应收账款周转率}=\frac{应收账款平均余额}{日营业收入}$$

需要注意的是，为了避免季节性因素和偶然性的影响，计算时一般采用应收账款平均余额，即期初与期末的平均数。

【例 3－13】格力电器应收账款周转速度的计算（不考虑应收票据），见表 3－14。

表 3－14　格力电器应收账款周转速度计算表　　金额单位：亿元

项目	2020 年	2019 年	2018 年
营业收入	1 681.99	1 981.53	1 981.23
应收账款	87.38	85.13	77.00
应收账款平均余额	86.26	81.07	
应收账款周转率	19.50	24.44	
应收账款周转天数（按 360 天/年计算）	18.46	14.73	

注：表中数据均为保留两位小数之后的计算结果，下同。

在使用应收账款周转速度分析时需要注意以下问题：

（1）营业收入代替赊销收入。从理论上讲，应收账款是由赊销产生的，所以在计算应收账款周转率时采用赊销收入较为合适，但是企业公布的财务报表很少披露赊销收入，外部人员无法获得企业的赊销数据，只能使用营业收入指标。如果企业的赊销政策保持稳定，应收账款周转率与其历史数据就具有可比性，但是不同企业之间的赊销政策往往不同，如果不了解可比企业的赊销收入，就无法保证应收账款的可比性。

（2）应收账款的坏账准备。资产负债表中的应收账款反映的是应收账款净值（即扣除坏账准备的金额）。如果企业计提的坏账准备很多，应收账款平均余额就会较低，导致周转率提高、周转天数下降，也就是周转速度变快，但这并不意味着是好的业绩，反而意味着应收账款管理欠佳，坏账风险高。因此，如果坏账准备的金额较大，就应进行调整，使用未计提坏账准备的应收账款计算周转率、周转天数。

（3）应收票据纳入应收账款周转率的计算。大部分应收票据也是通过赊销形成的，是赊销的另一种形式，因此从理论上来说，应将其纳入应收账款周转率计算的分母中。

（4）应收账款周转天数并不是越少越好。一般来说，应收账款周转天数少，表明企业的收账速度快，平均收账期短，应收账款回收速度快。但如果企业的应收账款周转天数过少，则表明企业的信用政策过紧，苛刻的信用政策可能会限制企业销售规模的扩大，影响企业的盈利水平。

（5）应收账款周转速度分析应与销售额分析、现金分析联系起来。应收账款的起点是赊销，终点是现金。正常情况是赊销增加引起应收账款增加，现金存量和经营活动产生的现金流量净额也会随之增加。但如果公司在赊销时不考察客户的信用状况和还款能力，随意赊销，导致赊销后未能收回现金，就会出现营业收入和应收账款日益增加，而现金日益减少的情况，这表明赊销政策出现了严重问题。因此，在进行应收账款周转速度分析时，还要与销售额分析、现金分析联系起来。

2. 存货周转率与周转天数

企业的存货占流动资产的比重通常很大，而且存货的流动性是企业管理层非常重视的指标。与应收账款周转速度类似，存货周转速度也可分为存货周转率和存货周转天数两种表现形式。存货周转率是指企业一年中存货的周转次数，存货周转天数表明存货通过销售转换为现金需要的平均天数。存货周转率越高，表明企业存货的周转速度越快，存货占用水平低，资金的利用效率高。

在计算存货周转率时，分子是采用营业收入还是营业成本取决于分析的目的。在短期偿债能力分析中，为了评估资产的变现能力需要计量存货转换为现金的金额和时间，应采用营业收入作为分子计算周转率。在分解总资产周转率时，为系统分析各项资产的周转情况并识别主要的影响因素，也应统一使用营业收入作为分子计算周转率。但如果是为了评估存货管理的业绩，则应当使用营业成本作为分子计算存货周转率，然后使其分子和分母的口径保持一致，因为随着存货的销售，存货的账面价值会转化为营业成本，而非营业收入。存货周转率和存货周转天数的计算公式分别为：

$$存货周转率=\frac{营业收入}{存货平均余额}$$

$$存货周转率=\frac{营业成本}{存货平均余额}$$

$$存货周转天数=\frac{一年的天数}{存货周转率}$$

【例 3-14】 格力电器存货周转速度的计算，见表 3-15。

表 3-15 格力电器存货周转速度计算表 金额单位：亿元

项目	2020 年	2019 年	2018 年
营业收入	1 681.99	1 981.53	1 981.23
营业成本	1 242.29	1 434.99	1 382.34
存货	278.80	240.85	200.12
存货平均余额	259.83	220.49	
存货周转率（按营业收入计算）	6.47	8.99	
存货周转率（按营业成本计算）	4.78	6.51	
存货周转天数（按营业成本及 360 天/年计算）	75.29	55.31	

在使用存货周转速度分析时需要注意以下问题：

（1）存货的周转天数不是越少越好。存货过多，占用的资金就会多，表明企业可能出现了存货积压、销售不畅等问题。但是如果存货过少，可能无法满足日常流转的需要，出现损失销售收入等问题。因此，存货需要维持在一个最佳水平，保证成本与效益的最佳结合。

（2）需要对构成存货的重要项目进行分析。存货的构成主要有原材料、在产品、产成品等，这些项目内部比例的变化对于存货管理分析，甚至企业经营状况分析十分重要。例如，常年存在金额较大的原材料，可能表明企业的这批原材料已经过时，不能满足生产经营的需要，存在减值风险。如果产成品一直增加，而其他存货项目在减少，可能表明企业的销售不畅，产品竞争力下降，影响企业的经营状况。

（3）注意应付账款、存货和应收账款（或营业收入）之间的关系。当企业收到一个大订单时，通常会先增加存货，然后推动应付账款增加，最后才引起应收账款（营业收入）增加。因此，在该订单没有实现销售之前，先表现为存货周转率等的下降。但这实际上预示着未来的销售增长，是个好现象。与此相反，预计销售会萎缩时，通常会先减少存货，进而引起存货周转率等的上升。这种周转率的上升，并非意味着资产管理改善。

3. 流动资产周转率与周转天数

流动资产周转速度是评价企业流动资产利用效率的指标，分为流动资产周转率和流动资产周转天数两种表现形式，计算公式分别为：

$$流动资产周转率=\frac{营业收入}{流动资产平均余额}$$

$$流动资产周转天数=\frac{一年的天数}{流动资产周转率}=\frac{流动资产平均余额}{日营业收入}$$

流动资产周转率表示每 1 元流动资产投资支持的营业收入，流动资产周转天数表示流动资产每周转一次需要的时间。

【例 3－15】 格力电器流动资产周转速度的计算，见表 3－16。

表 3－16　格力电器流动资产周转速度计算表

金额单位：亿元

项目	2020 年	2019 年	2018 年
营业收入	1 681.99	1 981.53	1 981.23
流动资产	2 136.33	2 133.64	1 997.11
流动资产平均余额	2 134.99	2 065.38	
流动资产周转率	0.79	0.96	
流动资产周转天数	456.96	375.23	

（二）固定资产及总资产营运能力分析

1. 固定资产周转率与周转天数

固定资产周转速度是评价企业固定资产利用效率的指标，分为固定资产周转率和固定资产周转天数两种表现形式。固定资产周转率是营业收入与固定资产平均余额的比值，表示每 1 元固定资产投资支持的营业收入。固定资产周转天数表示固定资产每周转一次需要的时间，是固定资产平均余额与日营业收入的比值。其计算公式分别为：

$$固定资产周转率=\frac{营业收入}{固定资产平均余额}$$

$$固定资产周转天数=\frac{一年的天数}{固定资产周转率}=\frac{固定资产平均余额}{日营业收入}$$

一般而言，固定资产周转率越高，固定资产周转天数越少，表明企业固定资产的周转速度越快，固定资产的利用效率越高。

【例 3－16】 格力电器固定资产周转速度的计算，见表 3－17。

表 3－17　格力电器固定资产周转速度计算表

金额单位：亿元

项目	2020 年	2019 年	2018 年
营业收入	1 681.99	1 981.53	1 981.23
固定资产	189.91	191.22	183.86
固定资产平均余额	190.57	187.54	
固定资产周转率	8.83	10.57	
固定资产周转天数	40.79	34.07	

2. 总资产周转率与周转天数

总资产周转速度是评价企业运用全部资产的效率，分为总资产周转率和总资产周转天数两种表现形式。总资产周转率是指企业一年中总资产周转的次数，表示1元总资产投资支持的营业收入。总资产周转天数表示总资产周转一次需要的时间，是总资产转换为现金需要的平均时间。其计算公式分别为：

$$总资产周转率=\frac{营业收入}{总资产平均余额}$$

$$总资产周转天数=\frac{一年的天数}{总资产周转率}=\frac{总资产平均余额}{日营业收入}$$

一般而言，总资产周转率越高，总资产周转天数越少，表明企业总资产的周转速度越快，总资产的利用效率越高。

【例3-17】格力电器总资产周转速度的计算，见表3-18。

表3-18　格力电器总资产周转速度计算表　　金额单位：亿元

项目	2020年	2019年	2018年
营业收入	1 681.99	1 981.53	1 981.23
总资产	2 792.18	2 829.72	2 512.34
总资产平均余额	2 810.95	2 671.03	
总资产周转率	0.60	0.74	
总资产周转天数	601.63	485.27	

总资产周转率综合反映了企业整体资产的营运能力，是一个综合性分析指标。在进行总资产周转率分析时，需要对构成总资产的各驱动要素，如货币资金、应收账款、存货等进行进一步分析。可以使用本章第二节介绍的因素分析法，逐项分析各驱动因素对总资产周转率变动的影响，以便找出影响总资产周转率的主要原因。

（三）基于现金流量的营运能力分析

相较于会计利润，财务管理更关注现金流量。因此，对企业营运能力的分析和评价，还可以基于现金流量表中表明的企业经营活动产生现金的能力。具体指标包括经营现金使用效率、现金利润比率、现金收入比率等，计算公式分别为：

$$经营现金使用效率=\frac{经营活动现金流入}{经营活动现金流出}$$

$$现金利润比率=\frac{经营活动产生的现金流量净额}{净利润}$$

$$现金收入比率=\frac{经营活动产生的现金流量净额}{营业收入}$$

【例3-18】格力电器基于现金流量的营运能力计算表，见表3-19。

表 3-19　格力电器基于现金流量的营运能力计算表　　金额单位：亿元

项目	2020 年	2019 年	2018 年
营业收入	1 681.99	1 981.53	1 981.23
净利润	222.79	248.27	263.79
经营活动现金流入	1 638.93	1 751.96	1 462.10
经营活动现金流出	1 446.54	1 473.02	1 192.69
经营活动产生的现金流量净额	192.39	278.94	269.41
经营现金使用效率	1.13	1.19	1.23
现金利润比率	0.86	1.12	1.02
现金收入比率	0.11	0.14	0.14

经营现金使用效率反映的是企业当期现金的收支是否同步，以此来衡量现金的使用效率。现金利润比率反映企业净利润中有多少是由经营活动现金流量保证的，一般情况下，该比率越高，表明企业净利润的质量越高。现金利润比率小于 1，表明企业当期净利润中存在没有实现的现金收入，在这种情况下，即使企业盈利也很有可能会发生资金短缺，严重时也会导致企业破产。现金收入比率是指企业经营活动产生的现金流量净额与营业收入的比率，该比率从现金流的角度衡量营业收入的实际情况。

三、盈利能力分析

盈利能力衡量企业获取利润的能力。利润是企业在一定期间的经营成果，是企业内外部各方都非常关注的指标。利润是股东获取投资收益、保证其权益增长的表现，是评价企业管理层业绩的重要指标，是企业职工获取报酬的主要资金来源。因此，盈利能力的分析十分重要。企业的盈利能力可分为销售获利能力分析和投资获利能力分析。

（一）销售获利能力分析

销售获利能力是指企业通过销售获取利润的能力，通常以利润率指标来衡量，其计算公式如下：

$$利润率=\frac{利润}{营业收入}\times 100\%$$

1. 毛利率

毛利率是指毛利润占营业收入的百分比，其中毛利润是指营业收入与营业成本之间的差额：

$$毛利率=\frac{营业收入-营业成本}{营业收入}\times 100\%$$

【例 3-19】格力电器 2020 年度和 2019 年度毛利率的计算，见表 3-20。

表 3-20　格力电器毛利率计算表　　金额单位：亿元

项目	2020 年	2019 年
营业收入（1）	1 681.99	1 981.53
营业成本（2）	1 242.29	1 434.99
毛利润（3）=（1）-（2）	439.70	546.54
毛利率（4）=（3）/（1）×100%	26.14%	27.58%

毛利率是衡量企业产品竞争力和获利能力的一个重要指标，它反映了企业产品的初始盈利能力，是净利润的起源，没有足够的毛利率就不能实现盈利。企业的毛利率显著高于同行业平均水平，说明企业产品的竞争力强；毛利率显著低于行业平均水平，说明企业产品的竞争力不强，即使拥有一定的利润，也可能只是投资收益、处置资产收益等其他非主营业务产生的收益，持续的盈利能力难以得到保证。但是，如果企业的成本控制较差，期间费用很高，或者存在大量的投资损失、资产减值损失等，即使拥有较高的毛利率，也不能说明企业有较强的盈利能力。

2. 营业利润率

从利润表上看，息税前利润是企业用债权人和股东的资金通过资产投资和经营产生的经营收益。因此，可通过息税前利润占营业收入的百分比，衡量企业的获利能力，即营业利润率，其计算公式如下：

$$营业利润率=\frac{息税前利润}{营业收入}\times 100\%$$

【例 3-20】格力电器 2020 年度和 2019 年度营业利润率的计算，见表 3-21。

表 3-21　格力电器营业利润率计算表　　金额单位：亿元

项目	2020 年	2019 年
营业利润	260.44	296.05
息税前利润	273.97	309.50
营业收入	1 681.99	1 981.53
营业利润率	16.29%	15.62%

值得注意的是，直接用利润表中的营业利润计算营业利润率并不能真实反映企业经营活动的获利能力。因为利润表中的营业利润中扣除了以利息费用为主体的财务费用，而利息费用产生于筹资活动而非经营活动。

3. 销售净利率

由于企业股东能够获得的利润是毛利润扣除各项期间费用、非经营性损益、营业外损益等项目后的净利润，因此使用净利润与营业收入的比率即销售净利率，能反映企业销售产品的最终获利能力。其计算公式为：

$$销售净利率=\frac{净利润}{营业收入}\times 100\%$$

【例 3-21】 格力电器 2020 年度和 2019 年度销售净利率的计算，见表 3-22。

表 3-22 格力电器销售净利率计算表

金额单位：万元

项目	2020 年	2019 年
营业收入（1）	1 681.99	1 981.53
净利润（2）	222.79	248.27
销售净利率（3）=(2)/(1)×100%	13.25%	12.53%

企业的销售净利率越高，说明所销售产品的获利能力越强。在计算销售净利率时，由于净利润包含营业外收支项目，这部分损益与企业的营业收入无关，因此为了使分子与分母的计算口径一致，也可以使用营业利润与营业收入的比率来计算销售净利率。

（二）投资获利能力分析

1. 资产报酬率

资产报酬率是衡量企业从资金供给者（股东和债权人）处获得资金进行资产投资的利润获取能力，也称资产收益率。利润可以选择息税前利润、税前利润或者净利润，对应的资产报酬率可分为总资产息税前利润率、总资产利润率以及总资产净利率。

$$资产报酬率=\frac{利润}{总资产}\times 100\%$$

值得注意的是，计算资产报酬率指标的分子来源于利润表（时期值），分母来源于资产负债表（时点值），时间上不匹配。为了实现分子与分母的时间对应性，一般将分母转换为平均值。此外，也可以基于先投资后产生回报的逻辑，分母使用资产负债表中的期初值。

（1）总资产息税前利润率。总资产息税前利润率是指息税前利润占总资产的百分比，表示企业每 1 元的总资产所能创造的息税前利润。其计算公式如下：

$$总资产息税前利润率=\frac{息税前利润}{总资产平均余额}\times 100\%$$

前已述及，息税前利润是企业用债权人和股东的资金通过资产投资和经营产生的经营收益，反映了全部经济资源在经营活动中获取经营报酬的能力，可以看作企业为债权人、政府以及股东所创造的回报。总资产息税前利润率表示企业运用包括净资产和负债在内的全部资产的总体获利能力，是评价企业资产运营效益的重要指标。一般而言，该指标越高，表明企业投入产出的水平越高，企业资产的经营活动效率越高。如果企业的总资产息税前利润率偏低，说明企业资产的利用效率较低，经营管理中存在问题，应该调整经营方针，加强经营管理。

一般情况下，企业可将此指标与市场资本利率进行比较，如果该指标大于市场资本利率，则表明企业可以充分利用财务杠杆进行负债经营，获取尽可能多的收益。

（2）总资产利润率。总资产利润率是指利润总额占总资产的百分比，表示企业每1元的总资产所能创造的利润总额，也称总资产税前利润率。其计算公式如下：

$$总资产利润率=\frac{利润总额}{总资产平均余额}\times 100\%$$

利润总额可从利润表中直接获得，它反映了企业在扣除利息之后、所得税费用之前的收益。总资产利润率指标不受国家税收政策的影响，可以看作企业为政府和股东所创造的回报。

（3）总资产净利率。总资产净利率是指净利润占总资产的百分比，表示企业每1元的总资产所能创造的净利润。其计算公式如下：

$$总资产净利率=\frac{净利润}{总资产平均余额}\times 100\%$$

净利润也可从利润表中直接获得，它反映了企业所有者（股东）获得的剩余收益，是企业通过经营、投资、筹资活动给股东创造的回报。

2. 权益净利率

站在企业资金供给者的角度，可以采用投资回报率，也称投资收益率、投资报酬率，衡量其资金获取利润的能力。

企业的所有者是股东，站在股东的角度衡量其投资回报率的指标是企业一定时期的净利润与股东权益的比率，称为权益净利率、净资产（股东）收益率，其实质意义是衡量股东的投入产出比；指标值越高，代表股东投入相同的资本创造的净利润越多。其计算公式如下：

$$权益净利率=\frac{净利润}{股东权益}\times 100\%$$

【知识拓展】
投入资本回报率与使用资本回报率

该指标是一个综合性极强、具有代表性的财务比率，它是财务分析体系的核心，不仅反映了为股东创造的收益，还反映了企业融资、投资等各种活动的效率。一般而言，该比率越高，说明企业的盈利能力、资产管理效率、负债利用效率的综合能力越强。对权益净利率的分析主要采用杜邦分析法，将在下一节中详细阐述。

【例3-22】格力电器2020年度和2019年度资产报酬率及权益净利率的计算，见表3-23。

表3-23　格力电器资产报酬率及权益净利率计算表　　金额单位：亿元

项目	2020年	2019年	2018年
息税前利润	273.97	309.50	
利润总额	263.09	293.53	

续表

项目	2020 年	2019 年	2018 年
净利润	222.79	248.27	
总资产	2 792.18	2 829.72	2 512.34
股东权益	1 168.80	1 120.48	927.15
总资产平均余额	2 810.95	2 671.03	
净资产平均余额	1 144.64	1 023.82	
总资产息税前利润率	9.75%	11.59%	
总资产利润率	9.36%	10.99%	
总资产净利率	7.93%	9.29%	
权益净利率	19.06%	22.16%	

(三) 每股获利能力分析

对于股份有限公司，特别是上市公司，还可以基于股票数量或股票价格分析每股的获利能力，主要包括每股收益、每股现金流量、每股股利、市盈率等指标。

1. 每股收益

每股收益（earnings per share，EPS）又称每股利润或每股盈余，是指普通股股东持有一股所能享有的企业净利润或需承担的企业净亏损。每股收益通常用来反映企业的经营成果，衡量普通股的获利水平及投资风险，是投资者等信息使用者据以评价企业盈利能力、预测企业成长潜力，进而做出相关经济决策的重要财务指标之一。其计算公式如下：

$$每股收益=\frac{净利润-优先股股利}{发行在外的普通股加权平均数}$$

每股收益在利润表中可以直接获取。在利润表中，会分别列示“基本每股收益”和“稀释每股收益”项目。[①]

2. 每股现金流量

每股现金流量是指普通股股东持有一股所能享有的企业经营活动现金净流量，计算公式如下：

$$每股现金流量=\frac{经营活动现金净流量-优先股股利}{发行在外的普通股加权平均数}$$

① 基本每股收益=归属于普通股股东的当期净利润/当期发行在外的普通股加权平均数。其中，发行在外的普通股加权平均数=期初发行在外普通股股数+当期新发行普通股股数×已发行时间/报告期时间−当期回购普通股股数×已回购时间/报告期时间。稀释每股收益是以基本每股收益为基础，假设企业所有发行在外的稀释性潜在普通股均已转换为普通股，从而分别调整归属于普通股股东的当期净利润以及发行在外的普通股加权平均数计算而得的每股收益。

每股现金流量比每股收益更能表明企业从事资本性支出及支付股利的能力。企业的每股现金流量越大，说明每股普通股在一个会计年度内通过经营活动所获得的现金流量越大；反之，则表示每股普通股所获得的现金流量越小。

3. 每股股利

每股股利是指普通股股东持有一股所能获得的股利金额，计算公式如下：

$$每股股利=\frac{现金股利总额-优先股股利}{发行在外的普通股股数}$$

【知识拓展】
股利支付率
与利润留存率

股利来源于净利润，因此，企业盈利能力的大小将影响其股利分配的能力，此外，公司股利发放政策与利润分配政策也会对每股股利产生影响。比如，企业为扩大再生产、增强企业后劲而多留利，则每股股利就会减少。

4. 市盈率

市盈率（price earnings ratio，P/E）是指普通股每股市价与每股收益的比率，计算公式如下：

$$市盈率=\frac{普通股每股市价}{每股收益}=\frac{普通股总市值}{净利润-优先股股利}$$

在计算时，股价通常取最新收盘价，如果按已公布的上年度每股收益计算，则称历史市盈率。计算预估市盈率所用的每股收益预估值，一般采用市场平均预估值，即追踪企业业绩的机构通过收集多位分析师的预测所得到的预估平均值或中值。对何谓合理的市盈率没有统一的标准。

市盈率反映股票投资者对每1元的利润所愿支付的代价。一般而言，市盈率高，代表投资者对该公司的前景看好，愿意支付高额溢价获得享有公司净利润的权利，反映了投资者对公司增长潜力的信任和认同。但是，市盈率过高，则意味着该股票的价格具有泡沫，价值被高估，股票具有较高的投资风险。值得注意的是，当每股收益接近零时，由于每股市价不会降低至零，因此市盈率会很高，而这种很高的市盈率却不能说明任何问题。当每股收益为负时，每股市价不会为负，所以市盈率为负，这时的市盈率也不能说明任何问题。

【知识拓展】
每股净资产
与市净率

以市盈率衡量公司股票的投资价值虽然具有市场公允性，且相关资料易于获取，但存在以下缺陷：股票市价的高低取决于多种因素，其中既有公司内部的因素，也有诸多投机性的非理性因素，如虚假题材、庄家行为等，使得股票市价偏离其内在价值；投机者获取的信息不完整，有可能导致对公司获利潜力的错误预计，从而也使得股票市价偏离其真实价值。

【例3-23】格力电器2020年度和2019年度每股获利能力指标的计算（忽略格力电器2020年度回购股票0.94亿股，占公司期末总股本的1.57%，也忽略少数股东权益的调整），见表3-24。

表 3-24 格力电器每股获利能力指标计算表 金额单位：亿元

项目	2020 年	2019 年
净利润（公司没有优先股）(1)	222.79	248.27
股东权益 (2)	1 146.29	1 168.80
经营活动产生的现金流量净额 (3)	192.39	278.94
股本（每股面值 1 元）(4)	60.16	60.16
普通股股数 (5)＝(4)/每股面值	60.16	60.16
每股收益 (6)＝(1)/(5)	3.70	4.13
每股净资产 (7)＝(2)/(5)	19.05	19.43
每股现金流量 (8)＝(3)/(5)	3.20	4.64
12 月 31 日股票收盘价 (9)	61.94	63.34
市盈率 (10)＝(9)/(6)	16.73	15.35
市净率 (11)＝(9)/(7)	3.25	3.26

四、成长能力分析

企业的成长能力分析是对企业扩大经营能力的分析，包括企业规模的扩大、利润和所有者权益的增加。主要分析指标包括营业收入增长率、营业利润增长率、经营活动现金流量净额增长率、净资产增长率和总资产增长率等。这里所说的增长率都是同比增长率，即本期值相比上期值变动的百分比。统一的计算公式为：

$$增长率=\frac{本期值-上期值}{上期值}\times 100\%$$

营业收入增长率高，表明企业产品的市场需求大，业务扩张能力强。一般来说，营业利润稳定增长且占利润总额的比例呈增长趋势的企业正处在成长期。经营活动现金流量净额增长率高，表明企业通过产品销售获得现金的能力强，侧面反映了企业产品的竞争力强。总资产增长率的变化能够反映企业规模的扩张。

【例 3-24】 格力电器 2020 年度增长率的计算。

根据表 3-18 和表 3-21，可计算格力电器 2020 年度的营业收入增长率、总资产增长率：

营业收入增长率＝(1 681.99－1 981.53)/1 981.53×100%＝－15.35%

总资产增长率＝(2 792.18－2 829.72)/2 829.72×100%＝－1.33%

根据表 3-21，可计算格力电器 2020 年度的营业利润增长率、息税前利润增长率：

营业利润增长率＝(260.44－296.05)/296.05×100%＝－12.03%

息税前利润增长率＝(273.97－309.50)/309.50×100%＝－11.48%

根据表 3-24，可计算格力电器 2020 年度的经营活动现金流量净额增长率、净资产增长率：

经营活动现金流量净额增长率＝(192.39－278.94)/278.94×100%＝－31.03%

净资产增长率＝(1 146.29－1 168.80)/1 168.80×100%＝－1.93%

第四节 财务综合分析

财务分析的需求者需要全面、客观、理性地看待财务分析对象的财务状况和经营情况，对企业的财务分析如果仅限于财务比率，则难以对企业的财务状况形成全面了解。单独的财务指标分析能够揭示财务经营活动的某一具体方面，但对于从总体上把握财务基本特征的贡献能力较弱。

财务综合分析通过设置合理的评价指标体系从总体上揭示企业经营活动的状况，并做出深入、客观、理性的评价，从而对企业的经济效益做出较为准确的评价，同时对于发现的风险采取有效手段予以补救。

财务综合分析的方法在实践中有很多，本书主要介绍两种比较实用的方法：杜邦分析法和财务比率综合评分法。

一、杜邦分析法

财务管理的目标是股东财富最大化。从报表上体现出的股东获利能力指标是权益净利率（净资产收益率）。资本具有逐利性，总是流向投资报酬率高的行业和企业。如果一个企业的权益净利率经常低于其他企业，就难以获得资本，最终会被市场抛弃。因此，如果企业的权益净利率下降，且低于同行业平均水平，就需要对影响权益净利率的驱动因素进行深度分析，以便对症下药，进行改进。

（一）杜邦分析法的基本公式及分解

权益净利率＝(净利润/营业收入)×(营业收入/总资产)×(总资产/所有者权益)

＝销售净利率×总资产周转率×权益乘数

将权益净利率分解为销售净利率、总资产周转率、权益乘数这三个指标，提高其中任一指标，权益净利率都会提高。销售净利率是利润表中的指标，反映企业的经营成果；权益乘数是资产负债表中的指标，反映企业的资本结构；总资产周转率则反映总资产的周转速度，综合了企业的经营成果和财务状况（见图 3－1）。

通过分解我们可以看出，杜邦分析法将企业的经营成果与财务状况进行了有机结合，并通过权益净利率反映，使得财务分析逻辑更加清晰。杜邦分析法将权益净利率的各驱动因素展现出来，有助于管理层有针对性地改善企业的经营管理，以最大化股东的投资回报。

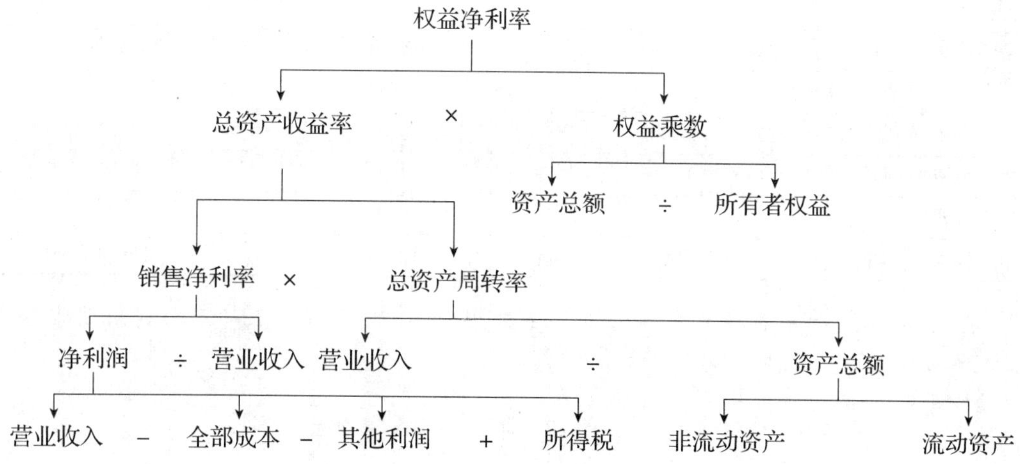

图 3－1　杜邦分析图

第一步分解出的总资产收益率是影响权益净利率最重要的指标。虽然权益净利率由总资产收益率和财务杠杆共同决定，但是对于企业来说提高财务杠杆可能会增加财务风险，不能直接增加企业价值。另外，如果企业的财务杠杆高到一定水平，财务风险会大得难以从外部获得借款，财务杠杆就很难进一步提高。因此，提高权益净利率的关键就是提高总资产收益率。

总资产收益率可以进一步分解为销售净利率和总资产周转率，用于分析企业的经营战略。有些企业的销售净利率较低，总资产周转率较高，通常采用的是低盈利、高周转的经营方针，俗称薄利多销，如零售行业；而有些企业的销售净利率较高，总资产周转率较低，采用的是高盈利、低周转的经营方针，这类企业通常出现在高端制造业、奢侈品行业等。因此，我们不能仅根据销售净利率来判断一个企业经营业绩的好坏，而需要结合总资产周转率综合分析企业的经营战略，判断企业投入资产的获利能力。

权益乘数反映企业财务杠杆的利用程度，权益乘数越高，表明企业的资产通过负债支持的比例越高，财务杠杆越大。如果总资产周转率不变，提高财务杠杆可以提高权益净利率，但是财务风险也会相应增加；反之，降低财务杠杆，企业的权益净利率就会降低，相应的财务风险也会降低。因此，企业如果想利用财务杠杆提高权益净利率，需要在收益和增加的财务风险中找到平衡。

【知识拓展】
基于杜邦分析原理的五因素分析

【例 3－25】 根据表 3－25 中 A 公司 2020 年度和 2019 年度的相关财务数据，使用杜邦分析法计算并分析权益净利率。

表 3－25　A 公司权益净利率杜邦分析　　金额单位：亿元

项目	2020 年	2019 年
营业收入（1）	5 520	4 650
净利润（2）	300	360
总资产平均余额（3）	3 680	3 440

续表

项目	2020 年	2019 年
净资产平均余额（4）	1 510	1 480
销售净利率（5）=(2)/(1)×100%	5.43%	7.74%
总资产周转率（6）=(1)/(3)	1.50	1.35
权益乘数（7）=(3)/(4)	2.44	2.32
权益净利率（8）=(5)×(6)×(7)	19.87%	24.24%

A 公司 2020 年权益净利率相比 2019 年减少了 4.37 个百分点，下面利用因素分析法进行逐个因素的分析。

A 公司 2019 年权益净利率=7.74%×1.35×2.32=24.24%

第一步：替换销售净利率。

权益净利率=5.43%×1.35×2.32=17.01%

销售净利率变动的影响=17.01%−24.24%=−7.23%

第二步：替换总资产周转率。

权益净利率=5.43%×1.50×2.32=18.90%

总资产周转率变动的影响=18.90%−17.01%=1.89%

第三步：替换权益乘数。

权益净利率=5.43%×1.50×2.44=19.87%

权益乘数变动的影响=19.87%−18.90%=0.97%

第四步：计算总影响。

总影响=−7.23%+1.89%+0.97%=−4.37%

通过分析发现，影响 A 公司 2020 年权益净利率下降的主要因素是销售净利率的下降，总资产周转率和权益乘数均为有利因素，所以接下来的分析应重点关注销售净利率下降的原因。

（二）杜邦分析法的局限性

1. 总资产与净利润不匹配

企业的总资产为股东和债权人共同享有，但净利润仅归属于股东，两者不匹配。由于股东和有息负债的债权人均有权要求分取企业的收益，而无息负债的债权人无法要求分取收益，因此，在计算总资产收益率时，将总资产调整为股东权益和有息负债的总额，才能保证与净利润相匹配。

2. 没有区分经营活动损益与金融活动损益

传统的杜邦分析体系不区分经营活动与金融活动。对企业来说，日常的经营活动产生的损益属于经营活动损益，而筹资活动一般不产生净利润，只是支出净费用，对是否应将该部分费用归为经营活动费用，目前各国的会计准则仍存在很大争议。

3. 没有区分金融资产与经营资产

将金融资产与金融损益匹配、经营资产与经营损益匹配，才能正确计量企业经营活动和金融活动的盈利能力。

4. 没有区分金融负债与经营负债

一般而言，负债的成本仅是金融负债产生的利息支出成本；经营负债为无息负债，没有固定成本，因此就没有财务杠杆作用。将其与金融负债一起计入财务杠杆，会歪曲财务杠杆的实际效应。

5. 只关注短期财务指标

忽略非财务因素对企业经营业绩的影响，可能造成企业管理层的短视行为，不符合企业长期发展的要求。

二、财务比率综合评分法

财务比率综合评分法最早由美国银行家亚历山大·沃尔使用，也正因此其有了第二个名称：沃尔评分法。该方法运用具有代表性的财务比率，通过分配各项指标在总得分中的权重，对比各项指标的数值和标准值的比值来确定指标的具体得分，最终根据指标的得分和权重得出企业的综合分数，以此来确定企业的信用评级。

（一）选定评价的财务比率

财务比率的选择必须要具有全面性、代表性、变化方向的一致性。

全面性要求选择的财务指标能够涵盖企业的偿债能力、营运能力、盈利能力和成长能力。

代表性要求选取的财务指标能够合理反映企业的财务特征，基于有代表性的财务指标进行财务分析有助于提升财务分析的质量。

变化方向的一致性要求各个财务指标在相同因素的作用下，变化是一致的。进行财务分析时通常会选取与财务状况呈正向变动的指标，通过评分能够直观地反映出企业的财务状况。

（二）确定财务比率标准评分值

根据财务比率在综合评价中不同的重要性，确定标准的评分值，也可以称为重要性系数。

重要性系数总分为 100 分。标准评分值基于企业经营活动的性质、生产经营规模、所处的生命周期、组织结构、治理结构来确定，同时也可以根据会计信息使用者的要求进行适当调整。

(三) 计算关系比率

计算的各项财务比率的实际值与标准值的比值就是关系比率。关系比率表示企业的财务比率实际值与标准值之间的离散程度，可以在此基础上进行进一步的财务分析。

(四) 计算各项财务比率的实际得分

实际得分=关系比率×标准评分值

实际得分是企业财务状况的直接体现。实际得分越接近100分，表明企业的财务状况越好。需要注意的是，企业的实际得分有超出100分的可能性，得到此分值的企业财务状况非常理想。分值越低于100分，表明企业的财务状况越差。

【例3-26】 ABC公司的各项财务比率如表3-26所示，使用财务比率综合评分法进行分析。

表3-26　ABC公司财务指标

财务比率	比重	标准比率	实际比率	相对比率	评分
流动比率	10	1	1.7	1.7	17
速动比率	10	1	1.5	1.5	15
资产负债率	12	4	2.4	0.6	7.2
存货周转率	10	8	6.4	0.8	8
应收账款周转率	10	10	13	1.3	13
总资产周转率	12	4	2.0	0.5	6
总资产净利率	10	0.4	0.44	1.1	11
权益净利率	12	0.5	0.55	1.1	13.2
销售净利率	14	0.1	0.11	1.1	15.4
合计	100				105.8

ABC的综合得分是105.8，比标准数值高一些，由此可见该公司的财务状况良好。

财务比率综合评分法也存在一个缺点，就是无法证明选择这些指标的合理性，以及每个指标所占比重的合理性。虽然综合评分法在理论上有待证明，且技术上仍有缺陷，但是在实践中的应用依旧非常广泛。

练习题

一、复习思考题

1. 为什么进行财务分析？
2. 财务分析可以采用哪些基本方法？

3. 杜邦分析法的主要作用是什么？

二、计算分析题

1. 甲公司是一个制造业企业，拟与乙公司建立长期合作关系，为了确定对乙公司采用哪种信用政策，需要分析乙公司的偿债能力和营运能力。为此甲公司查看了乙公司2019年度的财务报表。相关的财务报表数据以及在财务报表附注中披露的信息如下：

（1）资产负债表项目，如表3-27所示。

表3-27

单位：万元

项目	年末金额	年初金额
流动资产合计	5 100	4 730
其中：货币资金	100	100
交易性金融资产	1 000	860
应收票据	1 500	1 360
应收账款	1 350	1 300
预付款项	150	130
存货	1 000	980
流动负债合计	2 000	1 500

（2）利润表项目，如表3-28所示。

表3-28

单位：万元

项目	本年金额	上年金额（略）
营业收入	14 500	
财务费用	500	
资产减值损失	10	
所得税费用	32.50	
净利润	100	

（3）在计算财务比率时，涉及的资产负债表数据可直接使用年末或年初数。

要求：

（1）计算乙公司2019年的速动比率。请说明评价乙公司的短期偿债能力时需要考虑的因素。

（2）计算乙公司2019年的利息保障倍数。

（3）计算乙公司2019年的应收账款周转率。请说明评价乙公司的应收账款变现速度时需要考虑的因素。

2. 在证券信息披露平台（巨潮资讯网、《中国证券报》和《证券时报》等）查找贵州茅台股份有限公司（简称贵州茅台）2020年和2019年的年报，基于杜邦分析法计算相关财务指标，并根据财务指标分析该公司的经营战略和财务政策。

三、案例分析题

东阿阿胶，是中华老字号驰名商标。东阿阿胶股份有限公司（以下简称东阿阿胶公司）地处的山东省东阿县据称是阿胶的发祥地。阿胶的主要原料是驴皮，中成药“复方阿胶浆”号称具有补气养血之功效。

驴皮的药用价值使该公司的产品在过去10年价格一路走高，而一张驴皮的价格也在过去10年涨了10倍。一头驴正常的生长周期是两年，目前全国的存栏量只有600万～700万头，十分珍稀。养驴费时费力，驴皮供应日趋紧张。驴皮越涨价，就越供不应求，驴的存栏量就越少。

东阿阿胶几乎成了行业的代名词，它已然成为中国滋补养生的第一大品牌和中成药最大单品。东阿阿胶公司隶属于中央企业华润集团，华润集团旗下两家公司华润东阿阿胶有限公司和华润医药投资有限公司，分别持有东阿阿胶公司23.14%和8.86%的股权。①

要求：

通过以下财务数据及比率表（见表3-29），试对该公司的利润构成以及利润质量进行财务分析（从偿债能力、营运能力及盈利能力方面分析）。

表3-29　东阿阿胶公司相关财务数据及比率表

项目	2020年	2019年	2018年	2017年	2016年
流动比率	7.46	5.21	4.37	3.95	5.09
速动比率	4.99	2.86	1.86	1.16	1.30
现金比率（%）	277.25	162.37	86.62	70.67	94.91
资产负债率（%）	10.71	13.99	18.32	20.24	15.71
权益乘数	1.12	1.16	1.22	1.25	1.19
产权比率	0.12	0.16	0.22	0.25	0.19
现金流量利息保障倍数	5 493.02	−1 826.58	3 184.90	6 967.07	12 265.53
已获利息倍数（EBIT/利息费用）	—	−12.89	189.25	237.71	—
固定资产周转率	1.56	1.52	4.26	4.71	4.54
存货周转率	0.51	0.45	0.72	0.78	0.88
应收账款周转率	3.94	2.73	10.43	16.55	18.21
流动资产周转率	0.43	0.31	0.72	0.86	0.90
营运资金周转率	0.51	0.40	0.95	1.11	1.14
总资产周转率	0.30	0.23	0.56	0.66	0.68
无形资产周转率	7.87	7.00	19.57	28.77	33.01
销售毛利率（%）	55.00	47.65	65.99	65.05	66.95
销售净利率（%）	1.20	−15.05	28.43	27.73	29.37
总资产净利率（%）	0.36	−3.49	15.90	18.31	19.99
权益净利率——年化（%）	0.44	−4.17	19.72	22.46	24.10
销售成本率（%）	45.00	52.35	34.01	34.95	33.05
销售期间费用率（%）	40.22	63.00	32.64	32.49	33.15

资料来源：同花顺iFinD.

① 相关数据截至2021年9月30日。

第四章

增长与财务预测

引导案例

2004年，乐视网信息技术股份有限公司（简称乐视网）成立。2010年，乐视网在深交所创业板IPO，成为国内视频行业第一家上市的企业。2015年，乐视网市值达到巅峰。2020年6月5日起，乐视网正式进入退市整理期，为期30个交易日；退市整理期届满的次个交易日，即2020年7月21日，深交所对公司股票予以摘牌。

从昔日“创业板一哥”到退市，乐视网带给我们很多思考。2012年，乐视网入局电视产业后，开始向其他产业迅速扩张，共拥有三大体系（上市公司乐视网、非上市的乐视生态体系、乐视汽车生态体系），横跨七大生态子系统（内容、大屏终端、手机、汽车、体育、互联网金融、互联网及云）。站在财务的视角，公司的快速扩张需要大量的资金作为支撑。公司2012—2016年的资产负债率依次为56.11%、58.58%、62.23%、77.53%和67.48%，高比重债务资金的使用为公司带来较大的财务风险。2013年后，乐视网的利息保障倍数也出现了连年大幅下滑趋势，由2013年的3.17倍急剧下降到2016年的0.39倍。2016年11月后，外界对乐视网高速增长背后的资金链的怀疑与日俱增。如果业务增长带来的资金需求远超企业自身供血和外部融资的能力，资金链将断裂，给企业带来毁灭性的打击。

乐视网就是走上了一条扩张与资金供给无法匹配的道路，我们可以从教训中吸取经验，企业的高速增长和扩张需要资金的支持，因此必须要做好相应的财务预测，确保业务增长所造成的资金缺口能得以弥补。那么，如何进行有效的财务预测以支撑企业的增长呢？我们将在本章中进行阐述和分析。

学习目标

1. 了解财务预测的意义和作用，理解筹资数量预测的依据和方式，掌握销售百分比法。

2. 理解和掌握内含增长率、可持续增长率的含义和计算方法，理解企业实现超常增长的路径。

第一节 财务预测

古语有云：凡事预则立，不预则废。财务预测是进行科学财务决策的前提，需要根据财务活动的历史资料，结合企业的现实情况和各种影响因素的变化，运用科学的方法，预计和测算未来的财务活动和财务成果。财务预测有广义和狭义之分。广义的财务预测包括各类财务活动的预计和测算，包括投资预测、筹资预测、利润分配预测、现金流量预测等；狭义的财务预测仅指筹资预测。本章重点阐述的是狭义的财务预测。

一、财务预测的意义和作用

（一）财务预测的意义

合理的财务预测能够根据企业未来的发展需要，较为恰当地估计资金需求量，更好地安排投融资活动，使企业发展更加稳定，保证企业经营和投资业务的平稳有序，降低经营过程中的风险，如筹资失败或资金链紧张。

（二）财务预测的作用

财务预测是融资计划的前提。财务预测最主要目的就是使用一定的方法探求企业未来的资金安排，企业可以据此判断是否需要开展融资活动以弥补资金缺口，确定如何开展融资活动以降低融资成本。

财务预测有助于改善投资决策。通过财务预测所提出的融资需求并非总是能被满足，因此，投资活动就必须建立在能够满足的资金量的基础上。财务预测能够帮助企业确定如何在有限的融资基础上做出更有效的投资行为。

财务预测也有助于提高应变能力。企业可以根据财务预测的结果，制定多套方案以应对经营过程中可能发生的各种不确定性和风险，也有利于企业更有效地利用稍纵即逝的投资机会。

二、财务预测的基本方法

（一）定性预测法

定性预测法又称经验判断法，主要是利用调查得到的各种信息和数据资料，根据预测者个人的知识、经验和主观判断，对某一事件的未来发展趋势做出估计和判断。这种方法虽然耗时短、灵活性大，但易受人的知识、经验及能力的束缚和限制，尤其是缺乏对事物发展在数量上的精确描述。

（二）定量预测法

定量预测法是预估财务资金需求量的主要方法。它是在掌握比较完整的历史统计资料和充分考虑市场状况、宏观经济等因素未来发展趋势的基础上，运用各种数学模型对企业未来的资金需求量做出定量估算，求得预测结果的一种方法。预测方法包括销售百分比法、回归分析法和运用电子系统预测等。

1. 销售百分比法

销售百分比法又称营业收入比例法，是财务预测常用的方法之一。该方法假设资产、负债与销售收入存在稳定的百分比关系，根据预计的销售收入和相应的百分比预测资产、负债等，然后根据会计恒等式确定融资需求。因此，该方法对销售预测的准确程度有较高要求。

销售百分比法基于一定的前提条件。第一，该方法假定资产负债表中的各项目可以划分为敏感项目与非敏感项目。敏感项目，是指随着收入的变动发生同向变动的资产和负债，与销售收入成正比例关系。不随销售收入变动而自发变动的项目，称为非敏感项目。第二，基期与预测期的情况基本不变，即基期与预测期的敏感项目和非敏感项目的划分不变，敏感项目与销售收入具有固定比例关系，销售结构和价格水平与基期相比基本不变。

（1）销售百分比法的基本步骤。

① 划分敏感项目和非敏感项目。敏感资产项目一般包括现金、应收账款、应收票据、存货等；敏感负债项目一般包括应付账款、应付票据等。固定资产、短期借款、股本、留存收益等一般都属于非敏感项目。

② 确定各个敏感项目的销售百分比。

③ 根据预测的销售收入计算各项经营资产、经营负债，以确定资金的需求量。

④ 预计可动用的金融资产[①]。

⑤ 预计增加的留存收益。

⑥ 计算所需的外部资金。

$$\begin{matrix}\text{外部资金}\\\text{需求量}\end{matrix}=\begin{matrix}\text{融资}\\\text{总需求}\end{matrix}-\begin{matrix}\text{预计可动用的}\\\text{金融资产}\end{matrix}-\begin{matrix}\text{预计增加的}\\\text{留存收益}\end{matrix}$$

【知识拓展】企业的融资方式

【知识拓展】融资总需求的计算方法

（2）销售百分比法的计算方法。使用该方法的前提条件是企业的融资需求来源于经营业务增长所带来的资金缺口，即净经营资产[②]在当期的增加额等于融资总需求：

① 金融资产是利用经营活动多余资金进行投资所涉及的资产。

② 净经营资产＝经营资产－经营负债。经营资产是指销售商品或提供劳务所涉及的资产，经营负债是指销售商品或提供劳务所涉及的负债。

融资总需求=净经营资产增加

根据计算得出的融资总需求，可进一步计算企业所需的外部融资：

$$\text{预计需要外部融资}=\text{融资总需求}-\text{可动用的金融资产}-\text{留存收益增加}$$

$$=\text{预计增加的经营资产}-\text{预计增加的经营负债}-\text{可动用的金融资产}-\text{留存收益增加}$$

$$=\text{销售收入增加}\times\text{经营资产销售百分比}-\text{销售收入增加}\times\text{经营负债销售百分比}-\text{可动用的金融资产}$$

$$-\text{预计销售收入}\times\text{预计销售净利率}\times\left(1-\text{股利支付率}\right)$$

【**例 4-1**】表 4-1 和表 4-2 分别为甲公司 20×8 年利润表和资产负债表的部分项目数据。以 20×8 年为基期，采用销售百分比法预计 20×9 年的外部融资量。公司未来不计划持有金融资产及非流动负债，预计销售增长率为 10%，销售净利率与 20×8 年保持一致，股利支付率为 40%。

表 4-1　20×8 年利润表部分项目数据

单位：万元

项目	金额
营业收入	40 000
净利润	3 600

表 4-2　20×8 年资产负债表部分项目数据

单位：万元

项目	金额	项目	金额
货币资金	3 000	应交税费	600
应收票据	2 000	其他应付款	800
应收账款	15 000	其他流动负债	1 500
预付款项	4 000	流动负债合计	20 900
其他应收款	500	长期股权投资	3 500
存货	10 000	固定资产	20 000
其他流动资产	300	在建工程	5 000
流动资产合计	34 800	无形资产	2 500
应付票据	1 500	长期待摊费用	3 000
应付账款	14 000	其他非流动资产	1 400
预收款项	2 000	非流动资产合计	35 400
应付职工薪酬	500	非流动负债	0

第一步：确定经营资产和经营负债各相关项目的销售百分比。

经过分析，甲公司确定除其他流动资产外的流动资产和固定资产均为敏感资产，应付票据、应付账款、预收款项、应付职工薪酬、应交税费均为敏感负债，按照 20×8 年利润表中列示的营业收入与资产负债表中各敏感项目的金额，计算各项目的销售百分比，如表4-3所示。

表4-3 甲公司财务报表项目与销售收入的百分比

项目	百分比	项目	百分比
货币资金	7.5%	应付票据	3.75%
应收票据	5%	应付账款	35%
应收账款	37.5%	预收款项	5%
预付款项	10%	应付职工薪酬	1.25%
其他应收款	1.25%	应交税费	1.5%
存货	25%	固定资产	50%

第二步：预计该公司20×9年的销售收入及各项经营资产和经营负债。

20×9年预计销售收入=40 000×(1+10%)=44 000(万元)

将20×9年预计销售收入乘以表4-3中各敏感项目的百分比，求得表4-4中各敏感项目的金额，对于非敏感项目，按照20×8年的数值填列。

表4-4 甲公司20×9年各项经营资产和经营负债

单位：万元

项目	金额	项目	金额
货币资金	3 300	应付票据	1 650
应收票据	2 200	应付账款	15 400
应收账款	16 500	预收款项	2 200
预付款项	4 400	应付职工薪酬	550
其他应收款	550	应交税费	660
存货	11 000	其他应付款	800
其他流动资产	300	其他流动负债	1 500
长期股权投资	3 500	无形资产	2 500
固定资产	22 000	长期待摊费用	3 000
在建工程	5 000	其他非流动资产	1 400

$$\text{流动资产合计}=\text{货币资金}+\text{应收票据}+\text{应收账款}+\text{预付款项}+\text{其他应收款}+\text{存货}+\text{其他流动资产}$$

=38 250(万元)(2019年)

=34 800(万元)(2018年)

$$\text{流动负债合计}=\text{应付票据}+\text{应付账款}+\text{预收款项}+\text{应付职工薪酬}+\text{应交税费}+\text{其他应付款}+\text{其他流动负债}$$

=22 760(万元)(2019年)

=20 900(万元)(2018年)

$$\text{非流动资产合计}=\text{长期股权投资}+\text{固定资产}+\text{在建工程}+\text{无形资产}+\text{长期待摊费用}+\text{其他非流动资产}$$

=37 400(万元)(2019 年)

=35 400(万元)(2018 年)

第三步：确定融资总需求。

融资总需求=净经营资产增加

=预计净经营资产合计-基期净经营资产合计

$$=\left(\begin{array}{c}预计经营性\\流动资产\end{array}-\begin{array}{c}预计经营性\\流动负债\end{array}+\begin{array}{c}预计经营性\\非流动资产\end{array}-\begin{array}{c}预计经营性\\非流动负债\end{array}\right)$$

$$-\left(\begin{array}{c}基期经营性\\流动资产\end{array}-\begin{array}{c}基期经营性\\流动负债\end{array}+\begin{array}{c}基期经营性\\非流动资产\end{array}-\begin{array}{c}基期经营性\\非流动负债\end{array}\right)$$

=(38 250-22 760+37 400-0)-(34 800-20 900+35 400-0)

=3 590(万元)

第四步：预计增加的留存收益。

预计销售净利率=20×8 年销售净利率=3 600/40 000×100%=9%

留存收益增加=预计销售收入×预计销售净利率×(1-股利支付率)

=44 000×9%×(1-40%)=2 376(万元)

第五步：预计增加的外部融资。

预计需要外部融资=融资总需求-可动用的金融资产-留存收益增加

=3 590-0-2 376=1 214(万元)

【知识拓展】外部融资销售增长比法

销售收入增长会带来资金需求量的增长，所以销售收入增长和筹集的资金量之间存在某种函数关系，根据这种关系可以直接计算出在特定的销售收入增长下需要筹集的资金量。假设它们之间呈正比例关系，则可以表示为每增加 1 元的销售收入需要追加的外部融资金额，可称为外部融资销售增长比。

假设企业可动用的金融资产为 0，外部融资销售增长比的计算公式如下：

$$\begin{array}{c}外部融资\\销售增长比\end{array}=\begin{array}{c}经营资产\\销售百分比\end{array}-\begin{array}{c}经营负债\\销售百分比\end{array}-\frac{(1+销售增长率)}{销售增长率}\times\begin{array}{c}预计销售\\净利率\end{array}\times\left(1-\begin{array}{c}预计股利\\支付率\end{array}\right)$$

外部融资额=外部融资销售增长比×销售增长额

外部融资销售增长比实质上利用了销售百分比法的增加额公式，令可动用的金融资产为 0，两边除以销售收入增加额即可得到。

(3) 通货膨胀因素的考量。即便按照实际购买力水平，企业预计的销售收入与基期相比并没有增长，但通货膨胀的存在也会导致价格上涨，使销售收入与基期相比产生增长。因此，在进行财务预测时需要考虑通货膨胀对增长率的影响，应该使用包含通货膨胀的销售收入名义增长率，计算公式如下：

$$\text{包含通货膨胀的销售收入名义增长率}=\left(1+\text{通货膨胀率}\right)\times\left(1+\text{销售收入实际增长率}\right)-1$$

【例 4－2】甲公司是一家制造业企业，管理层拟采用销售百分比法进行财务预测。预计 20×9 年的通货膨胀率为 10%，公司实际销售增长率为 8%，资产销售百分比与负债销售百分比保持不变，预计销售净利率为 6%，预计股利支付率为 20%。公司 20×8 年的其他相关资料如表 4－5 所示。

表 4－5　甲公司财务报表相关数据　　单位：万元

项目	20×8 年
销售收入	20 000
敏感经营资产	12 000
资产销售百分比	60%
敏感经营负债	1 600
负债销售百分比	8%
金融资产	0
净利润	1 200

由于存在通货膨胀，因此，首先应当计算包含通货膨胀的销售收入名义增长率：

销售收入名义增长率＝(1＋10%)×(1＋8%)－1＝18.80%

第一步：确定融资总需求。

融资总需求＝净经营资产增加
＝经营资产的增加－经营负债的增加
＝(60%－8%)×20 000×18.80%－0
＝1 955.20(万元)

第二步：预计增加的留存收益。

留存收益增加＝预计销售收入×预计销售净利率×(1－股利支付率)
＝20 000×(1＋18.80%)×6%×(1－20%)
＝1 140.48(万元)

第三步：预计增加的外部融资。

预计需要外部融资＝融资总需求－可动用的金融资产－留存收益增加
＝1 955.20－0－1 140.48＝814.72(万元)

(4) 销售百分比法的优缺点。

① 优点。销售百分比法简便、易于使用，能为决策者提供预计的短期财务报表，为筹资决策提供依据，适应外部筹资的需要。

② 缺点。这种方法假定敏感资产和敏感负债占销售收入的比率不变，但这一假设可能与实际情况不相符。例如，固定资产等长期资产，并不必然随着销售收入的增长而增长，只有当销售收入的增长使生产量突破了固定资产的最大生产能力时，才需要添置新的固定资产，但此时也并非表明资产与销售收入之间存在线性比例关系。而且，即便是经营资产和经营负债等敏感项目，其与销售收入之间也未必存在稳定的线性比例关系。在这些情况下，基于销售百分比法进行的预测就会产生错误的结果。

2. 财务预测的其他方法

（1）回归分析法。社会经济现象之间的相关关系往往难以用确定性的函数关系直接进行描述，它们大多是随机性的，通过统计观察才能找出其中规律。回归分析法是利用统计学原理描述随机变量之间相关关系的一种重要方法。

财务预测的回归分析，是利用一系列历史观察数据建立资产负债表中各相关项目与销售收入之间的函数关系，据此预测资产、负债各项目的数值，最后测算出融资需求的一种方法。

通常的做法是假设销售收入与资产、负债各相关项目存在线性关系，例如，假设存货与销售收入之间存在某种线性关系，可以用直线方程表示为“存货＝A＋B×销售收入”，根据历史资料和回归分析的最小二乘法可以求出直线方程的系数 A 和 B，然后根据所求的直线方程和预测的销售收入来预计存货的金额。其他相关项目也可以运用同样方法求得。

资产、负债相关项目的预测完成后，融资需求的预测步骤与销售百分比法一致。

（2）运用电子系统预测。对于大型企业来说，无论是销售百分比法还是回归分析法都过于简单，在数据庞杂的情况下，利用这两种方法进行人工处理，任务量过大。毕竟，在企业的实际运营过程中，影响融资需求的变量很多，因此，借助计算机来预测是一种趋势。

① 使用电子表软件。这种计算机财务预测方法最简单。使用时，其计算过程与手工预测几乎没有差别。但电子表软件的好处在于人工输入一个参数后，可以借助其函数功能来计算所有的预测数据。

② 使用交互式财务规划模型。这种方法比电子表软件稍显复杂，但是它的好处在于能够进行反向操作，不仅可以根据既定销售收入预测融资需求，还可以根据既定的资金限额预测可能达到的销售收入。

③ 使用综合数据库财务计划系统。这种方法是最复杂的，也是功能最多的。该系统建有企业的历史资料库和模型库，可以从中选择适用的模型预测各项财务数据。它通常可以联机实时更新数据；使用概率技术，分析预测的可靠性；用于资金的预测和规划，完成需求、价格、成本及各项资源的预测和规划。该系统通常也是规划和预测结合的系统，能快速生成预计的财务报表，方便进行财务决策。

第二节 增长与增长率

企业发展能力最基本的体现为增长速度，或称为增长率。企业经营的目标是通过产品的销售或服务的提供收回前期投资的资金并获取增值，销售收入的增长对企业的生存和发展至关重要。因此，在财务管理的理论和实务中所提到的企业的增长率，通常是指销售增长率。

一、增长方式

在本章第一节中我们可以看到，一般而言，随着销售收入的快速增长，企业的利润与价值也必将随之增加。但是，销售收入的增长会带来资产的增长，资产的增长需要资金的支持。而一个企业的财务资源是有限的，因此，企业的决策者必须在销售收入增长与财务资源的限制之间进行合理权衡。要么采取积极的措施对销售收入增长加以控制，使销售收入增长速度保持在一个合理的水平，并将其控制在现有财务资源的承受范围之内；要么调整现有的财务资源以适应销售收入快速增长的需要，否则会耗尽企业的财务资源。

从支持增长所需的资金来源看，企业可以通过完全依靠内源资金、主要依靠外源资金以及可持续增长三种方式实现增长。

1. 完全依靠内源资金增长

一般来说，处于生命周期初创期、发展初期的小微企业，获取外源融资的能力不足。比如，有些小企业无法取得借款。即便是处于生命周期发展后期甚至是成熟期的大公司，可能也会因为不愿意贷款，或者担心分散现有股东的控制权等不愿意进行外源融资。它们主要是靠内部积累实现增长。

2. 主要依靠外源资金增长

外源资金需要通过外部融资获取，包括使用银行信贷、发行债券以及发行股票等方式，也就是说，主要通过筹资活动的现金流入保障增长。但主要依靠外部资金实现增长是不能持久的。负债资金的使用会增加企业的财务风险，不仅导致企业筹资能力下降，最终使企业的借款能力完全丧失，还会导致股权资本成本上升，因为股东会要求更高的财务风险溢价。通过增发股票等方式获取股东的追加投资，不仅会分散控制权，还会稀释每股收益，除非追加投资有更高的报酬率，否则不能增加股东财富。

3. 可持续增长

可持续增长又称平衡增长，这一概念是由美国财务学家罗伯特·希金斯提出的，是指在不耗尽企业财务资源的情况下，企业销售收入增长所能达到的最大比率。也就是说，保持目前的财务结构和与此有关的财务风险，按照股东权益的增长比例增加借款，以此支持销售收入的增长。

二、内含增长与内含增长率

【知识拓展】内含增长率计算公式的推导

企业不追加外部资金，仅仅依靠新增的留存收益和自然筹资的资金满足企业业务扩张的资金需求，称为内含增长，此时能实现的最大销售增长率称为内含增长率，即外部融资为零时的销售增长率。

在本章第一节中，我们学习了用销售百分比法预测企业的外部融资需求。根据定义，内含增长率是没有可动用的金融资产且外部融资为零时的销售增长率，把外部融资额等于零代入公式，可推导出内含增长率的计算公式：

$$\text{内含增长率}=\frac{\text{销售净利率}\times\text{净经营资产周转率}\times(1-\text{股利支付率})}{1-\text{销售净利率}\times\text{净经营资产周转率}\times(1-\text{股利支付率})}$$

【例 4-3】沿用例 4-2 中的销售净利率、股利支付率等信息，计算公司的内含增长率。

$$60\%-8\%-[(1+\text{内含增长率})/\text{内含增长率}]\times6\%\times(1-20\%)=0$$

$$\text{内含增长率}=10.17\%$$

（1）如果销售增长率=20%，可计算得出：

$$\begin{aligned}\text{外部融资额}&=(60\%-8\%)\times20\,000\times20\%-20\,000\times(1+20\%)\times6\%\times(1-20\%)\\&=928(\text{万元})\end{aligned}$$

（2）如果销售增长率=8%，可计算得出：

$$\begin{aligned}\text{外部融资额}&=(60\%-8\%)\times20\,000\times8\%-20\,000\times(1+8\%)\times6\%\times(1-20\%)\\&=-204.8(\text{万元})\end{aligned}$$

这表明公司不仅不需要外部融资，还有剩余资金 204.8 万元。

通过本例可以直观地看到：

（1）预计销售增长率=内含增长率，外部融资额=0。

（2）预计销售增长率>内含增长率，外部融资额>0，此时需要追加外部融资。

（3）预计销售增长率<内含增长率，外部融资额<0，此时不但不需要追加外部融资，企业还有剩余资金。

三、可持续增长与可持续增长率

基于可持续增长的财务思想，当企业的经营效率和财务结构均达到最优状态时，企业应该一直维持目前的经营效率和财务结构。在这种可持续增长状态下销售收入所能达到的最大增长率，称为可持续增长率。

（一）可持续增长的假设条件

（1）企业营业净利率（净利润/营业收入）将维持当前水平，并且可以涵盖新增债务增加的利息：这意味着净利润与销售收入同比例增长，净利润增长率等于销售增长率。

（2）企业总资产周转率（营业收入/总资产）将维持当前水平：这意味着总资产与销售收入同比例增长，总资产增长率等于销售增长率。

（3）企业目前的资本结构（权益乘数＝总资产/股东权益）是目标资本结构，并且打算继续维持下去：这意味着股东权益与总资产同比例增长，股东权益增长率等于总资产增长率，也就等于销售增长率。

（4）企业目前的利润留存率是目标利润留存率，并且打算继续维持下去。

（5）企业不愿意或者不打算改变股本（包括增发新股和股份回购）：这意味着企业新增的股东权益仅来自留存收益。

上述假设条件成立时，销售的实际增长率与可持续增长率相等。此时，本年实际增长率、上年可持续增长率以及本年的可持续增长率三者相等。

（二）可持续增长率的计算

1. 定义法

在本章第一节中，我们学习了使用销售百分比法预测企业的外部融资需求。根据定义，可持续增长率是在经营效率和财务结构不变的条件下，运用内部资金和外部资金所能产生的销售收入的最大增长率，在不存在可动用的金融资产的假设下，可推导出可持续增长率的计算公式：

【知识拓展】
可持续增长率计算公式的推导

$$\text{可持续增长率}=\frac{\text{销售净利率}\times(1-\text{股利支付率})\times\text{权益乘数}}{\text{经营资产销售百分比}-\text{经营负债销售百分比}-\text{销售净利率}\times\left(1-\text{股利支付率}\right)\times\text{权益乘数}}$$

2. 替代法

根据可持续增长率的定义，它是不增发新股筹资，不改变经营效率（不改变营业净利率和总资产周转率）和财务结构（不改变权益乘数和利润留存率）时企业的销售增长率。由于总资产周转率不变，那么资产的增长速度与销售收入的增长速度相同。由于权益乘数保持不变，那么资产的增长速度与股东权益的增长速度相同。因此，在可持续增长时，销售增长率也就等于股东权益增长率，可以通过计算股东权益增长率得到可持续增长率。

企业既不发行新股也不回购股票，则

$$\text{股东权益变动额}=\text{净利润}\times(1-\text{股利支付率})$$

$$\begin{aligned}\text{股东权益增长率}&=\frac{\text{股东权益变动额}}{\text{期初股东权益}}\\&=\frac{\text{净利润}\times(1-\text{股利支付率})}{\text{期初股东权益}}\\&=\text{期初股东权益计算的权益净利率}\times\text{利润留存率}\end{aligned}$$

按照杜邦分析体系，我们可以将权益净利率分解为销售净利率、总资产周转率、权益乘数三者的乘积。

$$\begin{matrix}\text{可持续}\\\text{增长率}\end{matrix}=\begin{matrix}\text{销售}\\\text{净利率}\end{matrix}\times\begin{matrix}\text{总资产}\\\text{周转率}\end{matrix}\times\begin{matrix}\text{期末总资产}\\\text{期初权益乘数}\end{matrix}\times\begin{matrix}\text{利润}\\\text{留存率}\end{matrix}$$

从公式中可以看出，在既定的财务比率下，企业销售收入的可持续增长率就等于股东权益增长率，它受到企业销售净利率、总资产周转率、权益乘数以及利润留存率的影响。其中，销售净利率与总资产周转率反映了企业生产过程中的经营效率，而权益乘数与利润留存率反映了企业当前采取的财务结构。

【知识拓展】
根据期末股东权益计算的可持续增长率

【例 4-4】 乙公司 2014—2019 年主要财务数据如表 4-6 所示，计算该公司各年度的可持续增长率。

表 4-6 乙公司 2014—2019 年主要财务数据

单位：万元

项目	2014 年	2015 年	2016 年	2017 年	2018 年	2019 年
销售收入	1 695	2 000	2 360	3 068	2 750	3 300
净利润		180	212	276	247	297
股利		72	85	111	99	119
留存收益		108	127	165	148	178
股东权益	600	708	835	1 001	1 149	1 327
总负债		60	71	177	132	160
总资产		768	906	1 178	1 281	1 487

根据公式：

$$\begin{matrix}\text{可持续}\\\text{增长率}\end{matrix}=\begin{matrix}\text{销售}\\\text{净利率}\end{matrix}\times\begin{matrix}\text{总资产}\\\text{周转率}\end{matrix}\times\begin{matrix}\text{期末总资产}\\\text{期初权益乘数}\end{matrix}\times\begin{matrix}\text{利润}\\\text{留存率}\end{matrix}$$

可分别计算该公司 2015—2019 年各年的可持续增长率，如表 4-7 所示。

表 4-7 乙公司 2015—2019 年各年的可持续增长率

项目	2015 年	2016 年	2017 年	2018 年	2019 年
销售净利率	9.00%	8.98%	9.00%	8.98%	9.00%
总资产周转率	2.60	2.60	2.60	2.15	2.22

续表

项目	2015 年	2016 年	2017 年	2018 年	2019 年
期末总资产期初权益乘数（期末总资产/期初股东权益）	1.28	1.28	1.41	1.28	1.29
利润留存率	60.00%	59.91%	59.78%	59.92%	59.93%
可持续增长率	18.00%	17.94%	19.76%	14.79%	15.49%

四、超常增长与风险控制

（一）超常增长的实现

$$实际增长率=\frac{本期销售收入-上期销售收入}{上期销售收入}\times 100\%$$

假如企业的实际增长率高于可持续增长率，则称其为超常增长。从可持续增长率的计算公式可知，企业可以通过改变其中一个或多个比率来实现超常增长，即企业要么改善经营效率以提高资产运营效率或销售净利率，要么调整目前的财务政策以适应快速增长的资金需求。但是，企业不可能每年都提高这四个财务比率。如果这四个财务比率已经达到企业的极限，企业只有通过发行新股募集资金，才能维持超常增长。

【例 4－5】沿用例 4－4 中的数据，计算乙公司各年度的实际增长率，并分析该公司经营效率和财务政策的变化对其增长实现的影响。

以 2016 年为例：

$$实际增长率=\frac{本年销售收入-上年销售收入}{上年销售收入}\times 100\%$$

$$=\frac{2\,360-2\,000}{2\,000}\times 100\%=18.00\%$$

同理，可以分别计算乙公司 2015—2019 年的实际增长率，如表 4－8 所示。

表 4－8　乙公司 2015—2019 年实际增长率及可持续增长率

项目	2015 年	2016 年	2017 年	2018 年	2019 年
销售收入	2 000	2 360	3 068	2 750	3 300
销售净利率	9.00%	8.98%	9.00%	8.98%	9.00%
总资产周转率	2.60	2.60	2.60	2.15	2.22
期末总资产期初权益乘数（期末总资产/期初股东权益）	1.28	1.28	1.41	1.28	1.29
利润留存率	60.00%	59.91%	59.78%	59.92%	59.93%
可持续增长率	18.00%	17.94%	19.76%	14.79%	15.49%
实际增长率	18.00%	18.00%	30.00%	－10.37%	20.00%

从表 4－8 中可以直观地看到：

2016 年的经营效率和财务政策保持了 2015 年的状态，销售净利率、总资产周转率、权益乘数、利润留存率基本保持不变。2016 年的实际增长率和可持续增长率约为 18.00%。也就是说，如果企业某一年的经营效率和财务政策与上年相同，在不增发新股的情况下，实际增长率、上年的可持续增长率以及本年的可持续增长率三者相等，此时，企业处于可持续增长状态。

2017 年的实际增长率上升为 30.00%，高于 2016 年的可持续增长率，超常增长是通过增量的债务资金的供给实现的。2017 年的负债占比大幅提高，权益乘数从 1.28 提高至 1.41，财务杠杆提高。由于财务政策的改变，公司 2017 年的可持续增长率也上升为 19.76%。

2018 年的实际增长率为负，体现了超速增长的不可持续性。以债务资金支撑的高速增长随着负债到期清偿可能不具有长期可持续性，因为可能没有新的债务资金供给。公司 2018 年由于归还借款，财务杠杆恢复到历史正常水平，权益乘数恢复至高速增长前的正常水平 1.28。同时，公司该年的经营效率下降，期末总资产周转率降为 2.15。财务政策和经营效率的改变，使得公司本年的可持续增长率下降为 14.79%。

（二）超常增长的风险控制

企业的超常增长一般难以持久，因为企业必须保证有足够的额外财务资源来支持这种增长，否则会陷入财务困境。因此，企业在制定财务政策时，要注重销售收入增长的未来趋势，避免因对前景过分乐观而制定过于激进的财务政策，从而对未来的财务状况产生不利影响，必要时可以采取相应措施，控制销售收入的增长速度。

如果出现了短期内的超常增长，为保持财务平衡，企业可以采取以下一个或多个治理措施来提供保障并进行风险控制。

1. 改善企业经营效率

企业可以通过剥离没有效率或效率低下的经济业务，提高企业资产使用效率和资产周转率，从而用较少的资产获得较高的销售收入，减少销售收入增长对财务资源的需求。企业还应提高盈利能力，增加留存收益，从而进一步减少销售收入增长对财务资源的需求。

2. 提高财务预测的准确性

企业需要做好充分的财务计划，加强企业财务预算，确定企业预期销售收入增长所需的财务资源。同时，要保持财务计划内部的一致性以及财务计划与其他经营计划的协调性，使销售收入增长、经营效率以及财务资源保持平衡。

3. 做好融资计划，保证财务资源满足销售收入增长需要

企业在因销售收入增长而改变目前的财务政策时，可能会碰到许多障碍。例如：通过提高债务杠杆来满足资金需求，最终可能会达到负债极限而遭到债权人的反对，而且债务的增加会提高企业的财务风险，招致股东的不满；发行新股可能会分散现有股东的控制权而遭到来自股东方面的反对；降低股利支付率则可能招致依靠股利生活的股东的

反对等。因此，企业在改变财务政策时要事先考虑其可行性，并提前做好统筹规划。

【案例启示】东方雨虹超常增长如何实现的？

北京东方雨虹防水技术股份有限公司（简称东方雨虹）是一家集防水材料研发、制造、销售及施工服务于一体的防水系统服务商，公司于2008年在中小板成功上市。从表4-9可知，2008—2014年，公司每年的可持续增长率均低于实际增长率，这表明公司一直处于超常增长的状态。那么，公司是如何实现这样的超常增长的呢？

表4-9　2008—2014年东方雨虹可持续增长率与实际增长率情况

年份	总资产周转率（%）	销售净利率（%）	权益乘数	利润留存率（%）	可持续增长率（%）	实际增长率（%）	实际增长率/可持续增长率
2008	1.08	6.36	1.53	59.23	20.35	47.02	2.31
2009	0.82	8.93	2.05	67.93	6.20	16.42	2.65
2010	0.88	5.41	2.13	59.92	10.21	138.95	13.61
2011	1.06	4.21	2.12	67.02	6.22	24.83	3.99
2012	1.06	6.42	2.24	64.09	6.36	20.41	3.21
2013	1.11	9.49	2.07	80.56	9.75	31.02	3.18
2014	0.97	11.64	1.48	85.71	17.53	28.27	1.61

由表4-10显示的东方雨虹2008—2014年资产负债表相关数据不难看出，在公司上市后，2009—2013年主要通过负债为超常增长提供资金来源，资产负债率从上市年度的34.46%上升至50%以上，而且公司的负债大多数为流动负债，并以金融流动负债（短期借款）为主。当然，整体而言，公司留存收益融资占资金来源的百分比逐年攀升，内源融资也为公司的超常增长起到了一定的支撑作用。随着负债特别是金融流动负债的攀升，公司的财务风险也在加大，为了保障超常增长并控制财务风险，特别是避免短期融资与长期资产投资形成的"短贷长投"，公司通过定向增发的方式引入新的股权资金。除了2008年IPO募集了2.10亿元的股权资金外，公司在2010年和2014年通过定向增发的方式分别募集了4.51亿元和12.51亿元的股权资金。2014年完成的定向增发，有效降低了公司的资产负债率。

表4-10　2008—2014年东方雨虹资产负债表相关数据　　金额单位：亿元

项目	2014年	2013年	2012年	2011年	2010年	2009年	2008年
流动资产	35.71	24.29	20.14	18.58	19.22	8.16	5.36
流动资产增长率	47.02%	20.61%	8.40%	−3.33%	135.54%	52.24%	78.67%
非流动资产	15.70	10.91	7.98	4.68	2.76	1.96	1.24
非流动资产增长率	43.90%	36.72%	70.51%	69.57%	40.82%	58.06%	121.43%
资产总计	51.41	35.20	28.11	23.26	21.98	10.11	6.60
总资产增长率	46.05%	25.22%	20.85%	5.82%	117.41%	53.18%	85.92%

续表

项目	2014 年	2013 年	2012 年	2011 年	2010 年	2009 年	2008 年
短期借款	5.60	9.93	7.58	8.60	8.14	2.92	0.93
短期借款占总融资比例	10.89%	28.21%	26.97%	36.97%	37.03%	28.85%	14.07%
经营性流动负债	10.12	8.12	7.96	3.68	3.5	2.24	1.31
经营性流动负债占总融资比例	19.68%	23.07%	28.32%	15.82%	15.92%	22.13%	19.82%
流动负债合计	15.72	18.05	15.54	12.28	11.64	5.16	2.24
流动负债占总融资比例	30.58%	51.28%	55.28%	52.79%	52.96%	50.99%	33.89%
非流动负债合计	1.07	0.14	0	0	0.01	0.03	0.04
非流动负债占总融资比例	2.08%	0.40%	0.00%	0.00%	0.05%	0.30%	0.61%
股东权益							
股本	4.16	3.60	3.44	3.44	1.72	0.79	0.53
资本公积	18.11	5.43	4.18	4.16	5.79	2.15	2.37
减：库存股	0.69						
盈余公积	0.80	0.58	0.44	0.35	0.24	0.18	0.12
未分配利润	11.98	7.21	4.39	2.94	2.43	1.69	1.20
留存收益占总融资比例	24.86%	22.13%	17.18%	14.14%	12.15%	18.48%	19.97%
股东权益合计	34.62	17.01	12.57	10.98	10.33	4.93	4.33
股东权益占总融资比例	66.85%	47.76%	44.29%	46.78%	46.31%	47.63%	63.99%
股利支付率	14.44%	19.79%	36.42%	32.86%	41.35%	32.44%	41.85%
流动比率	2.27	1.35	1.30	1.51	1.65	1.58	2.40
速动比率	1.87	1.07	0.96	1.07	1.30	1.13	1.98
利息保障倍数	12.84	8.55	4.49	3.17	5.17	10.39	9.00
资产负债率	32.66%	51.69%	55.28%	52.78%	53.01%	51.29%	34.46%

资料来源：Wind 数据库 .

此外，公司的上游企业为中石油、中石化，下游企业主要是房地产业的头部企业。在上市之初，公司的议价能力相对较弱，在行业中的竞争优势还不明显，这可能是公司无法通过改变经营效率来有效支撑其超常增长的原因。因此，2008—2010 年，公司主要通过改变财务策略的方式支撑其超常增长。随着公司的管理、技术、营销等全方位发展和提升，公司的竞争优势变强，从 2012 年起，公司的销售净利率逐年上升，经营效率的改善也为公司超常发展的实现提供了保障。

练习题

一、复习思考题

1. 阐述使用销售百分比法进行财务预测的基本步骤。

2. 根据销售百分比法的原理分析外部融资需求的影响因素。

3. 什么是内含增长率？什么是可持续增长率？辨析两者之间的区别。

4. 辨析可持续增长率与实际增长率的关系。

二、计算分析题

2018 年甲公司主要财务报表数据如表 4-11 所示。

表 4-11 2018 年甲公司主要财务报表数据

单位：万元

项目	金额
经营资产总计	11 800
经营负债总计	3 000
净经营资产总计	8 800
金融负债	3 000
金融资产	200
股东权益	6 000
税前经营利润	3 460
减：经营利润所得税	840
税后经营净利润	2 620
利息费用	160
减：利息费用抵税	40
税后利息费用	120
净利润	2 500
股利	1 250

要求：

1. 假设甲公司目前已达到稳定状态，经营效率和财务政策保持不变，且不增发新股和回购股票，可以按照之前的利率水平在需求资金时取得借款，不变的销售净利率可以涵盖新增债务增加的利息，所得税税率为 20%，企业的营业收入为 10 000 万元。计算甲公司 2019 年的可持续增长率。

2. 假设甲公司 2019 年的销售增长率为 20%，销售净利率与 2018 年相同，在 2018 年年末金融资产都可动用的情况下，用销售百分比法预测 2019 年的外部融资额。

三、案例分析题

ABC 公司是一家房地产公司，经过三十余年的发展，已成为国内领先的城乡建设与生活服务商，公司业务聚焦全国经济最具活力的三大经济圈及中西部重点城市。在 ABC

公司发展的不同时期，该公司运用银行贷款、发行股票、发行可转债等融资手段，大规模融资，资本结构也在不断变化。2015—2020 年 ABC 公司部分财务信息如表 4-12 所示。

表 4-12　2015—2020 年 ABC 公司财务信息摘要

报告期	2020 年年报	2019 年年报	2018 年年报	2017 年年报	2016 年年报	2015 年年报
数据来源	合并报表	合并报表	合并报表	合并报表	合并报表	合并报表
利润表摘要						
销售收入	41 911 167.77	36 789 387.75	29 767 933.11	24 289 711.03	24 047 723.69	24 112 961.40
净利润	5 929 811.64	5 513 161.46	4 927 229.45	3 720 838.73	2 835 025.55	3 991 210.71
研发费用	66 568.75	106 667.60	94 606.44	84 306.44	76 606.54	34 604.14
资产负债表摘要						
资产总额	186 917 709.40	172 992 945.04	152 857 935.65	116 534 691.78	83 067 421.39	123 819 732.08
股东权益	34 984 447.33	27 057 911.54	23 562 073.00	18 667 393.92	16 167 657.13	13 630 961.00
资本公积	1 855 449.70	1 238 448.45	800 562.77	832 926.31	826 826.78	648 481.00
本期增量留存收益	2 970 480.55	2 706 019.43	2 604 617.43	1 933 088.48	879 337.76	—

要求：

1. 根据上面 ABC 公司近年来的财务数据，计算其 2016—2020 年的可持续增长率和实际增长率。

2. 分析提出使企业的实际增长率高于可持续增长率的方法。

第五章

货币时间价值

引导案例

贵州茅台酒股份有限公司(简称贵州茅台)的主要业务是茅台酒及系列酒的生产与销售，主导产品茅台酒是世界三大蒸馏名酒之一，也是集国家地理标志产品、有机食品和国家非物质文化遗产于一身的白酒品牌；茅台酒也是全国两大高端白酒龙头之一、行业第一和酱香型白酒代表，拥有800多年历史，被尊称为“国酒”，曾于1915年获“巴拿马万国博览会金奖”。

贵州茅台于2001年8月27日上市，上市发行价是31.39元，募集资金22.44亿元，市盈率为23.93倍，上市以来累计涨幅达3 930.74%(截至2021年3月2日收盘)。

如果某投资者在贵州茅台上市时，以31.39元的价格买入1 000股，一直持有到现在，他的收益额和收益率是多少？如何计算？哪些因素会影响他的收益？货币时间价值是他要考虑的因素之一吗？

如果该投资者在当时没有买入贵州茅台的股票，而是将这笔资金存入银行，假如按10%的年利率，20年他的收益额和收益率又是多少？

在类似这样的财务决策中，我们应清楚：什么是货币时间价值？如何计算货币时间价值？哪些因素影响货币时间价值？带着这些疑问，我们将进入本章货币时间价值知识的学习。

学习目标

1. 理解复利终值与复利现值的概念，掌握复利终值与复利现值的计算。
2. 理解年金的概念、种类及其特点，掌握各类年金的现值和终值的计算。
3. 理解报价回报率与有效年回报率的差异，掌握有效年回报率的计算。
4. 理解名义回报率和实际回报率的差异，掌握名义回报率的计算。

货币时间价值指货币在运用过程中，随着时间推移而产生的增值。假如现在将100元存入银行，按10%的利率计算，明年的这个时间可以得到110元，多余的10元就是货币的时间价值。企业将一定量的货币投入生产经营过程中，生产出的产品出售后会得到比原投入更多的货币，这个增值就是货币时间价值。

通常情况下，货币时间价值是没有考虑风险和通货膨胀下的一个社会平均利润率。它的实质是资金投入使用，通过劳动创造出来的新价值，即一定数额的货币与时间价值率的乘积。

货币时间价值一般以利息或利率的形式予以表现，实务中通常以银行利率或报酬率等相对数来表示，且用复利计算。因为按照货币时间价值原理，不仅本金会增值，利息也会增值，所以复利能更好地反映货币的增值现象。

根据货币时间价值原理，由于货币随时间的延续而增值，现在的一元与将来的一元在经济上是不相等的，所以不应直接进行比较，需要把它们折算到同一时点上。这个同一时点，可能是现在也可能是未来的某一时点。

在长期决策中，我们要比较在投资的有效年限内各不同时点上一系列现金流入与一系列现金流出，以决定是否达到满意的报酬率。如果要进行这项工作，现金流量必须转换为某一时点的折现值或投资有效期终了的未来值。但是，决策是现在要做出的，将现金流量转换为现值较为合理。因此，在长期投资决策中现值比终值应用更加普遍。

第一节　复利终值与复利现值

复利是计算利息的一种方法，是指每经过一个计息期要将所得利息累加到本金中再计算利息，逐期滚利，也就是俗称的“利滚利”。这里所说的计息期是指相邻两次计息的时间间隔，如年、月、日等。除非特别指明，一般情况下计息期为一年。与复利相对的是单利，是指只对本金计算利息，而不将以前计息期产生的利息累加到本金中计算利息的一种计息方法，即利息不再生息。

一、复利终值

复利终值是指现在的一笔资金，按复利计算的在将来某一时点的价值。或者说，现在的一定本金在将来一定时期内按复利计算的本金与利息之和，简称本利和。复利终值的计算公式为：

$$F=P(1+i)^n$$

式中，F 表示复利终值；P 为复利现值（本金）；i 为利率（折现率）；n 为计息期数；$(1+i)^n$ 表示 1 元的复利终值系数。此系数可写为 $(F/P, i, n)$，通过查复利终值系数表得到。

【例 5-1】假定某公司投资 1 000 元，期限为 3 年，年利率为 10%，每年复利一次。1 000 元于第 3 年年末的本利和为 1 331 元。其计算过程见表 5-1。

表 5-1　复利终值计算

时间	期初投资	利息（10%）	期末值	一般公式
0			1 000	P
1	1 000	100	1 100	$P(1+i)$
2	1 100	110	1 210	$P(1+i)(1+i)$
3	1 210	121	1 331	$P(1+i)(1+i)(1+i)$

在本例中，通过查复利终值系数表得知 $(1+10\%)^3$ 为 1.331，它表明在时间价值为 10%的情况下，现在的 1 元和 3 年后的 1.331 元在经济上是等效的。根据这个系数，可以把现值换算成终值。

$$\begin{aligned}F&=P(1+i)^n\\&=1\,000\times(1+10\%)^3\\&=1\,000\times1.331\\&=1\,331(\text{元})\end{aligned}$$

二、复利现值

复利现值是把未来某一时点的价值折算成现在值，或者说，为取得将来一定本利和现在所需要的本金。

复利现值计算是指已知 F，i，n，求本金 P。通过复利终值计算公式，已知：

$$F=P(1+i)^n$$

可推导出复利现值计算公式：

$$P=\frac{F}{(1+i)^n}$$

或

$$P=F(1+i)^{-n}$$

式中，$(1+i)^{-n}$ 表示 1 元的复利现值系数，它与复利终值系数互为倒数。此系数可写为 $(P/F, i, n)$，通过查复利现值系数表得到。

【例 5-2】沿用例 5-1 的资料，假如 3 年后要得到 1 331 元，则现在应存入多少？

通过查复利现值系数表得知 $(1+10\%)^{-3}$ 为 0.751，根据复利现值计算公式：

$$\begin{aligned}P&=F(1+i)^{-n}\\&=1\,331\times(1+10\%)^{-3}\end{aligned}$$

$=1\,331\times 0.751$

$\approx 1\,000$(元)

复利现值计算公式还可以用表 5-2 说明。

表 5-2 复利现值计算

时间	期末值	利息（10%）	期初投资	一般公式
0	1 000			F
1	1 100	100	1 000	$\frac{F}{1+i}$
2	1 210	110	1 100	$\frac{F}{(1+i)(1+i)}$
3	1 331	121	1 210	$\frac{F}{(1+i)(1+i)(1+i)}$

在实际应用中，复利终值系数与复利现值系数也可用两因子插补法求得。插补法是利用表内相邻的两因子（系数），估计某利率或期间的现值系数，举例如下。

【例 5-3】 假定已知 8%年利率、3 年期的复利现值系数为 0.794，10%年利率、3 年期的复利现值系数为 0.751，求 9%年利率、3 年期的复利现值系数。

9%年利率、3 年期的复利现值系数在 8%至 10%之间，其数值可采用插补法求得，具体做法如下：

假设 9%年利率、3 年期的复利现值系数为 x，利率与现值系数之间存在直线比例关系，则

8%　0.794

9%　　x

10%　0.751

$$\frac{8\%-9\%}{8\%-10\%}=\frac{0.794-x}{0.794-0.751}$$

$x=0.773$

因此，用插补法求得的 9%、3 年期的复利现值系数是 0.773，此数值与按公式计算的 0.772 只差一点，因为实际上它们不是直线比例关系。

三、报价回报率和有效年回报率

实际上资金的复利计息期不一定是一年，也可能按季、月或日计息。在复利计算中，如按年复利计息，一年只有 1 个计息期；如按季复利计息，一年有 4 个计息期；如按月计息，一年有 12 个计息期。计息期越短，一年中按复利计息的次数就越多，每年的利息额就会越大，即复利终值越大。相反，复利终值就越小。

在复利计算中，需要明确三个概念：报价回报率、计息期回报率和有效年回报率。

（一）报价回报率

银行等金融机构在为利息报价时，通常会提供一个年利率，同时提供每年的复利次数。此时，金融机构提供的年利率就称为报价回报率或报价利率。在提供报价回报率时，必须同时提供每年的复利次数。

（二）计息期回报率

计息期回报率是指借款人对1元本金每期支付的利息。计息期回报率可以是年利率，也可以是半年利率、季度利率、月利率或日利率。

$$计息期回报率(r)=\frac{报价回报率(i)}{每年复利次数(m)}$$

$$计息次数(t)=每年复利次数(m)\times投资年限(n)$$

复利终值计算公式为：

$$F=P\left(1+\frac{i}{m}\right)^{mn}$$

【例5-4】 假设某人用本金1 000元投资5年，年利率为10%。分别按年、半年、季、月计息，计算该笔资金的复利终值。

（1）如果按年复利，一年计息1次，则

$$\begin{aligned}F&=P(1+i)^n\\&=1\,000\times(1+10\%)^5\\&=1\,000\times1.611\\&=1\,611(元)\end{aligned}$$

（2）如果按半年复利，一年计息2次，则

$$r=10\%/2=5\%$$
$$t=5\times2=10(次)$$
$$\begin{aligned}F&=1\,000\times(1+5\%)^{10}\\&=1\,000\times1.629\\&=1\,629(元)\end{aligned}$$

（3）如果按季复利，一年计息4次，则

$$r=10\%/4=2.5\%$$
$$t=5\times4=20(次)$$
$$\begin{aligned}F&=1\,000\times(1+2.5\%)^{20}\\&=1\,000\times1.639\\&=1\,639(元)\end{aligned}$$

(4) 如果每月复利一次，一年计息12次，则

$$r=10\%/12=0.83\%$$

$$t=5\times12=60(\text{次})$$

$$F=1\,000\times(1+0.83\%)^{60}$$
$$=1\,000\times1.642$$
$$=1\,642(\text{元})$$

从以上计算可以看出：计息期越短，一年中按复利计息的次数就越多，每年的利息额就会越大，即复利终值越大。相反，复利终值就越小。

(三) 有效年回报率

按照给定的报价回报率和每年复利次数计算利息时，能够产生相同结果的每年复利一次的年利率称为有效年回报率。可用下列公式表示：

$$\text{有效年回报率}=\left(1+\frac{\text{报价回报率}}{m}\right)^m-1$$

$$R=\left(1+\frac{i}{m}\right)^m-1$$

【例5-5】 沿用例5-4的资料，某人用本金1 000元投资5年，年利率为10%。计算分别按年、半年、季、月计息的有效年回报率。

(1) 如果按年复利，一年计息1次，则

$$R=(1+10\%)^1-1$$
$$=10\%$$

(2) 如果按半年复利，一年计息2次，则

$$R=(1+5\%)^2-1$$
$$=10.25\%$$

(3) 如果按季复利，一年计息4次，则

$$R=(1+2.5\%)^4-1$$
$$=10.38\%$$

(4) 如果按月复利，一年计息12次，则

$$R=(1+0.83\%)^{12}-1$$
$$=10.43\%$$

从以上计算可以看出：如果一年计息1次，则有效年回报率等于报价回报率。计息期越短，一年中按复利计息的次数越多，有效年回报率越大，投资者得到的回报就会越多。

四、名义回报率和实际回报率

名义回报率是指包含通货膨胀因素的利率。通货膨胀会导致未来收回的投资资金的购买力下降，因此，投资者会在其投资回报率中要求把通货膨胀的溢价作为通货膨胀侵蚀投资资金实际购买力的补偿。

实际回报率指不包含通货膨胀因素的利率。两者的关系可用费雪等式表达：

(1＋实际回报率)×(1＋通货膨胀率)＝1＋名义回报率

名义回报率＝(1＋实际回报率)×(1＋通货膨胀率)－1

【例 5-6】 某人用本金 1 000 元投资 1 年，年利率为 5%，假如未来 1 年通货膨胀率为 10%，计算该投资的名义回报率。

名义回报率＝(1＋5%)×(1＋10%)＝15.5%

因此，该投资的实际回报率是 5%，但考虑了通货膨胀因素后，投资人要求的名义回报率要达到 15.5%，以作为通货膨胀侵蚀投资资金实际购买力的补偿。

五、影响现金流量货币时间价值的因素

从复利终值和复利现值的计算公式可以看出，构成货币时间价值的因素有复利终值、复利现值、利率（折现率）和计息期数，我们可以根据其中的三个因素，求解另一个因素。

计算复利终值时，是已知复利现值、利率（折现率）和计息期数；计算复利现值时，是已知复利终值、利率（折现率）和计息期数。在某些情况下，也可以根据计息期数、复利终值和复利现值，求解利率（折现率）；或根据利率（折现率）、复利终值和复利现值，求解计息期数。

【知识拓展】
现行贷款基准利率与现行存款基准利率

第二节　年金终值和年金现值

年金是指间隔相同的时间流入或流出等额的款项。在实际工作中，按直线法计提的折旧、分期偿还的贷款、按期发放的养老金、按期支付的固定资产租金等，都属于年金收付形态。按照款项收付时点和方式的不同，可以将其分为普通年金、预付年金、递延年金和永续年金四种形式。

一、普通年金

普通年金是指资金在各期期末收付的年金，也称后付年金。例如，每期期末计提的

固定资产折旧费、支付的利息费等。普通年金是实际中最常见的年金形态。

（一）普通年金终值

普通年金终值的实质是相同本金连续若干期的复利终值之和，如图 5－1 所示。

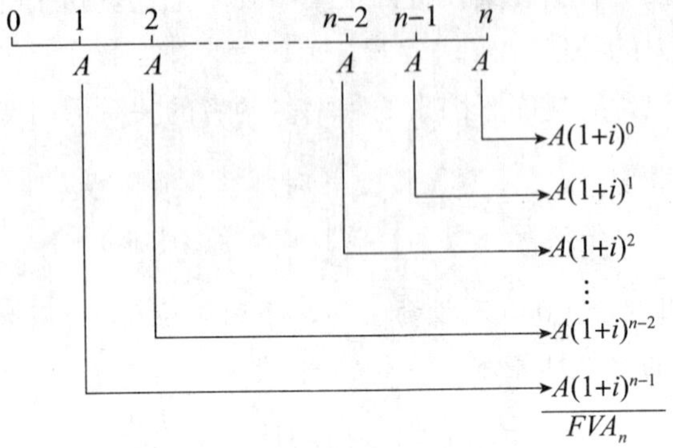

图 5－1　普通年金终值计算示意图

普通年金终值一般公式可表示为：

$$FVA_n = A(1+i)^0 + A(1+i)^1 + A(1+i)^2 + \cdots + A(1+i)^{n-2} + A(1+i)^{n-1}$$
$$= A[(1+i)^0 + (1+i)^1 + (1+i)^2 + \cdots + (1+i)^{n-2} + (1+i)^{n-1}]$$
$$= A\sum_{t=1}^{n}(1+i)^{t-1}$$

式中，FVA_n 为普通年金终值；A 为年金；$\sum_{t=1}^{n}(1+i)^{t-1}$ 为年金终值系数或年金复利系数，可写为 $FVIFA_{i,n}$、$(F/A, i, n)$ 或 $\frac{(1+i)^n-1}{i}$。因此，普通年金终值计算公式也可简化为：

$$FVA_n = A \times FVIFA_{i,n} = A \times (F/A, i, n) = A \times \frac{(1+i)^n - 1}{i}$$

年金终值系数可通过查表得到。

【例 5－7】某企业连续 3 年在每年年末收入 1 000 元，年利率为 10%，第 3 年年末的普通年金终值的计算如图 5－2 所示。

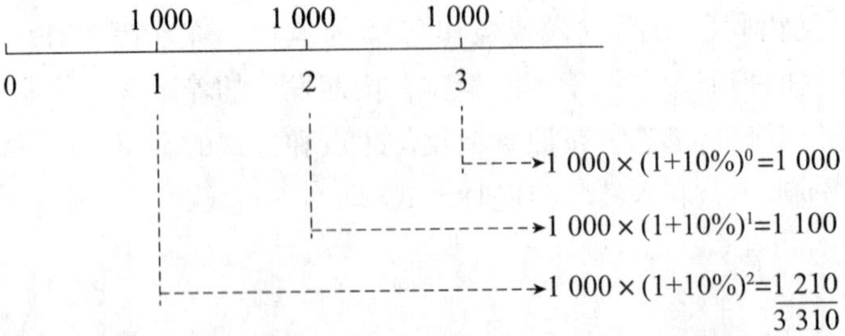

图 5－2　普通年金终值计算示意图

也可以用公式计算：

$$FVA_3=1\,000\times\frac{(1+10\%)^3-1}{10\%}$$
$$=1\,000\times3.310$$
$$=3\,310(\text{元})$$

其中，年金终值系数 3.310 可以通过查找年金终值系数表得到。

（二）普通年金现值

普通年金现值的实质是相同本金连续若干期的复利现值之和，如图 5-3 所示。

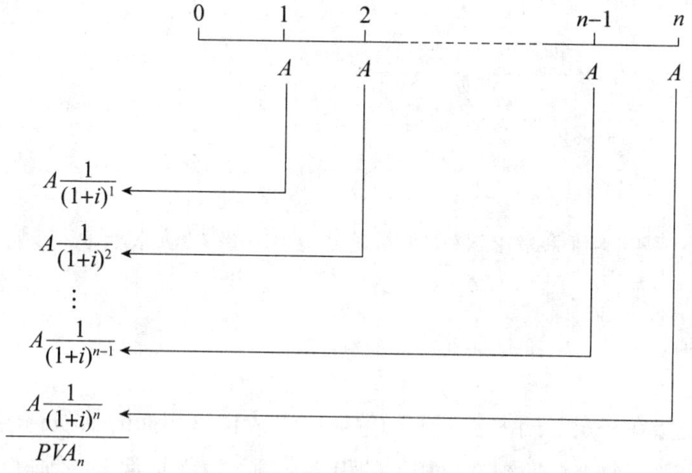

图 5-3　普通年金现值计算示意图

普通年金现值的计算公式可表示为：

$$PVA_n=A\frac{1}{(1+i)^1}+A\frac{1}{(1+i)^2}+\cdots+A\frac{1}{(1+i)^{n-1}}+A\frac{1}{(1+i)^n}$$
$$=A\sum_{t=1}^{n}\frac{1}{(1+i)^t}$$

式中，PVA_n 为普通年金现值；$\sum_{t=1}^{n}\frac{1}{(1+i)^t}$ 为年金现值系数，可写为 $PVIFA_{i,n}$、$(P/A,\ i,\ n)$ 或 $\frac{1-(1+i)^{-n}}{i}$。因此，普通年金现值计算公式也可简化为：

$$PVA_n=A\times PVIFA_{i,n}=A\times(P/A,\ i,\ n)=A\times\frac{1-(1+i)^{-n}}{i}$$

年金现值系数可通过查表得到。

【例 5-8】 某企业连续 3 年每年年末收入 1 000 元，年利率为 10%，其普通年金现值的计算如图 5-4 所示。

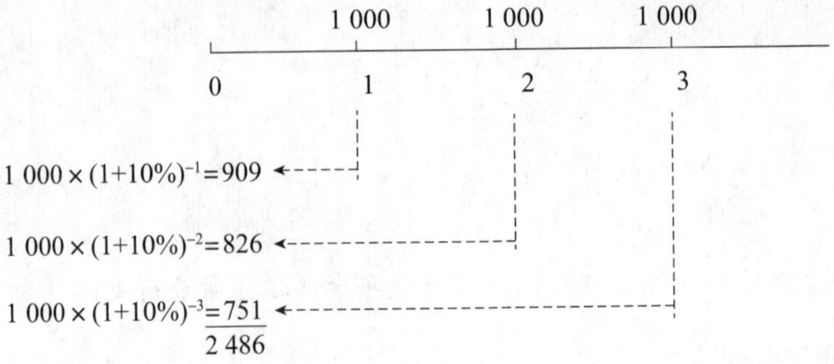

图 5-4　普通年金现值计算示意图

也可以用公式计算：

$$PVA_3 = 1\,000 \times \frac{1-(1+10\%)^{-3}}{10\%}$$
$$= 1\,000 \times 2.486$$
$$= 2\,486(元)$$

其中，普通年金现值系数 2.486 可以通过查找年金现值系数表得到。

二、预付年金

预付年金是指在一定时期内各期期初等额收入或付出相同的款项。例如，设备租金、房屋租金等，一般都要求在期初支付相等的租金金额，这就是常见的预付年金形态。

预付年金与普通年金的区别仅在于付款时间的不同。预付年金付款的时间在每期期初，普通年金付款的时间在每期期末。由于普通年金是最常用的，所以在实际中我们只编制普通年金终值和现值系数表。因为预付年金与普通年金在时间上只差了一期，所以我们可以根据普通年金计算公式推导出预付年金计算公式，不需要再编制预付年金现值与终值系数表。

（一）预付年金终值

关于 n 期预付年金终值与 n 期普通年金终值的关系，可用图 5-5 进行说明。

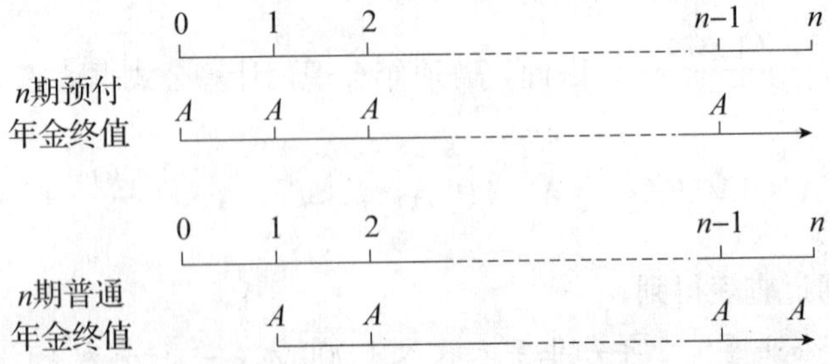

图 5-5　n 期预付年金终值与 n 期普通年金终值的关系

从图 5－5 中可以看出，n 期预付年金与 n 期普通年金的付款次数是相同的，但付款时间不同，n 期预付年金比 n 期普通年金多计算一期的利息。因此，我们先求出 n 期普通年金终值，再乘以（$1+i$）进行调整，便可求出 n 期预付年金终值（$XFVA_n$），这是第一种方法。其计算公式为：

$$XFVA_n = A \times FVIFA_{i,n} \times (1+i)$$

第二种方法是根据 n 期预付年金终值与 $n+1$ 期普通年金终值的关系，推导出另一个计算公式。n 期预付年金与 $n+1$ 期普通年金的计息期数是相同的，但比 $n+1$ 期普通年金少付一次款。因此，只要将 $n+1$ 期普通年金终值减去一期付款额 A，便可求出 n 期预付年金终值。其计算公式为：

$$XFVA_n = A \times FVIFA_{i,n+1} - A = A \times (FVIFA_{i,n+1} - 1)$$

【例 5－9】 某企业连续 3 年在每年年初收入 1 000 元，年利率为 10%，其预付年金终值的计算如下：

方法一：

$$\begin{aligned} XFVA_3 &= 1\,000 \times (F/A，10\%，3) \times (1+10\%) \\ &= 1\,000 \times 3.310 \times 1.1 \\ &= 3\,641(\text{元}) \end{aligned}$$

方法二：

$$\begin{aligned} XFVA_3 &= 1\,000 \times [(F/A，10\%，4) - 1] \\ &= 1\,000 \times (4.641 - 1) \\ &= 3\,641(\text{元}) \end{aligned}$$

（二）预付年金现值

关于 n 预付年金现值与 n 期普通年金现值的关系，可用图 5－6 进行说明。

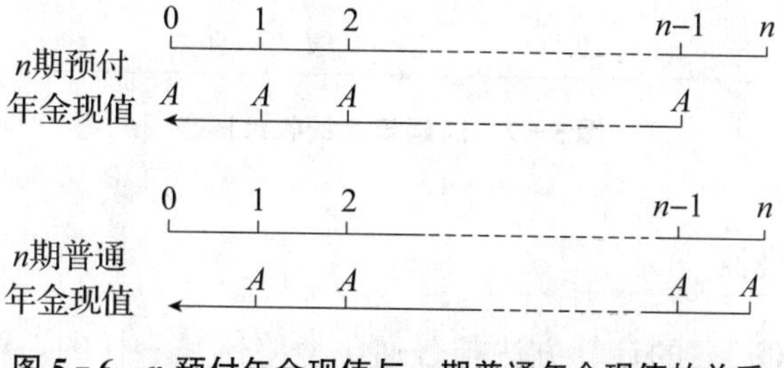

图 5－6　n 预付年金现值与 n 期普通年金现值的关系

从图 5－6 中可以看出，n 期预付年金与 n 期普通年金的付款次数是相同的，但付款时间不同，n 期普通年金比 n 期预付年金多折现一期。因此，我们先求出 n 期普通年金现值，再乘以（$1+i$）进行调整，便可求出 n 期预付年金现值（$XPVA_n$），这是第一种方法。其计算公式为：

$$XPVA_n = A \times PVIFA_{i,n} \times (1+i)$$

第二种方法是根据 n 期预付年金现值与 $n-1$ 期普通年金现值的关系，推导出另一个计算公式。n 期预付年金与 $n-1$ 期普通年金的折现期数相同，但比 $n-1$ 期普通年金多一期不用折现的付款额 A。因此，只要将 $n-1$ 期普通年金现值加上一期不用折现的付款额 A，便可求出 n 期预付年金现值。其计算公式为：

$$XPVA_n = A \times PVIFA_{i,n-1} + A = A \times (PVIFA_{i,n-1} + 1)$$

【例 5-10】 某企业连续 3 年在每年年初收入 1 000 元，年利率为 10%，其预付年金现值的计算如下：

方法一：

$$\begin{aligned} XPVA_3 &= 1\,000 \times (P/A, 10\%, 3) \times (1+10\%) \\ &= 1\,000 \times 2.487 \times 1.1 \\ &= 2\,736(\text{元}) \end{aligned}$$

方法二：

$$\begin{aligned} XPVA_3 &= 1\,000 \times [(P/A, 10\%, 2) + 1] \\ &= 1\,000 \times (1.736 + 1) \\ &= 2\,736(\text{元}) \end{aligned}$$

三、递延年金

递延年金是指在递延了一段时间以后，在后几期连续收入或付出等额的款项。递延年金通常是最初有 m 期没有收付款项，在以后 n 期每年有等额的系列收付款项，如图 5-7 所示。

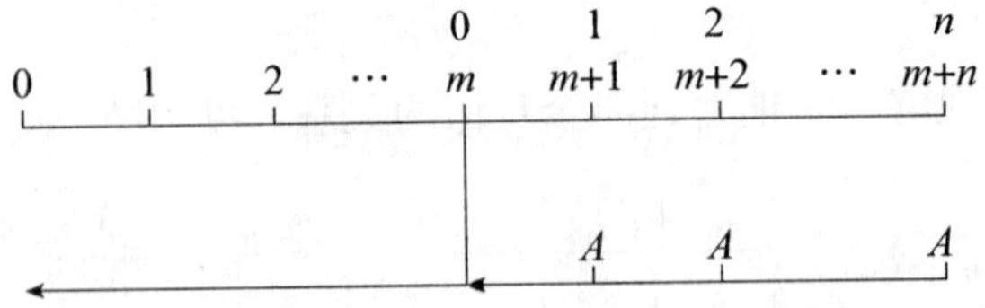

图 5-7 递延年金的收付形态

(一) 递延年金终值

递延年金终值（F_n）的计算方法与普通年金终值是一样的，可参照普通年金终值的计算公式进行计算。

【例 5-11】 某企业进行投资，投资期限为 5 年，从第 3 年开始连续 3 年在每年年末收入 1 000 元，年利率为 10%，递延年金终值的计算如下：

参照普通年金终值的计算公式：

$$F_3=1\,000\times\frac{(1+10\%)^3-1}{10\%}$$
$$=1\,000\times3.310$$
$$=3\,310(元)$$

（二）递延年金现值

递延年金现值的计算方法有两种：两段法和年金虚拟化。

（1）两段法。先把递延年金视为 n 期普通年金，求出递延期末的现值，然后再将此现值调整到第 1 期期初。可用下列公式表示：

$$V_0=A\times PVIFA_{i,n}\times PVIFA_{i,m}$$

式中，V_0 表示递延年金现值。

【例 5-12】 沿用例 5-11 的资料，递延年金现值的计算如下：

$$V_2=1\,000\times(P/A,\ 3,\ 10\%)$$
$$=1\,000\times2.486$$
$$=2\,486(元)$$
$$V_0=V_2\times(1+i)^{-m}$$
$$=2\,486\times(1+10\%)^{-2}$$
$$=2\,055(元)$$

（2）年金虚拟化。假定递延期间也发生现金的收付，先求出 $m+n$ 期的年金现值，然后扣除实际并未收付的递延期间 m 期的年金现值，便可得出最终结果。可用下列公式表示：

$$V_0=A\times PVIFA_{i,m+n}-A\times PVIFA_{i,m}$$
$$=A\times(PVIFA_{i,m+n}-PVIFA_{i,m})$$

【例 5-13】 沿用例 5-11 的资料，递延年金现值的计算如下：

$$V_{m+n}=V_{2+3}=1\,000\times(P/A,\ 5,\ 10\%)$$
$$=1\,000\times3.791$$
$$=3\,791(元)$$
$$V_m=V_2=1\,000\times(P/A,\ 2,\ 10\%)$$
$$=1\,000\times1.736$$
$$=1\,736(元)$$
$$V_n=V_{m+n}-V_m$$
$$=3\,791-1\,736$$
$$=2\,055(元)$$

四、永续年金

永续年金指无限期支付或者收入相等的款项。西方国家发行的一些公债，其利息可视为永续年金。除此之外，优先股的股息也可以视为永续年金。

（一）永续年金终值

由于永续年金是无限期支付或者收入的，没有终止的时间，所以我们无法计算永续年金终值。

（二）永续年金现值

永续年金现值的计算，可通过普通年金现值的计算公式进行推导。

根据普通年金现值计算公式：

$$PVA_n = A \times \frac{1-(1+i)^{-n}}{i}$$

【知识拓展】
LPR是什么?

当 n 趋于无穷时，$(1+i)^{-n}$ 的极限为零，则上式变为：

$$V_0 = A \times \frac{1}{i}$$

式中，V_0 表示永续年金现值。

【例5-14】 某人投资一种优先股，每年年底能收入1 000元分红，投资回报率为10%，计算该项永续年金的现值，并说明该投资人以什么价格买入此优先股比较合适。

$$\begin{aligned} V_0 &= 1\,000/10\% \\ &= 10\,000(\text{元}) \end{aligned}$$

该项永续年金的现值为10 000元，该投资人应该以10 000元价格买入这个优先股。

练习题

一、复习思考题

1. 什么是货币时间价值？为什么财务决策要考虑货币时间价值？

2. 什么是复利？它与单利有什么区别？为什么我们在进行财务决策时要使用复利？

3. 什么是年金？实际中有哪些年金形态？

4. 普通年金与预付年金之间有什么区别和联系？

5. 影响现金流量货币时间价值的因素都有哪些？分别对现金流量的终值和现值有什么影响？

二、计算分析题

1. 如果你现在向银行存入 1 000 元，年利率为 10%，5 年后的本利和是多少？

2. 如果你想在 5 年后得到 10 000 元，年利率为 10%，则现在应该在银行存入多少？

3. 如果你每年年末向银行存入 1 000 元，连续存 5 年，年利率为 10%，5 年后能得到多少？8 年后能得到多少？

4. 如果你每年年初向银行存入 1 000 元，连续存 5 年，年利率为 10%，5 年后能得到多少？8 年后能得到多少？

5. 某公司向银行借款 1 000 万元，年利率为 20%，每季计息一次，该借款的实际利率是多少？

6. 某公司需要一台设备，购买价款为 1 600 万元，可用 10 年。如果租用，则每年年初需要付租金 200 万元，年利率为 6%，该公司应该购买还是租用？

7. 假设某公司正在考虑两个购买办公楼的方案。A 方案：首期需支付 10 000 万元，以后 30 年每年年末支付 3 500 万元。B 方案：首期需支付 13 500 万元，以后 20 年每年年末支付 3 540 万元。假设折现率为 10%，应该选择哪个方案？

8. 某人分期购买一套住房，每年年末支付 30 000 元，分 10 次付清，年利率为 4%，则该项分期付款相当于现在一次性支付多少？

9. 某项年金前 4 年没有现金流入，后 5 年每年年初流入现金 5 000 元，则该年金的现值是多少？

10. 某人为了能在退休后一段时间（2021—2045 年）内每年年末领取 5 000 元的个人储蓄养老金，他在 2001—2020 年每年年初定额向银行存款，假设年利率为 8%。

（1）2001—2020 年，他每年年初应定额向银行存款多少才能保证退休后一段时间（2021—2045 年）内按时足额领取个人储蓄养老金？

（2）假设从 2011 年年初开始，银行利率降为 10%，为了同样保证退休后每年个人储蓄养老金足额领取，他在 2011—2020 年每年应该增加多少存款？

三、案例分析题

以下是我们在实际生活中两个常见的例子：

1. 分期付款购物

如果你想买一部苹果手机，而此时手头又很紧，那么商家可能为你提供分期付款的购买方式。如果你购买的是家电等耐用消费品，其使用年限较长，可把它视为借钱置产，即以分期付款的方式获得耐用消费品的效用。一般来说，分期付款的年限不应超过耐用消费品的使用年限。分期付款时，我们应用现金一次性付清款项、分期付款期限和每期付款额，换算出所支付的利率。例如，购买手机需要支付现金 10 000 元，分 12 个月支付，每月支付 1 000 元，经过计算月利率为 2.92%，相当于年利率 35.04%，远高于从银行借款的利率，这并不是很划算，不如采用较低利率借款购买。如果是零利率的分期付款，即使手里的现金足够，也可以选择分期付款来善用货币的时间价值。如果高价商品一开始就标榜分期付款支付方式，通常一次性支付可以享受总价的折扣。例如，定价为10 000元的商品分10个月付款，每月支付1 000元，虽然看起来是免息的，但一次性现金付清可以享有5%的折扣，则采用分期付款相当于月利率为0.94%，换算成年利率为11.28%，也不算低，此时，选择一次性付清比较划算。

2. 贷款广告诉求

某民间贷款公司的广告上写着：借10 000元1天的利息等于一杯咖啡的钱。那么，一杯咖啡以10元来计算，实际利率是多少？如果1年内仅付息，1年后还本，则 $(1+10/10\,000)^{365}-1=44\%$，年利率高达44%，因此不要被1天的利息等于一杯咖啡的钱所迷惑。

要求：

1. 年利率是如何计算出来的？
2. 请列举更多的实际案例。
3. 如果你遇到这样的情况，如何避免“上当受骗”？

第六章

风险与报酬

引导案例

贵州茅台于2001年8月27日上市，上市发行价是31.39元，募集资金22.44亿元，市盈率为23.93倍。上市以来累计涨幅达3 930.74%（截至2021年3月2日收盘）。

如果有一个投资者在贵州茅台上市时，以31.39元的价格买入1 000股，一直持有到现在，关于收益额和收益率的计算以及货币时间价值的知识，我们已经在第五章做了详细介绍。现在的问题是，他的这项投资冒风险了吗？冒了什么风险？这些风险能够衡量吗？他冒着风险获取了多少报酬？我们又如何对风险进行定价？这就是本章要解决的关键问题。

学习目标

1. 理解风险与报酬的概念和内在联系。
2. 掌握单项资产与投资组合的风险度量。
3. 理解经营风险、财务风险、经营杠杆、财务杠杆、联合杠杆的概念，以及经营风险与经营杠杆、财务风险与财务杠杆的关系。
4. 掌握经营杠杆系数、财务杠杆系数、联合杠杆系数的计算。

第一节　风险与报酬概述

简单地说，确定风险报酬就是对风险进行定价。根据风险与报酬对等原则，我们冒了多大的风险，就会有多大的报酬。实际上，这也是解决财务估值中折现率的确定问题。折现率应当根据投资者要求的必要报酬率来确定，必要报酬率的高低取决于投资风险的大小，风险越大要求的必要报酬率越高，不同风险的投资需要使用不同的折现率进行评价。

一、风险的含义

风险是指资产未来实际收益相对预期收益变动的可能性和变动幅度，也可以表达为预期结果的不确定性，通常用不同结果出现的概率来表示。风险是一把“双刃剑”，不仅可以带来超出预期的损失，也可能带来超出预期的收益。或者说，它不仅包括负面效应的不确定性，也包括正面效应的不确定性。对于风险，我们可以进行识别、衡量，并进行适当的管理以增加企业价值。

【知识拓展】企业财务决策的类型

风险是客观存在的，按风险的程度，可以把企业的财务决策分成三种类型。

1. 确定性决策

确定性决策是指决策者对未来的情况是完全确定或已知的决策，如国债投资。在许多决策问题中，有必要假设只有一个前景是合适的，并且在研究该决策时就认定这个前景是确定的，这就是确定性决策。在确定性决策模式中，如果确定该种方案的依据是利润，那么选择的原则就是利润最大。相反，如果依据是成本，那么应选择成本最小的方案。

假设某投资者考虑购买五种政府债券。每一种债券所产生的效益或者利润率如表6-1所示。

表6-1

债券类型	A	B	C	D	E
利润率	8.2%	7.5%	8.9%	6.2%	6.7%

既然投资者理所应当地要求其投资具有最大的收益，则他必然选择C债券。这里我们假定每种证券的风险是相同的，而且到期日也是相同的。

从上面的例子可以看出，确定性决策的资料是确定的，且容易取得的，决策的结果也只有一种。以此来看，一般我们做的短期财务决策大部分都是确定性决策。

2. 风险性决策

风险性决策是指决策者对未来的情况不能完全确定，但可能性概率的分布是已知的或是可以估计的。风险问题决策一般指决策者可以选择几种前景，并且可以按照其看法确定它们发生的概率。在某些决策问题中，投资者可以根据过去的实际记录或者通过分析计算客观地确定它们的概率，如果决策者没有可用的过去记录来确定客观概率，其认为凭借自身经验足以确定这些前景的主观概率，则这种决策仍需按照风险性决策来对待。

3. 不确定性决策

不确定性决策是指决策者对未来的情况，不仅不能完全确定，还对其可能性出现的概率不清楚。有些问题决策存在多种前景，但没有充分的资料来确定它们发生的概率，这类决策就是不确定性决策。如果决策者能肯定某些前景，则必须拥有足够多的知识，至少可以对这些前景确定粗略的主观概率，但在实际情况中，即使是有经验的人，有时也无法确定某些前景的概率。从理论上讲，不确定性是无法计量的，所以在财务管理中通常为不确定性规定一些主观概率，以便进行定量分析。为不确定性规定主观概率以后其与风险的概念就会十分接近，因此，在企业财务管理中，对风险与不确定性并不做严格区分，当谈到“风险”时，可能指风险，也可能指不确定性。

二、风险与报酬

一般而言，投资者都厌恶风险并力求规避风险，那么为什么还有投资者进行风险投资？这是因为从事风险投资可以得到超额报酬。风险报酬是指投资者因冒风险进行投资而获得的超过时间价值的那部分报酬。风险报酬有两种表示方法：风险报酬额和风险报酬率。在财务管理中，风险报酬通常用相对数风险报酬率来衡量。

风险与报酬是一种对等关系，要求等量风险带来等量报酬，即风险报酬均衡。简单来说，就是高风险要求高报酬，低风险只能获得低报酬。根据风险报酬均衡原则进行财务管理，运作的一般目标是在一定的风险水平下，使风险收益达到较高的水平；或者在收入一定的情况下，将风险维持在较低的水平。

第二节　单项资产的风险与报酬

投资风险程度的大小，一般用数量统计学上的方差、标准差和变异系数等指标测定，下面分别加以详细介绍。

一、方差和标准差

方差和标准差是测算离散趋势最重要、最常用的指标。方差是各变量值与其均值离差平方的平均数，它是测算数值型数据离散程度的最重要的指标。标准差为方差的算术平方根，即标准差是各变量值与均值的离差平方乘以相应概率的乘积和的平方根。

方差的计算公式为：

$$\sigma^2=\sum_{i=1}^{n}(R_i-\overline{R})^2P_i$$

式中，σ^2 表示方差；R_i 表示各种可能的收益（率）；$\overline{R}$ 表示期望值（均值）；P_i 表示各种可能的概率。

标准差的计算公式为：

$$\sigma=\sqrt{\sum_{i=1}^{n}(R_i-\overline{R})^2P_i}$$

式中，σ 表示标准差。

以下举例说明方差和标准差的计算。

【例 6-1】 S公司某一投资方案B在一段时间内现金流量的发生不能完全确定，但可以根据过去资料及对未来的了解做出如下估计：乐观的估计数、最可能的估计数、悲观的估计数，然后对每一种预测加入主观的概率资料，如表 6-2 所示。

表 6-2　方案 B 的现金流量及概率分布　　金额单位：元

项目	乐观	最可能	悲观
现金流量	4 000	3 000	2 000
概率	0.3	0.5	0.2

根据以上资料，计算现金流量的期望值。期望值指考虑了各种可能的报酬（率）并按其概率进行加权平均得到的报酬（率），它是反映集中趋势的一种量度，以其为基础分析、评价方案更合适。期望值的计算公式为：

$$\overline{R}=P_1R_1+P_2R_2+\cdots+P_nR_n=\sum_{i=1}^{n}P_iR_i$$

依据表 6-2 中的数据，首先计算期望值：

$$\begin{aligned}\overline{R}&=4\,000\times0.3+3\,000\times0.5+2\,000\times0.2\\&=3\,100(\text{元})\end{aligned}$$

然后计算方差：

$$\begin{aligned}\sigma^2&=(4\,000-3\,100)^2\times0.3+(3\,000-3\,100)^2\times0.5+(2\,000-3\,100)^2\times0.2\\&=490\,000(\text{元})\end{aligned}$$

最后计算标准差：

$$\sigma=\sqrt{490\,000}=700(\text{元})$$

标准差主要由各种可能值与期望值之间的差距所决定。它们之间的差距越小，意味着各种可能值的分布越靠近期望值，方案的风险越小。它们之间的差距越大，说明有关数值的可变性越大，意味着方案包含的风险越大。因此，标准差的大小，可以反映方案所含风险的大小。

二、变异系数

变异系数是指标准差与期望值的比值。它可以用来度量单位收益的风险，是一个相对数概念，也称标准离差率。

变异系数越大，表明单位期望收益的标准差越大，也就是单位期望收益与预期收益的偏离越大，在取得相同收益时风险也就越大。其计算公式为：

$$变异系数=\frac{标准差}{期望值}$$

$$CV=\frac{\sigma}{\overline{R}}$$

式中，CV 表示变异系数。

变异系数是为了克服标准差的缺陷而产生的。在计算标准差时，其数值同时要受各种可能值大小的影响，如果各种可能值之间的比例及概率分布都相同，只是数值增大或减小，则据以确定的标准差也会增大或减小，这样标准差就无法衡量具有不同投资规模的方案所含的风险大小。

【例 6-2】 沿用例 6-1 的资料，假定 S 公司有投资方案 C，有关资料如表 6-3 所示。

表 6-3　方案 C 的现金流量及概率分布　　金额单位：元

项目	乐观	最可能	悲观
现金流量	400	300	200
概率	0.3	0.5	0.2

首先计算期望值：

$$\begin{aligned}\overline{R}&=400\times0.3+300\times0.5+200\times0.2\\&=310(元)\end{aligned}$$

然后计算方差：

$$\begin{aligned}\sigma^2&=(400-310)^2\times0.3+(300-310)^2\times0.5+(200-310)^2\times0.2\\&=4\,900(元)\end{aligned}$$

最后计算标准差：

$$\sigma=\sqrt{4\,900}=70(元)$$

将方案 C 与方案 B 进行比较可以看出，方案 C 的现金流量数值只是方案 B 的 1/10，其比值及概率分布完全相同，两个方案所含的风险大小理应是相同的。但结果显示，方案 C 的标准差是方案 B 的 1/10，即方案 C 的风险是方案 B 的 10 倍。

结合例子，计算方案 B 和方案 C 的变异系数：

$$CV_{\mathrm{B}}=\frac{700}{3\,100}=0.23$$

$$CV_{\mathrm{C}}=\frac{70}{310}=0.23$$

可以看出，方案 B 和方案 C 的变异系数相同，说明两个方案所含的风险程度相同，同时也说明变异系数比标准差测定风险程度更为科学。

第三节　经营风险与财务风险

一、经营风险

（一）经营风险的概念

经营风险是指经营行为（生产经营和投资活动）给企业经营利润带来的不确定性，即企业的决策人员和管理人员在经营管理过程中出现失误或者市场经济环境等发生变化而导致企业经营盈利水平变化，从而带来资产报酬的不确定性。

影响企业经营风险的主要因素包括外部因素和内部因素。外部因素包括经济形势的变化、市场供给关系的变化、产品价格的变化、政府税收政策以及货币政策等宏观经济政策的调整等。内部因素包括企业自身技术、成本性态、研发能力以及经营管理等的变化，主要可以概括为产品需求、产品售价、产品成本、调整价格的能力以及固定成本的比重等要素。

企业经营行为给企业带来的收益体现为利润表中的息税前利润，因此，我们常以息税前利润的变动程度来衡量经营风险，有时也可以用经营现金流量的变动程度来衡量经营风险。

（二）经营杠杆

1. 经营杠杆的概念

成本在按其性态进行分析的基础上，决定了业务量的变动必然引起边际贡献总额的变动，如果单位售价和单位变动成本不变，则这两者的变动幅度是完全一致的。销售量的变动也会影响利润，一般情况下在业务量的相关范围内增加销售量，不会使固定成本总额发生变动，但会使单位产品分摊的固定成本降低，从而提高单位产品的利润，使得利润的增长率大于业务量的增长率。因此，这种由于固定成本的存在产生的利润变动率大于产销量变动率的现象，称为经营杠杆。

【知识拓展】
成本性态

2. 经营杠杆系数

为了进行定量分析，理论上的经营杠杆系数往往被定义为息税前利润变动率相当于销售额（量）变动率的倍数，即销售额（量）每变动1%，息税前利润变动的信数。其定义公式如下：

$$\text{经营杠杆系数}(DOL)=\frac{\text{息税前利润变动率}}{\text{销售额变动率}}=\frac{\Delta EBIT/EBIT}{\Delta S/S}$$

式中，$EBIT$ 表示基期息税前利润；$\Delta EBIT$ 表示两期息税前利润之差；S 表示基期销售额；ΔS 表示两期销售额之差。

在基于成本性态分析中的销售单价不变的假设下，经营杠杆系数可表示为：

$$经营杠杆系数(DOL)=\frac{息税前利润变动率}{销售量变动率}=\frac{\Delta EBIT/EBIT}{\Delta Q/Q}$$

式中，Q 表示基期销售量；ΔQ 表示两期销售量之差。

经营杠杆系数的主要作用之一是用于预测，而要进行预测就必须按基期的资料确定出经营杠杆系数。因此，在实际工作中，经营杠杆系数可以描述为基期边际贡献总额相当于基期息税前利润的倍数。其应用公式如下：

【知识拓展】
经营杠杆系数
应用公式的推导

$$经营杠杆系数(DOL)=\frac{基期边际贡献总额}{基期息税前利润}=\frac{(P-V)Q}{EBIT}$$

式中，P 表示单价；V 表示单位变动成本；$P-V$ 表示单位边际贡献；Q 表示销售量。

【例 6-3】 某企业销售 A 产品，基期为 1 000 件，销售单价为 10 元，单位变动成本为 6 元，计划期预计销售量为 1 200 件，其余资料如表 6-4 所示。

表 6-4　经营杠杆系数计算　　金额单位：元

项目	基期	计划期	变动额	变动率（%）
	(1)	(2)	(3)＝(2)－(1)	(4)＝(3)/(1)
销售总额	10 000	12 000	2 000	20
变动成本总额	6 000	7 200	1 200	20
边际贡献总额	4 000	4 800	800	20
固定成本总额	2 000	2 000	0	0
息税前利润	2 000	2 800	800	40

根据定义公式计算：

$$经营杠杆系数=\frac{40\%}{20\%}=2$$

经营杠杆系数为 2，说明企业销售额每增加 1%，利润增加 2%。

根据应用公式计算：

$$经营杠杆系数=\frac{4\ 000}{2\ 000}=2$$

（三）经营风险的影响因素

按照经营风险的定义，即便经营杠杆不存在，经营风险（息税前利润的变动性）仍会存在，因此，经营杠杆本身并不是资产报酬不确定的根源。根据经营杠杆系数公式变形可得出：

$$息税前利润变动率=销售额变动率\times经营杠杆系数$$

从上述公式中可以看出，在销售额变动率既定的情况下，经营杠杆系数越高，息税前利润变动率越大，即企业的经营风险也越大。这表明经营杠杆放大了市场和生产等因素变化对利润波动的影响。经营杠杆作用越强，经营风险越高。虽然经营杠杆不是引发经营风险的根源，但其放大了经营风险。因此，通过经营杠杆系数，也可寻求降低经营风险的途径。

$$经营杠杆系数(DOL)=\frac{基期边际贡献总额}{基期息税前利润}=\frac{(P-V)Q}{EBIT}=\frac{(P-V)Q}{(P-V)Q-F}$$

式中，F 表示固定成本总额。

从公式中可看出，影响经营杠杆系数的因素主要有：固定成本总额、销售量、单价、单位变动成本。

1. 固定成本总额

在边际贡献不变的情况下，固定成本越高，经营杠杆系数越高，企业的经营风险就越大；反之，则经营风险越小。

2. 销售量

在企业提供的生产能力、单价及单位变动成本不变的情况下，销售量越高，经营杠杆系数越小，企业的经营风险就越小；反之，则经营风险越大。

3. 单价

在企业提供的生产能力、销售量及单位变动成本不变的情况下，单价越高，经营杠杆系数越小，企业的经营风险就越小；反之，则经营风险越大。

4. 单位变动成本

在企业提供的生产能力、单价及销售量不变的情况下，单位变动成本越高，经营杠杆系数越大，企业的经营风险就越大；反之，则经营风险越小。

因此，企业在经营时应尽量压缩固定成本的支出数额，提高固定资产利用率；扩大销售量或提高单价以及降低单位变动成本，降低企业的经营风险，从而实现企业的财务目标。

二、财务风险

（一）财务风险的概念

财务风险是指企业因借入资金而产生的丧失偿债能力的可能性和企业利润（股东收益）的可变性。具体来说，企业因使用债务资本而产生的固定利息费用或使用优先股筹资而产生的固定优先股股息，使得普通股每股收益的变动幅度大于息税前利润变动幅度的现象。由于债务利息和优先股股息是固定的，因此，当息税前利润增加时，每 1 元息税前利润所负担的债务利息和优先股股息会降低，每股收益以更大的比例增长，为普通股股东带来加倍的收益。财务风险的来源主要有汇率、利率变化的不确定性以及企业负债比重的大小。财务风险可以用权益净利率或每股收益的变动来衡量。

（二）财务杠杆的计算

1. 财务杠杆的概念

从每股收益的计算公式上看，随着息税前利润的增加，单位利润所负担的固定利息费用会相应减少，从而单位利润可供股东分配的部分会相应增加，普通股股东每股收益的增长率将大于息税前利润的增长率。反之，当息税前利润减少时，单位利润所负担的固定利息费用会相应增加，从而单位利润可供股东分配的部分会相应减少，普通股股东每股收益的下降率将大于息税前利润的下降率。这种固定债务利息和优先股股息导致普通股每股收益变动幅度大于息税前利润变动幅度的现象称为财务杠杆。

2. 财务杠杆系数

企业财务风险的大小可以用财务杠杆系数来衡量。财务杠杆系数是指企业每股收益变动率相对于息税前利润变动率的倍数。其定义公式如下：

$$\text{财务杠杆系数}(DFL)=\frac{\text{每股收益变动率}}{\text{息税前利润变动率}}=\frac{\Delta EPS/EPS}{\Delta EBIT/EBIT}$$

式中，EPS 表示基期每股收益；ΔEPS 表示两期每股收益之差；$EBIT$ 表示基期息税前利润；$\Delta EBIT$ 表示两期息税前利润之差。

财务杠杆系数的主要作用之一是用于预测，而要进行预测就必须按基期的资料确定出财务杠杆系数。因此，在实际工作中，财务杠杆系数可以描述为基期息税前利润相当于基期税前利润变动的倍数。其应用公式如下：

$$\text{财务杠杆系数}(DFL)=\frac{\text{基期息税前利润}}{\text{基期税前利润}}=\frac{EBIT}{EBIT-I}$$

【知识拓展】财务杠杆系数应用公式的推导

式中，I 为债务利息。如果企业发行了优先股，则优先股股息也是一笔固定支付费用，而且优先股股息是在税后利润中支付的，没有节税的作用，需要在计算时除以税率还原成税前股息，则

$$\text{财务杠杆系数}(DFL)=\frac{\text{基期息税前利润}}{\text{基期税前利润}}=\frac{EBIT}{EBIT-I-PD/(1-T)}$$

式中，PD 为优先股股息；T 为所得税税率。

【例 6-4】某企业销售 F 产品，基期为 1 000 件，销售单价为 10 元，单位变动成本为 6 元，计划期预计销售量为 1 200 件，假设每年的债务利息为 500 元，所得税税率为 20%，普通股股数为 1 200 股。其余资料如表 6-5 所示。

表 6-5　财务杠杆系数计算　　金额单位：元

项目	基期 (1)	计划期 (2)	变动额 (3)=(2)-(1)	变动率（%） (4)=(3)/(1)
销售总额	10 000	12 000	2 000	20
变动成本总额	6 000	7 200	1 200	20
边际贡献总额	4 000	4 800	800	20
固定成本总额	2 000	2 000	0	0
息税前利润	2 000	2 800	800	40
债务利息	500	500	0	0
税前利润	1 500	2 300	800	53
所得税	300	460	160	53
税后利润	1 200	1 840	640	53
每股收益	1	1.53	0.53	53

根据定义公式计算：

$$财务杠杆系数=\frac{53\%}{40\%}=1.33$$

财务杠杆系数为1.33，说明企业的息税前利润每增加1%，每股收益则增加1.33%。

根据应用公式计算：

$$财务杠杆系数=\frac{2\ 000}{1\ 500}=1.33$$

（三）财务风险的影响因素

财务风险的本质是企业因使用债务资本而产生的在未来收益不确定情况下由股权资本承担的附加风险。财务杠杆是由使用债务资本形成的固定性筹资费用产生的，没有负债及优先股筹资，就没有固定性筹资费用。财务杠杆系数为1，资产报酬的波动与股权资本收益的波动一致，财务风险也就不存在。因此，财务杠杆反映企业财务风险。根据财务杠杆系数公式变形可得出：

$$每股收益变动率=息税前利润变动率\times财务杠杆系数$$

从公式中可以看出，在财务杠杆系数一定的情况下，息税前利润每变动1%，每股收益将以财务杠杆率的倍数变动。在息税前利润变动率一定的情况下，财务杠杆系数越大，每股收益受息税前利润变动的影响就越大，企业的财务风险越大；财务杠杆系数越小，每股收益受息税前利润变动的影响就越小，企业的财务风险越小。

通过财务杠杆系数，可以寻求降低财务风险的途径：

$$财务杠杆系数(DFL)=\frac{基期息税前利润}{基期税前利润}=\frac{EBIT}{EBIT-I-PD/(1-T)}$$

从公式中可看出，影响财务杠杆系数的因素主要有：债务利息、息税前利润、优先股股息、所得税税率。

1. 债务利息

债务利息受以下三个因素的影响。

（1）资本供求变化。资本供求关系会影响资金的最低收益率，也就是说会影响资本成本，从而影响企业的融资成本，带来融资风险。

（2）利率水平。债务利息受债务规模、债务资本比例以及利率的影响，利率越大，债务利息越高，财务杠杆系数越大，企业的财务风险就越大；反之，财务风险就越小。

（3）资本结构变化。资本结构的不同会造成利率敏感负债在总资本中的比重不同。债务资本占比越大，债务利息越高，财务杠杆系数越大，企业的财务风险就越大；反之，财务风险就越小。

2. 息税前利润

代表获利能力的息税前利润越大，财务杠杆系数越小，企业的财务风险就越小；反之，财务风险就越大。

3. 优先股股息

权益资本中优先股占比越大，优先股股息越高，财务杠杆系数越大，企业的财务风险就越大；反之，财务风险就越小。

4. 所得税税率

所得税税率越高，财务杠杆系数越大，企业的财务风险就越大；反之，财务风险就越小。

因此，企业应尽量降低债务资本的比重和规模，以减少利息费用和优先股股息等固定成本支出数额；提高固定资产利用率、扩大销售量或提高单价以及降低单位变动成本，从而增加息税前利润，降低企业的财务风险，实现企业的财务目标。

三、联合杠杆

（一）联合杠杆的概念

联合杠杆是经营杠杆和财务杠杆共同所起的作用，用于衡量销售额的变动对普通股每股收益变动的影响程度，也称为总杠杆。其是指企业因存在固定性经营成本、固定利息费用以及固定优先股股息，使得普通股每股收益的变动幅度大于销售额变动幅度的现象。由于固定性经营成本的存在，当销售额增加时，每 1 元的息税前利润所负担的固定性经营成本会降低，息税前利润将以更大幅度增加。又由于债务利息和优先股股息等固定财务负担的存在，当息税前利润增加时，每 1 元税后收益所负担的债务利息会降低。两者联合作用，从而使得每股收益以更大的比例增长，为普通股股东带来更大的收益。

（二）联合杠杆系数

企业总风险的大小可以用联合杠杆系数来衡量。联合杠杆系数是指企业每股收益变动率相对于销售额变动率的倍数。它是经营杠杆系数和财务杠杆系数的乘积。其定义公式如下：

$$\text{联合杠杆系数}(DCL)=\text{经营杠杆系数}\times\text{财务杠杆系数}=\frac{\text{每股收益变动率}}{\text{销售额变动率}}$$

用符号表示为：

$$DCL=DOL\times DFL=\frac{\Delta EBIT/EBIT}{\Delta S/S}\times\frac{\Delta EPS/EPS}{\Delta EBIT/EBIT}=\frac{\Delta EPS/EPS}{\Delta S/S}$$

在实际工作中，联合杠杆系数可以描述为基期边际贡献总额相当于基期税前利润（基期归属于普通股股东的税前利润）变动的倍数。其应用公式如下：

$$\text{联合杠杆系数}(DCL)=\frac{\text{基期边际贡献总额}}{\text{基期税前利润}}=\frac{(P-V)Q}{(P-V)Q-F-I-PD/(1-T)}$$

【知识拓展】联合杠杆系数应用公式的推导

【例 6-5】 沿用例 6-4 和例 6-3 的资料，根据定义公式计算：

$$\text{联合杠杆系数}=\frac{53\%}{20\%}=2.66$$

或

$$\text{联合杠杆系数}=2\times1.33=2.66$$

根据应用公式计算：

$$\text{联合杠杆系数}=\frac{4\,000}{1\,500}=2.66$$

可以看到定义公式和应用公式计算的结果是相同的。联合杠杆系数为 2.66，说明企业的销售额每增加 1%，每股收益则增加 2.66%。

【要点总结】杠杆系数

三种杠杆系数的关系如图 6-1 所示。

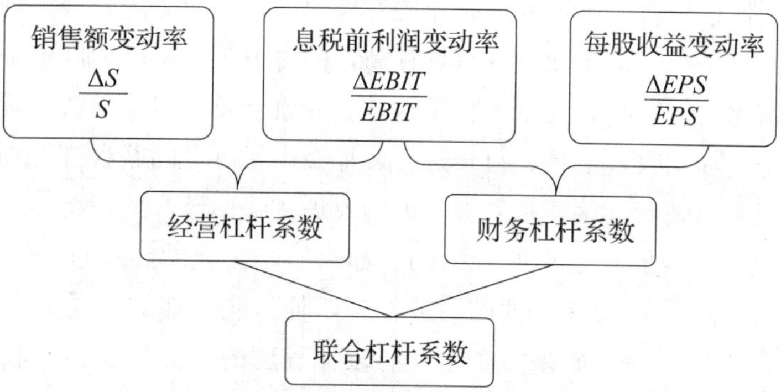

图 6-1 三种杠杆系数的关系

三种杠杆系数的计算，如表 6-6 所示。

表 6-6 三种杠杆系数的计算

运算符号	财务指标	公式
	销售额	$S=PQ$
−	变动成本	VQ
=	边际贡献	$M=Q(P-V)$
−	固定经营成本	F
=	息税前利润	$EBIT=M-F$
−	固定融资成本	$I+PD/(1-T)$
=	基期税前利润	$EBT=EBIT-I-PD/(1-T)$
经营杠杆系数＝边际贡献/息税前利润 财务杠杆系数＝息税前利润/基期税前利润 联合杠杆系数＝边际贡献/基期税前利润		

（三）联合杠杆与企业总风险

联合杠杆系数是反映企业总风险大小程度的一个指标。根据联合杠杆系数公式：

$$联合杠杆系数(DCL)＝经营杠杆系数\times财务杠杆系数$$

可以看出，总杠杆系数是经营杠杆和财务杠杆的乘数效应。通过经营杠杆和财务杠杆之间的相互关系，管理层可以对经营风险和财务风险进行管理，实现总风险的控制。可以从以下三种组合进行分析：

（1）保守杠杆组合：低经营杠杆企业，配置低程度的财务杠杆。

（2）激进杠杆组合：高经营杠杆企业，配置高程度的财务杠杆。

（3）均衡杠杆组合：较低经营杠杆企业，配置较高程度的财务杠杆；较高经营杠杆企业，配置较低程度的财务杠杆。

保守杠杆组合是指一个企业的经营杠杆低，同时也配置了低程度的财务杠杆。如果当时的市场行情比较好，收入处于上行阶段，企业就无法享受财务杠杆带来的利益。这样的配置可能会使该企业追不上其他企业的发展速度，企业会因发展太慢而破产。

激进杠杆组合是指一个企业的经营杠杆高，同时也配置了高程度的财务杠杆。如果当时的市场行情比较好，收入处于上行阶段，企业就会发展得非常快，可能从同行业中脱颖而出。但是，一旦收入下行、行情逆转，那么由于巨大的联合杠杆作用，这个企业会陷入财务困境甚至破产。这就是实际中因为发展太快而破产的情况。

均衡杠杆组合是我们在这里所推崇的。如果一个企业的经营杠杆比较低，当收入处于上行阶段时，应配置较高程度的财务杠杆，使该企业能够享受财务杠杆带来的利益，从而得到较快的发展。如果一个企业有较低程度的财务杠杆，当收入处于上行阶段时，就配置较高程度的经营杠杆，也能使该企业享受经营杠杆带来的好处，更快地发展。

通过以上分析，我们可以看出企业管理层应正确使用财务杠杆和经营杠杆进行风险的平衡和管理。一个企业不能因没有发挥杠杆作用发展太慢而破产，或者因过度使用杠杆发展太快而破产。我们要遵照可持续发展即平衡发展的思想，把风险控制永远放在第一位。

【以史鉴今】
海南航空
破产重组

这里要特别注意的是，经营杠杆和财务杠杆运用的条件，是在经济环境好、收入处于上行阶段或市场行情好时。在经济环境差、收入处于下行阶段或市场行情不好时，慎用经营杠杆和财务杠杆，因为加杠杆的风险会很大，甚至使企业快速倒闭。实际上，最难的问题往往是对经济形势和行情的判断，特别是瞬息万变的资本市场，因此风险控制是一件比较复杂的事情。

第四节　投资组合的风险与报酬

企业在进行投资时，一般不会把所有资金投资于一种资产或证券，而是同时持有多种资产或证券，这就是所谓的“不要把鸡蛋放在一个篮子里”的组合投资原则。这种同时投资于多种资产或证券的行为称为证券组合或投资组合。根据投资组合理论，若干证券组成的投资组合，其收益是这些证券收益的加权平均数。但是，其风险不是这些证券风险的加权平均风险，因为通过投资组合能够降低风险。是否所有的风险都能够被分散？这样的投资组合又能获取多大的报酬？如何衡量投资组合的风险与报酬？这正是本节要解决的主要问题。

一、投资组合的风险

（一）投资组合的风险分类

通过投资组合虽然能够分散一部分风险，但无法消除全部风险。投资组合的风险可以分为两类，即非系统风险和系统风险。

1. 非系统风险

非系统风险又称可分散风险或公司特有风险，是指发生于个别公司的特有事件造成的风险，如新产品开发失败、失去重要的销售合同、宣告发现新矿藏、取得重要的合同等。这类事件是非预期的、随机发生的，它只影响一个或少数公司，不会对整个市场产生太大影响。这种风险可以通过多样化投资组合来分散和消除，即发生于一个公司的不利事件可以被其他公司的有利事件所抵消。

【知识拓展】
投资组合中非系统风险为何不考虑

2. 系统风险

系统风险又称不可分散风险或市场风险，是指所有影响公司的因素引起的风险，如战争、经济衰退、通货膨胀、高利率等，这些因素非预期的变动对许多资产都会产生影响。系统风险几乎对所有的投资都有影响，但是影响程度有所差异。如果在同一经济体系统中投资多种股票，则股票的价格变化有趋同性，也就是说，股票的报酬率在一定程度上正相关。当经济繁荣时，多数股票的价格都上涨；当经济衰退时，多数股票的价格都下跌，尽管涨跌的幅度在各股票之间有所区别，但是多数股票的变动方向是一致的。因此，无论投资多样化有多么充分，也不可能消除系统风险。

投资组合的风险可用图 6-2 表示。

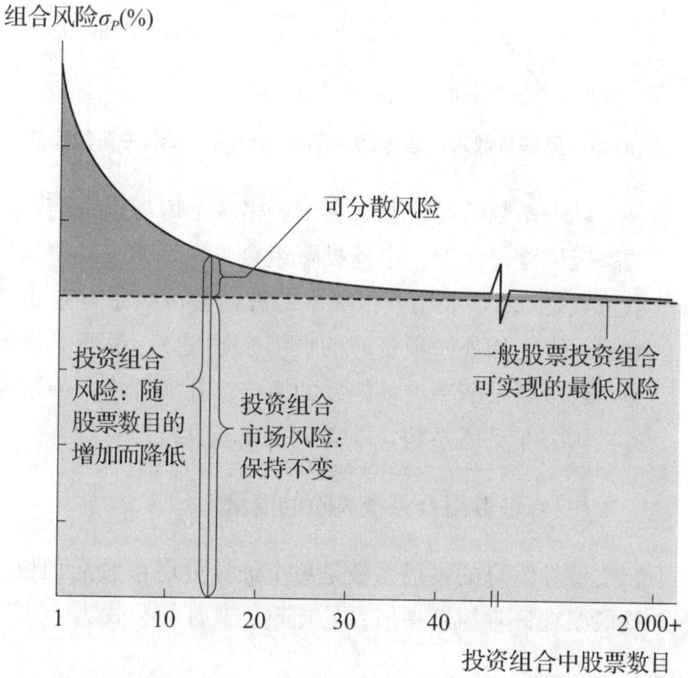

图 6-2 投资组合的风险

(二) 单项资产系统风险的度量

前面我们已经讨论过，通过多样化的投资组合，可以分散非系统风险，这样在高度分散化投资的资本市场中就只有系统风险，如何衡量系统风险就是这里要解决的问题。度量单项资产系统风险的指标是贝塔系数，用希腊字母 β 表示。某一股票贝塔系数的大小反映了该股票报酬率波动与整个市场报酬率波动之间的相关性及程度（见图 6-3）。证券市场作为一个整体，其贝塔系数为 1；如果某只股票的风险情况与整个证券市场的风险情况一致，则这只股票的贝塔系数也为 1。如果某只股票的贝塔系数大于 1，说明其风险大于整个市场的风险；如果某只股票的贝塔系数小于 1，说明其风险小于整个市场的风险。

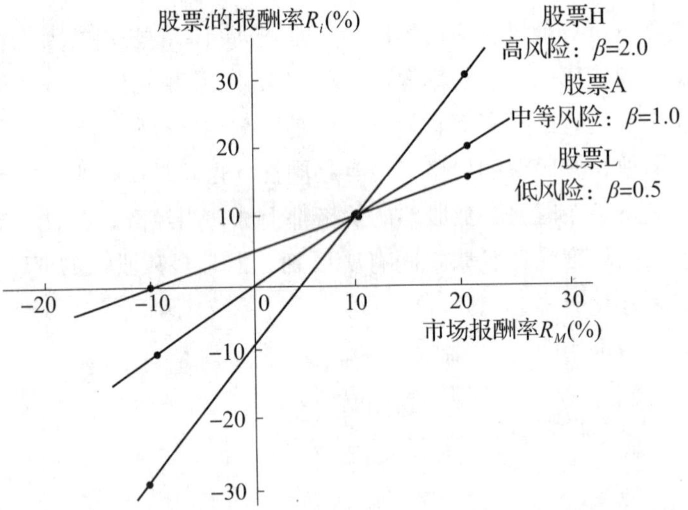

图 6-3　贝塔系数对股票报酬率和市场报酬率波动关系的反映

【知识拓展】贝塔系数的估算

贝塔系数的经济意义在于：相对于市场投资组合，衡量特定资产的系统风险。例如，市场投资组合贝塔系数是 1，如果一项资产的贝塔系数是 0.5，表明其报酬率的波动幅度只是一般市场报酬率波动幅度的一半；如果一项资产的贝塔系数是 2，说明其报酬率的波动幅度是一般市场报酬率波动幅度的两倍。在实际中，一般是由一些投资服务机构公布贝塔系数，不需要投资者自行计算。

(三) 证券组合系统风险的度量

【知识拓展】β 到底是多少

证券组合的贝塔系数是单个证券贝塔系数的加权平均数，权数为该股票在证券组合中所占的比重。其计算公式为：

$$\beta_p = \sum_{i=1}^{n} w_i \beta_i$$

式中，β_p 表示证券组合系统风险；w_i 表示该证券的投资比重。

如果将一个高贝塔系数的股票纳入一个平均风险组合中，则组合风险会提高；反之，如果将一个低贝塔系数的股票纳入一个平均风险组合中，则组合风险会降低。因此，一种股票的贝塔系数可以度量该股票对整个组合风险的贡献。

【例 6-6】某投资者用 100 万元现金进行组合投资，投资于 10 只股票，每只占比 1/10，即 10 万元。如果这 10 只股票的贝塔系数均为 1.2，则组合的贝塔系数也为 1.2，该组合的风险比市场风险大，其价格波动的范围较大，报酬率的变动也较大。现在假设出售其中的一只股票，以一只贝塔系数为 0.7 的股票替代，此时组合的贝塔系数将由 1.20 下降至 1.15。

$$\beta_p=0.9\times1.2+0.1\times0.7=1.15$$

二、投资组合的风险报酬

投资组合的风险报酬是组合内部单项资产期望收益的加权平均数，即投资者因承担系统风险而要求的超过时间价值的那部分额外报酬。

投资者进行证券组合投资与进行单项投资一样，都要求对承担的风险进行补偿。股票的风险越大，要求的报酬率就越高。但与单项投资不同的是，证券组合投资要求补偿的风险只是系统风险，而不要求对非系统风险进行补偿，因为非系统风险在高度分散化的投资组合中已经被分散。投资组合的风险报酬可以用下列公式表示：

$$R_p=\beta_p\times(R_f-R_m)$$

式中，R_p 表示投资组合的风险报酬；R_f 表示无风险报酬率（收益率）；R_m 表示市场平均报酬率。

【例 6-7】某公司持有 A，B，C 三只股票组成的证券组合，其贝塔系数分别是 1.5，1.0，0.5，其在证券组合中所占的比重分别为 50%，30%，20%，股票的市场风险报酬率为 15%，无风险报酬率为 10%，计算该证券组合的风险报酬率。

首先确定证券组合的贝塔系数：

$$\beta_p=50\%\times1.5+30\%\times1.0+20\%\times0.5=1.15$$

然后计算该证券组合的风险报酬率：

$$R_p=1.15\times(15\%-10\%)=5.75\%$$

计算出风险报酬率后，便可根据投资额和风险报酬率计算风险报酬的金额。

从以上计算可以看出，调整各种证券在证券组合中的比重可以改变证券组合的风险、风险报酬率以及风险报酬额。在其他因素不变的情况下，风险报酬取决于证券组合的贝塔系数。贝塔系数越大，风险报酬就越大；贝塔系数越小，风险报酬就越小。贝塔系数表达了股票收益对系统风险的反应程度。

三、资本资产定价模型

（一）资本资产定价模型

财务管理学中有许多理论模型论述了风险与报酬的关系，其中一个最重要的模型是资本资产定价模型（capital asset pricing model，CAPM）。1964 年，威廉·夏普（William Shape）根据投资组合理论，提出了资本资产定价模型。资本资产定价模型是财务学形成和发展过程中的一个里程碑，第一次使人们可以量化市场的风险程度，并且能够对风险进行具体定价。

资本资产定价模型的研究对象是充分组合情况下风险与报酬率之间的均衡关系，即为了补偿某一特定程度的风险，投资者应该获得的报酬率。我们已经知道在高度分散化的资本市场中只有系统风险，投资者冒着风险进行投资是为了获取相应的回报，这就涉及此处要讨论的如何给风险定价。

资本资产定价模型的一般模式为：

$$R_i = R_f + \beta_i \times (R_m - R_f)$$

式中，R_i 表示该资产的必要报酬率；R_f 表示无风险报酬率；R_m 表示市场平均报酬率。

【例 6－8】某公司股票的贝塔系数是 1.5，无风险报酬率为 8%，市场上所有股票的平均报酬率为 12%，那么该公司股票的报酬率为：

$$R_i = 8\% + 1.5 \times (12\% - 8\%) = 14\%$$

也就是说，该公司股票的报酬率达到或超过 14%时，投资者才肯进行投资。如果低于 14%，则投资者不会购买该公司的股票。

（二）资本资产定价模型的基本假设

（1）所有投资者均追求单期财富的期望效用最大化，并以各备选组合的期望收益和标准差为基础进行组合选择。

（2）所有投资者均可以无风险报酬率无限制地借入或贷出资金。

（3）所有投资者拥有同样的预期，即对所有资产报酬的均值、方差和协方差等，投资者均有完全相同的主观估计。

（4）所有资产均可被完全细分，拥有充分的流动性且没有交易成本。

（5）没有税金。

（6）所有投资者均为价格接受者，即任何一个投资者的买卖行为都不会对股票价格产生影响。

（7）所有的资产和数量是给定且固定不变的。

相关学者在以上假设的基础上构建了资本资产定价模型，并随后将每一个假设逐步放开，在新的基础上进行研究。这些研究成果都是对资本资产定价模型的突破与发展。多年来，资本资产定价模型经受住了大量经验上的检验，尤其是贝塔系数概念。

从资本资产定价模型构建以来，各种理论争议和经验证明便不断涌现，尽管该模型存在许多问题，但其以科学的简单性、逻辑的合理性赢得了人们的支持。各种实证研究验证了贝塔系数概念的科学性及实用性，贝塔系数在实际投资领域中被广泛应用。

【知识拓展】
资本资产定价模型的相关理论

（三）证券市场线

根据资本资产定价模型绘制图形，以衡量系统风险的 β 为横轴，以必要报酬率 R_i 为纵轴，可以直观地体现风险与收益的线性关系，这样绘出的直线称为证券市场线（见图 6－4）。它说明了必要报酬率与衡量系统风险的 β 之间的关系。

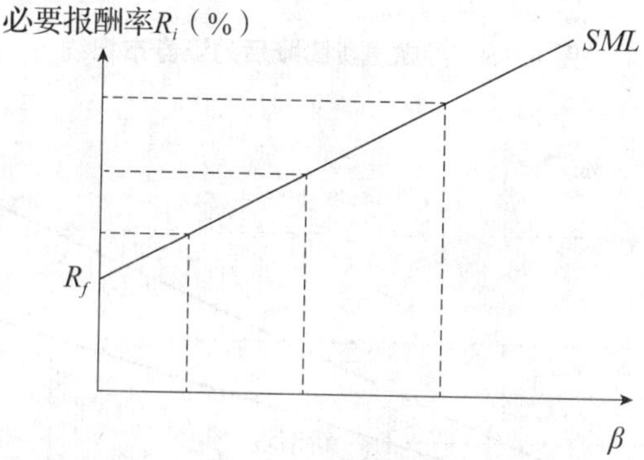

图 6－4　证券市场线

证券市场线的横轴为自变量 β，纵轴为因变量必要报酬率 R_i，斜率为市场风险溢价率（市场风险补偿率）R_m-R_f，截距为无风险报酬率 R_f。

单项资产或者特定资产组合的必要报酬率受到无风险报酬率 R_f、市场组合的平均必要报酬率 R_m 和 β 三个因素的影响，均为同向影响。

某资产的风险附加率为市场风险溢价率与衡量系统风险的 β 的乘积，即某资产的风险附加率$=\beta\times(R_m-R_f)$。

市场风险溢价率（R_m-R_f）反映市场整体对风险的偏好。风险厌恶程度越高，证券市场线的斜率（R_m-R_f）就越大，对风险资产要求的风险补偿越大，对风险资产要求的报酬率越高。

从证券市场线可以看出，投资者的必要报酬率不仅取决于市场风险，还取决于无风险报酬率（证券市场线的截距）和市场风险溢价率（证券市场线的斜率）。由于这些因素始终处于变动之中，证券市场线不是一成不变的。如果预计通货膨胀将提高，则无风险报酬率随之提高，证券市场线向上平移如图 6－5 所示。如果投资者的风险厌恶程度增强，即在同样的风险水平上要求的报酬率更高，则这会提高证券市场线的斜率，如图 6-6 所示。

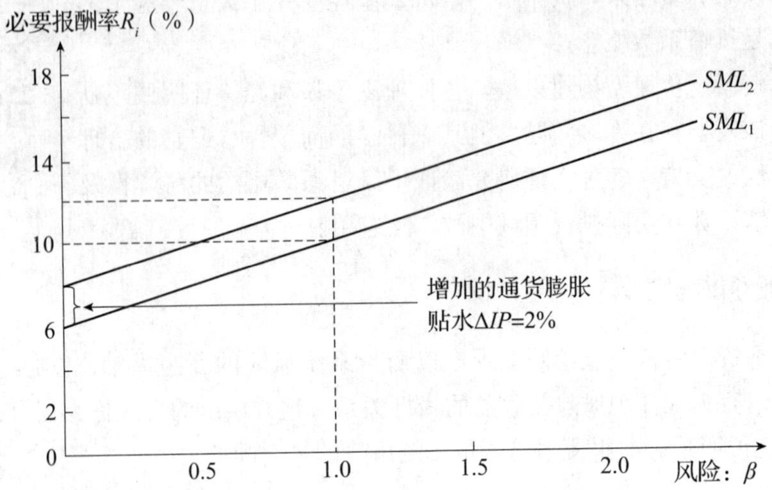

图 6-5　考虑通货膨胀后的证券市场线

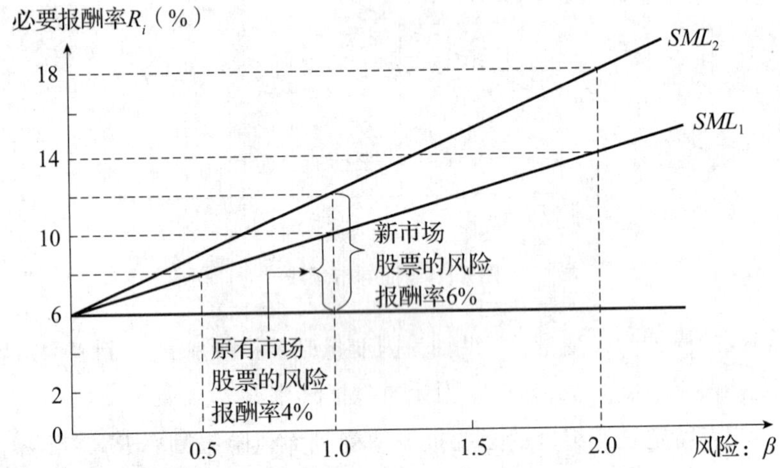

图 6-6　投资者风险厌恶程度增强的证券市场线

四、资本资产定价模型的发展

(一) 多因素模型

假设有 n 个相互独立因素影响不可分散风险，此时，证券的报酬率将会是一个多因素模型。

$$R_i = R_F + R(F_1, F_2, \cdots, F_n) + \varepsilon$$

（二）套利定价模型

套利定价模型基于套利定价理论（arbitrage pricing theory，APT），从多因素的角度考虑证券报酬，假设证券报酬是由一系列产业和市场等因素确定的。

$$R_j = R_F + \beta_{j1}(\overline{R}_1 - R_F) + \beta_{j2}(\overline{R}_2 - R_F) + \cdots + \beta_{jn}(\overline{R}_n - R_F)$$

（三）重新认识货币时间价值和投资报酬率

第五章讲述的货币时间价值，是指在没有通货膨胀也没有考虑风险的情况下资金的纯粹收益率或者市场资金的平均收益率。在学习了风险概念以后我们可知，收益率要在货币时间价值的基础之上把风险考虑进来。投资者因冒风险而要求给予额外的报酬，所以就出现了风险溢价。

投资报酬率＝纯粹利率＋通货膨胀溢价＋风险溢价
＝名义无风险利率＋风险溢价

式中，纯粹利率（pure rate of interest）r^* 又称真实无风险利率，是指在没有通货膨胀、无风险情况下资金市场的平均利率。通货膨胀溢价（inflation premium，IP），是指证券存续期间预期的平均通货膨胀率。

【知识拓展】风险溢价的内容

对于债权人投资报酬率中的风险溢价，可以进一步细分为：

（1）违约风险溢价（default risk premium，DRP），是指债券因存在发行者在到期时不能按约定足额支付本金或利息的风险而给予债权人的补偿。该风险越大，债权人要求的报酬率越高。

（2）流动性风险溢价（liquidity risk premium，LP），是指因存在不能在短期内以合理价格变现的风险而给予投资者的补偿。在较短的时间以接近市价的价格将资产转换成现金则称该资产有较高的流动性。流动性风险，是指不能在短期内以合理价格变现的风险。比如，国债的流动性好，流动性溢价很低；小企业发行的债券流动性较差，流动性溢价相对较高。流动性溢价很难准确计量。观察违约风险、期限风险均相同的债券，它们之间会有2%～4%的利率差，可以大体反映流动性风险溢价的一般水平。

（3）期限风险溢价（maturity risk premium，MRP），是指债券因面临持有期内市场利率上升导致价格下跌的风险而给予债权人的补偿，因此也称为市场利率风险溢价。

投资报酬率各组成部分的关系及分类如图6-7所示。

股东投资要求报酬率中的风险溢价，可在债权人要求的风险溢价的基础上再叠加股东由于比债权人承担更多的风险而要求的股权风险溢价。

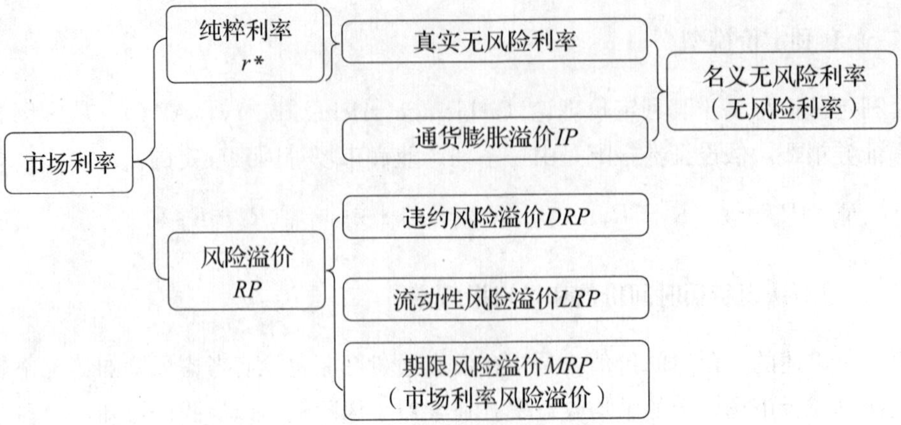

图 6-7　投资报酬率组成部分的关系及分类

练习题

一、复习思考题

1. 什么是风险报酬？如何理解风险与报酬之间的关系？

2. 单项资产的风险如何衡量？

3. 什么是经营风险和财务风险？

4. 什么是经营杠杆效应和财务杠杆效应？

5. 如何计算经营杠杆系数和财务杠杆系数？

6. 有哪些因素影响经营杠杆和财务杠杆？

7. 在企业风险管理中，如何进行财务杠杆和经营杠杆的配置，以降低联合杠杆，控制企业风险？

8. 为什么投资组合能消除非系统风险？为什么投资组合不能完全消除系统风险？

9. 投资组合的风险报酬如何衡量？

10. 什么是资本资产定价模型？其在风险定价中有什么作用？

二、计算分析题

1. 某投资者想对证券市场进行投资，通过研究认为，未来一年中总体的经济情况概率分布为衰退 20%、一般 50%、繁荣 30%。该投资者拟投资 A，B，C 三只股票，这三只股票的估计报酬率如表 6-7 所示。

表 6-7　三只股票投资的估计报酬率和概率分布表

经济情况	概率	A	B	C
衰退	0.2	10%	5%	−5%
一般	0.5	10%	12%	15%
繁荣	0.3	10%	30%	20%

要求：

(1) 分别计算A，B，C三只股票的期望报酬率、标准差和变异系数；

(2) 该投资者用期望报酬率、标准差和变异系数来淘汰和选择方案可行吗？会出现什么问题？

2. 某公司2020年销售商品12 000件，单价为240元，单位变动成本为180元，全年发生固定成本总额320 000元。该企业拥有总资产5 000 000元，资产负债率为40%，债务资金的利率为8%，权益资金中有50%的普通股，普通股每股面值为20元，所得税税率为33%。

要求：请根据资料，分别计算下列指标。

(1) 单位边际贡献；

(2) 边际贡献总额；

(3) 息税前利润（EBIT）；

(4) 税前利润；

(5) 净利润；

(6) 普通股每股收益（EPS）；

(7) 经营杠杆系数（DOL）；

(8) 财务杠杆系数（DFL）；

(9) 联合杠杆系数（DCL）。

3. 假设三只股票的资料为：股票D的β为1.5，股票E的β为1.0，股票F的β为0.5，无风险报酬率为10%，市场上股票的平均报酬率为15%。

要求：请根据资料，分别计算下列指标。

(1) 股票D的投资报酬率；

(2) 股票E的投资报酬率；

(3) 股票F的投资报酬率。

三、案例分析题

海底捞成立于1994年，是一家以经营川味火锅为主、融汇各地火锅特色的大型跨省直营餐饮品牌火锅店。海底捞在我国北京、上海、沈阳、天津、武汉、石家庄、西安、郑州、南京、广州、杭州、长沙、深圳、成都、重庆等城市及韩国、日本、新加坡、美国等国家有百余家直营连锁餐厅。

2018年5月17日海底捞国际控股有限公司在港交所递交上市申请；9月11日海底捞在香港召开新闻发布会，宣布其股票将于9月12日起在香港公开发售；9月19日海底捞确定了最终发行价，每股17.8港元；9月26日海底捞（股票代码：06862）正式登陆香港资本市场。

2020年年初，一场新冠肺炎疫情影响了我们每个人的生活。在这场“风暴”之中，国内各行业发展都受到了极大影响，其中餐饮业受到的冲击尤为突出。餐饮企业能够生存下去的最关键因素是现金储备，据中国连锁经营协会发布的《新冠肺炎疫情对中国连锁餐饮行业的影响调研报告》显示，餐饮企业的现金储备情况普遍不太乐观。38%的调研餐饮企业现金储备不足支撑1个月，现金储备能够支撑1～3个月的比例为48%，能够支撑3个月以上的比例仅为14%。1月26日，海底捞发布休市通告，宣布中国内地所有门店即日起自1月31日暂停营业同时暂停全线外卖服务。1月31日海底捞宣布休业延期，直至3月16日海底捞才恢复了58个城市共332家门店的营业。在这长达50余日的停摆中，海底捞面临的压力不可谓不大。根据海底捞2019年上半年业绩状况，各类研报分析海底捞每日流失的收入约5 789.6万元，每日所需支付的员工成本约2 029万元，本次停摆使得海底捞遭受几十亿元的损失。餐饮行业本就面临“三高一低”（即房租高、人力成本高、食材成本高、毛利低）的经营压力。这场疫情给企业带来的压力可想而知。

根据海底捞2018—2020年的相关财务数据，其经营杠杆系数计算如表6-8所示。

表6-8 海底捞的经营杠杆系数计算表

金额单位：元

项目	2020年	2019年	2018年
净利润	28 614 000 000	2 346 962 000	1 649 000 000
所得税	426 000 000	900 262 000	613 000 000
利息支出	446 000 000	236 791 000	31 231 000
息税前利润	29 486 000 000	3 484 015 000	2 293 231 000
息税前利润变动额	26 001 985 000	1 190 784 000	659 617 000
息税前利润变动率	0.88	0.34	0.29
销售收入	28 614 000 000	26 555 792 000	16 969 000 000
销售收入变动额	2 058 208 000	9 586 792 000	6 332 000 000
销售收入变动率	0.071 930 104	0.361 005 689	0.373 151 04
经营杠杆系数	12.26	0.95	0.77

2020年的经营杠杆系数为12.26，相比2018年和2019年有大幅提高，这说明企业面临的经营风险十分巨大。由于疫情影响，海底捞在2020年，尤其是上半年收入大幅下滑，营业收入约为97.6亿元，较2019年同期下降近20亿元。更为严重的是庞大的线下门店规模形成的固定成本支出，以及巨大的员工数量形成的职工薪酬支出依然存在。疫情期间海底捞正常支付了员工工资以及疫情补贴，2020年上半年的员工薪酬达40.74亿元，当期净利润为负数，约－9.65亿元。2020下半年的员工薪酬约为56.03亿元，较上半年有小幅上升，但是随着防疫措施的稍微放宽和疫情的好转，下半年的经营状况也有所好转，营业收入约188.53亿元，较上半年增长了近一倍，净利润达3.01亿元。尽管如此，上半年的消极影响还是没有完全消除，经营风险依然很大。

要求：

1. 对该公司的经营风险进行进一步分析。
2. 对企业如何应对突发事件谈谈自己的看法。

第七章

筹资方式

引导案例

2019年5月中旬，阿里巴巴以43.594亿元全额认购了红星美凯龙家居集团股份有限公司（简称红星美凯龙）的控股股东红星美凯龙控股集团有限公司发行的可转换债券，交易成功后阿里巴巴获得了红星美凯龙10%的A股股份。同时，阿里巴巴在港股收购了红星美凯龙3.7%的股份。5月底，红星美凯龙与阿里巴巴签订战略合作协议，合作内容包括：新零售门店建设、电商平台搭建、物流仓配和安装服务体系、消费金融、支付系统、信息共享等。

红星美凯龙于2015年6月在港股上市后，又于2018年1月在A股上市，A+H股两大融资渠道，成为公司迅速做大的关键之一。2次IPO、5次发债，红星美凯龙仅通过这两种方式，融资250亿元左右。图7-1是红星美凯龙在A股的筹资结构图。

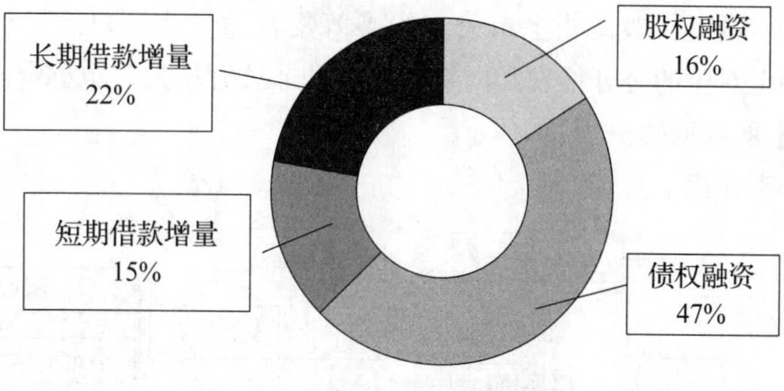

图7-1　红星美凯龙的筹资结构

筹资活动作为企业的主要经济活动之一，直接影响企业的资本结构，进而影响企业正常的生产经营活动。一个企业应该如何获取资本，选取怎样的筹资方式或筹资方式组合是所有企业需要认真思考的问题，企业的筹资方式对于企业的发展至关重要。

在本章中你可以学到企业普遍采用的几种主要的筹资方式以及它们各自具备的特点。

学习目标

1. 了解股权融资、再融资的方式，熟悉相关法规和相关条件，理解普通股融资的优缺点。

2. 熟悉长期借款筹资的含义，了解长期借款的条件和程序、合同内容、利率类型、偿还方式以及优缺点。

3. 熟悉长期债券的含义和风险评价方式，了解债券的还本时间、还本方式，理解影响债券付息的因素以及长期借款和长期债券的差异。

4. 了解企业混合筹资的主要方式，掌握优先股、永续债、可转换债券的特征。

第一节　普通股融资

一、股权融资概述

股权融资（权益筹资）包括内部股权融资和外部股权融资。反映在资产负债表上，内部股权融资是指留存收益的增加；外部股权融资是指发行股票（普通股或优先股），体现的是股本或实收资本和资本公积的增加。

股权融资可以分为首次发行和再融资。再融资的方式包括公开发行与非公开发行。公开发行的方式有配股和不定向增发新股；非公开发行的主要方式是定向增发新股。配股是指向原普通股股东按其持股比例，以低于市价的某一特定价格配售一定数量新发行股票的融资行为。增发新股是指上市公司为了筹集权益资本而再次发行股票的融资行为，包括向不特定对象的公开增发和向特定对象的非公开增发，也称定向增发新股。

【要点总结】股权融资分类

股权融资分类如图 7－2 所示。

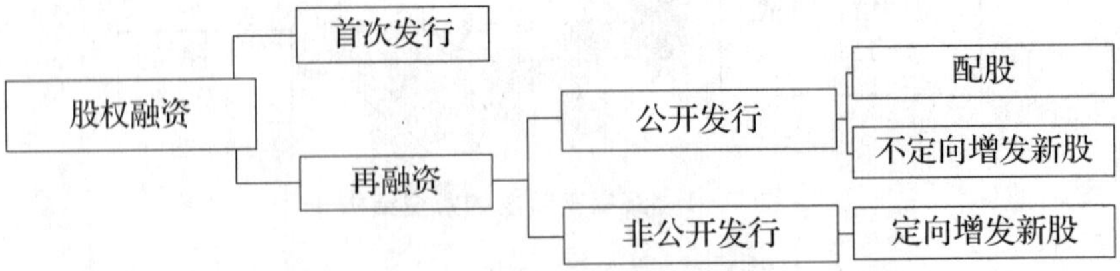

图 7－2　股权融资分类

二、股票发行方式

股票发行方式是指公司通过何种途径发行股票。总体来看，股票的发行方式包括两类：公开间接发行与非公开直接发行。

（一）公开间接发行

公开间接发行是指通过中介机构公开向社会公众发行股票。这种发行方式的发行范围广、发行对象多，易于足额募集资本；股票的变现性强，流通性好；股票的公开发行还有助于提高发行公司的知名度，扩大其影响力。但这种发行方式也有不足，主要是手续繁杂，发行成本高。我国股份有限公司采用募集设立方式向社会公开发行新股，必须由证券经营机构承销，这就属于股票的公开间接发行。股票再融资的配股和不定向增发新股也属于公开发行。公开发行由于发行范围广、发行对象多、对社会影响大，因此需要对其进行限制和规范。

【法条链接】
《中华人民共和国证券法》公开发行证券相关内容

（二）非公开直接发行

非公开直接发行是指不公开对外发行股票，只向少数特定的对象直接发行，因而不需要经中介机构承销。这种发行方式灵活性较大、发行成本低，但发行范围小、股票变现性弱。我国股份有限公司采用发起设立方式和以不向社会公开募集的方式发行新股，属于股票的非公开直接发行。股票再融资定向增发新股，也属于非公开直接发行。《中华人民共和国证券法》（简称《证券法》）规定非公开发行证券，不得采用广告、公开劝诱和变相公开方式。

【要点总结】股票公开间接发行与非公开直接发行

股票不同的发行方式具有不同的特点，我们将股票的不同发行方式及比较总结为图7-3和表7-1。

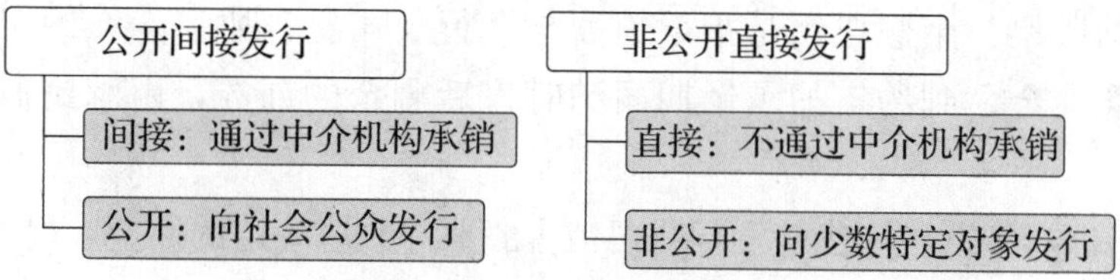

图7-3 股票发行方式

表7-1 公开间接发行与非公开直接发行的比较

项目	公开间接发行	非公开直接发行
发行成本	高	低
发行条件	高	低
发行范围	广	小
发行弹性	小	大
股票变现能力	强	弱
知名度/影响力	高/大	低/小

三、股票销售方式

股票销售方式是指股份有限公司向社会公开发行股票时所采取的方法。股票销售方式主要有两类：自行销售和委托销售。

（一）自行销售

股票发行的自行销售方式，是指发行公司直接将股票销售给认购者。这种销售方式可由发行公司直接控制发行过程，实现发行意图，并可节省发行费用；缺点是筹资时间长，发行公司要承担全部发行风险，并需要发行公司有较高的知名度、信誉和实力。

（二）委托销售

股票发行的委托销售方式，是指发行公司将股票销售业务委托给证券经营机构代理。这种销售方式是目前企业发行股票所普遍采用的。我国《公司法》规定，股份有限公司向社会公开发行股票（也就是向不特定对象发行股票），必须与依法设立的证券经营机构签订承销协议，由证券经营机构承销。

承销又分为包销和代销两种办法。包销是指根据承销协议商定的价格，证券经营机构一次性买进发行公司公开发行的全部股份，然后以较高的价格出售给社会上的认购者。对发行公司来说，包销的办法可以及时筹足资本，免于承担发行风险（股款未募足的风险由承销商承担），但股票以较低的价格出售给承销商会损失部分溢价。包销又可以分为全额包销和余额包销。全额包销是指承销商按照协议全部购入发行公司的股票；余额包销是指承销商与发行公司签订协议，在约定的期限内发行证券并收取佣金，到约定的承销期届满时售后剩余的证券，由承销商按协议价格全部认购。

代销是指证券经营机构代替发行公司销售股票并收取一定的佣金，但不承担股款未募足的风险。承销期结束时，承销商将未售出的证券全部退还给发行公司。按照我国的相关规定，上市公司非公开发行未采用自行销售方式以及我们后续要介绍的上市公司配股的，应当采用代销的销售方式。

【要点总结】股票销售方式及优缺点

股票销售方式及各自的优缺点如图 7－4 和表 7－2 所示。

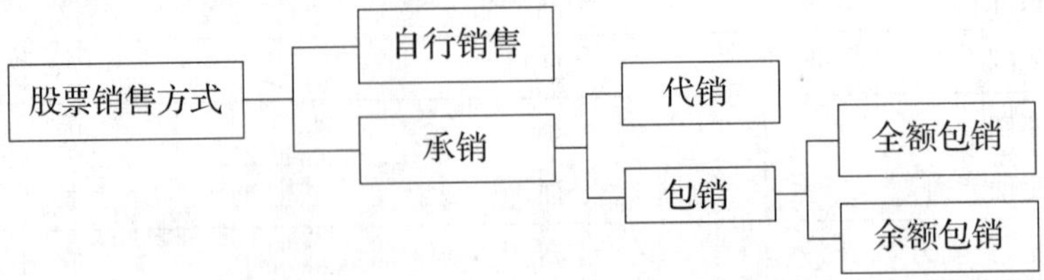

图 7－4　股票销售方式

表 7－2 股票销售方式的优缺点

项目	自行销售	代销	包销
发行风险	高	高	低
发行时间	长	短	短
发行费用	低	居中	高
发行溢价	不损失	损失	损失部分

【知识拓展】
非公开发行股票是否可以采用自行销售方式

【知识拓展】
股票为何不准折价发行

四、股权再融资

上市公司在首次公开发行股票融资之后，基于规模扩张还可以再次实施权益融资，包括增发新股、向原股东配售股票（配股）两种方式。

（一）上市公司股权再融资的一般条件

股权再融资需要遵守相关的法律法规。为进一步提高再融资服务实体经济发展的能力，证监会按照注册制理念，对现行再融资规则中制定时间较早、不能适应市场形势发展需要的部分规定进行了调整，切实解决企业融资难、融资贵的问题，积极支持上市公司充分利用资本市场做优做强，提高直接融资特别是股权融资比重。因此，2019 年 11 月 8 日，证监会就《上市公司证券发行管理办法》《创业板上市公司证券发行管理暂行办法》《上市公司非公开发行股票实施细则》的修订向社会公开征求意见。到 2020 年 2 月 14 日晚间，证监会发布《关于修改〈上市公司证券发行管理办法〉的决定》《关于修改〈创业板上市公司证券发行管理暂行办法〉的决定》《关于修改〈上市公司非公开发行股票实施细则〉的决定》，自发布之日起施行。

再融资新规的推出，深化了金融供给侧结构性改革，完善了再融资市场化约束机制，增强了资本市场服务实体经济的能力。新的《上市公司证券发行管理办法》对上市公司的股权再融资做了相应的规定。上市公司股权再融资的一般条件是指上市公司采用不同的再融资方式都应该具备的条件，包括：上市公司的组织机构健全、运行良好；盈利能力具有可持续性；财务状况良好；最近三十六个月内财务会计文件无虚假记载，且不存在重大违规行为；募集资金的数额和使用符合规定等。

(二) 增发新股

股权再融资的本质就是增发股票，既可以向不特定对象公开增发，也可以向特定对象非公开增发（定向增发）。

1. 公开增发

公开增发新股是指已经经历过首次公开上市并挂牌交易的上市公司，根据其发展战略和经营需要，再次通过证券市场向社会投资者发售股票的融资行为。除了应当符合公开发行证券的一般规定以外，还应当符合下列条件：

（1）业绩条件：最近三个会计年度加权平均净资产收益率平均不低于6%。扣除非经常性损益后的净利润与扣除前的净利润相比，以低者作为加权平均净资产收益率的计算依据。

（2）分红条件：最近三年以现金方式累计分配的利润不少于最近三年实现的年均可分配利润的30%。

（3）财务投资：除金融类企业外，最近一期期末不存在持有金额较大的交易性金融资产和可供出售的金融资产、借予他人款项、委托理财等财务性投资的情形。

（4）增发价格：发行价格应该不低于公告招股意向书前20个交易日公司股票均价或前一个交易日的均价。

上市公司增发可以全部或部分向原股东优先配股，优先配股比例应该在发行公告中披露。公开增发新股的认购方式通常为现金认购。

【例7-1】 A公司总股数为10亿股，现采用公开增发方式发行2亿股，增发前一交易日股票市价为5元/股。老股东和新股东各认购了1亿股。假设不考虑新募集资金投资的净现值引起的企业价值变化，在增发价格分别为5.5元/股、5元/股、4.5元/股的情况下，老股东和新股东的财富将分别有什么变化？

（1）以每股5.5元的价格发行2亿股新股，筹集的资金为5.5×2=11亿元，由于不考虑新投资的净现值引起的企业价值变化，增发后普通股总市场价值等于增发前的总市值（5×10=50亿元）加上增发融资的金额11亿元，因此：

增发后每股价格=增发后总市值(50+11)/总股数(10+2)=5.083 3(元/股)

老股东财富变化=增发后股价(5.083 3)×增发后持股数(10+1)
　　－购买公司增发股票的现金流出(5.5×1)
　　－增发前持股价值(5×10)
　　=0.416 3(亿元)

新股东财富变化=增发后股价(5.083 3)×增发后持股数(1)
　　－购买公司增发股票的现金流出(5.5×1)
　　=－0.416 7(亿元)

可见，如果增发价格高于增发前股价，老股东的财富增加，并且老股东财富增加量等于新股东财富减少量。

(2) 以每股5元的价格发行2亿股新股，筹集的资金为5×2=10亿元，增发后普通股总市场价值等于增发前的总市值（5×10=50亿元）加上增发融资的金额10亿元，共60亿元除以增发数的股数12亿股，增发后每股价格=5元。

增发后的股价等于增发前的股价，也等于增发价格。这对于老股东而言，意味着原持有的10亿股的价值不变，仍为50亿元，新认购的1亿股的价格与其购买成本相同，都是5亿元。因此，老股东的财富没有变化。对于新股东而言，新认购的1亿股的价格与其购买成本相同，都是5亿元。因此，新股东的财富也没有变化。

(3) 以每股4.5元的价格发行2亿股新股，筹集的资金为4.5×2=9亿元，增发后普通股总市场价值等于增发前的总市值（5×10=50亿元）加上增发融资的金额9亿元，共59亿元除以增发数的股数12亿股，增发后每股价格=4.916 7元。

老股东财富变化=增发后股价(4.916 7)×增发后持股数(10+1)
　　－购买公司增发股票的现金流出(4.5×1)
　　－增发前持股价值(5×10)
　　=－0.416 3(亿元)

新股东财富变化=增发后股价(4.916 7)×增发后持股数(1)
　　－购买公司增发股票的现金流出(4.5×1)
　　=0.416 7(亿元)

可见，如果增发价格低于增发前股价，新股东的财富增加，并且其财富增加量等于老股东财富减少量。

这说明，如果不考虑增发新股筹集的资金在后续资产投资环节对企业价值造成的影响，增发股票并不会改变股东财富总额，是新股东与老股东关于财富的零和博弈，是在新老股东之间进行的财富的重新分配，这是一种权益性交易。增发价格高于增发前股价，对老股东具有财富增加的效应，新股东会有等额的财富损失；增发价格低于增发前股价，则是以老股东的财富损失为代价形成新股东的财富增加。

【要点总结】股票增发对股东财富的影响

股票增发对股东财富的影响（若不考虑募投项目的净现值引起的企业价值变化）如表7-3所示。

表7-3 股票增发对股东财富的影响

项目	老股东	新股东	注释
增发价格>增发前股价	财富增加	财富减少	老股东财富增加量=新股东财富减少量
增发价格=增发前股价	财富不变	财富不变	—
增发价格<增发前股价	财富减少	财富增加	老股东财富的减少量=新股东财富增加量

2. 非公开增发

非公开增发新股是指上市公司采用非公开的方式向特定对象发行股票的行为，是一种私募融资的方式。

修订后的《上市公司证券发行管理办法》① 及《上市公司非公开发行股票实施细则》②，对非公开发行股票做出了明确的规定，主要包括：

（1）非公开发行股票的特定对象应当符合股东大会决议规定的条件且发行对象不超过35名。

（2）发行价格不低于定价基准日前20个交易日公司股票均价的80%。

（3）本次发行的股份自发行结束之日起，6个月内不得转让。发行对象是以下三者之一（即上市公司的控股股东、实际控制人或者其控制的关联人，通过认购本次发行的股份取得上市公司实际控制权的投资者，董事会拟引入的境内外战略投资者）的，其认购的股份18个月内不得转让。

（4）募集资金的使用符合有关规定。

（5）本次发行将导致上市公司控制权发生变化的，还应当符合证监会的其他规定。

在我国非公开发行股票可以为上市公司引入新的战略股东、注入新的优质资产，有利于促进上市公司整体上市，解决关联交易和同行业竞争的问题，提高上市公司的质量。投融资双方的双向选择可以逐步摆脱以往主要依赖监管机构把关的模式，交易过程更加灵活自由，即使是一些业绩比较差的公司也有机会发行股份，获得实现公司转型的发展资金。

【法条链接】
非公开增发新规
修订主要变化内容

【案例启示】
奥拓电子非公开
增发新股

（三）配股

配股是上市公司获得证券管理部门批准后，向现有股东按其持股的一定比例配售股份的行为，其实质是上市公司增发股票，原股东享有优先认购权，是向原股东定向募集资金。上市公司配股应当向股权登记日登记在册的股东配售，且配售比例应当相同。配售除了应当符合上述一般条件以外，还应当符合下列条件：

【案例启示】
凌云股份配股

（1）拟配售股份数量不超过本次配售股份前股本总额的30%。

（2）控股股东应当在股东大会召开前公开承诺认购股份的数量。

① 参见文件：《关于修改〈上市公司证券发行管理办法〉的决定》，http://www.csrc.gov.cn/pub/zjhpublic/zjh/202002/t20200214_370779.htm.

② 参见文件：《关于修改〈上市公司非公开发行股票实施细则〉的决定》，http://www.csrc.gov.cn/pub/zjhpublic/zjh/202002/t20200214_370781.htm.

(3) 采用《证券法》规定的代销方式发行。

配股权在某一股权登记日期颁发，在此之前购买的股东享有配股权，此时股票的市场价格中含有配股权的价值。在配股股权登记日后，配股权失效，股票价格中也就不再包含配股权的价值。

配股后股票市值＝配股前股票市值＋配股增加的价值

配股前股票市值＝配股权每股市价×配股前股数

配股增加的价值＝配股价格×配股数量

配股除权价＝(配股前股票市值＋配股价格×配股数量)/(配股前股数＋配股数量)

＝(配股前每股市价＋配股价格×股份变动比率)/(1＋股份变动比率)

除权后实际股价大于配股除权价，股东财富增加，称为填权；除权后实际股价小于配股除权价，股东财富减少，称为贴权；除权后实际股价等于配股除权价，参与配股的股东的财富不会变化。

【例7-2】 A公司采用配股的方式进行融资。2010年3月21日为配股除权登记日，以公司2009年12月31日的总股数100 000股为基数，拟以每10股配2股。配股价格为配股说明书公布前20个交易日公司股票收盘价平均值每股5元的80%，即配股价格为每股4元。张某拥有该公司股票10 000股。

假设所有股东都参与配股，理论除权基准价格＝(5＋4×0.2)/1.2＝4.83元/股。

(1) 第一种情况：配股后的市价高于理论除权基准价格。

配股后市价＝4.95元/股，配股前股东财富＝50 000元，所有股东都行使了配股权参与配股，张某配股后拥有的股票总价值＝4.95×10 000×1.2＝59 400元，扣除参与配股的金额＝4×2 000＝8 000元，股东财富＝51 400元（有所增加)。

(2) 第二种情况：配股后的市价高于理论除权基准价格。

配股后市价＝4.7元/股，配股前股东财富＝50 000元，所有股东都行使了配股权参与配股，张某配股后拥有的股票总价值＝4.7×10 000×1.2＝56 400元，扣除参与配股的金额＝4×2 000＝8 000元，股东财富＝48 400元（有所下降)。

(3) 第三种情况：配股后的市价等于理论除权基准价格。

配股后市价＝4.83元/股，配股前股东财富＝50 000元，所有股东都行使了配股权参与配股，张某配股后拥有的股票总价值＝4.83×10 000×1.2＝58 000元，扣除参与配股的金额＝4×2 000＝8 000元，股东财富＝50 000元（没有变化)。

假设张某放弃配股，其余股东参与配股。理论除权基准价格＝(100 000×5＋20 000×4－2 000×4)/(100 000＋20 000－2 000)＝4.847 5元/股。

张某配股前财富价值＝10 000×5＝50 000元，本次参与配股的金额为0元，配股后价值＝10 000×4.847 5＝48 475元，财富变化＝48 475－50 000＝－1 525元。

其他股东配股前财富价值＝90 000×5＝450 000元，本次参与配股的金额＝18 000×4＝72 000元，配股后价值＝108 000×4.847 5＝523 530元，财富变化＝523 530－

450 000－72 000＝1 530 元。

根据以上案例可以得出以下结论：配股不会改变股东财富总额，只是在参与配股和放弃配股的股东之间进行财富的重新分配。配股其实是在倒逼小股东给公司再输血，不支持配股，就会稀释股权。配股不会改变原控股股东对公司的控制权和享有的各种权利。配股实际上是先发行新股导致短期内每股收益稀释，再通过折价配售的方式给老股东一定的补偿，鼓励老股东认购新股，以增加发行量。

（四）股权再融资对企业的影响

从企业的资本结构来看，一般来说，采用股权再融资会降低资产负债率，并可能使资本成本增大。但是其如果有助于目标资本结构的实现，增强企业的财务稳健性，降低债务的违约风险，就会在一定程度上降低企业的加权平均资本成本，增加企业的整体价值。

从企业的财务状况来看，在企业运营及盈利状况不变的情况下，采用股权再融资的方式筹集资金会降低企业的财务杠杆水平以及净资产报酬率。如果企业将股权再融资筹集的资金投资于具有良好发展前景的项目，获得正的投资活动净现值，或者改善企业的资本结构、降低资本成本，就有利于增加企业的价值。

从控制权的影响来看，就配股而言，由于全体股东具有相同的认购权利，控股股东只要不放弃认购权，控制权就不会被削弱。公开增发会引入新的股东，股东的控制权受到增发认购数量的影响。而非公开增发相对复杂，如果对财务投资者和战略投资者增发，则会降低控股股东的控股比例，但财务投资者和战略投资者大多与控股股东具有良好的合作关系，一般不会对控股股东的控制权造成威胁；如果面向控股股东的增发是为了收购其优质资产或实现集团整体上市，则会提高控股股东的控股比例，增强控股股东对上市公司的控制权。

四、普通股融资的评价

普通股融资的优点：

（1）普通股融资没有固定的股息负担，而债券或借款的利息企业无论经营状况如何都必须按时支付。

（2）普通股没有固定的到期日，无须偿还。普通股融资所获得的资本是企业的永久性资本，企业清算时才有可能予以偿还，这是企业对资本的最低要求，对促进企业长期持续稳定经营具有重要意义。

（3）普通股融资的风险小、融资限制少。相比债务筹资，利用普通股融资不存在到期还本付息的风险，在资金使用上也没有特别限制。

（4）普通股融资可以增强企业的信誉。发行普通股所筹集到的权益资金是股份公司正常经营和抵御风险的基础，权益资本的增加有利于提高企业的信用价值，可以为企业吸收更多的债务资金提供强有力的支持；同时，通过上市企业的经营状况得到监管部门的认可，其知名度可以大大提高。

普通股融资的缺点：

（1）普通股融资的资本成本较高。与企业的债务资金相比，普通股的投资风险较大，投资者所期望的报酬率也高，而且股息是在税后支付，没有抵减所得税的作用；同时，发行普通股的筹资费用一般也大于债务资金的筹资费用。

（2）普通股融资容易分散企业的控制权。我国法律规定非科创板上市公司普通股股东的每股股份享有平等的表决权和经营管理权，即“同股同权”。当股份公司增发股票时，如果原股东不按原持股比例购入增发的股票，就会增加新股东，分散原股东对公司的控制权。

（3）企业过度依赖普通股融资，可能会是一种消极信号，导致股票价格下跌，影响企业其他融资手段的使用。另外，企业的财务状况和经营成果都要公开，接受公众监督，一旦企业经营出现问题或者遇到财务困难，企业被收购的风险也会增加。

（4）普通股融资可能会产生较高的隐性成本。隐性成本可能来自信息不对称，也可能来自管理层与股东之间的代理成本。

（5）信息披露的要求严格。上市公司负有严格的信息披露义务，必须定期和不定期向社会公布公司的财务报表、投资计划等与公司经营活动有关的“重大事项”。信息透明度的增加在某种程度上会相应减少企业经营活动的隐蔽性，使竞争对手更容易了解企业的经营动向，从而对市场公平竞争带来不利影响。

【要点总结】普通股融资的评价

普通股融资的评价如表 7-4 所示。

表 7-4　普通股融资的评价

优点	没有固定的股息负担
	没有固定的到期日
	融资风险小、融资限制少
	增强企业的信誉
缺点	资本成本较高
	分散企业的控制权
	可能会传递消极信号
	可能会产生较高的隐性成本
	信息披露的要求严格

第二节　债务筹资

一、长期借款

（一）长期借款筹资的含义和特点

长期借款筹资是指企业借款超过一年，与普通股融资性质不同的筹资方式。与普通股融资相比，长期借款筹集的资金需要到期偿还，并支付固定的债务利息，由于存在还本付息的压力财务风险较大。其筹资的资本成本一般低于普通股融资的资本成本，债权人不享有企业决策的表决权，不会分散股东对企业的控制权，因此长期借款筹资的限制也会更多一些。

与短期借款筹资相比，长期借款筹资可以解决资金的长期不足，有利于债务人对债务的偿还计划做长期安排，还债的压力和风险相对较小。但是，长期借款的利率一般要高于短期借款，筹资成本较高；借款时债权人会采用更加严格的程序进行审查，相比短期借款筹资速度更慢，也会在债务契约合同中设定更多的限制性条款。

【要点总结】几种筹资方式对比

几种筹资方式的对比如表7-5和表7-6所示。

表7-5 普通股融资与长期借款筹资的对比

项目	长期借款筹资	普通股融资
风险	低	高
资本成本	高	低
控制权	分散	不分散
限制性条款	少	多

表7-6 长期借款筹资与短期借款筹资的对比

项目	长期借款筹资	短期借款筹资
风险	低	高
资本成本	高	低
限制性条款	多	少
筹资速度	慢	快

（二）长期借款的含义和分类

长期借款是指企业向银行或其他非银行金融机构借入的期限在一年以上的借款，主要用于购建固定资产和满足长期流动资金占用的需要。

长期借款按提供贷款的不同机构可以分为政策性银行贷款、商业银行贷款等。政策性银行贷款一般是指办理国家政策性贷款业务的银行向企业发放的贷款。例如，国家开发银行主要为承建国家重点建设项目的企业提供贷款；进出口银行则为大型设备的进出口提供买方或卖方信贷。商业银行贷款是指由各商业银行向各类企业提供的贷款。这类贷款主要为满足企业建设性项目的资金需要，企业对贷款自主决策、自担风险、自负盈亏。此外，企业也可以从保险公司、信托公司等其他金融机构取得贷款，这类贷款一般期限较长，要求的利率也高，而且对借款企业的信用筛选也比较严格。

长期借款按是否提供担保可以分为抵押借款和信用借款。抵押借款是指要求借款企业以实物资产或有价证券作为抵押而取得贷款。通常作为抵押品的实物资产主要是不动产、机器设备等。企业到期不能还本付息时，银行等金融机构有权处置抵押品，以保证其贷款安全。信用借款则是凭借借款企业的信用或其保证人的信用而发放的贷款。一般银行只向那些资信条件好的企业发放信用贷款。

长期借款按用途可以分为固定资产投资借款、更新改造借款、科技开发和新产品试制借款等。

（三）申请长期借款的条件和程序

企业申请长期借款一般应具备的条件为：

（1）独立核算、自负盈亏、有法人资格。

（2）借款用途符合国家的产业政策和金融机构贷款办法所规定的范围。

（3）借款企业或担保单位具有一定的财产保证。

（4）借款企业具有偿还借款的能力。

（5）借款企业财务管理和经济核算制度健全，经济效益良好。

（6）借款企业在银行开立账户和办理结算。

具备长期借款条件的企业应按下列程序办理借款手续：

（1）企业提出借款申请。借款申请书要说明借款的原因、金额、用款计划、还款期限。

（2）金融机构审批。审批的内容包括企业的财务状况、信用情况、利润水平发展前景、投资项目的可行性分析等。

（3）签订借款合同。企业借款申请经金融机构审查同意后，借贷双方应就贷款条件进行谈判，然后签订借款合同。

（4）企业取得借款。借款合同生效以后，企业可在借款指标范围内，根据用款计划和实际需要，从金融机构取得借款并转入企业存款结算账户。

（5）企业偿还借款。企业应按借款合同的规定按时足额归还借款本息。如果企业不能按期归还借款，应在借款到期之前，向银行申请贷款展期，但是否展期由贷款银行根据具体情况决定。

（四）长期借款的合同内容

借款合同是规定借贷当事人双方权利和义务的契约，具有法律约束力。当事人双方应严格遵守合同条款，履行合同规定的义务。

借款合同应具备以下基本条款：借款种类；借款用途；借款金额；借款利率；借款期限；还款资金来源及还款方式；保证条款；违约责任等。

由于长期借款的期限长、风险较大，因此，除合同的基本条款以外，按照国际惯例，银行对借款企业通常都约定一些限制性条款，也就是对债权人的保护条款。一般来说，可以分为一般性保护条款和特殊性保护条款。

一般性保护条款应用于大多数借款合同，但根据具体情况会有所不同，主要包括：

（1）对借款企业流动资金保持量的规定，其目的在于保持借款企业资金的流动性和偿债能力。

（2）对支付现金股利和再购入股票的限制，其目的在于限制现金外流。

（3）对净经营性长期资产总投资规模的限制，其目的在于减小企业日后不得不变卖固定资产以偿还借款的可能性。

（4）限制其他长期债务，其目的在于防止其他借款人取得对企业资产的优先求偿权。

（5）借款企业定期向银行提交财务报表，其目的在于及时掌握企业的财务情况。

（6）不准在正常情况下出售较多资产，其目的在于保持企业正常的生产经营能力。

（7）如期缴纳税费和清偿其他到期债务，其目的在于防止被罚款而造成现金流失。

（8）不准以任何资产作为其他承诺的担保或抵押，其目的在于避免企业负担过重。

（9）不准贴现应收票据或出售应收账款，其目的在于避免或有负债。

（10）限制租赁固定资产的规模，其目的在于防止企业负担巨额租金以致削弱其偿债能力，还在于防止企业以租赁固定资产的办法摆脱对其净经营性长期资产总投资和负债规模的约束。

特殊性保护条款是针对某些特殊情况而出现在部分借款合同中的，主要包括：

（1）借款专款专用。

（2）不准企业投资于短期内不能收回资金的项目。

（3）限制企业高级职员的薪金和奖金总额。

（4）要求企业主要领导人在合同有效期间担任领导职务。

（5）要求企业主要领导人购买人身保险，以避免债务企业由于高级管理层的变更对企业经营战略、财务战略的改变，这可能会造成债务企业偿债能力的变化。

【要点总结】债权人保护条款的应用范围及结构

债权人保护条款的应用范围及结构如图7－5所示。

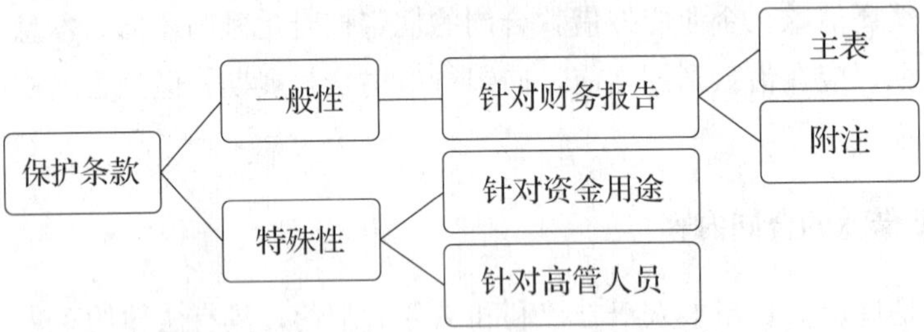

图7－5 债权人保护条款的应用范围及结构

（五）长期借款的利率类型

长期借款的利率在一般情况下高于短期借款的利率，债权人把资金在较长的时间内的使用权让渡给债务人，具有较大的投资风险，所以要求获得更高的报酬率。但是，对于那些信誉良好、自身财务状况较好的企业来说，它们仍然可以争取到较低利率的长期借款。

长期借款利率通常分为固定利率和浮动利率。对于借款企业来说，如果预测市场利率要上升，则应与银行签订固定利率合同；反之，则应签订浮动利率合同。

（六）长期借款的偿还方式

长期借款的偿还方式分为分期付息到期一次还本和分期还本付息。其中，分期还本付息可以分为等额还款、等本还款，不同的偿还方式对应不同的计算方法。

【例 7-3】 甲公司有一笔期限为 5 年的贷款，本金 100 万元，合同约定的利率为 10%。如果分别采用分期付息到期一次还本、等额还款、等本还款这几种方式，请计算甲公司每年应当偿还的金额。

（1）如果该笔借款采用分期付息到期一次还本。对于这笔借款的现金流量，目前为 100 万元现金流入，第 1—5 年每年年末，税前利息支出现金流出＝100×10%＝10 万元，第 5 年年末，再产生本金清偿的 100 万元现金流出。

（2）如果该笔借款采用分期还本付息——等额还款。

等额还款是指贷款每期的还款金额相同，这个金额中包含本期的利息和部分本金。每期等额还款额＝100/3.791（5 年期 10%的年金现值系数）＝26.378 3 万元。

利息是按照期初本金乘以合同利率计算得到的，还款额扣除利息的支付额，也就是本金的清偿额。第 1 年还款额中包含的利息＝100×10%＝10 万元，因此第 1 年还本金额＝26.378 3－10＝16.378 3 万元。

第 2 年年初本金＝100－16.378 3＝83.621 7 万元，第 2 年还款额中包含的利息＝83.621 7×10%＝8.362 2 万元，因此第 2 年还本金额＝26.378 3－8.362 2＝18.016 1 万元。

以此类推，可以计算出后续每年还款额中的利息和本金金额，每期等额还款的情况如表 7-7 所示。

表 7-7 每期等额还款情况

单位：万元

年份	年初本金	还款金额	利息	还本金额	年末本金
1	100	26.378 3	10	16.378 3	83.621 7
2	83.621 7	26.378 3	8.362 2	18.016 1	65.605 6
3	65.605 6	26.378 3	6.560 6	19.817 7	45.787 9
4	45.787 9	26.378 3	4.578 8	21.799 5	23.988 4
5	23.988 4	26.378 3	2.398 8	23.979 4	0*

*23.988 4－23.979 4＝0.009，含尾差。

从表 7-7 中我们可以发现，采用等额还款的方式，从本质上来看是本金所占比例逐期递增，利息所占比例逐期递减，每期总还款额不变，也就是在各期还款额“本金与利息”的分配比例中，前期所还的利息占比大、本金占比小，后期逐步转为本金占比大、利息占比小。

（3）如果该笔借款采用分期还本付息——等本还款。

等本还款是指在还款期内按期等额归还借款本金，并同时还清当期未归还本金所产生的利息。每年年末需清偿本金＝100/5＝20 万元，再用期初本金乘以合同利率计算利息。

第 1 年利息支付＝100×10%＝10 万元，因此第 1 年的还款金额＝20＋10＝30 万元；第 2 年年初本金＝100－20＝80 万元，第 2 年还款额中包含的利息＝80×10%＝8 万元，因此第 2 年的还款金额＝20＋8＝28 万元。

以此类推，可以计算出后续每年还款额中的利息和本金金额，每期等本还款的情况如表 7－8 所示。

表 7－8　每期等本还款情况

单位：万元

年份	年初本金	还本金额	利息	还款金额	年末本金
1	100	20	10	30	80
2	80	20	8	28	60
3	60	20	6	26	40
4	40	20	4	24	20
5	20	20	2	22	0

从表 7－8 中我们可以发现，由于每期所还本金固定，而每期借款利息随着本金余额的减少递减，因此，期初等本还款方式每期现金流出的负担比等额还款方式大。

通过以上例题，我们可以发现等额还款方式与等本还款方式存在两个区别：

（1）还款金额不同。等额还款方式是在还款期内，每期偿还同等数额的借款（包括本金和利息）。等本还款方式是期初本金较多将支付较多的利息，然后逐渐减少。

（2）总支付利息不同。在相同的还款期限内，等额还款方式相对于等本还款方式，总的利息支出较少。同样的本金 100 万元、还款期限 5 年、合同利率 10%，等额还款方式需要支付的总利息为 31.900 4 万元，而等本还款方式需要支付的总利息为 30 万元。

【知识拓展】
房贷还款
方式的选择

因此，借款企业应该根据自身情况，在等额还款和等本还款两种分期还本付息方式中选择。如果企业预期借款资金支持的投资项目，在前期经营现金净流量较高，在后期经营现金净流量会减少，就比较适合选择等本还款方式；如果企业预期借款资金支持的投资项目，在各期产生的经营现金净流量稳定，那么等额还款方式就是更优的选择。

（七）长期借款筹资的评价

长期借款筹资的优点：

（1）筹资速度快。办理长期借款的程序和手续比发行股票和债券简便，所需时间较少，融资速度较快。

（2）借款弹性较大。长期借款的债权人单一，无论是借款利率、借款期限、用款进度还是还款安排，都可以根据企业自身的财务状况和偿债能力，与债权人直接协商，因此具有较大的灵活性。

（3）资本成本较低。长期借款的利率一般低于债券利率，而且借款属于直接融资，筹资费用也比较少。与发行股票和债券相比，长期借款的资本成本比较低。

（4）可以发挥财务杠杆的作用。无论企业的盈利情况如何，银行只按借款合同收取利息，在投资报酬率大于借款利率的情况下，企业所有者将会通过财务杠杆得到更多的收益。

长期借款筹资的缺点：

（1）筹资风险较高。企业举借长期借款，必须定期还本付息，在经营状况不利的情况下，可能产生不能偿付的风险，不仅信誉受损，还会引发财务危机，面临诉讼甚至破产的威胁。

（2）限制性条款比较多。银行为保证贷款的安全性，对借款的使用附加了很多限制性条款，这些条款在一定意义上限制了企业自主调配与运用资金的自由。

（3）筹资数量有限。银行一般不愿借出巨额的长期借款。因此，利用银行借款筹资都有一定的上限，不像股票和债券可以一次筹集大量资金。

【要点总结】长期借款筹资的评价

长期借款筹资的评价如表 7-9 所示。

表 7-9 长期借款筹资的评价

优点	筹资速度快
	借款弹性较大
	资本成本较低
	可以发挥财务杠杆的作用
缺点	筹资风险较高
	限制性条款比较多
	筹资数量有限

二、发行债券

（一）债券的含义

债券是企业为了筹集资金而发行的、承诺在一定期限内按照一定的利率向债权人支付利息并且到期还本的一种有价证券。

企业在经营过程中，有时为了完成大型建设项目、对外投资活动等需要大量的资金，仅仅依靠银行借款无法满足资金需求，如果企业有条件发行债券，就可以将巨额资金划分成较小等额面值的债券，以便广大投资者购买，从而筹集所需要的资金。因此，发行债券是企业筹集长期债务资金的一种重要方式。

企业通过发行长期债券筹集到的资金，在发行的债券数量一定的情况下，取决于债券的发行价格。与前面的普通股不允许折价发行不同，债券的发行价格有三种，分别为平价发行、溢价发行和折价发行。

【知识拓展】债券的发行价格与市场利率、票面利率的关系

平价指以债券的票面金额为发行价格；溢价指以高出债券票面金额的价格为发行价格；折价指以低于债券票面金额的价格为发行价格。债券发行价格的形成受诸多因素的影响，其中主要是票面利率与市场利率的一致程度。债券的票面金额、票面利率在债券发行前即已参照市场利率和发行公司的具体情况确定下来，一并载明于债券上。但是在债券发行时已确定的票面利率不一定与当时的市场利率一致。

（二）债券的风险评价

债券的风险评价既可以从经济学的供求关系角度进行定性分析，也可以从财务管理角度进行定量分析，还可以基于债券的信用等级进行评价。

企业公开发行债券需要由资信评级机构评定债券信用等级。债券评级是度量违约风险的一个重要指标，资信等级高的债券，违约风险低，债权人所要求的风险溢价也低，债券价值估算时使用的折现率也就低。债券信用等级表示债券质量的优劣，反映发行公司还本付息能力的强弱和债券投资风险的大小。在同面值、票面利率、期限等债券契约设计合同下，债券资信等级越高，债券价值越大，价格越高。在债券价值相同的情况下，资信等级高的债券折现率低，能够以较低的利率发行，降低企业每期支付利息的压力。国际上流行的债券等级，一般分为九级：AAA 级为高级，AA 级为高级，A 级为中上级，BBB 级为中级，BB 级为中下级，B 级为投机级，CCC 为完全投机级，CC 级为最大投机级，C 级为最低级。

根据中国人民银行的规定，凡是向社会公开发行债券的企业，需由中国人民银行及其授权分行指定的资信评级机构或者公证机构进行信用评级。债券的信用等级对于发行公司和购买人都有重要的影响。

（三）债券的还本与付息

1. 债券的还本时间

企业发行债券需要进行本金的清偿，按其实际本金的偿还时间与规定的到期日之间的关系，分为到期偿还、提前偿还和滞后偿还三类。

到期偿还是指按照合同约定的到期日清偿本金，包括分批偿还和一次偿还。如果一个企业在发行同种债券时就为不同编号或不同发行对象的债券规定了不同的到期日，这种债券就是分批偿还债券。因为各批债券的到期日不同，它们各自的发行价格和票面利率也可能不同，从而导致发行费较高。一次偿还债券是实际中最为常见的。

提前偿还又称提前赎回或收回，是指在债券尚未到期之前就予以偿还。只有在企业发行债券的契约中明确规定有关允许提前偿还的条款，企业才可以进行此项操作。提前

偿还所支付的价格通常要高于债券的面值，并随着到期日的临近逐渐下降，这是对债权人少收取未来利息而给予的补偿。具有提前偿还条款的债券可使企业融资有较大的弹性：当企业资金有结余时，可提前赎回债券；当预测利率下降时，也可提前赎回债券，然后以较低的利率发行新债券。

滞后偿还是指债券在到期日之后偿还。这种偿还条款一般在债券发行时便订立，主要是给予持有人以延长持有债券的选择权。滞后偿还有转期和转换两种形式。转期实际上是将偿还债务的期限延长。常用的办法有两种：一是直接以新债券兑换旧债券；二是用发行新债券得到的资金来赎回旧债券。转换通常指股份有限公司发行的债券可以按一定的条件转换成本公司的股票。

2. 债券的还本方式

债券本金的偿还方式是指债务人在偿还债券本金时使用的支付手段。可使用的支付手段包括现金、新债券、本公司的普通股股票和持有的其他公司发行的有价证券。

用现金清偿债务是最常见的债务偿还方式，为了确保在债券到期时有足额的现金偿还债务，有时企业需要建立偿债基金。以新债券换旧债券也称为债券调换，企业原有的债券契约中有较多的限制性条款可能会不利于企业的发展，把多次发行、尚未彻底清偿的债券进行合并可以减少管理费用，当债券到期但现金不足时，可以选择债券调换。如果企业发行的是可转换债券，那么可以通过转换成普通股来偿还债务。

【要点总结】债券的还本方式

债券的还本方式如图 7-6 所示。

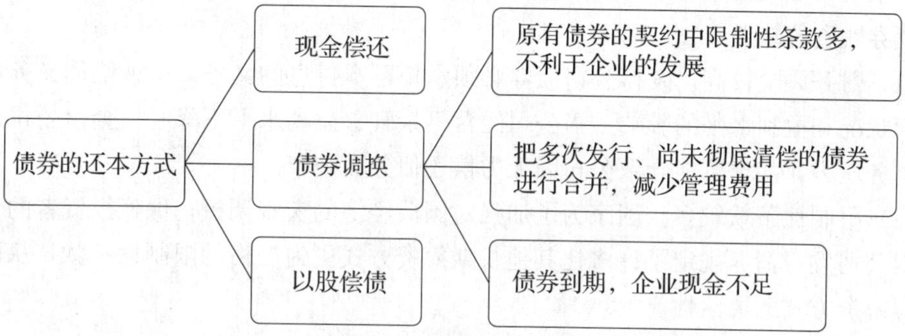

图 7-6 债券的还本方式

3. 债券的付息

债券的付息主要受票面利率和付息频率的影响。

票面利率有固定利率和浮动利率两种形式。浮动利率一般指由发行人选择一个基准利率，按基准利率水平在一定时间间隔中对债务的利率进行调整。票面利率的高低受债券是否有抵押品的影响。抵押债券是以公司财产（如公司自有的厂房等）作为担保而发行的一种公司债券。信用债券是指没有抵押品，完全靠公司良好的信誉而发行的债券。一般而言，信用债券的利率要比同一时期发行的抵押债券的利率略高，其间的利差反映了风险程度的高低。

债券的付息频率主要有按年付息、按半年付息、按季付息、按月付息、一次性付息（利随本清，贴现发行）。付息频率越高，资金流发生的次数越多，对投资者的吸引力越大。

【法条链接】
《中华人民共和国证券法》公开发行公司债券相关内容

（四）债券的发行条件

并不是每个公司都有资格通过发行债券筹集长期资金，公司发行债券需要符合一定的条件。

（五）债券筹资的评价

债券筹资的优点：

（1）资本成本较低。公司债券的利息费用按现行会计准则计入财务费用并在税前支付，可以抵减部分所得税，与权益融资方式相比其资本成本较低。

（2）可以获得财务杠杆利益。无论公司盈利多少，债券持有人通常只能得到固定利息，而且债券利息作为费用在税前列支，具有抵税作用。盈利增加时，股东能获得更多的收益、公司能增加留存资金用于扩大经营。

（3）保证股东的控制权。由于公司债券持有人是公司的债权人，他们无权参与公司的经营管理和经营决策。

（4）有利于调整公司的资本结构。公司可以根据需要选择发行可转换债券或可赎回债券，主动灵活地调整公司的资本结构，使之趋于合理。

债券融资的缺点：

（1）财务风险较高。发行公司债券必须承担还本付息的义务，这种偿债义务不受公司经营状况和盈利水平的影响。当公司经营不景气、盈利水平下降时，会给公司带来巨大的财务压力，甚至可能导致公司因无力偿还债务而破产。

（2）限制性条款较多。国家为了加强对国民经济的宏观调控，保障投资者的合法权益，对公司发行债券规定了许多比其他长期筹资方式更为严格的限制性条款，从而限制了债券筹资方式的灵活性。

【要点总结】债券筹资的评价及其与银行借款的对比

债券筹资的评价及其与银行借款的对比分别如表 7－10 和表 7－11 所示。

表 7－10　债券筹资的评价

优点	资本成本较低
	可以获得财务杠杆利益
	保证股东的控制权
	有利于调整公司的资本结构
缺点	财务风险较高
	限制性条款较多

表 7-11　债券筹资与银行借款的对比

项目	银行借款	债券融资
资本成本	高（发行成本高）	低（获取成本高）
弹性	低（统一募集办法）	高（条款具体协商）
筹资速度	慢	快
对象/范围	多/大	少/小

第三节　混合筹资

混合型债券是指既具有权益性质又具有债券性质的有价证券，如优先股、永续债、可转换债券及附认股权证债券等。混合筹资的风险水平、资本成本和求偿权顺序都介于权益筹资和债务筹资之间。企业的多种筹资方式如图 7-7 所示。

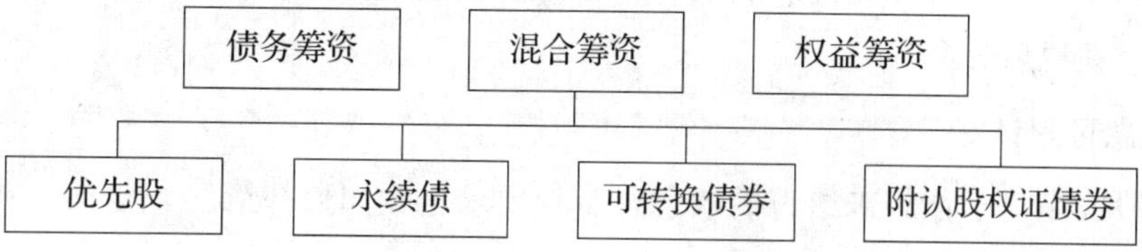

图 7-7　多种筹资方式知识结构图

一、优先股

（一）优先股的概念

【知识拓展】
我国优先股发行情况及募集说明书封面示例

优先股是相对于普通股而言的，主要是指在利润分配和剩余财产分配的权利方面优先于普通股，这两个优先权是以决策权的劣后为代价的，如表 7-12 所示。除与优先股股东利益有关的事项外，优先股股东不出席股东大会，所持有的股份没有表决权，不能参与公司决策，也就不能控制公司的经营管理。因此，虽然优先股在法律形式上属于股权性资金，但股息不受公司盈利水平高低的影响、没有表决权的特征与债权性资金类似，所以它属于混合筹资。

表 7-12　优先股的权利特征

利润分配优先	公司利润分配时，在完全支付约定的优先股股息之前，不得向普通股股东分配利润
剩余财产分配优先	公司清算时的剩余财产，应当优先向优先股股东支付未派发的股息和章程约定的清算金额
表决权劣后	除特殊情况外，优先股股东不出席股东大会，所持股份没有表决权

（二）优先股的特征

1. 固定股息率

优先股的股息率通常是事先确定的，其股息一般按照股票面额和固定的股息率计算，受企业经营状况和盈利水平变动的影响较小。对于优先股的持有者而言，由于优先股股息率稳定可靠，而且财产清偿通常优先于普通股股东，所以风险较小，是一种比较安全的投资对象。

2. 权利范围较小

相对于普通股股东，优先股股东的权利受到限制，最主要的是表决权限制。优先股股东一般没有选举权和被选举权，对股份公司的重大经营无投票权，但在某些情况下可以享有投票权。

3. 强制分红

企业当年只要有可分配税后利润，就必须分配优先股股息。债券利息在税前支付，优先股股息在税后分配。

4. 股息可累计

优先股股东对于往年未给付的股息，有权要求企业如数补给。

5. 不参与剩余利润分配

除了既定股息外，优先股股东不再同普通股股东一起参加剩余利润的分配。

6. 融资灵活

企业发行优先股时，可以根据需要选择是否赎回等，以增加优先股融资的灵活性。企业还可以灵活利用企业的盈余或者发行新的权益性证券收回优先股，这有利于优化资本结构，维护普通股股东的权益。

（三）优先股筹资的评价

优先股筹资的优点：

（1）与债券相比，由于优先股股息不是发行公司必须偿付的一项法定债务，公司持续亏损，优先股股息就不需要支付；没有最终到期日，不需要偿还本金。

（2）与普通股相比，发行优先股一般不会稀释股东权益，也不会减少股东的控制权和收益。

（3）获得资本永久使用权，股份公司对发行优先股筹集到的资金拥有长期使用权，一般与公司的存续期相同。

（4）有利于增加普通股的股东权益。优先股与公司债券一样具有财务杠杆的作用，当公司的盈余稳步增长时，公司以发行优先股筹集的资金只需要支付固定的股息就可以获得较大的财务杠杆利益。

（5）有利于吸引投资者。优先股股东可以在普通股股东之前分得固定股息和取得公司破产清单时的剩余资产，与普通股相比，投资风险较小，可以吸引比较保守的投资者。当公司的普通股发行有困难但又急需资金时，可以考虑使用优先股筹资。

优先股筹资的缺点：

（1）资本成本较高。优先股股息不能在税前扣除，没有抵税作用，这是优先股筹资的税收劣势。

（2）影响普通股收益。优先股股息支付虽然没有法律上的约束，但是经济上的约束使公司倾向于按时支付股息，因此，优先股股息通常被视为固定成本，类似于债务筹资的利息，会增加企业的财务风险进而增加普通股的成本，影响普通股的收益。

（3）限制性条款较多。发行优先股通常有许多限制性条款，例如，对普通股现金股利支付的限制、对公司举债的限制等。

【要点总结】优先股筹资的评价

优先股筹资的评价如表 7－13 和表 7－14 所示。

表 7－13　优先股筹资的风险与成本

筹资方式	优先级	盈余分配	破产清算	对投资者而言	对公司而言
债券	最高	债务利息	债权人求偿权	风险低、收益低	风险高、成本低
优先股	其次	优先股股息	优先股股东求偿权	风险居中、收益居中	风险居中、成本居中
普通股	最次	普通股股息	普通股股东求偿权	风险高、收益高	风险低、成本高

表 7－14　优先股筹资主要的优缺点

<table>
<tr><td rowspan="2">优先股筹资的优点</td><td>与债券相比（风险低）</td><td>不需要支付股息；没有最终到期日，不需要偿还本金</td></tr>
<tr><td>与普通股相比（成本低）</td><td>发行优先股一般不会稀释股东权益，融资成本低</td></tr>
<tr><td rowspan="2">优先股筹资的缺点</td><td colspan="2">从筹资者的角度来看，优先股有税收劣势，筹资者所支付的优先股股息不能在税前扣除</td></tr>
<tr><td colspan="2">优先股股息的支付没有法律上的约束，但是有经济上的约束。优先股股息和债券利息一样被视为固定融资成本，会增加财务风险，进而增加普通股成本</td></tr>
</table>

二、永续债

永续债是指没有明确的到期日，或者期限非常长的债券，持有者可以按期取得利息，除了企业破产等原因以外，一般不能要求企业偿还本金。永续债也是一种混合筹资工具，因为它具有不需还本的权益筹资属性。

永续债区别于普通股是因为永续债的投资者并不能像普通股股东一样参与企业的决策和股利分配。如果发行人破产，从债务偿还顺序来看，大部分永续债在普通债券之后、普通股之前。因此，投资者认为永续债投资的风险比普通债券大，比普通股小。永续债投资要求的风险溢价也就比普通债券高，比普通股低。这导致企业使用永续债筹资的资本成本介于普通债券与普通股之间。永续债与债务筹资的区别在于除企业破产等原因外，永续债持有者一般不能要求企业偿还本金，只能定期获取利息。

永续债没有明确的到期日，但是大部分永续债都带有赎回条款。发行人拥有在条款约定的某一个时间段内按照某种价格赎回的权利，所以永续债也不一定真的是永久的。永续债期限较长，票息可变，流动性较弱，投资者会要求更高的风险溢价。发行人一般是政府、大型金融机构、高评级企业。永续债的清偿顺序往往优先于普通股和优先股。以股权入账需满足只有发行人有回购债券的权利，发行人有无限期推迟利息支付的延期选择权、递延支付权和不发放普通股股息的决定权。

【要点总结】永续债的特征

永续债的特征如表 7－15 所示。

表 7－15　永续债的特征

区别于股	永续债投资者不能像普通股股东一样参与企业的决策和股利分配
区别于债	除企业破产等原因外，永续债持有者一般不能要求企业偿还本金，只能定期获取利息
股和债中间	如果发行人破产，从债务偿还顺序来看，大部分永续债在普通债券之后、普通股之前

三、可转换债券

（一）可转换债券的概念

可转换债券是一种特殊的债券，它在一定期间内依据约定的条件可以转换成普通股。可转换债券的持有者同时拥有 1 份债券和 1 份类似于认股权证的看涨期权。发行可转换债券具有债务与权益筹资的双重属性，属于一种混合型筹资。利用可转换债券筹资，发行公司可赋予债券持有人将债权转换为本公司股票的权利。在债券转换之前，发行公司需要定期向持有人支付利息。如果持有人在转换期限内，未将债权转换为股票，发行公司还需到期偿付债券本金，因而可转换债券筹资与普通债券筹资相似，具有债务筹资的属性。反之，如果持有人将债权转换为股票，则发行公司是将债券负债转化为股东权益，从而具有权益筹资的属性。

【知识拓展】
我国证券市场上可转换债券的发行情况

（二）可转换债券的发行资格与条件

根据国家有关规定，上市公司和重点国有企业具有发行可转换债券的资格，但应该经过省级政府或者国务院有关企业主管部门推荐，报证监会审批。

（三）可转换债券的基本要素

【法条链接】可转换债券的相关发行条件

1. 转换价格

转换价格是指可转换债券转换为股票的每股价格，一般由发行公司在可转换债券发行时约定。按照我国的有关规定，上市公司发行可转换债券的，以发行可转换债券前一个月股票的平均价格为基准，上浮一定幅度作为转换价格，通常超出发行时股价的20%～30%。

2. 转换比率

转换比率是指持有人将一份可转换债券转换后所能得到的普通股股数，其计算公式为：

$$\text{转换比率}=\frac{\text{债券面值}}{\text{转换价格}}$$

3. 转换期

转换期是指可转换债券的持有人行使转换权的有效期限。可转换债券的转换期可以与债券的期限相同，也可以短于债券的期限。例如，某种可转换债券规定只能在其发行时间之后（如发行日后的若干年之后）行使转换权，这种转换期称为递延转换期，短于其债券期限。还有的可转换债券规定只能在一段时间内（如发行日后的若干年之内）行使转换权，超过这一段时间转换权失效。

4. 赎回条款

赎回条款是指可转换债券发行公司可以在债券到期日之前提前赎回债券的规定。赎回条款包括不可赎回期、赎回期、赎回价格和赎回条件等规定。

可转换债券从发行时进入不可赎回期，设立不可赎回期的目的是保护债券持有人的利益，防止发行公司通过滥用赎回权强制债券持有人尽早转换债券。不可赎回期结束以后，即进入可转换债券的赎回期。

赎回价格是事前规定的发行公司赎回债券的出价。赎回价格一般高于可转换债券的面值，两者之差为赎回溢价。赎回溢价随着债券到期日的临近逐渐减少。

赎回条件分为无条件赎回与有条件赎回。无条件赎回是指在赎回期内发行公司可以随时赎回债券。有条件赎回是指对赎回债券规定一些条件限制，只有在满足这些条件之后公司才能赎回债券。在赎回债券之前，发行公司要向债券持有人发出通知。此时，债券持有人必须在债券转换为普通股与卖给发行公司（即发行公司赎回）之间做出选择。一般而言，债券持有人会将债券转换为普通股。因此，赎回条款又称加速条款，其设置能够促使债券持有人将债券转换为股票，也能避免市场利率下降后，发行公司需要继续向债券持有人支付较高的利息而承担损失。

5. 回售条款

回售条款是指在可转换债券发行公司的股票价格达到某种恶劣程度时，债券持有人有权按照约定价格将可转换债券卖给发行公司的有关规定。回售条款具体包括回售时间、回售价格等内容。设置回售条款是为了保护债券持有人的利益，使他们能够避免遭受过大的投资损失，降低投资风险。合理的回售条款，可以使投资者具有安全感，有利于吸引投资者。

【知识拓展】
美诺华发行
可转换债券

6. 强制性转换条款

强制性转换条款是指在某些条件具备之后，债券持有人必须将可转换债券转换为股票，无权要求偿还债券本金的规定。设置强制性转换条款，是为了保证可转换债券顺利地转换成股票，实现发行公司扩大权益筹资的目的。

（四）可转换债券筹资的评价

可转换债券与普通债券相比，企业可以较低的利率取得资金。可转换债券的票面利率低于同一条件下的普通债券利率，降低了企业的前期筹资成本，向投资者提供了转为股权投资的选择权，使之有机会转为普通股并分享企业更多的收益。

企业为避免直接发行新股而遭受损失，可以通过发行可转换债券变相发行普通股，使公司获得以高于当前股价出售普通股的可能性。

可转换债券筹资的优点：

（1）有利于降低资本成本。可转换债券的利率通常低于普通债券，而债券持有人愿意以较低利率购买债券是因为未来有机会转变为普通股股东而分享未来发展产生的收益。可转换债券在发行时降低了公司前期筹资成本，在转换为股票时又节省了股票融资成本。

（2）便于筹集资金。可转换债券一方面可以使投资者获得固定利息，另一方面又向其提供了进行债券投资和股权投资的选择权，对投资者具有一定吸引力，有利于债券的发行和资金的筹集。

（3）有利于调整资本结构。发行可转换债券是一种兼具债务筹资和权益筹资双重性质的筹资方式。可转换债券在转换前属于一种债务，转换后则属于一种权益，发行公司可以通过诱导促进转换来调整资本结构。

（4）有利于稳定股票价格。一些企业认为当前其股票价格太低，为了避免直接发行新股而遭受损失，可以通过发行可转换债券变相发行普通股，一来不至于因为直接发行新股而降低股价，二来可转换债券的转换期较长，即使在将来转换成股票时，对企业股价的影响也比较温和，有利于稳定企业股票的价格。

（5）减少融资中的利益冲突。由于未来会有相当一部分投资者将其持有的可转换债券转换成普通股，所以不会过多地增加企业的偿债压力，不会影响其他债权人的利益，企业受到其他债务的限制性约束较少。同时，可转换债券持有人是企业的潜在股东，与企业有着较大的利益趋同性，因而冲突较少。

可转换债券筹资的缺点：

（1）产生股价上扬风险。虽然可转换债券的转换价格高于其发行时的股票价格，但如果转换时股票价格大幅上扬，而企业只能以较低的转换价格换出股票，则会降低企业的股权融资额。

（2）可能会存在财务风险。发行可转换债券后，如果企业业绩不佳，股价长期低迷；或者企业业绩尚可，股价随大盘大跌，债券持有人不按时转换成股票，企业就需要一直支付固定利息，继续承担偿债压力，加大财务风险。

（3）丧失低息优势。可转换债券转换成普通股以后，原有低利息优势不复存在，企业将要承担较高的普通股成本，导致企业的资本成本上升。

【要点总结】可转换债券筹资的评价

可转换债券筹资的评价如表 7－16 所示。

表 7－16　可转换债券筹资的评价

优点	有利于降低资本成本
	便于筹集资金
	有利于调整资本结构
	有利于稳定股票价格
	减少融资中的利益冲突
缺点	产生股价上扬风险
	可能会存在财务风险
	丧失低息优势

练习题

一、复习思考题

1. 我国股票的发行方式有哪些？各自的特点是什么？

2. 某企业若采用委托销售股票的方式，但又不想要承担股票发行的风险，应该采取哪种销售方式？原因是什么？

3. 上市公司股权再融资主要有哪几种途径？

4. 与普通股融资相比，长期借款筹资具有哪些优势和劣势？

5. 请简要概述优先股的权利特征。

6. 可转换债券的赎回条款与回售条款的目的有何不同？

7. 请评价发行可转换债券这种筹资方式。

二、计算分析题

1. A 公司股票每股市价 20 元，以配股价格每股 16 元向全体股东每 10 股配售 10 股。拥有 A 公司 95%股权的投资者行使了配股权。B 持有 A 公司股票 1 000 股，未行使配股权，配股除权使 B 的财富产生了哪些变化？

2. 某公司有普通股10 000股，拟采用配股的方式进行融资。每10股配3股，配股价格为每股16元，股权登记日收盘价为每股20元。假设共有1 000股普通股的原股东放弃配股权，其他股东全部参与配股，求配股除权参考价。

3. 张先生有一笔期限为20年的住房贷款，本金为80万元，合同约定的利率为10%。试分析若分别采用等额还款、等本还款这两种方式，张先生分别每年应当偿还多少？张先生初入社会参加工作不久，目前工资水平不高，你会建议张先生应该采用哪种偿还方式？请说明理由。

三、案例分析题

ABC集团是国内领先的消费类电子国有控股企业，在国内享有较高的知名度。集团董事长在2019年的工作会议上提出，要通过并购重组、技术改造、基地建设等举措，用5年的时间使集团规模翻一番，努力跻身世界先进企业行列。根据集团发展需要，经研究决定，拟建设一个总投资额为10亿元的项目，该项目已经国家有关部门核准，预计2年建成。企业现自有资金4亿元，尚有6亿元的资金缺口。企业资产负债率要求保持在恰当水平，集团财务部提出以下方案解决资金缺口：

方案一：向银行借款8亿元，期限4年，年利率10%，按年付息。

方案二：向银行借款8亿元，期限1年，年利率4.5%，按年付息。

方案三：直接在二级市场上出售持有的乙上市公司股票，该股票的每股初始成本为18元，现行市价为30元，预计未来成长潜力不大。

方案四：发行集团公司股票3 000万股，共计6亿元，发行后集团公司第一大股东的股权被稀释，公司股权分散，不再属于国有控股企业。

方案五：不再向股东支付现金股利，这可以节省出2亿元现金；同时采取租赁设备的方法，减少另外4亿元的资金支付。

要求：

根据以上资料，分别分析财务部提出的五个方案属于何种筹资战略（基于筹资方式）。假定你是ABC集团的总会计师，请在比较各种方案后选择较优方案，并说明理由。

第八章

资本成本与资本结构

引导案例

云南白药集团股份有限公司(简称云南白药，股票代码 000538）是我国知名的中成药生产企业，是云南省大型工商医药企业，主要经营化学原料药、化学药制剂、中成药、中药材、生物制品等。1993 年 11 月公司首次向社会公众发行股票 2 000 万股（含 20 万股内部职工股)，定向发行 400 万股，发行价格为 3.38 元/股，发行后总股本为 8 000 万股。经证监会批准，1993 年 12 月 15 日公司社会公众股（A 股）在深交所上市交易，内部职工股于 1994 年 7 月 11 日上市交易。云南白药的融资结构如图 8－1 所示（单位：万元)。

	金额①	占比①	金额②	占比②
上市以来募资统计	5 659 579.94	100.00%	5 849 721.79	100.00%
直接融资	5 443 271.47	96.18%	5 443 271.47	93.05%
首次公开发行股票	6 760.00	0.12%	6 760.00	0.12%
股权再融资	5 256 511.47	92.88%	5 256 511.47	89.86%
配股	14 365.36	0.25%	14 365.36	0.25%
定向增发	5 242 146.12	92.62%	5 242 146.12	89.61%
公开增发	—	—	—	—
优先股	—	—	—	—
可转换债券	—	—	—	—
发行债券融资	180 000.00	3.18%	180 000.00	3.08%
间接融资（按增量负债计算）	216 308.47	3.82%	—	—
累计新增短期借款	114 978.57	2.03%	—	—
累计新增长期借款	101 329.90	1.79%	—	—
间接融资（按筹资现金流入）	—	—	406 450.31	6.95%
累计取得借教收到的现金	—	—	406 450.31	6.95%

注：上市以来累计募资金额①=直接融资（金额）+间接融资（按增量负债计算），上市以来累计募资金额②=直接融资（金额）+间接融资（按增量负债计算）。

图 8－1　云南白药的融资结构

资料来源：Wind 数据库 .

从图 8－1 中可以发现，该公司上市后主要依靠股票增发融资（2008 年、2019 年两次定向增发)，发行债券以及银行借款融资等占比非常小。那么，公司为何会呈现这样的融资结构呢？是因为股权融资的成本比债务融资的成本低吗？带着这些问题，我们一起进行本章的学习吧。

学习目标

1. 理解资本成本的概念、种类、用途以及影响因素。

2. 理解债券估值与债务资本成本估算的内在联系，掌握使用到期收益率法、可比公司法、风险调整法计算债务资本成本。

3. 理解股票估值与股权资本成本估算的内在联系，掌握基于股利折现模型、资本资产定价模型、债券收益风险调整模型的股权资本成本计算方法。

4. 了解三种加权平均资本成本的权重确定方式，掌握加权平均资本成本的计算。

5. 了解资本结构理论，理解资本结构的影响因素，掌握资本成本比较法、每股收益无差别点法、企业价值比较法三种资本结构决策方法。

第一节　资本成本概述

一、资本成本的概念

在市场经济条件下，企业筹集和使用资金往往要付出代价。企业的这种为筹集和使用资金而付出的代价即为资本成本。这里的资本特指由债权人和股东提供的长期资金，包括长期债务资本与股权资本。资本成本包括筹资费用和用资费用两部分。

筹资费用是指企业在筹资过程中为获得资本而付出的费用，如向银行借款支付的手续费，发行股票、债券等支付的发行费等。这些费用由企业在筹集资金时一次性支付，在用资过程中不再发生。

用资费用是指企业在生产经营过程中因使用资金而支付的费用，如向股东支付的股利、向银行支付的利息、向债券持有者支付的利息等。这是资本成本的主要内容。

资本成本可以用绝对数表示，也可以用相对数表示，但是在财务管理中，资本成本一般用相对数表示，即表示为用资费用与实际筹得资金的比率。其计算公式为：

$$资本成本=\frac{每年的用资费用}{筹资总额-筹资费用}\times 100\%$$

二、资本成本的属性和种类

(一) 资本成本的属性

任何交易都至少有两方，一方的所得就是另一方的所失，一方的收益就是另一方的成本。企业发行股票和债券筹资，站在资金供给方（股东和债权人）的角度即为证券投资。股东和债权人要求的投资报酬率，也就是筹资方（企业）需要承担的资本成本中的用资费用。也就是说，在不考虑市场交易费用的前提下，股东和长期债权人供给企业长期资金所要求的税前必要报酬率就是企业的税前资本成本。

企业的资金供给者（股东和债权人）要求的必要报酬率是一种机会成本。机会成本不是实际支付的成本，而是一种失去的收益。比如，市场利率就是债权人购买某企业的债券最低可接受的报酬率，因为债权人将放弃使用资金购买市场上类似风险的其他债券所能得到的市场利率。因此，资本成本与资本市场有关，如果市场上其他投资机会的报酬率升高，企业的资本成本也会上升。

【要点解析】如何理解资本成本是一种机会成本

一方面，资本成本是资金供给者的机会成本。因为资金供给者（无论是债权人还是股东）在资本市场中有很多投资项目可以选择，资金供给者选择成为这个企业的债权人或股东，就要放弃市场中其他同风险投资项目可以获得的报酬率。这就是资金供给者的机会成本，是其投资其他项目可获得的最优收益，当然，这其中包含资金供给者根据要投资项目的风险已经考虑的风险补偿的成本。

另一方面，资本成本也是企业在进行各类资产投资项目时的机会成本。企业从资金供给者处获得的资金将投资于各类资产，以支持企业的生产经营活动。在企业进行资产投资时，购买了A设备就没有资金购买B设备，B设备可以给企业带来的报酬率就成为进行A设备投资的机会成本。而资本成本是评价和选择投资项目的重要标准，任何资产项目的投资，只有其报酬率高于资本成本，才值得投资。因此，资本成本实际上是选择某资产投资项目应当取得的最低报酬率，是资产投资项目的机会成本。

（二）资本成本的种类

1. 要素资本成本

不同资本来源的资本成本不同。一种资本来源称为一种资本要素。资本要素要求的报酬率称为要素成本。例如，长期借款资本成本、债券资本成本、优先股资本成本、留存收益资本成本、普通股资本成本等。风险不同，资本要素要求的报酬率不同，资本要素的资本成本也不同。

资本成本是税后资本成本，企业以税后净利支付优先股和普通股的股息和红利；但对其债权人支付的利息，可以在计算企业所得税之前作为一项费用扣除。

2. 公司资本成本

公司资本成本是指组成公司资本结构的各种资金来源的成本的结合，也就是各种资本要素成本的加权平均数。

不同公司的资本成本不同，公司所经营的业务和管理模式不同，经营风险就不同；公司负债使用的程度不同，财务杠杆不同，财务风险也就不同；公司的经营风险和财务风险越大，债权人、股东要求的报酬率也就越高，公司的资本成本也就会越高。

3. 项目资本成本

项目资本成本是指公司投资于项目时所要求的报酬率，项目资本成本中包含的风险溢价取决于项目的经营风险和财务风险。公司资本成本是投资者针对整个公司或公司的全部资本所要求的报酬率，其包含的风险溢价是基于公司的经营风险和财务风险。由此可知，若使用公司资本成本作为项目资本成本，需满足：

（1）项目的经营风险与公司当前资产的平均经营风险相等。投资项目是公司现有资产的复制品，其经营风险往往与资产平均经营风险相同，如固定资产更新、现有生产规模的扩张。如果项目的经营风险与公司当前资产的平均经营风险有很大的差别，就要小心行事。例如，一个从事图书出版的公司想跨行业经营，进入管理咨询行业。在评价其管理咨询项目时，我们用公司目前的资本成本作为折现率就不合适了。因此，管理咨询的经营风险和现有图书出版的经营风险有显著差异。

（2）公司继续采用相同的资本结构为新项目筹资，也就是项目的财务风险与公司的财务风险类似。负债使用占比的变化会改变财务风险。例如，当前的资本结构是债务为40%，而新项目所需资金全部用债务筹集，项目的财务风险与公司当前的财务风险不同，继续使用当前的公司加权平均资本成本作为项目的资本成本就不合适了。

公司资本成本与项目资本成本的区别与联系具体如表 8-1 所示。

表 8-1　公司资本成本与项目资本成本

项目	公司资本成本	项目资本成本
区别	**（整体）**公司资本成本是投资者针对整个公司要求的报酬率	**（个体）**项目资本成本是公司投资于资本支出项目所要求的必要报酬率，是公司投资的一个具体项目的资本成本
联系	如果新投资项目的风险＝公司现有资产的平均风险，则项目资本成本＝公司资本成本	
	如果新投资项目的风险＞公司现有资产的平均风险，则项目资本成本＞公司资本成本	
	如果新投资项目的风险＜公司现有资产的平均风险，则项目资本成本＜公司资本成本	

三、资本成本的用途

公司资本成本最主要用于投资决策和筹资决策。一方面，不同长期筹资方式的资本成本不同，风险也不同，公司需要在进行长期筹资决策时在风险与成本之间进行权衡，确定长期筹资中长期负债与股东权益的结构关系，也就是确定合理的资本结构。另一方面，资本成本与公司的投资活动有关，它是投资者对投资所要求的必要报酬率。因为投资所需的资金是通过筹资获得的，所以投资项目的回报率至少要能弥补其筹资成本。当投资项目与公司现存业务相同时，公司资本成本比较适合作为对投资项目所要求的最低报酬率。如果投资项目与现有资产的平均风险不同，公司资本成本则不能作为对投资项目所要求的最低报酬率。不过，公司资本成本仍具有重要价值，它提供了一个调整基础。根据项目风险与公司风险的差别，适当调增或调减就可以估计项目资本成本。资本成本与投资、筹资的关系如图 8－2 所示。

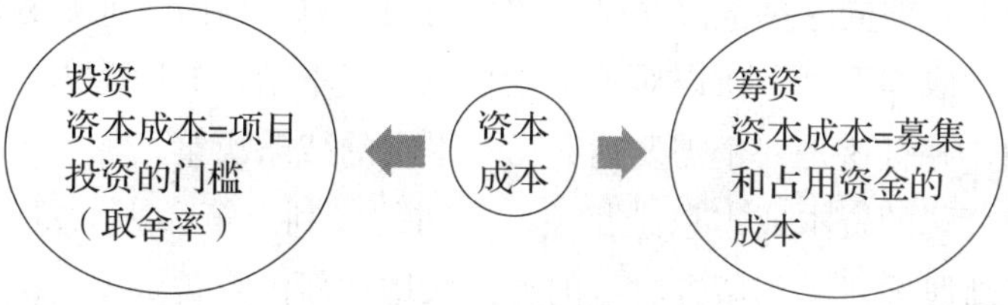

图 8－2　资本成本与投资、筹资的关系

四、资本成本的影响因素

资本成本的影响因素如图 8－3 所示。

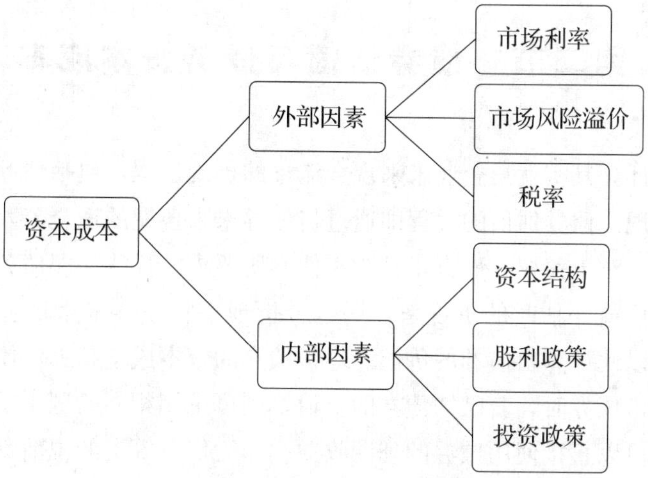

图 8－3　资本成本的影响因素

资本成本的影响因素可以从两个方面分析：外部因素与内部因素。

（1）外部因素主要包括市场利率、市场风险溢价与税率等因素。市场利率是指由资本市场上的供求关系决定的利率，市场利率因受到资本市场上的供求变化而经常变化，市场利率上升，公司的债务成本会上升，普通股和优先股的成本也会上升。无风险报酬率取决于宏观环境，总体经济环境的变化会影响无风险报酬率，而市场利率与无风险报酬率的波动会引发市场风险溢价，市场风险溢价也是由资本市场上的供求双方决定，个别公司无法控制。根据资本资产定价模型，市场利率、市场风险溢价会影响企业的资本成本。除了以上市场因素，税率也是影响资本成本的一个重要因素，税率取决于国家政府政策。资本成本是税后资本成本，企业承担税率的高低会影响税后资本成本与加权平均资本成本。

（2）内部因素主要包括公司的资本结构、股利政策与投资政策。公司的资本结构简单来说就是企业的债务资本与权益资本的相对水平。在企业选取的最适宜的负债水平下，资本成本可以达到最小，即最优资本结构。若企业继续增加负债的比重，会使加权平均资本成本降低，但同时举债过多又会加大公司的财务风险，而财务风险升高又会引起债务成本和权益成本上升。所以对于企业来说，资本结构的确定需要考虑对加权平均资本成本的影响，并且这是一个需要达到动态平衡的战略决策。

股利政策与公司的资本成本息息相关，公司的股利政策会影响留存收益率的水平，企业在做出发行新股或者动用留存收益的方式来增加新的权益资本的决策时，必然会考虑企业留存收益的水平。因此公司改变股利政策，会引起股权资本成本的变化，影响加权平均资本成本。

公司的投资政策也会影响企业的资本成本，公司的资本成本反映的是现有资产的平均风险，如果公司向高于现有资产风险的新项目大量投资，公司资产的平均风险就会升高，投资者要求的报酬率就会提高，公司的加权平均资本成本也会上升。

第二节　债券估值与债务资本成本

企业价值的计算其实就是企业未来现金流量的折现过程，包括债务现金流量折现和股权现金流量折现。债券估值的过程即通过将债券未来各期的现金流入折算至获取债券目前价值的过程。对于债权人而言，其购买债券所要求的报酬率即债务资本成本，本质上是其进行债券价值评估时的折现率，用这个折现率将债券未来现金流量（利息、本金）进行折现，以此计算出债券的价值。通常债券的资本成本越大，债券估值就越小。

当企业有上市债券时，若已知债券的价值，则可采用相同的逻辑反推计算出折现率即到期收益率，可以直接使用债券的到期收益率作为债务筹资的税前资本成本。

一、债券估值

债券的内在价值是被估值对象预期经济利益的现值之和，也就是未来现金流量现值之和，是发行方按照合同规定从现在至债券到期日所支付款项的现值。根据债券不同的还本付息方式，债券的价值计算也会有所不同。

（一）每年年末付息，到期一次还本

债券价值＝未来各期利息收入的现值合计＋未来到期本金或售价的现值

＝票面利率×面值×(P/A，债权人要求的报酬率 i，n)＋本金×(P/F，债权人要求的报酬率 i，n)

【例 8－1】天源公司决定发行面值为 1 000 元，票面利率为 10%，10 年期的每年年末付息、到期一次还本的债券为公司的扩张筹集资金。

（1）若发行价格—面值 1 000 元。

债券价值=1 000

=1 000×(P/F，债权人要求的报酬率 i，10)+1 000×10%

×(P/A，债权人要求的报酬率 i，10)

通过查询复利现值系数表和年金现值系数表可得 $i=10\%$，即发行债券时该债券的税前资本成本为 10%。

（2）若发行价格=900 元<面值=1 000 元。

债券价值=900

=1 000×(P/F，债权人要求的报酬率 i，10)+1 000×10%

×(P/A，债权人要求的报酬率 i，10)

用插补法计算可得 $i=11.77\%$。

（3）若发行价格=1 050 元>面值=1 000 元。

债券价值=1 050

=1 000×(P/F，债权人要求的报酬率 i，10)+1 000×10%

×(P/A，债权人要求的报酬率 i，10)

用插补法计算可得 $i=9.25\%$。

债权人要求的报酬率是机会成本，是放弃相同风险的市场投资可以取得的报酬率，也就是市场利率。当市场利率等于票面利率时，债券平价；当市场利率大于票面利率时，债券折价；当市场利率小于票面利率时，债券溢价。

（二）到期一次还本付息

债券价值=(本金+利息)×(P/F，债权人要求的报酬率 i，n)

【例 8-2】某公司决定发行面值为 1 000 元，票面利率为 10%，10 年期的到期一次还本付息的债券为公司的扩张筹集资金。债权人要求的报酬率为 12%，求该债券的发行价格。

债券价值=(1 000×10%×10+1 000)×(P/F，12%，10)=644（元）

（三）一年内多次付息，到期还本

假设一年内付息 n 次，期限为 m 年，则

债券价值=票面利率×面值/n×(P/A，债权人要求的报酬率 i/n，$m\times n$)

+本金×(P/F，债权人要求的报酬率 i/n，$m\times n$)

【例 8-3】某公司决定发行面值为 10 000 元、票面利率为 6%、4 年期的债券，每

年支付2次利息，当时的市场利率为8%，求该债券的发行价格。

$$
\begin{aligned}
\text{发行价格} &= 10\,000 \times 6\% \times 1/2 \times (P/A,\ 4\%,\ 8) + 10\,000 \times (P/F,\ 4\%,\ 8) \\
&= 9\,329.9(\text{元})
\end{aligned}
$$

按照债券的估值模型，对于固定利率债券，一旦成功发行，债券未来利息、本金清偿的现金流量金额及其时间分布就成为确定信息，因为它们在债务合同中已经定好，一般不会发生变动。但作为折现率的债权人要求的报酬率会随着市场利率和债权人对债券风险评估的变化而变化。如果债券的价值发生变化，作为价值外在表现的市场价格也会变化，这就是为什么我们看到中央银行加息或者债券评级下调时，债券市场价格会下降。

二、债务资本成本

（一）债务资本成本的概念

在本章的第一节中已阐述，资金供给方要求的投资报酬率即筹资方（企业）需要承担的资本成本中的用资成本。也就是说，在不考虑市场交易费用的前提下，长期债权人所要求的税前必要报酬率就是企业的税前资本成本。债务资本的提供者承担的风险显著低于股东，因此其期望报酬率（收益率）低于股东，即债务的资本成本低于股权融资的资本成本。

在确定债务资本成本时应该注意三个区别。第一，应该区分债务的历史成本与未来成本，未来决策所依据的资本成本只能是未来借入新债务的成本，而现有债务的历史成本是无关的沉没成本；第二，应该区分债务的承诺收益与期望收益，因为存在违约风险，债务筹资的期望收益低于合同规定的收益，所以应该将违约风险考虑进去；第三，应该区分长期债务成本和短期债务成本，由于加权资本成本主要用于资本预算，涉及的债务是长期债务，因此通常只需考虑长期债务而忽略各种短期债务。

【要点总结】债务资本成本辨析

债务资本成本辨析如表8-2所示。

表8-2 债务资本成本辨析

债务资本成本是：	债务资本成本不是：
机会成本	实际支付的成本
未来成本	历史成本、沉没成本
期望收益率	承诺收益率
长期资本成本	短期债务成本

（二）债务资本成本的估计方法

1. 到期收益率法

当企业有上市债券时，可以直接使用债券的到期收益率作为债务筹资的税前资本成本。价格是价值的外在表现，在市场均衡时，价格等于价值。也就是说，在债券估值模型中，已知公式左边的价值、公式右边的未来利息和本金偿付的现金流量以及债券的期数，就可以计算出折现率，即债权人要求的报酬率。我们将其称为债券的到期收益率，也就是企业债务筹资的税前资本成本。

由于利息可从应税收入中扣除，因此，债务的税后资本成本是税率的函数。利息的抵税作用使得债务的税后资本成本低于税前资本成本，也就是企业的债务资本成本小于债权人要求的报酬率。

$$\text{税后债务资本成本}=\text{税前债务资本成本}\times(1-\text{所得税税率})$$

债务筹资的资本成本除了包含到期收益率这一用资成本，还包含债券发行的中介服务费、代销佣金等筹资费用。筹资费用导致企业发行债券的现金流入低于或等于发行价格，也就是其应在估值模型中从当前发行价格中扣除，估值模型变成：

$$\begin{aligned}\text{发行价格}-\text{筹资费用}=&\text{票面利率}\times\text{面值}\times(P/A,\text{债权人要求的报酬率}\ i,\ n)\\&+\text{本金}\times(P/F,\text{债权人要求的报酬率}\ i,\ n)\end{aligned}$$

【例 8-4】沿用例 8-1 的资料，天源公司拟平价发行债券，需要支付 1%的发行费用，公司的所得税税率为 25%，计算债务筹资的资本成本。

按照估值模型：

$$\begin{aligned}1\,000\times(1-1\%)=&1\,000\times(P/F,\text{税前资本成本},10)+1\,000\times10\%\\&\times(P/A,\text{税前资本成本},10)\end{aligned}$$

使用插补法，我们可以计算出债券的税前资本成本为 10.16%，比没有发行费用时的 10%略高，调整前后的债务资本成本差别不大。

$$\begin{aligned}\text{税后债务资本成本}&=\text{税前债务资本成本}\times(1-\text{所得税税率})\\&=10.16\%\times(1-25\%)=7.62\%\end{aligned}$$

【知识拓展】
使用 Excel 工具估值或计算资本成本

【例 8-5】某公司决定发行面值为 1 000 元的 7 年期债券，票面利率为 13%，发行费用率为 3%，发行价格为 1 100 万元，所得税税率为 25%。请利用 Excel 函数来计算债券的税后债务资本成本。

利用 IRR 函数计算税后债务资本成本如图 8-4 所示。

H2　　=IRR(A6:H6)

	A	B	C	D	E	F	G	H
1	利用IRR函数计算的债务资本成本							
2	发行总额	总面值	票面利率	期限	筹资费率	所得税税率	资本成本	8.44%
3	1100	1000	13%	7	3%	25%		
4	筹资净额（资本流入）	税后利息支出&还本（资本流出）						
5		第1年	第2年	第3年	第4年	第5年	第6年	第7年
6	1067.00	-97.50	-97.50	-97.50	-97.50	-97.50	-97.50	-1097.50

图 8-4　利用 IRR 函数计算税后债务资本成本

图 8-4 中相关单元格的公式定义如下：

A6＝A3＊(1－E3)

B6＝C6＝D6＝E6＝F6＝G6＝－＄B＄3＊＄C＄3＊(1－＄F＄3)

H6＝－＄B＄3＊＄C＄3＊(1－＄F＄3)－B3

H3＝IRR(A6：H6)

2. 可比公司法

当企业没有上市长期债券，但有发行上市长期债券的可比公司时，可以计算可比公司上市长期债券的到期收益率，作为本企业的长期债务资本成本。可比公司应当与目标公司处于同一行业，具有类似的商业模式，最好两者的规模、负债比率和财务状况也比较类似。

3. 风险调整法

当企业既没有上市长期债券，也找不到合适的可比公司时，需要用风险调整法计算债务资本成本。任何报酬率都包含无风险收益率和风险溢价两个部分。无风险收益率常用同期限政府债券的市场收益率表征。风险调整法的基本公式为：

税前债务资本成本＝政府债券的市场收益率＋企业信用风险补偿率

基本步骤如下：

（1）选公司债：选择若干信用级别与本公司相同的上市公司的债券，并分别计算其到期收益率。

（2）配政府债：寻找与这些上市公司债券同期限的长期政府债券，并计算其到期收益率（无风险收益率）。

（3）算差额：计算上述两个到期收益率的差额，即信用风险补偿率。

（4）取平均：计算各公司债券信用风险补偿率的平均值，并作为本公司的信用风险补偿率。

（5）做加总：与本公司债券同期限的政府债券的到期收益率，加上信用风险补偿率，得到税前债务资本成本。

第三节　股票估值与股权资本成本

一、股票估值

股票带给持有者的现金流入包括两部分：股利收入和出售时的售价。因此，股票的内在价值是由一系列的股利和将来出售股票时的售价的现值所构成，所用的折现率为股东要求的报酬率。

在通过股票未来现金流量折现来估算股票价值时，隐含着一些假设：

（1）由于股票没有到期日，出售时售价的现值趋近于零，仅需考虑股利收入。

（2）假设公司每年都会进行股利的发放。比如，每年发放的股利相同或以固定比率增长。

（一）固定股利模型

假设未来股利不变，其支付过程是一个永续年金，股票价值为永续年金的现值：

$$股票价值 V=股利/股东要求的报酬率=D/r$$

【例 8-6】 某投资者持有 ABC 公司的股票，投资必要报酬率为 15%，预计 ABC 公司未来保持股利不变。公司最近支付的股利是 3 元。计算该公司股票的价值。

$$股票价值=3/15\%=20(元)$$

（二）固定股利增长模型

1. 模型

如果现金股利是以一个固定不变的增长速度 g 增长：

$$股票价值 V=\frac{本期股利\times(1+增长率)}{股东要求的报酬率-增长率}$$

$$=\frac{D_0\times(1+g)}{r-g}=\frac{D_1}{r-g}$$

【例 8-7】 某投资者持有 ABC 公司的股票，投资必要报酬率为 15%，预计 ABC 公司未来股利保持稳定增长，增长率为 12%。公司本期支付的股利是 3 元。计算该公司股票的价值。

$$股票价值=\frac{3\times(1+12\%)}{15\%-12\%}=112(元)$$

【知识拓展】
固定股利增长模型的推导过程

2. 增长率的测算

增长率 g 的测算如图 8-5 所示。

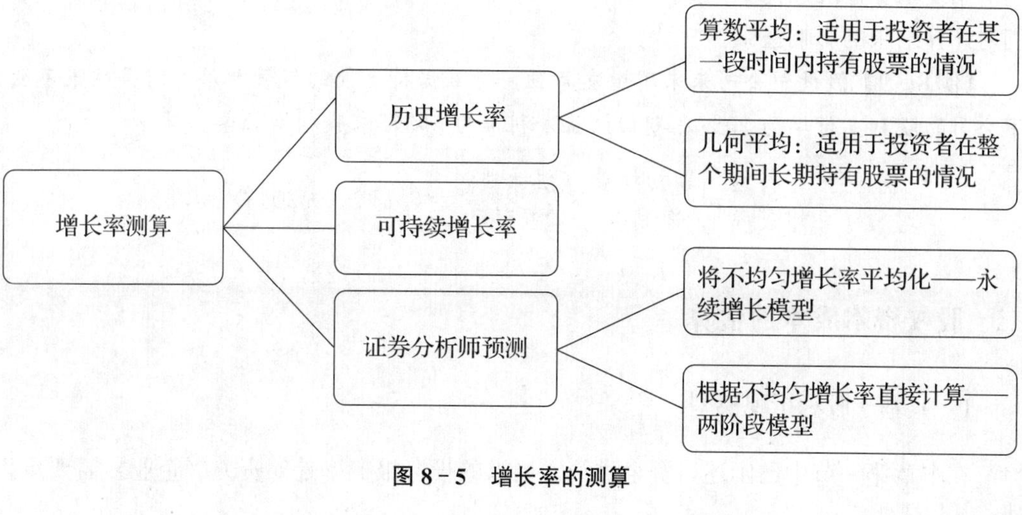

图 8-5　增长率的测算

（1）历史增长率。历史增长率是指根据过去的股利支付数据估计未来的股利增长率。按照复利增长的原理，股利增长率可以按几何平均数计算。在计算历史增长率时采用数据的年份不同，得出的股权资本成本也会不同，需要谨慎选择。如果企业过去的股利增长率相对稳定，并且预期这种趋势会继续，过去的增长率就可以作为未来增长率的估计值。

股利支付与企业所处的生命周期有关，在企业初创期和成长期很少支付股利，进入成熟期以后才会有较多的股利支付。因此，历史增长率法很少单独应用，它仅仅是估计股利增长率的一个参考，或者是一个需要调整的基础。

【例8-8】甲公司股票目前的市价为15元，最近5年的股利支付情况如表8-3所示。

表8-3

单位：元

项目	2016年	2017年	2018年	2019年	2020年
每股股利	0.16	0.19	0.15	0.12	0.17

公司预期这种股利变化趋势会持续。根据历史数据，按算术平均数计算股利的平均增长率。

$$\text{平均增长率}=[(0.19-0.16)/0.16+(0.15-0.19)/0.19+(0.12-0.15)/0.15+(0.17-0.12)/0.12]/4=4.84\%$$

（2）可持续增长率。假设未来不增发新股，并且保持当前的经营效率和财务政策不变，则可以根据可持续增长率来确定股利增长率。根据可持续增长率估计股利增长率，隐含了一些重要假设：利润留存率不变；不发行新股；预期新投资的权益净利率等于当前期望报酬率；未来投资项目的风险与现有资产的风险相同。

（3）证券分析师预测。估计增长率时，可以将不同分析师的预测值进行汇总，并求其平均值。在计算平均值时，可以给权威性较强机构的预测值以较大的权重，而给其他机构的预测值较小的权重。可以将不等的增长率平均化，转换方法是计算未来足够长期间的年度增长率的几何平均数，通常只保留30—50年的数据，舍去更久远的数据，它们对计算结果的影响甚微。

【例8-9】假设甲公司未来不增发新股，并且保持当前的经营效率和财务政策不变。甲公司的股利支付率为20%，期初权益净利率为6%，求股利增长率。

$$\frac{\text{股利}}{\text{增长率}}=\frac{\text{可持续}}{\text{增长率}}=\frac{\text{期初权益}}{\text{净利率}}\times\frac{\text{预计利润}}{\text{留存率}}=6\%\times(1-20\%)=4.8\%$$

二、股权资本成本的估算

（一）基于股利折现模型

在本章第一节中已阐述，资金供给方要求的投资报酬率是筹资方（企业）需要承担的资本成本中的用资成本。也就是说，在不考虑市场交易费用的前提下，股东所要求的必要报酬率就是企业的资本成本。

价格是价值的外在表现，在市场均衡时，价格等于价值。如果已知股票的市价，则可以采用股利折现模型反推计算出折现率，即股东要求的必要报酬率，用以估算股权资本成本。

1. 留存收益的资本成本

留存收益是由企业税后利润形成的，属于权益资本。企业留存收益相当于股东对企业的追加投资。从表面上看，留存收益并不占用资本成本。实际上，股东愿意将其留在企业，其必要报酬率与普通股相同，所以要求与普通股等价的报酬。因此，留存收益也有资本成本，是一种典型的机会成本。留存收益属于内源融资，不用考虑筹资费用，因此，股东要求的报酬率即为留存收益资本成本。

若企业采用的是固定股利政策，则

$$股权资本成本\ R_s=\frac{股利}{当前股价}=\frac{D}{P}$$

若企业采用固定股利增长政策，则

$$股权资本成本\ R_s=\frac{本期股利\times(1+增长率)}{当前股价}+增长率$$

$$=\frac{D_0\times(1+g)}{P}+g$$

【例 8-10】 某公司普通股当前市价为 10 元/股，筹资费率为 6%，最近支付的每股股利为 2 元，固定股利增长率为 2%，计算该公司利用留存收益的资本成本。

$$股权资本成本=\frac{2\times(1+2\%)}{10}+2\%=22.4\%$$

2. 增发股票的资本成本

新发行普通股会产生发行费用，所以需要考虑筹资成本。发行费用导致企业发行股票的现金流入低于或等于发行价格，因此其应从估值模型中的当前发行价格中扣除。

固定股利模型变成：

$$当前股价\times(1-发行费用率)=\frac{D}{股东要求的报酬率}$$

$$股权资本成本\ R_s=股东要求的报酬率=\frac{D}{当前股价\times(1-发行费用率)}$$

固定股利增长模型变成：

$$当前股价\times(1-发行费用率)=\frac{D_0\times(1+g)}{股东要求的报酬率-g}$$

$$\text{股权资本成本}R_s=\text{股东要求的报酬率}=\frac{D_0\times(1+g)}{\text{当前股价}\times(1-\text{发行费用率})}+g$$

【例 8-11】某公司普通股当前市价为每股 20 元，拟按当前市价增发新股 200 股，预计每股发行费用率为 5%，增发第一年年末预计每股股利为 2.5 元，以后每年股利增长率为 8%，计算该公司本次增发普通股的资本成本。

$$\text{股权资本成本}=\text{股东要求的报酬率}=\frac{D_1}{\text{当前股价}\times(1-\text{发行费用率})}+g$$

$$=\frac{2.5}{20\times(1-5\%)}+8\%=21.16\%$$

（二）基于资本资产定价模型

在第六章中，我们介绍了资本资产定价模型。按照资本资产定价模型，证券（特别是股票）投资的必要报酬率等于无风险报酬率加上风险报酬率：

$$R_s=R_i=R_f+\beta\times(R_m-R_f)$$

式中，R_i 表示必要报酬率；R_f 表示无风险报酬率；R_m 表示市场平均报酬率或者市场投资组合期望报酬率；β 表示某公司股票报酬率相对于市场投资组合期望报酬率的变动幅度。

相对于投资者而言，根据资本资产定价模型计算出来的是股票的期望报酬率；相对于企业来说，这个报酬率就是股权资本成本。公司发行普通股，融资成本是通过发行普通股股票获取资金而付出的代价，也就是股东的必要报酬率。因此，可以利用这个公式来计算企业的股权资本成本。利用资本资产定价模型计算股权资本成本是最常用的方式之一。

【例 8-12】某公司股票的 β 为 2，无风险报酬率为 5%，市场上所有股票的平均报酬率为 10%。利用资本资产定价模型计算该公司的股权资本成本。

$$R_s=R_f+\beta\times(R_m-R_f)=5\%+2\times(10\%-5\%)=15\%$$

值得注意的是，资本资产定价模型的研究对象是充分组合情况下风险与必要报酬率之间的均衡关系。一个充分的投资组合分散了几乎所有的非系统风险，因此，投资者要求的风险溢价仅针对系统风险，资本资产定价模型中的风险溢价仅有系统风险溢价。现实中，股东如果没有构建投资组合或者构建的投资组合不合理，则无法做到非系统风险的分散，股东因承担非系统风险会要求非系统风险溢价，此时，用资本资产定价模型估算股权资本成本会产生低估。

（三）基于债券收益风险调整模型

这种测算方法认为，由于普通股的求偿权在债权之后，因此持有普通股股票的风险要大于持有债券的风险。这样股东就必然要求获得超过债券投资报酬率的一定的风险补偿。用公式表示为：

R_s＝税后债务资本成本 R_{dt}＋股东比债权人承担更大风险所要求的风险溢价 RP

一般情况下，无风险报酬率 R_f 一般用同期国债报酬率表示，股权风险溢价 RP 可以凭借经验估计或者通过历史数据分析。

（1）凭经验估计：一般认为，某公司普通股风险溢价大于其发行的债券的 3％～5％。风险较高的股票为 5％，风险较低的股票为 3％。

（2）通过历史数据分析：虽然不同年份股权收益率和债务收益率有较大的波动，但是两者的差额 RP 相当稳定。因此，历史的 RP 可以用来估计未来普通股资本成本。

【例 8－13】某公司税前债务资本成本为 12％，所得税税率为 25％，该公司的股票风险较高，如果采用经验估计值，请计算按照债券收益风险调整模型所确定的股权资本成本。

R_s＝税后债务资本成本 R_{dt}＋股东比债权人承担更大风险所要求的风险溢价 RP
＝12％×（1－25％）＋5％＝14％

【要点总结】股权资本成本的计算方法

股权资本成本的计算方法如图 8－6 所示。

基于股利折现模型	• 固定股利政策：$R_s=D_0/P$(留存收益)，$R_s=D_0/(P-F)$(增发股票) • 固定股利增长政策：$R_s=D_0\times(1+g)/P+g$（留存收益），$R_s=D_0\times(1+g)/(P-F)+g$（增发股票） • F表示发行费用，区分D_0和D_1
基于资本资产定价模型	• $R_s=R_f+\beta\times(R_m-R_f)$ • 区分市场风险溢价和市场平均报酬率
基于债券收益风险调整模型	• $R_s=R_{dt}+RP$ • 要用税后债务资本成本

图 8－6　股权资本成本的计算方法

第四节　加权平均资本成本

一、加权平均资本成本

受多种因素的影响，企业不可能只使用某种融资方式，往往会采用多种方式、多种途径筹集所需资金。当企业采用多元融资方式组合时，仅仅计算个别资本成本是不够的，还需要计算该企业整体资本的加权平均资本成本。加权平均资本成本是指企业全部资本的成本水平，通常是以各种融资方式的融资比例为权重，对个别资本成本进行加权计算。它是由个别资本成本和融资权重这两个因素决定的。加权平均资本成本的公式为：

$$WACC=\sum(K_i \times W_i)$$

式中，$WACC$ 表示加权平均资本成本；K_i 表示第 i 种个别资本成本；W_i 表示第 i 种个别资本占全部资本的比重。

资本成本在投资活动和筹资活动中具有重要的意义。投资决策决定了企业所需资金的数额和时间，是筹资决策的依据。投资于高于现有资产平均风险的项目，会增加企业的风险并提高资本成本。筹资决策决定了一个企业的加权平均资本成本。加权平均资本成本不仅是投资决策的依据，还是平均风险项目要求的必要报酬率，也是其他风险项目资本成本的调整基础。

二、加权平均资本成本的权重

在测算加权平均资本成本时，企业资本结构或者各种资本在总资本中所占的比重取决于各种资本价值的确定。通常资本价值的确定方式有三种：账面价值加权、实际市场价值加权、目标资本结构加权。

1. 账面价值加权

账面价值加权是指根据企业资产负债表上显示的会计价值来衡量每种资本的比例。资产负债表提供了负债和所有者权益的金额，计算方便。因此，使用账面价值确定企业资本构成的比例有一定的优势：相关资料容易从资产负债表中获得，权重构成符合企业资本的实际构成。但是这种方法也有一定的缺陷：账面结构反映的是历史结构，不一定符合企业未来融资成本的特点，会歪曲资本成本，账面价值与实际市场价值有极大的差异。

2. 实际市场价值加权

实际市场价值加权是指根据当前负债和所有者权益的市场价值比例衡量每种资本的比例。从融资方式来看，由于债券和股票等证券的市场价格一直处于波动之中，经常与历史入账金额处于不一致的状态，市价的波动会影响股票和债券的市场价值，并且带来权重的变化。这种方法的优势在于：公允地反映了企业资本结构构成的市场价值，便于测算企业预期的融资成本水平，有利于企业融资和投资决策。不足之处在于，证券的市场价值经常处于波动之中，资本的权重缺乏稳定性。

3. 目标资本结构加权

目标资本结构加权是指根据市场价值计量的目标资本结构衡量每种资本的比例。企业的目标资本结构，代表未来筹资的最佳估计。如果企业向目标资本结构方向发展，目标资本结构加权更为适合。优点是使用平均市场价格，可以回避证券市场价格变动频繁带来的不便；适用于企业评价未来的资本成本，而账面价值加权和实际市场价值加权仅反映过去和现在的资本成本。

【例 8－14】 ABC 公司按市场价值计量的目标资本结构是：40％的长期债务、10％的优先股、50％的普通股。按照我们前面学习的各种长期筹资资本成本的计算，已经估算出税后长期债务的成本是 3.90％，优先股成本是 8.16％，普通股成本是 11.80％。该公司的加权平均资本成本为：

$$WACC=40\%\times 3.90\%+10\%\times 8.16\%+50\%\times 11.80\%=8.28\%$$

【要点总结】加权平均资本成本方案的选择

加权平均资本成本方案的选择如图 8－7 所示。

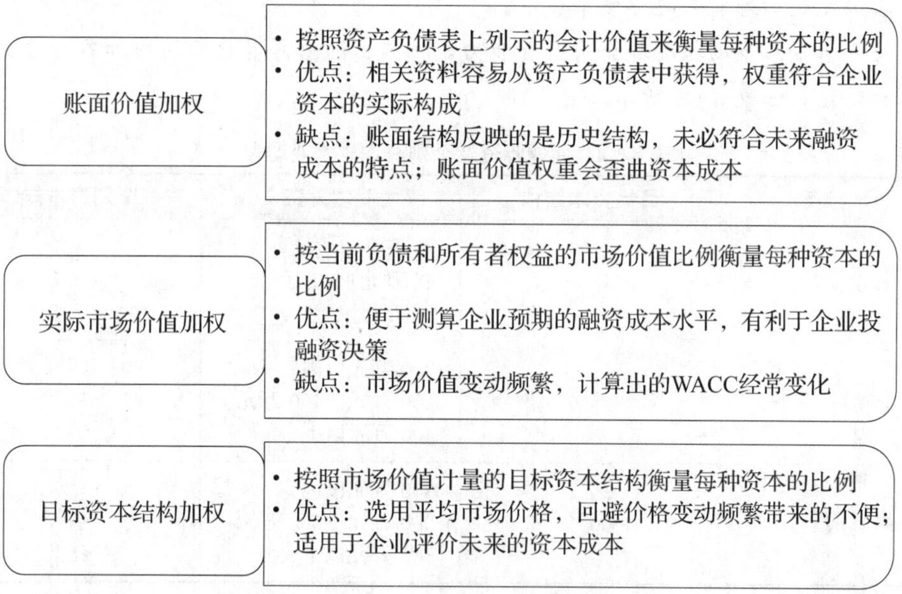

图 8－7　加权平均资本成本方案的选择

【知识拓展】边际资本成本

企业无法以某一固定的资本成本来筹集无限的资金，当其筹集的资金超过一定限度时，原来的资本成本就会增加。企业在追加筹资时，需要知道引起资本成本变化的筹资额，这就需要用到边际资本成本的概念。

边际资本成本是指资金每增加一个单位增加的成本，即增量资金的成本。边际资本成本率是指企业追加筹资的资本成本率，即企业新增一元资金所需要负担的成本。企业应该合理规划边际资本成本，将其与投资报酬率进行比较，以判断有利的筹资和投资机会。

边际资本成本的计算步骤如下：

(1) 确定目标资本结构;

(2) 确定个别资本成本及个别资本筹资分界点;

(3) 计算筹资总额分界点;

$$筹资总额分界点=\frac{某种筹资方式的成本分界点}{目标资本结构中该种筹资方式所占比重}$$

(4) 计算各筹资总额分界点边际资本成本。

根据计算出的分界点，可以得出若干组新的筹资范围，对各筹资范围分别计算加权平均资本成本，即为各筹资范围的边际资本成本。

【例 8-15】某公司目前拥有长期资本 4 000 万元，其中长期借款 600 万元，资本成本为 3%；债券 1 000 万元，资本成本为 10%；普通股 2 400 万元，资本成本为 13%。由于经营规模的扩大，公司拟筹集新的长期资本，筹集新的资本后仍保持目前的资本结构，要求确定追加筹资的边际资本成本。

通过分析资本市场状况和公司融资能力，测算出随着筹资总额的增加各种方式下资本成本的变化，如表 8-4 所示。

表 8-4　新增筹资及个别资本成本变动表

资本种类	目标资本结构	新增筹资	个别资本成本
长期借款	15%	45 万元以内 45 万元—90 万元 90 万元以上	3% 5% 7%
债券	25%	200 万元以内 200 万元—400 万元 400 万元以上	10% 11% 12%
普通股	60%	300 万元以内 300 万元—600 万元 600 万元以上	13% 14% 15%

根据上述资料，可以计算出该公司筹资总额分界点如下：

筹资总额分界点 1=45/15%=300(万元)

筹资总额分界点 2=90/15%=600(万元)

筹资总额分界点 3=200/25%=800(万元)

筹资总额分界点 4=400/25%=1 600(万元)

筹资总额分界点 5=300/60%=500(万元)

筹资总额分界点 6=600/60%=1 000(万元)

根据各筹资总额分界点，可以得出公司追加筹资的各个范围，对各个范围分别计算加权平均资本成本，即可得到各筹资范围的边际资本成本。计算过程及结果如表 8-5 所示。

表 8-5　边际资本成本计算过程及结果

筹资范围（万元）	资本种类	目标资本结构	个别资本成本	加权平均资本成本
300 以内	长期借款	15%	3%	10.75%
	债券	25%	10%	
	普通股	60%	13%	
300～500	长期借款	15%	5%	11.05%
	债券	25%	10%	
	普通股	60%	13%	
500～600	长期借款	15%	5%	11.65%
	债券	25%	10%	
	普通股	60%	14%	
600～800	长期借款	15%	7%	11.95%
	债券	25%	10%	
	普通股	60%	14%	
800～1 000	长期借款	15%	7%	12.20%
	债券	25%	11%	
	普通股	60%	14%	
1 000～1 600	长期借款	15%	7%	12.80%
	债券	25%	11%	
	普通股	60%	15%	
1 600 以上	长期借款	15%	7%	13.05%
	债券	25%	12%	
	普通股	60%	15%	

第五节　资本结构理论与决策

资本结构是指企业各种长期资本来源的构成和比例关系，也就是长期债务资本和权益资本各占多大比例。资本结构理论讨论的是资本结构的选择是否会影响财务管理目标的实现，也就是是否会影响企业价值和股东财富。

一、资本结构理论

【知识拓展】
资本结构经典理论

自 20 世纪 50 年代以来，西方经济学家对资本结构展开了广泛的研究，曾先后提出净收入理论、折中理论和现代资本结构理论，其中影响最大的是现代资本结构理论。它主要包括 MM 理论（无税 MM

理论和有税 MM 理论）、权衡理论、代理理论、优序融资理论等。

（一）无税 MM 理论

在不考虑企业所得税的情况下，MM 理论研究了两个命题：

命题 I：有负债企业的价值与无负债企业的价值相等，即无论企业是否有负债，企业的资本结构都与企业价值无关。其表达式如下：

$$V_L=\frac{EBIT}{r_{WACC}^0}=V_U=\frac{EBIT}{r_s^U}$$

式中，V_L 表示有负债企业的价值；V_U 表示无负债企业的价值；$EBIT$ 表示企业全部资本的预期收益（永续）；r_{WACC}^0 表示有负债企业的加权平均资本成本；r_s^U 表示既定风险等级的无负债企业的权益资本成本。

无税 MM 理论命题 I 的相关结论（见表 8－6）：

（1）有负债企业的价值 V_L＝无负债企业的价值 V_U；

（2）有负债企业的加权平均资本成本＝风险等级相同的无负债企业的权益资本成本。

表 8－6　无税 MM 理论命题 I 的相关结论

从企业价值的角度	从资本成本的角度
$V_L=V_U$	$r_{WACC}^0=r_s^U$
有负债企业价值＝无负债企业价值	有负债企业资本成本＝无负债企业资本成本
高负债企业价值＝低负债企业价值	高负债企业资本成本＝低负债企业资本成本
企业价值取决于：经营收益和经营风险	资本成本取决于：经营风险
企业价值与资本结构无关	资本成本与资本结构无关

命题Ⅱ：有负债企业的权益资本成本随着财务杠杆的提高而增加。有负债企业的权益资本成本等于无负债企业的权益资本成本加上风险溢价，而风险溢价与以市值计算的财务杠杆（负债/股东权益）成正比。其表达式如下：

$$r_s^L=r_s^U+\text{风险溢价}=r_s^U+\frac{D}{E}(r_s^U-r_d)$$

式中，r_s^L 表示有负债企业的权益资本成本；r_s^U 表示无负债企业的权益资本成本；D 表示有负债企业的债务市场价值；E 表示有负债企业的权益市场价值；r_d 表示税前债务资本成本。风险报酬是对有负债企业财务风险的补偿，其大小由无负债企业的权益资本成本与债务资本成本之差以及负债权益比率决定。

无税 MM 理论命题Ⅱ的相关结论：

（1）有负债企业的权益资本成本 r_s^L＝无负债企业的权益资本成本 r_s^U＋风险溢价；

（2）风险溢价与以市值计算的财务杠杆（负债/股东权益）成正比例。

所以，在无税 MM 理论下，企业的价值和加权平均资本成本都与资本结构的选择无关，企业价值取决于经营收益和经营风险，加权平均资本成本取决于经营风险。图 8-8 总结了无税 MM 理论下最优资本结构与资本成本的关系。无税 MM 理论的假设条件太过严苛，在现实中很难实现，逐步放宽假设条件，就形成了资本结构理论的百家争鸣。

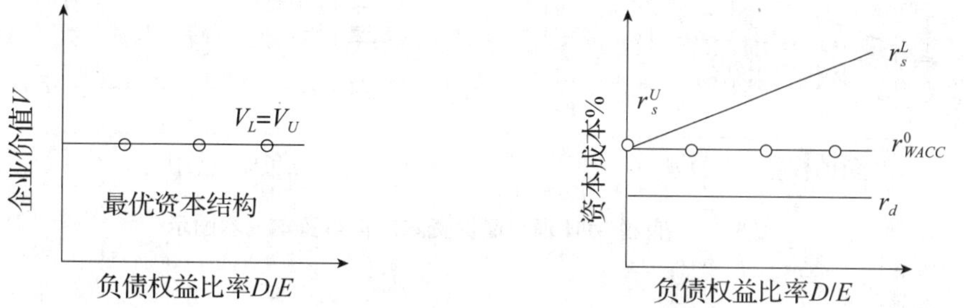

图 8-8 无税 MM 理论最优资本结构与资本成本图示

(二) 有税 MM 理论

有税 MM 理论也研究了两个基本命题。

命题 I：有负债企业的价值等于具有相同风险等级的无负债企业的价值加上债务利息抵税收益的现值。其表达式如下：

$$V_L=V_U+T\times D=V_U+PV(\text{利息抵税收益})$$

式中，V_L 表示有负债企业的价值；V_U 表示无负债企业的价值；T 表示企业所得税税率；D 表示有负债企业的债务市场价值。债务利息的抵税价值 $T\times D$ 又称杠杆收益，是企业因支付债务利息从实现的所得税抵扣中获得的所得税支出节省，等于抵税收益的永续年金现金流量的现值，即债务金额与所得税税率的乘积（将债务利息率作为折现率）。

随着负债比例的提高，企业价值也随之提高，在理论上当全部融资金额来源于负债时，企业价值达到最大。

命题Ⅱ：有负债企业的权益资本成本等于相同风险等级的无负债企业的权益资本成本加上与以市值计算的负债权益比率成比例的风险报酬，且风险报酬取决于企业的债务比率以及所得税税率。其表达式如下：

$$r_s^L=r_s^U+\text{风险报酬}=r_s^U+(r_s^U-r_d)(1-T)\frac{D}{E}$$

式中，r_s^L 表示有负债企业的权益资本成本；r_s^U 表示无负债企业的权益资本成本；D 表示有负债企业的债务市场价值；E 表示有负债企业的权益市场价值；r_d 表示不变的税前债务资本成本；T 表示企业所得税税率。风险报酬等于无负债企业的权益资本成本与税前债务成本之差、负债权益比率以及所得税税后因子（$1-T$）的乘积。

在考虑所得税的情况下，有负债企业的权益资本成本随着财务杠杆的提高而增加。图 8-9 总结了有税 MM 理论下最优资本结构与资本成本的关系。

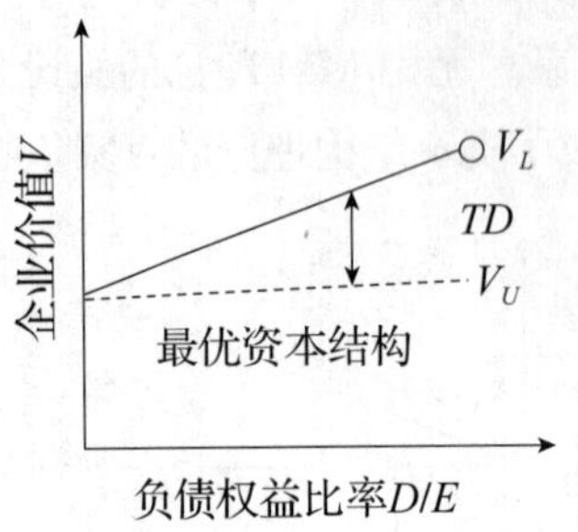

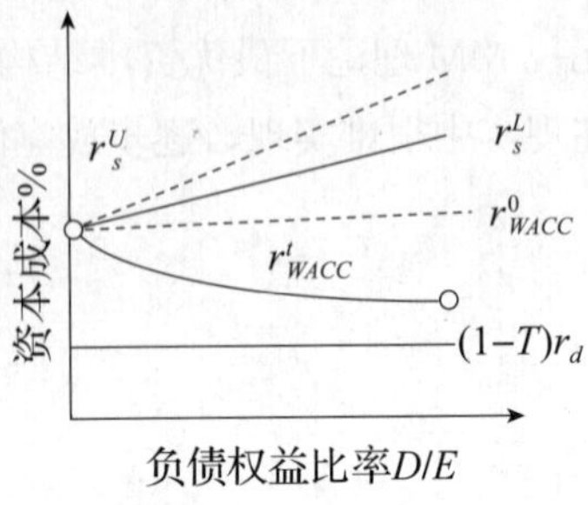

图 8-9　有税 MM 理论最优资本结构与资本成本图示

(三) 权衡理论

权衡理论强调在平衡债务利息的抵税收益与财务困境成本的基础上，实现企业价值最大化的最佳资本结构。最佳资本结构是债务利息抵税收益的边际价值等于增加的财务困境成本的现值时的债务比率。其表达式如下：

$$V_L = V_U + PV(\text{利息抵税收益}) - PV(\text{财务困境成本})$$

企业陷入财务困境后所引发的成本分为直接成本与间接成本。直接成本是指企业因破产、清算或重组所发生的法律费用和管理费用等。间接成本则通常比直接成本大得多，它是指因陷入财务困境所引发企业资信状况恶化以及持续经营能力下降而导致的企业价值损失，具体表现为企业客户、供应商、员工的流失，投资者的警觉与谨慎导致融资成本增加，被迫接受保全他人利益的交易条款等。因此权衡理论可进一步调整为有负债企业的价值是无负债企业的价值加上债务利息抵税收益的现值减去财务困境成本的现值。

$$\text{有负债企业的价值} = \text{无负债企业的价值} + \text{债务利息的抵税收益} - \text{财务困境成本的现值}$$

财务困境成本的现值由两个重要因素决定：一是企业发生财务困境的可能性，二是企业发生财务困境的成本大小。

(1) 一般情形下，企业发生财务困境的可能性与企业收益现金流的波动程度有关。现金流与资产价值稳定程度低的企业，因违约无法履行偿债义务而发生财务困境的可能性相对较高；而现金流稳定可靠、资本密集型的企业，如公共事业公司，就能进行较高比率的债务融资，且债务违约的可能性很小。

(2) 企业发生财务困境成本的大小取决于这些成本来源的相对重要性以及行业特征。如果高科技企业陷入财务困境，由于潜在客户与核心员工的流失以及缺乏容易清算的有形资产，财务困境的成本可能很高；相反，不动产密集性高的企业财务困境成本可能较低，因为企业价值大多来自相对容易出售和变现的资产。

由于债务利息的抵税效应，负债的增加会增加企业的价值。随着负债权益比率的提高，财务困境成本的现值也会增加。因此，权衡理论本质上是负债增加所产生的利息抵税收益与财务困境成本之间的权衡，如图 8-10 所示。

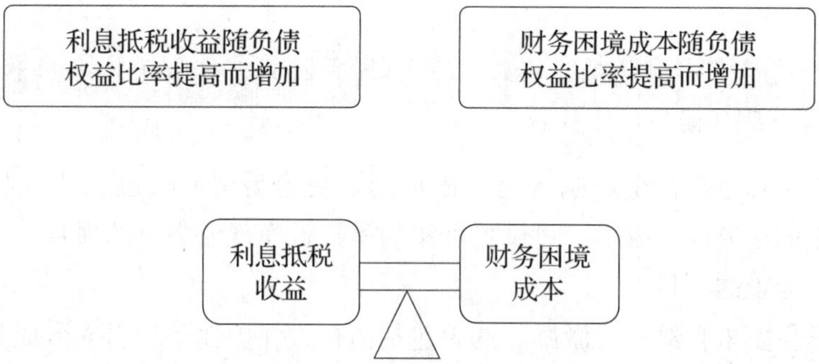

图 8-10 权衡理论图示

在负债从无到有的初始阶段，负债的使用使企业陷入财务困境的可能性较低，债务利息抵税收益的增量大于财务困境成本的增量，债务利息抵税收益起主导作用，企业价值随负债权益比率的提高而增加。

按照经济学中边际收益递减、边际成本递增的规律，随着负债权益比率的上升，债务利息抵税的边际收益不断减少，而财务困境边际成本不断增加。当边际收益等于边际成本时，债务利息抵税收益的现值与财务困境成本的现值之间的差额最大，此时企业价值达到最大，即为最优资本结构。

负债权益比率若继续提高，将使负债使用带来的边际成本超过边际收益，债务利息抵税收益的增量小于财务困境成本的增量，财务困境成本起主导作用，企业价值随负债权益比率的提高而减少。

因此，企业价值与负债权益比率的关系呈倒 U 型。企业价值达到最大、资本成本达到最小时的负债权益比率，即为最优资本结构。图 8-11 总结了权衡理论下最优资本结构与资本成本的关系。

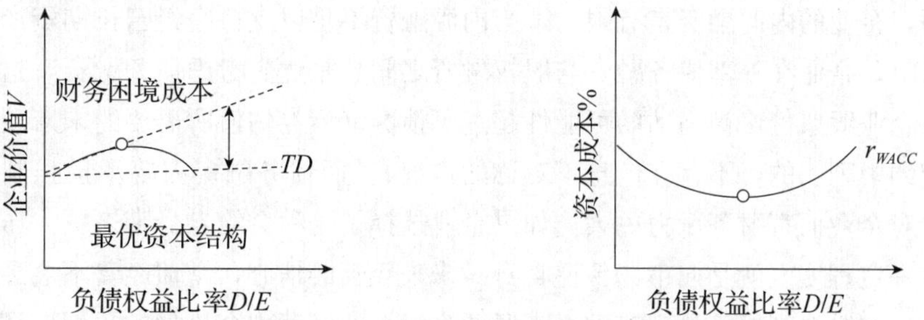

图 8-11 权衡理论最优资本结构与资本成本图示

(四) 代理理论

代理理论的观点是以权衡理论为基础的，进一步考虑了企业债务的代理成本和代理收益的权衡。最优资本结构是债务利息抵税收益的边际价值+代理收益的边际价值=增加的财务困境成本的现值+增加的代理成本的现值时的负债权益比率。其表达式如下：

$$V_L = V_U + PV(\text{利息抵税收益}) - PV(\text{财务困境成本}) - PV(\text{债务代理成本}) + PV(\text{债务代理收益})$$

代理成本主要是指在企业陷入财务困境时，更容易引起过度投资与投资不足的问题，从而产生的债务代理成本。过度投资指的是投资净现值为负的项目；投资不足指的是放弃净现值为正的项目。

代理收益主要来自约束与激励。约束包括债权人保护性条款引入形成的对管理层的约束以及对经理随意支配自由现金流量的约束；激励主要来源于还债压力带给经理提升企业业绩的激励。

（五）优序融资理论

优序融资理论是在信息不对称、逆向选择行为下研究资本结构的一个分析理论。优序融资理论表示在企业存在融资需求时，应首先选择内源融资，其次选择债务融资，最后选择股权融资。优序融资理论解释了当企业内部现金流量不足以满足净经营长期资产总投资的资金需求时，更倾向于债务融资而不是股权融资。该理论揭示了企业融资时对不同融资方式选择的顺序偏好。

在信息不对称的条件下，如果外部投资者掌握的关于企业资产价值的信息比企业管理层掌握得少，企业的股票或债券就可能被错误定价，市场中的投资者因此会产生逆向选择心理。作为证券的卖方，只有当证券的价格高于其内在价值时才愿意出售，因此外源融资会传递企业的证券被高估的信息。企业管理层在融资时为摆脱利用价值高估进行外部融资的嫌疑，就会尽量以内源融资方式从留存收益中筹集项目资金。

然而，企业的内源融资是有限的，当内源融资不足以支持净经营长期资产总投资的资金需求时，企业在外部债务融资与股权融资之间总是优先考虑债务融资，这是因为投资者认为企业股票价格被高估的可能性超过了债券（债券估值所需要的未来现金流量是在债务契约中列明的，不存在信息不对称的情况）。而债务融资需要承担强制性还本付息义务，对企业而言财务压力更大，如果企业选择了这种会给自身带来更大压力的融资方式，在一定程度上就是向市场传递自身对未来经营的信心，举债经营不会导致企业的风险失控。这是个利好信号，有助于市场调高对企业经营现金流量的预期，调低所要求的报酬率中的风险溢价，进而有助于企业价值的提升。

【要点总结】优序融资理论的特征

优序融资理论的特征如图8-12所示。

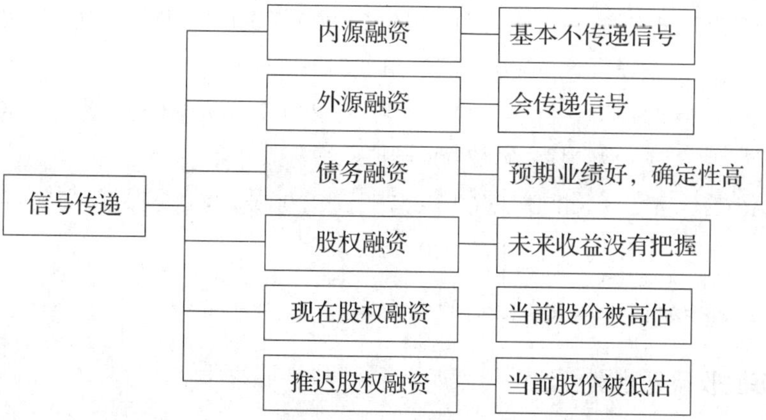

图 8-12 优序融资理论的特征（信号传递）

二、资本结构决策方法

资本结构决策是企业筹资决策的核心，就是通过定性分析或者定量测算确定企业的最优资本结构。所谓最优资本结构，是指企业在适度的财务风险下，使预期的加权平均资本成本最低，同时使企业达到预期利润或使企业价值达到最大的资本结构。

企业进行资本结构决策，首先需要确定最优资本结构的判断标准，判断标准选择的适当性将影响资本结构决策的有效性。目前最常见的几种最优资本结构决策方法主要包括：资本成本比较法、每股收益无差别点法、企业价值比较法。

（一）资本成本比较法

资本成本比较法是指不考虑各种融资方式在金额与比例上的约束，测算可供选择的不同资本结构或融资组合方案的加权平均资本成本，并根据计算结果选择加权平均资本成本最小的融资方案，确定为相对最优的资本结构。其优点是测算过程比较简单，缺点是不能区别不同融资方案风险的差异，只是比较了不同融资方案的资本成本，并且在现实中有时很难确定不同融资方案的资本成本。

【例 8-16】三种不同的融资方式组合方案如表 8-7 所示，通过资本成本比较法选择一个最佳方案。

表 8-7 三种不同的融资方式组合方案

金额单位：万元

	方案一		方案二		方案三	
融资方式	融资金额	资本成本	融资金额	资本成本	融资金额	资本成本
长期借款	500	4.5%	800	5.24%	500	4.5%
长期债券	1 000	6%	1 200	6%	2 000	6.75%
优先股	500	10%	500	10%	500	10%
普通股	5 000	15%	4 500	14%	4 000	13%
资本合计	7 000		7 000		7 000	

$$WACC_{一}=4.5\%\times500/7\,000+6\%\times1\,000/7\,000+10\%\times500/7\,000+15\%\times5\,000/7\,000=12.61\%$$

$$WACC_{二}=5.24\%\times800/7\,000+6\%\times1\,200/7\,000+10\%\times500/7\,000+14\%\times4\,500/7\,000=11.34\%$$

$$WACC_{三}=4.5\%\times500/7\,000+6.75\%\times2\,000/7\,000+10\%\times500/7\,000+13\%\times4\,000/7\,000=10.39\%$$

因此，应选择加权资本成本最小的方案三。

(二) 每股收益无差别点法

每股收益无差别点法是指在计算不同融资方案下企业每股收益相等时所对应的盈利水平的基础上，通过比较在企业预期盈利水平下的不同融资方案的每股收益，选择每股收益较大的融资方案。所谓每股收益无差别点，是指能使两个融资方案每股收益相等的息税前利润。也就是说，当息税前利润为每股收益无差别点时，无论采用债务融资还是股权融资，企业的每股收益都是相同的。

当预计息税前利润大于每股收益无差别点时，由于财务杠杆的作用，采用债务融资时的每股收益必然大于股权融资下的每股收益，增加债务融资比例可以优化资本结构。但是，当息税前利润小于每股收益无差别点时，由于财务杠杆的负效应，债务融资下的每股收益将会小于股权融资下的每股收益，则增加股权融资比例可以优化资本结构。因此，可以通过各种融资方案下的每股收益的比较，选择能够使资本结构优化的追加融资方案。

每股收益的计算公式为：

$$每股收益\ EPS=\frac{(息税前利润-债务利息)\times(1-所得税税率)-优先股股息}{普通股股数}$$

$$=\frac{(EBIT-I)\times(1-T)-D_{ps}}{N}$$

当两种融资方案下的每股收益相等时，则

$$\frac{(\overline{EBIT}-I_1)\times(1-T)-D_{ps}1}{N_1}=\frac{(\overline{EBIT}-I_2)\times(1-T)-D_{ps}2}{N_2}$$

式中，$\overline{EBIT}$ 表示每股收益无差别点；I 表示债务利息；I_1，I_2 表示两种融资方案下的年债务利息；N 表示流通在外的普通股股数；N_1，N_2 表示两种融资方案下流通在外的普通股股数；D_{ps} 表示优先股股息；$D_{ps}1$，$D_{ps}2$ 表示两种融资方案下的优先股股息。

在每股收益无差别点既定的基础上，再预计追加筹资下的 $EBIT$，预计的 $EBIT$ 大于$\overline{EBIT}$，表明选择追加债务资本的筹资方式可以提高每股收益，相对应的资本结构为最优资本结构；反之，则应该选择追加股权资本的筹资方式。

【例 8-17】A 公司的所得税税率为 25%，已有的 1 000 万元长期资本均为普通股，股价为 10 元/股，普通股股数为 100 万股，公司希望再实现 500 万元的长期资本融资以满足扩大经营规模的需要，预计公司的息税前利润可以由此提高到 210 万元。以下为三种方案，请通过每股收益无差别点法选择最佳融资方案。

方案一：全部通过年利率为 10%的长期债券融资。

方案二：全部通过股息率为 12%的优先股融资。

方案三：全部依靠发行普通股股票融资，按照目前的股价，需要增发 50 万股新股。

方法一：

$$EPS_{一}=(210-500\times10\%)\times(1-25\%)/100=1.2(\text{元})$$

$$EPS_{二}=[210\times(1-25\%)-500\times12\%]/100=0.975(\text{元})$$

$$EPS_{三}=210\times(1-25\%)/(100+50)=1.05(\text{元})$$

通过计算出每种方案的每股收益，可以看出方案一的每股收益最高，所以应该选择方案一。

方法二：

我们可以先计算出在每股收益无差别点的息税前利润，再与预计追加筹资下的息税前利润进行比较。通过观察每股收益无差别点图可以发现发行债券融资在同一预期收益条件下均比发行优先股能提供更高的每股收益，所以排除方案二。因此对于方案一和方案三：

$$(\overline{EBIT}-500\times10\%)\times(1-25\%)/100=\overline{EBIT}\times(1-25\%)/(100+50)$$

可得

$$\overline{EBIT}=150(\text{万元})$$

若预计的 $EBIT>$ 无差别点 $\overline{EBIT}$，选择发行债券融资；若预计的 $EBIT<$ 无差别点 $\overline{EBIT}$，选择发行普通股融资。本例中预计的 $EBIT=210$ 万元 >150 万元，所以应选择方案一。

每股收益无差别点法为企业管理层在某一特定预期盈利水平下融资方式的选择，提供了一个简单的分析方法。在每股收益无差别点的右边，虽然债务筹资下每股收益较高，但负债使用也带来了财务风险，每股收益的风险同时也在增加。由于额外的风险，股东将要求较高的报酬率。如果每股收益的增长不足以补偿风险增加所需的报酬，即使每股收益增加，股东财富也仍会下降。因此，用这种方法来比较不同资本结构的优劣忽略了与资本结构相关的风险，使每股收益最大的资本结构，不一定是最优资本结构。

（三）企业价值比较法

按照资本结构的权衡理论，企业的最优资本结构是使企业价值最大同时加权平均资本成本最小。在满足下列假设条件下：

（1）企业的经营利润永续；

（2）企业实现的归属于普通股股东的净利润全部分红；

（3）普通股股东要求的报酬率不变。

$$企业价值 V=股票市场价值 S+长期债务价值 B+优先股价值 P$$

式中，股票市场价值 S 表示对企业未来的净收益按股东要求的报酬率折现计算的现值，$S=[(EBIT-I)\times(1-T)-PD]/R_e$，其中股东要求的报酬率 $R_e=R_f+\beta\times(R_m-R_f)$。长期债务价值 B：长期借款一般也是按照合同约定的本金放贷，长期债券就是面值等于价值的平价债券。优先股价值 P：优先股通常按面值发行。

长期债务市场价值与优先股价值通常采用简化做法，按照账面价值确定，且长期债券和优先股的账面价值等于其面值。

【例 8-18】某公司的息税前利润为 400 万元，资本总额账面价值为 1 000 万元。假设无风险报酬率为 6%，证券市场平均报酬率为 10%，所得税税率为 40%。债务市场价值（等于债务面值）为 600 万元时，税前债务利息率（等于税前债务资本成本）为 9%，股票的贝塔系数为 1.8。在企业价值比较法下，下列说法不正确的是（　　）。

A. 股权资本成本为 13.2%

B. 股票市场价值为 1 572.73 万元

C. 加权平均资本成本为 11.05%

D. 公司总价值为 1 600 万元

解析：正确答案为 D。

$$股权资本成本=6\%+1.8\times(10\%-6\%)=13.2\%$$
$$股票市场价值=(400-600\times9\%)\times(1-40\%)/13.2\%=1\,572.73(万元)$$
$$公司总价值=600+1\,572.73=2\,172.73(万元)$$
$$加权平均资本成本=9\%\times(1-40\%)\times600/2\,172.73+13.2\%\times1\,572.73/2\,172.73=11.05\%$$

三、影响资本结构的因素

（一）内部因素

内部因素通常包括经营风险、成长性、资产结构、盈利能力、管理层偏好、财务灵活性等。

（1）经营风险。收益与现金流量波动较大的企业经营风险较大，无法再承受高财务风险。其负债水平会比现金流量较稳定的类似企业低。

（2）成长性。成长性好的企业因其快速发展，对外部资金需求量比较大。成长性好的企业的负债水平比成长性差的类似企业高。

(3) 资产结构。一般性用途资产和有形资产比例高的企业因其资产作为债务抵押的可能性较大，其负债水平比具有特殊用途资产和无形资产比例高的类似企业高。

(4) 盈利能力。当企业存在融资需求时，首先选择内源融资，其次选择债务融资，最后选择股权融资。盈利能力强的企业因其内源融资的满足率较高，所以其负债水平比盈利能力较弱的类似企业低。

(5) 管理层偏好。管理层的自身特征会影响其风险偏好，也就会影响其对企业负债使用带来的风险程度的评估。

(6) 财务灵活性。企业利用闲置资金和剩余的负债能力应付可能发生的偶然情况与把握未预见机会的能力称为财务灵活性。财务灵活性大的企业的负债能力比财务灵活性小的类似企业的负债能力强。

(二) 外部因素

外部因素通常包括税率、利率、资本市场、行业特征等。

(1) 税率。高所得税税率的企业比低所得税税率的类似企业更愿意使用高比例的负债。

(2) 利率。市场利率提高，债权人要求的报酬率提高，债务融资的成本增加。

(3) 资本市场。通过债务融资向市场传递企业对自身未来经营的信心，有助于市场调高对企业的预期，提升股价，这种企业比类似企业的负债水平高。

(4) 行业特征。因负债陷入财务困境的成本越小，负债使用的比例就越高。例如，重资产行业容易出售和变现资产，财务困境成本可能较低；轻资产行业缺乏容易清算的资产，财务困境成本可能较高。

【案例启示】
关于企业战略转型中资本结构的选择

练习题

一、复习思考题

1. 资本成本是一种实际支付的成本吗？它的本质含义是什么？

2. 在测算加权平均资本成本时，企业资本结构或者各种资本在总资本中所占的比重取决于各种资本价值的确定。资本价值有哪几种确定方式？它们的优缺点各是什么？

3. 请概述使用公司当前的加权平均资本成本作为项目资本成本所需要的条件。

4. 为什么说当公司进行跨主业的投资时，加权平均资本成本不能作为计算该投资项目净现值的折现率？

5. 资本结构决策方法有哪些？

6. 请简要概述影响资本结构的因素。

二、计算分析题

1. A公司投资一项证券资产，每年年末都能按照6%的名义利率获取相应的现金收益。假设通货膨胀率为3%，则该证券资产的实际利率为多少？

2. 甲公司发行的普通股市价为12元/股，发行费用率为6%，本年发放的股利为0.6元/股，股利增长率为5%，求股票的资本成本。

3. 某公司拟发行5年期债券，面值为1 000元，发行价格为900元，利率为10%，所得税税率为25%，发行费用为发行价格的5%，则该债券的税后债务资本成本为多少？

4. 某公司发行面值为1 000元，票面利率为6%，每半年付息一次的永续债，发行价格为1 200元，发行费用率为5%，求该永续债的资本成本。

5. 为了估计某公司的税前债务资本成本，收集了目前上市交易同信用等级的三种公司债券的相关数据。三种债券的到期收益率分别为5.36%、5.50%、5.78%，同期长期政府债券的到期收益率分别为4.12%、4.46%、4.58%，当期无风险收益率为4.20%，求该公司的税前债务资本成本。

6. 某公司拟筹资5 000万元，其中按面值发行债券1 500万元，票面利率为10%，筹资费率为1%；发行优先股500万元，股息率为12%，筹资费率为2%；发行普通股3 000万元，筹资费率为4%。预计第一年股息率为12%，以后每年按4%递增，所得税税率为25%。请分别计算债券资本成本、优先股资本成本、普通股资本成本以及加权平均资本成本。

三、案例分析题

1. 某公司原有资本1 000万元，其中债务资本400万元（每年负担利息30万元），普通股600万元（发行普通股12万股，每股面值为50元）。企业所得税税率为30%，由于扩大业务，需要追加融资300万元，其融资方案有三个：

方案一：全部发行普通股：增发6万股，每股面值为50元。

方案二：全部按面值发行债券，债券利率为10%。

方案三：发行优先股300万元，股息率为12%。

要求：

(1) 分别计算普通股融资与债券融资以及普通股融资与优先股融资在每股收益无差别点的息税前利润。

(2) 假设扩大业务后的息税前利润为300万元，确定公司应采用哪种融资方式（不考虑风险）。

2. H企业是一个具有高成长性的企业，目前每股价格为20元，每股股利为1元，预期股利增长率为6%。企业现在急需筹集资金5 000万元，有以下三个备选方案：

方案一：按照目前市价增发股票250万股。

方案二：平价发行10年期的长期债券。目前新发行的10年期政府债券的到期收益率为3.6%。H企业的信用级别为AAA级，目前上市交易的AAA级公司债券有三种。这三种债券及与其到期日接近的政府债券的到期收益率如表8-8所示。

表8-8

债券发行企业	上市公司债券到期日	上市公司债券到期收益率（%）	政府债券到期日（%）	政府债券到期收益率（%）
甲	2019年7月1日	6.5	2019年6月30日	3.4
乙	2020年9月1日	6.2	2020年8月1日	3.2
丙	2020年11月1日	7.5	2020年10月30日	3.6

方案三：发行10年期的可转换债券，债券面值为每份1 000元，票面利率为5%，每年年末付息一次。转换价格为25元，不可赎回期为5年，5年后可转换债券的赎回价格为1 050元，此后每年抵减10元。假设等风险普通债券的市场利率为7%。

要求：

（1）计算按方案一增发股票的税前资本成本。

（2）计算按方案二发行债券的税前资本成本。

（3）根据方案三，计算第5年年末可转换债券的底线价值，并计算按方案三发行可转换债券的税前资本成本。

（4）判断方案三是否可行并解释原因。

3. ABC公司正在考虑改变资本结构，有关资料如下：

（1）公司目前债务的账面价值为1 000万元，利率为5%，债务的市场价值与账面价值相同；普通股4 000万股，每股面值为1元，所有者权益账面金额4 000万元（与市价相同）；每年的息税前利润为500万元。该公司的所得税税率为15%。

（2）公司将保持现有的资产规模和资产息税前利润率，每年将全部税后净利分派给股东，因此未来股利增长率为零。

（3）为了提升企业价值，该公司拟改变资本结构，举借新债替换旧债并回购部分普通股。可供选择的资本结构调整方案有两个：

① 举借新债2 000万元，利率为6%；

② 举借新债3 000万元，利率为7%。

（4）假设当前资本市场上的无风险收益率为4%，市场风险溢价为5%。公司采用资本资产定价模型估算其股权资本成本。

要求：

（1）计算该公司目前的股权资本成本和贝塔系数（计算结果均保留小数点后4位）。

（2）计算该公司无负债的贝塔系数和无负债的股权资本成本（提示：根据账面价值的权重调整贝塔系数，下同）。

（3）计算两种资本结构调整方案的贝塔系数、股权资本成本和实体价值（实体价值计算结果保留整数）。

（4）判断公司是否应调整资本结构并说明依据，如果需要调整应选择哪种方案？

第九章

资本预算

引导案例

兴办一个全新的企业也是一个资本预算决策。它与投资项目的一个不同之处在于，当大多数投资项目失败时，我们通常不会知道；而一个大的兴办企业倒闭就是一个重要的公共事件。近年来，在企业层面上发生了许多重大的基本预算决策失误。

美国生鲜电商企业 Webvan 就是在互联网热潮中的失败案例之一。Webvan 在 1999 年成立，在其提供服务的区域内，顾客可以登录公司网站购买日用品。公司会替顾客采购并送货上门，同时收取 30～35 美元的费用。显然，Webvan 需要吸引有钱但时间紧张的顾客。不幸的是，这种情况没有持续。在花费近 10 亿美元之后，Webvan 于 2001 年关闭了它的网站。

Webvan 为什么失败？答案是糟糕的资本预算。有一个问题 Webvan 根本没有考虑过：Brick-and-Mortar 连锁百货商店在 30 年前就尝试过预购和送货系统，也尝试过电话订货，但它没有继续该项目，因为它发现那不赚钱。Webvan 要么认为市场情况发生了改变，要么认为人们愿意光顾网上的订货系统，无论其究竟是怎么想的，事实证明 Webvan 的管理层和投资者的确错了。

许多因素都被错误地估计了，但最关键的问题是需求不足。分析日用品行业就会发现这是一个竞争激烈、利润不高的成熟行业。Webvan 的方法并不适用于这个行业。考虑这样的情况：假设一个家庭每周在 Webvan 上订购 200 美元的日用品，收取的费用将使这个家庭日用品的开支增加 15%，那么开支增加是非常显著的。Webvan 认为人们愿意支付这样的费用，但事实是大家并不愿意这样做，公司只开办 2 年就倒闭了。

环球电讯（Globlal Crossing）是另一个巨大的失败案例。1997 年，环球电讯计划在纽约和伦敦之间铺设 8 000 英里的海底电缆。那时，一条纽约和伦敦之间的 T-1 线路（每秒传输 150 万字节）的收费标准是每月 1 万～2 万美元，而环球电讯计划铺设的 AC-1 电缆相当于 10 000 条 T-1 线路，这意味着将为公司每月带来 1 亿美元的收入。

起初，公司的海底电缆生意兴隆。环球电讯的管理者并没有为电话通信行业的成本下降做好准备。巨额投资迫使公司大量举债，环球电讯也担心降低价格将无法偿还利息。同时，AT&T 和 MCI（两者均为电信公司）组建合资公司铺设它们自己的海底电缆，这是环球电讯厄运的开始。当美国联邦通信委员会简化了铺设海底电缆的审批程序后，从美国到欧洲、亚洲的通信能力就大大增强了。环球电讯的通信容量尽管占到市场总容量的 50%，但其市场占有率只有不到 15%，而纽约到伦敦的 T-1 线路的价格降到了每月 1 000 美元。

GlobalStar 也是有名的失败案例之一，特别是考虑到该公司极短的运营时间。GlobalStar 计划发射用于电话通信系统的卫星来连接卫星电话。卫星电话的主要优点在于它能覆盖全球，而普通手机的通信区域比较有限。如果使用卫星电话，我们能够从世界上任何一个地方打出电话。至少，这是公司设立的初衷。

2000 年 1 月，GlobalStar 开始在美国提供卫星电话服务，但公司成立还未满 1 年就因为债务危机破产了。GlobalStar 破产的第一大原因是大量举债，公司通信系统下的约 50 颗卫星，使它背负了高达 43 亿美元的债务。另一个原因是缺少需求，原定必须拥有 100 万用户公司才能实现盈亏平衡，但到了 2001 年 1 月，GlobalStar 还只有约 35 000 个用户。

这是三个重大的企业失败案例。对于 Webvan 和 GlobalStar 而言，问题主要在于需求不足，更准确地说，是没有预测到需求不足。而对于环球电讯而言，失败的主要原因是行业内产品价格的下降。总之，这三家公司的失败揭示了准确预测销售量、价格和成本的重要性。

资料来源：斯蒂芬·罗斯，等. 公司理财精要：第 4 版. 张建平，译. 北京：人民邮电出版社. 2006.

从上面的三个案例中我们可以看出企业资本预算的重要性。而要做好一项资本预算，到底要考虑哪些因素？这些因素会如何变化？用哪些方法能够帮助企业做出更好的决策选择？带着这些疑问，我们将进入本章资本预算相关知识的学习。

学习目标

1. 了解长期资产投资（即资本预算）的概念、特点以及长期投资项目的评价程序。
2. 掌握各种投资决策评价方法的指标计算和决策规则，理解各种投资决策评价方法的优缺点和适用性。
3. 掌握投资项目现金流量的构成和计算。
4. 理解投资项目风险分析的方法。

第一节　长期资产投资管理概述

长期资产投资或项目投资通常称为资本预算，是指企业为进行产品生产和新产品开发等而购买和建造的固定资产生产线等具有长期性的资本投入。长期投资决策是一个较为复杂的问题，决策时需要考虑很多因素，如货币时间价值、现金流量、风险等，其中部分问题已在前面章节做过介绍。

长期投资决策有两个非常重要的特征：一是它关系到企业生产与服务潜能的更改，而实现改变需要进行资源的投资，投资的数额也通常很大。此时每项决策都很重要，且长期影响企业的运营，一旦实施，可能难以更改，或者需要花费很高的成本更改。二是长期投资的利益需要经过很长一段时间才能完全实现，可能是几年、十几年甚至几十年。

长期投资的决策规则不同于短期投资决策。长期投资决策所需考虑的因素之一是时间。时间因素通常通过现值计算予以确认。长期投资决策时，如果增加的利益大于增加的成本，投资是有利的，增加的利益是以直接归因于投资的现金流入加以测定并经货币的时间价值加以调整。增加的成本是以直接归因于投资的现金流出加以测定并经货币的时间价值加以调整。当投资的折现后利益等于折现后的成本时，将正好赚取预期的报酬，维持企业财富。当投资的折现后利益大于折现后成本时，企业财富将增加。因此长期投资决策的基本假定是使企业财富最大化，与企业理财目标是一致的。

长期投资决策中对利润问题的处理与传统会计不同。传统会计测定期间的利润是将收入与成本进行配比，此方法的工作重点是成本的摊配，得到的利润是测定的过去的获利能力，特别是使用年限长的资产的成本，是通过有系统但武断的方法将成本分摊于资产使用的各年，如直线法或加速折旧法等。长期投资决策分析对于利润的确认是不重要的，因为资本一经投入，就不能进行其他投资，要等资本收回后才可以。投资与收回资本是通过直接可追溯至投资的现金流转决定的，如果要进行适当的投资决策，现金流转的金额与现金流转的时间必须正确进行估计。成本的分摊，对于每年会计利润的计算是重要的，对投资决策却不是。

一、长期资产投资的特点

1. 投资主体

长期经营资产投资的主体是公司，由公司直接控制经营或生产资产等实物资产，开展经营活动并获取增值，并直接控制投资回报，它是一种直接投资。与其相对的是间接投资，即间接控制实物资产，并通过契约或更换代理人控制投资回报。

2. 投资的对象

投资经营长期资产，投资的现金流出与现金流入的时间一般超过一年，这些资产是公司生产经营所必需的生产资料。与其相对的是金融资产投资。金融资产投资的对象是债券、股票以及各种衍生金融工具，是一种证券投资。

3. 投资的目的

长期经营资产投资的目的是获取经营活动所需的实物资产，通过后续的经营过程实现经营获利，增加公司价值，而不是像金融资产投资一样赚取利息、股利或差价。

二、长期投资项目的分类

（一）按照投资对象分类

（1）新产品开发或现有产品的规模扩张项目。需要添置新的固定资产，并增加公司的营业现金流入。

（2）设备或厂房的更新项目。需要更换固定资产，但不改变公司的营业现金流入。

（3）研究与开发项目。不直接产生现金流入，而是得到一项是否投产新产品的选择权。

（4）勘探项目。使公司得到一些有价值的信息。

（5）其他项目。劳动保护设施建设、购置污染控制装置等。

（二）按项目间的关系分类

（1）独立项目。相容性投资，各投资项目之间互不关联、互不影响，可以同时并存。

（2）互斥项目。不相容性投资，各投资项目之间相互关联、相互替代，不可以同时并存。

三、长期投资项目的评价程序

（1）提出各项目的投资方案。新产品方案通常来自研发部门或营销部门，设备更新的建议通常来自生产部门等。

（2）估计投资项目的相关现金流量。如果项目投资是一次性完成的，则现金流出是在起初时点一次性流出的；如果项目是分次投资的，那么在每期期初都会有相应的现金流出。有的项目在建设完成以后现金流入呈现为年金状态，即每年有相等的现金流入；而有的项目的现金流入可能是非年金形态，即每年的现金流入都不相等。

（3）计算投资项目方案的评价指标。如可计算项目的投资回收期、净现值、内含报酬率等指标。

（4）比较评价指标与可接受标准。如可在备选方案中选择净现值最大的方案。

（5）对于接受的方案进行敏感分析。可用最大最小法或敏感程度法对项目现金流入等某一因素的变化情况进行测定，用以确定净现值的变动极值。

四、长期投资项目的评价方法

投资项目是否可行可以从技术和经济效益两个角度进行评价。从技术角度进行评价，一般由企业技术部门未完成，主要分析这个项目从技术上看是国际领先还是国内领先，由技术部门等相关部门来判定。对于项目经济效益，又可以从宏观社会效益和微观企业经济效益两方面来进行评价。宏观社会效益包括项目对社会、环境等的影响。在企业财务决策中，我们主要重点关注对项目微观企业经济效益的评价，就是用一些可计量的指标如净现值等来评价这个项目在经济上的可行性，具体可分为以下两种方法：

（1）基于会计利润的评价方法，包括会计报酬率法。

（2）基于现金流量的评价方法，包括投资回收期法、折现回收期法、净现值法、内含报酬率法、现值指数法等。

第二节　项目投资决策评价方法

如果某项目折现后的收益至少等于折现后的成本，则这种长期投资机会是可行的。决策是以直接归因于投资项目的现金流入与现金流出测定其利益与成本，这些现金流转以可接受的报酬率折现反映货币时间价值。最低可接受的报酬率依据企业加权平均资本成本确定。

投资决策的基本技术方法基于是否考虑货币时间价值又可以分为两大类：一类是考虑货币时间价值的方法，如折现回收期法、净现值法、内含报酬率法等，也称为折现的现金流量模式。另一类是不考虑货币时间价值的方法，如会计报酬率法、投资回收期法等，也称非折现的现金流量模式。投资技术方法如果不考虑货币时间价值，是缺乏理论依据的。

一、基于会计利润的评价方法

会计报酬率（投资报酬率）又称未调整的报酬率（未按货币时间价值调整），易于计算，特别是能根据会计记录予以计算，因为其与会计上规定的所得一致。其计算公式如下：

$$会计报酬率=\frac{平均每年净收益}{原始投资额}$$

【例 9-1】 假定公司有 A，B，C 三个投资项目，且彼此之间独立，有关资料如表 9-1 所示。假定资本成本为 10%，所有的现金流入均在期末发生，采用直线法计提折旧，税率为 40%。

表 9-1　各投资项目相关数据　　金额单位：元

投资项目	原始投资额	有效年限	年末营业现金流入量		
			第 1 年	第 2 年	第 3 年
A	40 000	2	26 000	30 800	—
B	18 000	3	0	16 000	16 000
C	24 000	3	10 000	10 000	10 000

以表 9－1 中的资料为例，说明会计报酬率的计算，如表 9－2 所示。

表 9－2 各投资项目会计报酬率的计算

单位：元

项目	A 项目	B 项目	C 项目
平均每年收入	(26 000＋30 800)/2＝28 400	(0＋16 000＋16 000)/3＝10 667	(10 000＋10 000＋10 000)/3＝10 000
平均每年折旧	40 000/2＝20 000	18 000/3＝6 000	24 000/3＝8 000
平均每年税款	(2 400＋4 320)/2＝3 360	(－2 400＋4 000＋4 000)/3＝1 867	(800＋800＋800)/3＝800
平均净收益	5 040	2 800	1 200
原始投资额	40 000	18 000	24 000
会计报酬率	12.6%	15.6%	5%

在采用会计报酬率这一指标时，应事先确定一个企业要求达到的必要会计报酬率。在进行决策时，只有高于必要会计报酬率的方案才能入选。在有多个互斥方案的选择决策中，则选用会计报酬率最高的方案。

会计报酬率法的优点：它是一种衡量企业盈利能力的简单方法，概念易于理解，所使用的财务报告中的数据容易获得，考虑了整个项目寿命期的全部利润。该方法揭示了采纳一个项目后财务报表将如何变化，使管理者明确业绩的预期，也便于项目的后续评价。

会计报酬率法的缺点：使用账面利润而非现金流量，忽略了净利润的时间分布对项目经济价值的影响；会计报酬率的确定具有很大的主观性，没有考虑货币时间价值。

二、基于现金流量的评价方法

（一）不考虑货币时间价值的方法

投资回收期（payback period，PP）是指收回投资所需的年限。不考虑货币时间价值的回收期有时也称为静态回收期。回收期是以来自营业的现金流量测定收回原始投资额所需的时间，通常以年表示。一般来说，回收期越短，方案越有利。

投资回收期的计算，可以分为下列两种情况：

（1）在初始投资时一次性支出，且每年的净现金流量（NCF）相等时：

$$\text{投资回收期}=\frac{\text{原始投资额}}{\text{每年净现金流量}}$$

【例 9－2】 假定某设备以 24 000 元购入，估计使用寿命为 8 年，预计来自营业的每年现金流入量为 8 000 元，则回收期的计算如下：

$$\text{投资回收期}=\frac{24\,000}{8\,000}=3(\text{年})$$

（2）如果初始投资分次支出，或每年净现金流量不相等，则以上公式不能应用，需要采用累计形式来计算回收期，即每年净现金流入量进行累计，直到期初投资被收回为止，回收期要根据每年年末尚未回收的投资额加以确定。可用下列公式表达（设 m 是收回原始投资额的前一年）：

$$投资回收期=m+\frac{第\ m\ 年的尚未回收额}{第\ m+1\ 年的净现金流量}$$

虽然投资回收期非常易于计算，但其有严重的缺点，即未考虑有效年限或相对获益能力。

【例 9-3】某投资项目的现金流量如表 9-3 所示。

表 9-3　投资项目现金流量

单位：元

年份	原始投资额	净现金流量	
		每年	累计
0	62 000	—	—
1	—	20 000	20 000
2	—	40 000	60 000
3	—	20 000	80 000

$$投资回收期=2+\frac{2\,000}{20\,000}=2.1(年)$$

【例 9-4】下列两个投资项目具有相同的回收期，但 Y 项目明显优于 X 项目。具体资料如表 9-4 所示。

表 9-4　投资项目现金流量

金额单位：元

项目	原始投资额	每年现金流量	有效年限	回收期（年）
X	10 000	5 000	3	2
Y	10 000	5 000	8	2

有时回收期较短未必意味着一个项目比另一个项目更可取。

【例 9-5】沿用例 9-2 的资料，假定改用 20 000 元的设备代替 24 000 元的设备，来自营业的每年现金流出量节约额也为 8 000 元。则

$$投资回收期_1=\frac{24\,000}{8\,000}=3(年)$$

$$投资回收期_2=\frac{20\,000}{8\,000}=2.5(年)$$

按回收期标准，投资价值为 20 000 元的设备更为可取，然而事实上这台 20 000 元的设备已被拒绝。它的使用寿命仅有 2.5 年，这 20 000 元的设备在 2.5 年后无利可获。而 24 000 元的设备在回收期后能产生为期 5 年的现金流入量。

投资的主要目的是获取利润，而不是收回期初投资，如果一个公司要求迅速收回投资支出，那就不必花钱去投资了。

【例 9-6】我们再以例 9-1 的资料对回收期的计算做进一步说明，如表 9-5 所示。

表 9-5　各投资项目回收期的计算

A 项目		收回金额
原始投资额	(40 000)	
现金流入量：		
第 1 年	23 600	23 600
第 2 年（收回年）	26 480	16 400
第 3 年	0	0
投资回收期＝1＋16 400/26 480＝1.62(年)		
B 项目		**收回金额**
原始投资额	(18 000)	
现金流入量：		
第 1 年	2 400	2 400
第 2 年	12 000	12 000
第 3 年（收回年）	12 000	3 600
投资回收期＝2＋3 600/12 000＝2.3（年）		
C 项目		**收回金额**
原始投资额	(24 000)	
现金流入量：		
第 1 年	9 200	9 200
第 2 年	9 200	9 200
第 3 年（收回年）	9 200	5 600
投资回收期＝2＋5 600/9 200＝2.61(年) 或投资回收期＝24 000/9 200＝2.61(年)		

显然，虽然 A 项目的回收期短，但效益不如 B 项目和 C 项目。

投资回收期法的评价和比较标准是：单一方案与基准回收期比较。如果是互斥方案，根据情况在可行方案中进行优选。

投资回收期法的优点是概念容易理解，计算比较简单，容易被决策者正确理解，可以在大体上衡量项目的流动性和风险。

投资回收期法的缺点是忽视了货币的时间价值，把不同时间的货币收支看成是等效的；也没有衡量盈利性，即没有考虑回收期满后的现金流量状况，这样可能促使公司接受短期项目，放弃有战略意义的长期项目。

一般来说，回收期越短的项目风险越低，因为时间越长越难以预计，风险越大，短期项目给企业提供了较大的灵活性，快速收回资金可用于别的项目，因此投资回收期法可以粗略地快速衡量项目的流动性和风险。事实上有战略意义的长期投资往往早期收益较低，而中后期收益较高，投资回收期法优先考虑急功近利的项目，可能导致放弃长期来看成功的项目。

（二）考虑货币时间价值的方法

1. 折现回收期

为了克服投资回收期法没有考虑货币时间价值的缺点，在实际中，可能对投资回收期法进行修正，将货币时间价值考虑进来。考虑货币时间价值的回收期，称为折现回收期或动态回收期，即以项目现金流入现值之和扣除投资支出现值之和所需的时间。

无论投资是一次性完成或分次完成，还是现金流入是年金或非年金形式，折现回收期的计算均需逐笔折现累计，计算公式如下：

$$\text{折现回收期}=m+\frac{\text{第 }m\text{ 年的尚未回收额}}{\text{第 }m+1\text{ 年的净现金流量}}$$

【例 9－7】沿用例 9－2 的资料，假定某设备以 24 000 元购入，估计使用寿命为 8 年，预计来自营业的每年现金流入量为 8 000 元，折现率为 10%，则折现回收期的计算如表 9－6 所示。

表 9－6　折现回收期的计算　　金额单位：元

项目	现金流量	折现系数（10%）	现值	累计净现值
第 0 年	(24 000)	1	(24 000)	(24 000)
第 1 年	8 000	0.909 1	7 272.8	16 727.2
第 2 年	8 000	0.826 4	6 611.2	10 116
第 3 年	8 000	0.751 3	6 010.4	4 105.6
第 4 年	8 000	0.683 0	5 464	(959.4)

$$\text{折现回收期}=3+\frac{4\ 105.6}{5\ 464}=3.75(\text{年})$$

折现回收期为 3.75 年，相比静态回收期 3 年，多了 0.75 年。

折现回收期的优点是考虑了货币时间价值，把不同时点的货币折算成同一时点，项目评价更加科学，但其仍没有克服静态回收期的其他缺点。

2. 净现值

投资项目的净现值（NPV）是未来现金流入的现值与未来现金流出的现值差额。净现值法假定存在某一最低的期望报酬率（加权平均资本成本），所有期望的未来现金流量都采用这个最低期望报酬率来计算现值。如果净现值等于零，即折现的现金流入量等于折现的现金流出量，投资报酬率等于投资资本成本。如果净现值为正数，即折现的现金流入量超过折现的现金流出量，投资报酬率大于投资资本成本。如果净现值为负数，即折现的现金流入量小于折现的现金流出量，投资报酬率小于投资资本成本。在若干投资项目中进行选择时，净现值最大者为最优选择。

净现值的通用计算公式如下：

$$NPV=\left[\frac{NCF_1}{(1+k)^1}+\frac{NCF_2}{(1+k)^2}+\cdots+\frac{NCF_n}{(1+k)^n}\right]-C$$

式中，NCF 为每年净现金流量；k 为资本成本（折现率）；n 为项目的使用年限；C 为原始投资额。

净现值的计算，可以分为下列两种情况：

（1）初始投资一次性支出，且每年的净现金流量相等：

$$NPV=A(P/A,n,i)-C$$

（2）初始投资分次支出，或每年的净现金流量不相等：

$$NPV=\left[\frac{NCF_1}{(1+k)^{-1}}+\frac{NCF_2}{(1+k)^{-2}}+\cdots+\frac{NCF_n}{(1+k)^{-n}}\right]-[C_1(1+i)^{-1}+C_2(1+i)^{-2}+\cdots+C_n(1+i)^{-m}]$$

式中，m 表示投资期。

【例9-8】 S公司打算购买某设备，该设备将会提高公司的生产效率并能每年节省现金支出4 000元，使用寿命为4年，4年后设备的变卖价值为0。假定该设备现行价格为12 148元，最低期望报酬率为每年10%，计算该方案的净现值。

投资项目净现值计算如表9-7所示。

表9-7 投资项目净现值计算 单位：元

	复利现值系数（折现率10%）	总现值	年末现金流入量				
计算方法一：分别将每年现金流入量折现			第0年	第1年	第2年	第3年	第4年
每年节省额	0.909	3 636		4 000			
	0.826	3 304			4 000		
	0.751	3 004				4 000	
	0.683	2 732					4 000
残值	0.683	0					
未来现金流入量现值		12 676					
原始投资额	1.000	(12 148)	12 148				
净现值		528					
计算方法二：使用年金现值系数表							
每年节省额	3.170	12 680		4 000	4 000	4 000	4 000
原始投资额	1.000	(12 148)	12 148				
净现值		532*					

*532与528相差4，系计算结果保留尾差所致。

【例9-9】 沿用例9-1的资料，假定公司各投资项目是独立的，相关资料如表9-8所示。资本成本为10%，所有的现金流入均在期末发生，采用直线法计提折旧，税率为40%。

表 9-8　各投资项目的年末现金流入量　　金额单位：元

投资项目	原始投资额	有效年限	年末现金流入量		
			第 1 年	第 2 年	第 3 年
A	40 000	2	26 000	30 800	—
B	18 000	3	0	16 000	16 000
C	24 000	3	10 000	10 000	10 000

考虑所得税因素后，各投资项目的税后现金流量如表 9-9 所示。

表 9-9　各投资项目的税后现金流入量　　单位：元

	计算税款（税率 40%）				税后现金流入量		
	第 1 年	第 2 年	第 3 年		第 1 年	第 2 年	第 3 年
A 项目：							
收入	26 000	30 800		收入	26 000	30 800	
折旧费用	20 000	20 000		税款	2 400	4 320	
应税所得额	6 000	10 800		税后现金流入量	23 600	26 480	
税款	2 400	4 320					
B 项目：							
收入	0	16 000	16 000	收入	0	16 000	16 000
折旧费用	6 000	6 000	6 000	税款	(2 400)	4 000	4 000
应税所得额	(6 000)	10 000	10 000	税后现金流入量	2 400	12 000	12 000
税款	(2 400)	4 000	4 000				
C 项目：							
收入	10 000	10 000	10 000	收入	10 000	10 000	10 000
折旧费用	8 000	8 000	8 000	税款	800	800	800
应税所得额	2 000	2 000	2 000	税后现金流入量	9 200	9 200	9 200
税款	800	800	800				

计算各投资项目的净现值，见表 9-10。

表 9-10　各投资项目的净现值　　单位：元

项目	年末现金流量				现值计算 金额×系数=现值
	第 0 年	第 1 年	第 2 年	第 3 年	
A 项目：					
现金流出					
原始投资额	(40 000)				(40 000)×1.00=(40 000)
现金流入					
第 1 年		23 600			23 600×0.909=21 452
第 2 年			26 480		26 480×0.826=21 873
现金流入现值合计					43 325
净现值					3 325
B 项目：					
现金流出					
原始投资额	(18 000)				(18 000)×1.00=(18 000)

续表

项目	年末现金流量				现值计算 金额×系数=现值
	第0年	第1年	第2年	第3年	
现金流入					
第1年		2 400			2 400×0.909=2 182
第2，3年			12 000	12 000	12 000×1.736=20 832
现金流入现值合计					23 014
净现值					5 014
C项目：					
现金流出					
原始投资额	(24 000)				(24 000)×1.000=(24 000)
现金流入					
第1，2，3年		9 200	9 200	9 200	9 200×2.486=22 871
净现值					(1 129)

注：计算结果含尾差。

通过以上计算可以看出A项目与B项目具有正的净现值，因此，按预期A项目和B项目10%的报酬率，都是可以接受的。而C项目的净现值为负数，说明投资是不利的，应当放弃。鉴于B项目的净现值大于A项目，所以投资B项目为最佳选择。

净现值法的优点是考虑了货币时间价值，通过折现率中包含的风险溢价考虑风险因素，能反映项目的净现值。其缺点是它的金额是个绝对值，没有考虑投入产出比，在存在融资约束的情况下，不便于比较投资额不同的项目，也不能揭示投资项目的实际报酬率。

3. 内含报酬率

净现值法与现值指数法是使用预先设立的报酬率，而内含报酬率则是某项投资在没有亏损的情况下，在其使用寿命内对投入资本所能支付的最大利率。换言之，内含报酬率可以这样定义：它是一个项目的预期现金流入的现值与其现金流出的现值相等时的折现率，即这个折现率所产生的净现值为零。此方法决定投资项目的实际报酬率。净现值与内含报酬率的关系如图9-1所示。

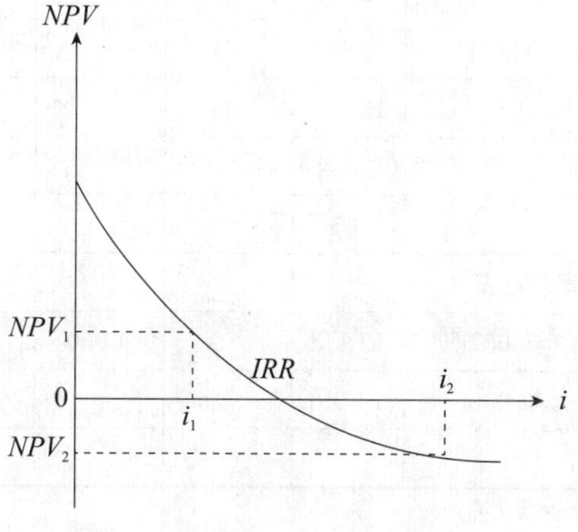

图9-1 净现值与内含报酬率的关系

内含报酬率可用下列公式表示：

$$\frac{NCF_1}{(1+r)^1}+\frac{NCF_2}{(1+r)^2}+\cdots+\frac{NCF_n}{(1+r)^n}-C=0$$

$$\sum_{t=1}^{n}\frac{NCF_t}{(1+r)^t}-C=0$$

内含报酬率的具体计算，可分为以下两种情况：

(1) 年金法：适用于初始投资一次性完成，且每年现金流入量相同时的内含报酬率的计算。

$$年金现值系数=\frac{原始投资额}{每年现金流入量}$$

【例 9-10】 沿用例 9-8 的资料，根据内含报酬率的定义：

$$12\,148=4\,000\times(P/A,\ i,\ 4)$$

$$(P/A,\ i,\ 4)=\frac{12\,148}{4\,000}=3.037$$

在年金现值系数表期限为 4 的一行中，最接近 3.037 的一栏的利率为 12%。内含报酬率 12%大于资本成本 10%，此方案可行。可用以下两种方法论证，如表 9-11 所示。

表 9-11　内含报酬率的计算结果验证

	复利现值系数（折现率 12%）	总现值	年末现金流量				
			第 0 年	第 1 年	第 2 年	第 3 年	第 4 年
计算方法一：分别将每年现金流入量折现							
现金流量							
每年节省额	0.893	3 572		4 000			
	0.797	3 148			4 000		
	0.712	2 848				4 000	
	0.636	2 544					4 000
未来现金流入量现值		12 112					
原始投资额	1.000	(12 148)	(12 148)				
净现值		(36)*					
计算方法二：使用年金现值系数表							
每年节省额	3.037	12 148		4 000	4 000	4 000	4 000
原始投资额	1.000	(12 148)	(12 148)				
净现值		0					

* 该结果不为 0 系计算结果保留尾差所致。

如果假定此例中现金流入量为 3 600 元而不是 4 000 元，则

$$12\,148=3\,600\times(P/A,\ i,\ 4)$$

$$(P/A,\ i,\ 4)=12\,148/3\,600=3.374$$

在年金现值系数表期限为 4 的一行中，最接近 3.374 的一栏的利率为 8%。在大多数情况下，这个数字已经足够接近，但为了获得更精确的利率，需要采用插补法计算：

	年金现值系数	
6%	3.465	3.465
IRR		3.374
8%	3.312	
差额	0.153	0.091

$$IRR=6\%+\frac{0.091}{0.153}\times2\%=7.2\%$$

很明显，当每年现金流入 3 600 元时，此投资项目的内含报酬率只有 7.2%，小于资本成本 10%，该投资项目不能接受。

为了进一步理解内含报酬率，我们可对内含报酬率计算的基本原理进行说明：

表 9-11 显示了内含报酬率为 12%、为期 4 年的年现金流入量 4 000 元，其现值为 12 148 元。12%是这样一个比率，它使原始投资额 12 148 元和年现金流入量 4 000 元的现值正好相等。换言之，如果以实际利率 12%借入这笔钱，这个项目所产生的现金流入量恰好偿还这笔假定的借款和 4 年的利息，如表 9-12 所示。假定年初不能收回的投资应负担全年利息，每年现金流入量在年末收到。

表 9-12 内含报酬率的基本原理

单位：元

年份	年初借款余额 (1)	按年付息 (12%) (2)	年终累计数 (3)=(1)+(2)	偿还借款金额 (4)	年末借款余额 (5)=(3)-(4)
1	12 148	1 457.76	13 605.76	4 000	9 605.76
2	9 605.76	1 152.69	10 758.45	4 000	6 758.45
3	6 758.45	811.01	7 569.46	4 000	3 569.46
4	3 569.46	428.35	3 997.81*	4 000	0

* 3 997.81 约为 4 000（整数）。

（2）逐次测试法：适用于初始投资分次进行或每年现金流入量不等时内含报酬率的计算。

投资项目的初始投资可能是一次性完成的，也可能是分次进行的。如果是分次进行的，需要将投资额统一折算成现值。各年的现金流量有时是相同的，但大多数情况下是不同的。如果不同，内含报酬率的计算则更为复杂，需要采用逐次测试法或试误法来解决。但在实务中，这类计算通常可使用计算机程序来完成。

根据内含报酬率的定义：

$$NPV=\left[\frac{NCF_1}{(1+k)^{-1}}+\frac{NCF_2}{(1+k)^{-2}}+\cdots+\frac{NCF_n}{(1+k)^{-n}}\right]-[C_1(1+i)^{-1}+C_2(1+i)^{-2}+\cdots+C_n(1+i)^{-m}]=0$$

使用逐次测试法时，初始净现值按估计的报酬率测试计算。如果净现值为正数，再用高一点的利率测试；如果净现值为负数，再用低一点的利率测试。这样一直测试直至净现值等于零。该投资的实际报酬率就是净现值等于零时的利率，可采用插补法进行精确计算。

【例 9-11】 沿用例 9-10 的资料，有关内含报酬率的计算可按如下方法进行。

在例 9-10 中我们已经用 10%计算了各投资项目的净现值，知道 A 项目与 B 项目的实际报酬率均高于 10%，C 项目低于 10%。我们可把其称为第一次测试。假定第二次测试将 A 项目与 B 项目的内含报酬率定为 18%，则其计算过程如表 9-13 所示。

表 9-13　投资项目的内含报酬率——假定用 18%进行第二次测试

项目	年末现金流量				现值计算 金额×系数=现值
	第 0 年	第 1 年	第 2 年	第 3 年	
A 项目：					
现金流出					
原始投资额	(40 000)				(40 000)×1.000=(40 000)
现金流入					
第 1 年		23 600			23 600×0.847=19 989
第 2 年			26 480		26 480×0.718=19 013
现金流入现值合计					39 002
净现值					(998)
B 项目：					
现金流出					
原始投资额	(18 000)				(18 000)×1.000=(18 000)
现金流入					
第 1 年		2 400			2 400×0.847=2 033
第 2，3 年			12 000	12 000	12 000×1.566=18 792
现金流入现值合计					20 825
净现值					2 825

注：计算结果含尾差。

表 9-13 显示，A 项目的净现值为负；B 项目的净现值为正，但鉴于其大于零较多，应继续降低利率再次测试，然后用插补法求得内含报酬率（此处省略）。对于 A 项目，我们继续将折现率降低为 16%进行第三次测试，如表 9-14 所示。

表 9-14　A 项目的内含报酬率计算——假定用 16%进行第三次测试

项目	年末现金流量				现值计算 金额×系数=现值
	第 0 年	第 1 年	第 2 年	第 3 年	
现金流出					
原始投资额	(40 000)				(40 000)×1.000=(40 000)
现金流入					
第 1 年		23 600			23 600×0.862=20 343
第 2 年			26 480		26 480×0.743=19 675
现金流入现值合计					40 018
净现值					18

注：计算结果含尾差。

此次测试得出的净现值为 18 元，非常接近零，我们基本可以确定 A 项目的内含报酬率为 16%。

C 项目的内含报酬率易于计算。由于 C 项目的初始投资是一次性完成的，且每年现金流入量相等呈年金形式，所以我们可以用年金法来进行计算：

$$24\,000\times1.000=9\,200\times(P/A,\ IRR,\ 3)$$

$$(P/A,\ IRR,\ 3)=\frac{24\,000}{9\,200}=2.609$$

参照年金现值系数表，在期限为 3 的一行中找出接近 2.609 的利率，恰好 6%与 8%的系数分别为 2.673 和 2.577，利用插补法计算如下：

$$IRR=6\%+2\%\times\frac{(2.673-2.609)}{(2.673-2.577)}=7.33\%$$

依据内含报酬率进行选择，B 项目最佳，内含报酬率大于 18%；A 项目次之，内含报酬率约为 16%；而 C 项目的内含报酬率为 7.33%。如果取舍率为 10%，则 A 项目和 B 项目均可接受，而 C 项目应放弃。

内含报酬率的优点是考虑了货币时间价值，是一个相对数指标，可以反映投资的投入产出比，是投资的真实报酬率。

内含报酬率的缺点是计算相对复杂，而且容易与会计报酬率混淆。此外，内含报酬率也有一些固有缺陷：

(1) 项目可能存在多个内含报酬率或无内含报酬率，因其是相对指标所以其无法衡量企业价值的绝对增长。例如，假设某两年期项目初始投资成本为 100 万元，第 1 年年末净现金流入 240 万元，第 2 年年末净现金流出 143 万元，计算该投资项目的内含报酬率，则

$R=10\%$时，$NPV=-100+240/(1+10\%)-143/(1+10\%)\times2=0$；

$R=30\%$时，$NPV=-100+240/(1+30\%)-143/(1+30\%)\times2=0$。

所以，内含报酬率有多解。

（2）再投资假设不能满足。在计算内含报酬率时，假设项目投资后各期产生的现金流入是按照项目所要求的内部收益率进行再投资形成的增值，而不是按照资本市场上可能达到的收益率进行再投资形成的增值。因此，这一假设难以满足。

（3）内含报酬率是相对数指标，反映的是投资效率，无法像净现值法一样衡量企业价值增长的投资效果。

（4）基于内含报酬率指标进行选择可能会使企业选择高风险项目。

正是因为有这样的缺陷存在，所以如果出现内含报酬率法和净现值法存在矛盾的情况，应以净现值法为准。

【知识拓展】
用 Excel 计算
内含报酬率

【知识拓展】
调整的内含报酬率

【知识拓展】
用 Excel 计算调整的
内含报酬率

三、基于净现值转化的评价方法

（一）现值指数

在两个以上备选投资项目存在资金约束时，需要考虑投资效率，此时，仅凭净现值这样的绝对值就无法做出方案的选择，需要计算现值指数指标。

现值指数也称获利指数（profitability index，PI）是现金流入的现值对现金流出的现值的比率。此方法与净现值法一样通过折现的步骤计算，但最终它计算的是一个比率。通用计算公式如下：

$$PI=\left[\frac{NCF_1}{(1+K)^1}+\frac{NCF_2}{(1+K)^2}+\cdots+\frac{NCF_n}{(1+K)^n}\right]\Big/C$$

或

$$PI=\frac{\text{未来现金流量的总现值}}{\text{原始投资额}}$$

如果投资是分多次完成的，计算公式如下：

$$PI=\frac{\text{未来现金流量的总现值}}{\text{现金流出的总现值}}$$

如果此比率等于 1，则表示折现的收益与折现的成本正好相等，投资的实际报酬率等于期望报酬率。如果此比率大于 1，则表示收益超过成本，此投资应接受。如果此比率小于 1，则说明此投资提供的报酬率低于期望报酬率，应放弃。互斥投资方案的现值指数最大者为最优投资。

【例 9-12】沿用例 9-8 的资料，现值指数计算如下：

$$现值指数=\frac{12\,676}{12\,148}=1.04$$

现值指数大于 1 说明该投资项目是可行的。

现值指数的应用，具体可分为以下两种情况：

(1) 如果两个以上备选投资项目的初始投资规模不同，仅凭净现值这样的绝对值就无法做出方案的选择，此时现值指数可以发挥作用。

【例 9-13】沿用例 9-9 的资料，现值指数计算如表 9-15 所示。

表 9-15 投资项目的现值指数

金额单位：元

投资项目	折现后的现金流入	折现后的现金流出	现值指数
A	43 325	40 000	1.08
B	23 014	18 000	1.28
C	22 871	24 000	0.95

表 9-15 显示，A 项目与 B 项目的现值指数分别为 1.08 与 1.28，表明这两个投资项目是有利的，C 项目显然是不利的。依据现值指数的大小，B 项目为最优选择。

(2) 如果在实际中，企业面临资金约束或进行组合投资，利用现值指数可以做出更好的选择。

【例 9-14】沿用例 9-13 的资料，现值指数计算如表 9-15 所示。假设本公司有 50 000 元资金，则会优先满足 B 项目 18 000 元的资金需要（因其现值指数最高，为 1.28），其余资金再满足 A 项目的资金需要。

（二）投资期限不同时的互斥项目决策

设备更新项目决策的基本准则是：当一些投资项目相互排斥时，应接受差额净现值最大或成本最低的投资项目。

当设备的使用年限相同时，通常采用差额净现值法进行决策，即将继续使用旧设备和更新设备看作两个方案，计算两个方案在相同时点上的差量现金流入和差量现金流出，进而计算其差量净现值，以差量净现值大的方案作为优先方案。

【例 9-15】A 公司拟对原有设备进行更新。旧设备价值 100 000 元，已经使用 5 年，计提折旧 50 000 元，还可继续使用 5 年，预计期满后无残值，如果现在出售此设备可得价款 40 000 元。使用旧设备每年可带来营业收入 100 000 元，每年耗费的付现成本为 70 000 元。经过市场调查，新设备的购置成本为 120 000 元，估计可使用 5 年，期末预计残值为 10 000 元，新设备每年可带来营业收入 120 000 元，每年需耗费的付现成本为 60 000 元。两个设备均采用直线法计提折旧，所得税税率为 25%，资本成本为 10%。请说明该公司是否应进行固定资产更新。

首先，计算更新设备和继续使用旧设备两个方案在相同时点上的差量现金流量。

(1) 差量初始现金流量。

新设备购置成本	−120 000
旧设备变价收入	40 000
旧设备出售损失抵税 [(100 000−50 000)−40 000]×25%	2 500
差量初始现金流量	−77 500

(2) 差量营业现金净流量。

差量营业收入=120 000−100 000=20 000(元)

差量付现成本=60 000−70 000=−10 000(元)

$$差量折旧=\frac{(120\,000-10\,000)}{5}-\frac{(100\,000-50\,000)}{5}=12\,000(元)$$

$$\begin{aligned}差量营业现金净流量&=20\,000\times(1-25\%)-(-10\,000)\times(1-25\%)\\&\quad+12\,000\times25\%\\&=25\,500(元)\end{aligned}$$

(3) 差量终结现金流量。

差量终结现金流量=10 000(元)

两个方案的差量现金流量还可以用表 9-16 表示。

表 9-16　更新设备和继续使用旧设备两个方案的差量现金流量　　单位：元

年份	第 0 年	第 1～4 年	第 5 年
差量初始现金流量	−77 500		
差量营业现金净流量		25 500	25 500
差量终结现金流量			10 000
合计	−77 500	25 500	35 500

其次，计算两个方案的差量净现值：

$$\begin{aligned}差量净现值&=-77\,500+25\,500\times(P/A,10\%,4)+35\,500\times(P/F,10\%,5)\\&=25\,380.50(元)\end{aligned}$$

这表明更新设备比继续使用旧设备能带来 25 380.50 元的增量净现值，所以应该选择更新设备。

如果备选投资项目的预计使用年限不同，用净现值等方法无法进行方案的选择，就可以用下面两种方法进行决策。

1. 共同年限法

共同年限法就是用各投资项目寿命周期的最小公倍数作为各投资项目的共同寿命周期，然后比较各投资项目在共同寿命周期内现金流量的净现值，以净现值的大小来选择方案。从目的看，当使用期较短的项目终了时假定一个再投资，这样做是行得通的，因为决策者会尽可能延长它们的有效期。

【例 9-16】 假定某公司拟对设备 C 进行更新，以设备 D 来替代。有关资料如表 9-17 所示。

表 9-17　设备 C 和设备 D 的现金流量　　单位：元

年份	现金流量	
	设备 C	设备 D
0	(3 000)	(3 800)
1	1 100	800
2	2 800	1 600
3	—	1 600
4	—	1 400

可以看出：设备 C 可使用 2 年，设备 D 可使用 4 年，可用共同年限法来解决。假设资本成本为 10%。设备 C 和设备 D 的最小公倍数为 4 年，在 4 年中，若选择设备 C，则 2 年后再投资。若选择设备 D，则这 4 年内无须更新设备。计算过程如表 9-18 和表 9-19 所示。

表 9-18　设备 C 的现金流量及净现值计算表　　单位：元

折现系数	现值	现金流量				
		第 0 年	第 1 年	第 2 年	第 3 年	第 4 年
1.000	(3 000)	(3 000)				
0.909	1 000		1 100			
0.826	2 313			2 800		
	(2 478)			(3 000)		
0.751	826				1 100	
0.683	1 912					2 800
净现值	573					

注：计算结果含尾差。

表 9-19　设备 D 的现金流量及净现值计算表　　单位：元

折现系数	现值	现金流量				
		第 0 年	第 1 年	第 2 年	第 3 年	第 4 年
1.000	(3 800)	(3 800)				
0.909	727		800			
0.826	1 322			1 600		
0.751	1 202				1 600	
0.683	956					1 400
净现值	407					

注：计算结果含尾差。

从以上计算可以看出：以 4 年的共同寿命周期比较，继续使用旧设备 C 优于新设备 D。

如果投资项目较多，使用年限较长，共同年限法的计算则十分烦琐，这时可以采用等额年金法。

2. 等额年金法

等额年金法是指以现有设备和新设备的等额年金作为更新设备的决策是否可行的标准。具体做法是先计算出备选项目的净现值，然后计算其等额年金。计算公式如下：

根据年金现值计算公式：

$$FVA_n = A(F/A,\ i,\ n)$$

则等额年金为：

$$A = \frac{FVA_n}{(F/A,\ i,\ n)}$$

【例 9-17】 假定某公司现有 A 设备系 5 年前购置，原价为 8 400 元。预计还可使用 5 年，现在变现价值为 2 400 元，使用期满可收回残值 400 元，每年使用费为 1 000 元。目前市场有新设备 B 出售，其价格为 9 000 元，使用年限为 10 年，使用期满后尚有残值 1 000 元，每年使用费为 500 元。若利率为 10%，设备 A 是否需要更新？

运用等额年金法计算如下：

$$\text{设备 A 等额年金} = \frac{-2\,400 + 400 \times (P/F,\ 10\%,\ 5) - 1\,000 \times (P/A,\ 10\%,\ 5)}{(P/A,\ 10\%,\ 5)}$$

$$= -1\,568(\text{元})$$

$$\text{设备 B 等额年金} = \frac{-9\,000 + 1\,000 \times (P/F,\ 10\%,\ 10) - 500 \times (P/A,\ 10\%,\ 10)}{(P/A,\ 10\%,\ 10)}$$

$$= -1\,902(\text{元})$$

计算结果显示设备 A 的等额年金流出低于设备 B，每年将节约 334 元（1 902—1 568），在其可使用的 5 年内共可节约 1 670 元，因此继续使用旧设备更划算。

第三节　投资项目现金流量

一、现金流量的概念

投资项目中的现金流量是指与投资决策相关的现金流入量和现金流出量的统称。现金流量是评价投资项目是否可行时必须事先计算的一个基础性数据。在一定时期内的现金流入量与现金流出量的差额称为净现金流量或现金净流量。

在理解投资决策中的现金流量概念时，应注意以下几点：

1. 在确定与投资项目相关的现金流量时，只有增量现金流量才是与项目相关的现金流量

这是应遵循的最基本的原则。所谓增量现金流量是指接受或拒绝某个投资项目后，企业总现金流量发生的变动量。只有那些由于采纳某个项目引起的现金支出增加额，才是该项目的现金流出量；只有那些由于采纳某个项目引起的现金流入增加额，才是该项目的现金流入量。

2. 投资决策中的现金流量是与决策项目相关的现金流量

只有当做出某项决策后会发生改变的现金流量才是与决策相关的，如果无论是否做出该决策，一笔现金流量均会发生或均不发生，那么该笔现金流量就与决策不相关，不需要予以考虑。

其中重点要考虑下面几个问题：

（1）相关与非相关成本。相关成本是指与特定项目决策有关的、在分析评价时必须考虑的成本，例如，差额成本、未来成本、重置成本、机会成本等。而与此相反，与项目决策无关的、在分析评价时不必加以考虑的成本是非相关成本，例如，沉没成本、过去成本、账面成本等。

例如，某公司在2015年曾经打算新建一个车间，并请一家会计公司做过可行性分析，支付咨询费5万元，后来由于公司有了更好的投资机会，该项目被搁置下来，该笔咨询费作为费用已经入账。2020年，在进行投资项目分析时，这笔咨询费是否仍是相关成本呢？答案应当是否定的。因为该笔支出已经发生，无论公司是否采纳新建一个车间的方案，支出金额都已无法收回，与公司未来的总现金流量无关，这应该属于沉没成本。

（2）沉没成本。沉没成本是指已经发生而现在无法改变的成本。由于沉没成本已是既成事实，不可能因为投资决策而发生改变，因此属于决策无关成本，在决策中不予考虑。例如，公司为某项目进行了一定的市场调查和技术分析，这些活动花费了3万元，现在需要做出是否投资的决策，这3万元的前期费用就属于沉没成本，在决策中不应考虑。

如果将非相关成本纳入投资方案的总成本，则一个有利的方案可能因此变得不利，一个较好的方案可能变为较差的方案，从而造成决策错误。

（3）机会成本。机会成本是指因为选择某个投资方案而丧失的其他收益机会。如果选择了一个投资方案，则必须放弃投资于其他途径的机会，其他投资机会可能取得的收益是实行本方案的一个代价，称为这个投资方案的机会成本。因此。该收益丧失的机会成本是由做出的投资决策引起的，与决策相关，在决策中应予考虑。例如，公司一间暂时闲置的厂房，既可以对外出租，每年收取租金15万元，又可以用于某条新的生产线，如果公司决定将其用于新的生产线，那么由此丧失的每年15万元的租金收入就应当作为该生产线的机会成本予以考虑。

3. 要考虑投资项目对企业其他项目的影响

当我们采纳一个新的项目后，该项目可能对企业的其他项目或产品造成有利或不利的影响。例如，新建车间生产的产品上市后，原有产品的销路可能缩小，而且整个公司的销售额可能不增加，甚至减少。因此，公司在进行投资分析时不应将新车间的销售收入作为增量销售收入来处理，还应扣除其他项目可能减少的销售收入。当然也可能发生相反的情况，新产品上市后促使其他项目的销售额增长，这要看新项目与原项目是竞争关系还是互补关系。当然，诸如此类的交互影响事实上很难准确计量，但决策者在进行投资分析时，仍要将其考虑在内。

4. 投资决策中现金流量的计算是建立在税后基础之上的

因为只有扣除税收因素之后的现金流入才是企业增加的净收益，也只有扣除税收因素之后的现金流出才是企业增加的净支出，所以凡是由投资决策引起的计入当期收入或当期费用损失的项目，都应考虑其对所得税的影响。

5. 要考虑对营运资本的影响

在一般情况下，当企业开办一项新业务并使销售额扩大后，对于存货和应收账款等经营性流动资产的需求会增加，企业必须筹措新的资金以满足这些额外需求。另一方面，企业经营规模扩大之后，应付账款与一些应付费用等经营性流动负债也会同时增加，从而降低企业营运资本的实际需要。所谓营运资本的需要，是指增加的经营性流动资产与增加的经营性流动负债之间的差额。当投资项目的寿命周期快要结束时，企业将与项目有关的存货出售，应收账款变为现金，应付账款和应付费用也随之偿付，营运资本恢复到原有水平。通常在进行投资分析时，假定初始投资时筹措的营运资本在项目结束时收回。

6. 在确定现金流量时，不应包含与筹资相关的内容

虽然筹资的目的是投资，但投资活动中使用的资金是筹资得来的，二者不可混为一谈。投资项目的现金流量指包括与投资项目本身相关的内容，即使是为了某项投资而专项借入的资金，其本金的借入与偿还初始筹资费用和各年利息费用的支付也不应计入投资项目的现金流量中。否则，同一个投资项目会因为是使用自有资金还是借入资金而出现截然不同的现金流量，进而可能产生截然不同的决策结果。企业筹资成本的高低的确会在一定程度上影响投资决策，但它是以折现率的形式出现的，而不是以现金流量的形式出现。如果从投资项目的现金流量中扣除各年利息，再按资本成本进行折现，就对筹资成本进行了重复考虑。因此，筹资活动的现金流量应在筹资管理中予以考虑，投资活动的现金流量则在投资管理中进行分析。二者通过资本成本这条纽带相互联系，而不是在现金流量上不分彼此。

二、新建项目现金流量

（一）新建项目现金流量的构成

新建项目投资决策中的现金流量一般由以下三部分构成，或者说是由三个时间段的现金流量构成。

1. 初始现金流量

初始现金流量是指初始投资阶段发生的现金流量，一般包括以下几项内容：

(1) 固定资产投资。包括固定资产的购置或建造成本、运输成本和安装成本等带来的现金流出。

(2) 营运资金垫支。它是指投资项目开始时净营运资金的变动，包括流动资产和流动负债的变动，例如，对存货和应收账款等流动资产的追加将带来一部分现金流出，而应付账款等流动负债的增加将导致现金流出减少。大多数情况下，增加生产设备必须增加营运资金，营运资金指流动资产超过流动负债的金额。增加生产设备后，企业可能需要较多的原料、在产品、产成品增加销量，从而增加应收账款，并且需要资金用来支付增加的工资。由于所有的营运资金是在整个营业终了时收回，此种营运资金的减少应视为现金的收回。

(3) 其他费用。主要是指与长期投资有关的职工培训费、谈判费、注册费等带来的现金流出。这部分现金流出通常直接计入当期费用，因此还需考虑其对所得税的影响。

2. 营业现金净流量

营业现金净流量又称营业现金流量，是指投资项目投入使用后在其寿命周期内，生产经营所产生的现金流入量扣除现金流出量。这种现金流量一般按年度进行计算。这里的现金流入一般是指由营业收入带来的现金流入，现金流出一般是指只需要付现的营业成本和所得税引起的现金流出。

大部分长期决策现金流入分散于投资的有效年限，包括项目投产后每年增加的收入，使用新固定资产节约的费用，如节省的人工福利费等。

3. 终结现金流量

终结现金流量是指投资项目完结时所产生的现金流量，主要包括固定资产的残值收入或变价收入、固定资产的清理费用以及原来垫支的营运资金的收回。

(二) 营业现金净流量的计算方法

初始现金流量和终结现金流量的计算比较简单，只需逐项列出然后相加即可。需要注意的是，如果初始投资时存在费用化的支出，或涉及旧固定资产的出售损益，则需要考虑它们的所得税影响。

营业现金净流量的计算相对较为复杂，其计算方法主要有以下三种：

1. 根据定义直接计算

根据营业现金净流量的定义，每年的营业现金净流量是营业现金流入扣除营业现金流出后的金额。为了便于计算，假定投资项目每年的营业现金流入等于营业收入，而营业现金流出等于付现成本（指不包括折旧的营业成本）与所得税之和，于是得到了计算每年营业现金净流量的第一种计算方法：

营业现金净流量＝营业收入－付现成本－所得税

2. 根据税后净利推导计算

投资项目每年的营业现金净流量包括两个方面的内容：一是所获得的税后净利；二是所计提的折旧。因为折旧不需要付出现金，但抵减了当期利润，所以在计算营业现金净流量时，应将其加回税后净利中，于是得到计算营业现金净流量的第二种方法：

营业现金净流量＝税后净利＋折旧

也可以由下列公式推导而来：

$$\text{营业现金净流量}=\text{营业收入}-\text{付现成本}-\text{所得税}=\text{营业收入}-(\text{营业成本}-\text{折旧})-\text{所得税}$$
$$=\text{营业收入}-\text{营业成本}-\text{所得税}+\text{折旧}=\text{税后净利}+\text{折旧}$$

3. 根据所得税的影响计算

由于收入要缴税，费用可抵税。因此，无论是营业收入还是付现成本，最终都应是税后的数据，而且不需付现的折旧也具有抵税作用，于是得到计算营业现金净流量的第三种方法：

$$\text{营业现金净流量}=\text{营业收入}\times(1-\text{税率})-\text{付现成本}\times(1-\text{税率})+\text{折旧}\times\text{税率}$$

也可以由下列公式推导而来：

$$\text{营业现金净流量}=\text{税后净利}+\text{折旧}=(\text{营业收入}-\text{营业成本})\times(1-\text{税率})+\text{折旧}$$
$$=(\text{营业收入}-\text{付现成本}-\text{折旧})\times(1-\text{税率})+\text{折旧}$$
$$=\text{营业收入}\times(1-\text{税率})-\text{付现成本}\times(1-\text{税率})-\text{折旧}\times(1-\text{税率})+\text{折旧}$$
$$=\text{营业收入}\times(1-\text{税率})-\text{付现成本}\times(1-\text{税率})+\text{折旧}\times\text{税率}$$

以上三种方法的计算结果是一样的，可以根据已知条件选择最简便的方法。其中，第三种方法较为常用，因为它不需要计算投资项目带来的利润，而是直接根据投资项目的营业收入、付现成本、折旧以及企业的所得税税率来计算。

公式中用的是税后利润，也可以用税前利润。一般来说，如果为考核项目本身的投资效益，应以税前利润作为计算基础，以免税率的大小或变动影响其效益指标。如果是从投资者的角度考察项目的投资效益，应用税后利润作为计算基础，因为税金作为一项现金流出量，只有在扣除它以后确定的投资效益才是投资者能真正得到的。

现金流量的确定是投资决策中的重要问题，下面举例说明投资项目现金流量的计算。

【例 9－18】假设 F 投资项目的有关资料为：固定资产投资为 100 000 元，项目建设期 2 年，价款分 4 年付给承包商，第 3 年投产经营，对项目流动资产的投资为 50 000 元，投资后每年收入 40 000 元，每年付现成本 10 000 元，经营期为 5 年，采用直线法计提折旧，该项目预计期末有残值收入 2 000 元。

表 9－20　F 投资项目现金流量计算表　　单位：元

项目	现金流量							总计
	第 1 年	第 2 年	第 3 年	第 4 年	第 5 年	第 6 年	第 7 年	
固定资产投资	(25 000)	(25 000)	(25 000)	(25 000)				(100 000)
固定资产折旧			20 000	20 000	20 000	20 000	20 000	100 000
经营利润（税前）			10 000	10 000	10 000	10 000	10 000	50 000
流动资产投资			(50 000)				50 000	
期末残值收入							2 000	
现金净流量	(25 000)	(25 000)	(45 000)	5 000	30 000	30 000	82 000	50 000

三、设备更新项目现金流量

设备的更新有其特定含义，它不是指原来的固定资产已经无法使用而报废必须更新，而是用更有效、更先进的设备取代现有的技术性能落后、使用成本高的设备，也就是通常所说的“以旧换新”。这里的以旧换新包括三个方面的含义：一是旧资产还有一定的使用价值和价值；二是新资产与旧资产具有同样的功能，但新资产的工作效率高于旧资产；三是新资产应以较低的成本完成旧资产的生产任务。因此，设备的更新，并不是指旧设备到了自然淘汰的地步，而是指继续使用它对企业来说已经不划算。及时更新设备提高劳动生产率，不断提高产品质量和降低成本，是我们在长期决策中要解决的重要问题之一。

设备更新项目的现金流量具体包括以下几个方面。

1. 旧资产目前的变卖价值和需要的投资

通常以旧资产目前的变卖价值抵消新资产的总成本及实际的现金支出，作为测定设备更新项目需要的投资金额。旧资产变价收入主要是指固定资产更新时变卖原有固定资产所带来的现金流入。此时需要注意，如果原有固定资产的出售价格与账面价值不同，则出售损益会给企业带来所得税方面的影响。如果投资决策是关于企业目前拥有的任何非货币资源，如房屋或设备，则相关成本是资产的变现价值，而非会计记录的账面价值。

2. 应收款项和存货的投资

在折现的现金流量模式中，投资应收款项和存货基本上与投资固定资产相同，在开始时做瞬间现金流出记录，不同的是固定资产投资在项目使用寿命终了时可以不回收或以残值做部分回收，而应收款项和存货却要回收，视为项目使用终结时的现金流入。

3. 账面价值和折旧

折旧是权责发生制会计的一种现象，它分配给成本负担，而不是一种特定的现金支出。在折现的现金流量模式中，折旧和账面价值可以忽略不计，原因是从决策者角度看，它们是无法改变的沉没成本，要排除其影响和干扰才能做出正确的选择。

4. 间接费用分析

在相关成本的分析中，间接费用在各投资项目中是不同的，可行方案的固定间接费用需要进行仔细研究。事实上，这是成本分析一个极其困难的方面。

5. 所得税

在实践中，各种备选投资项目的比较，最好是在考虑了所得税的影响后再进行，因为所得税可能改变有关状况。

6. 未来变卖价值

项目终结时设备的变卖价值是设备在变卖时一笔增加的现金流入。预测变卖价值失误一般不会有太大影响，因为其折现价值通常很小。

第四节　投资项目风险分析

前已述及，在进行长期决策时，假定各个投资项目的各期现金流量是已知的，并在规定时期内发生这类决策的因素是可以确定的。而事实上，由于长期决策时间长、涉及数额大，未来时点的现金流量往往难以完全确定或未能在规定的时间内发生，不确定性因素产生的影响较大，因而在进行长期决策时，除了要考虑货币时间价值等因素外，还必须考虑这些风险或不确定性因素，才能对投资项目做出正确的评价。

一、投资项目风险

（一）投资项目风险的含义

投资项目风险是指项目在实际执行过程中某些因素可能发生变化，导致当初运用净现值和内含报酬率等评价指标选出的盈利项目，实际执行下来并不盈利或者与预期的盈利水平产生差异的可能性。

（二）投资项目风险的内容

投资项目风险可能源于项目本身或估计误差，也可能来自各种外部因素的影响，其中具有普遍性或比较重要的因素包括以下几个方面。

1. 项目收益风险

项目收益风险是指影响项目收入的不确定性因素，如产品价格的波动、市场状况、消费者偏好、意外事故导致项目后续生产的产品的销售量或销售单价与当初的估计值产生偏离。

2. 投资和经营成本

投资和经营成本的影响主要是指对各项费用估计的偏离，例如，对厂房及其设备的类型与数量、土地征用与拆迁安置地建设投资估计不足，或者对材料费、人工费等经营成本的估计不足等。

3. 融资风险

融资风险是指项目资本来源、供应量与固定时间市场利率的变化对融资成本产生的影响，可能使项目预期的折现率与实际执行的折现率不同。

此外，社会政治、经济的稳定程度，项目施工与经营管理的水平，项目设计质量和可靠性以及通货膨胀等因素，也会对项目执行后的各期实际现金流量和折现率产生影响，导致项目收益与预期收益的偏离。

二、投资项目的风险决策方法

（一）调整折现率中的风险溢价

使用企业当前的资本成本作为项目的资本成本，应具备两个基本条件：一是项目的经营风险与企业当前资产的平均经营风险相同；二是企业继续采用相同的资本结构为新项目筹资。

当特定投资项目的经营风险与企业当前的经营风险差异较大，或者对投资项目的筹资不按照企业当前的资本结构进行时，就不能使用企业当前的加权平均资本成本，而应当估计项目的系统风险，将与特定投资项目有关的风险溢价加入投资所要求的必要报酬率中。

【知识拓展】CAPM 与 MM 理论结合，估算项目资本成本

按照投资组合理论：

$$\beta_{资产}=\beta_{权益}\times\frac{股东权益}{(1-税率)\times负债+股东权益}+\beta_{负债}\times\frac{(1-税率)\times负债}{(1-税率)\times负债+股东权益}$$

根据 MM 理论的基本假设之一：所有债务都是无风险的，债务利率为无风险利率，即 $\beta_{负债}=0$，那么：

$$\beta_{资产}=\beta_{权益}\times\frac{股东权益}{(1-税率)\times负债+股东权益}$$

当新项目的风险与现有资产的平均风险显著不同时，比如跨界经营，项目的经营风险与企业现有的经营风险差异不小，就可寻找一个经营业务与拟投资项目类似的上市公司（简称可比公司），以该上市公司的β作为拟投资项目的β。

（1）卸载可比公司财务杠杆，估算仅包含拟投资项目经营风险的$\beta_{资产}$。

根据可比公司股东收益波动性估计的β，是含有财务杠杆的$\beta_{权益}$。现要将可比公司的资本结构因素排除，确定可比公司不含财务杠杆的β，即$\beta_{资产}$，将可比公司的资本结构及税率带入上述公式，即可估算出公式左侧的$\beta_{资产}$。

（2）加载本投资使用的资本结构，估算包含投资项目经营风险和财务风险的$\beta_{权益}$。同样使用公式：

$$\beta_{资产}=\beta_{权益}\times\frac{股东权益}{(1-税率)\times负债+股东权益}$$

在第一步已经估算出拟投资项目$\beta_{资产}$（即已知公式左侧）的基础上，将本投资项目使用的资本结构及对应的税率带入公式，即可估算出包含投资项目经营风险和财务风险的$\beta_{权益}$。

（3）根据得出的拟投资项目的$\beta_{权益}$计算该投资项目股东要求的报酬率。

$$股东要求的报酬率=股东权益成本=无风险利率+\beta_{权益}\times市场投资组合的风险溢价$$

（4）计算项目资本成本。

$$加权平均资本成本=负债成本\times(1-税率)\times\frac{负债}{资本}+股东权益成本\times\frac{股东权益}{资本}$$

【例9-19】惊羽公司是一家主营汽车制造的公司，其负债权益比为1∶2。公司希望进行一项招聘咨询领域的投资项目。目前资本市场上仅有一家招聘咨询公司，其负债权益比为1∶1，股票贝塔系数是1.8。假设债务的贝塔系数为0，已知无风险利率为4%，市场利率为12%，两个公司的企业所得税税率均为30%。估算惊羽公司投资该项目的资本成本。

$$招聘咨询项目经营风险\ \beta_{资产}=\frac{1.8}{1+(1-30\%)\times1}=1.06$$

$$\beta_{资产}=1.06=\beta_{权益}\times\frac{2}{2+(1-30\%)\times1}$$

$$\beta_{权益}=1.43$$

$$股东要求的报酬率=4\%+1.43\times(12\%-4\%)=15.44\%$$

$$项目资本成本=4\%\times(1-30\%)\times\frac{1}{3}+15.44\%\times\frac{2}{3}=11.23\%$$

（二）概率法

概率法是指通过发生的概率来调整各期的现金流量，并计算投资项目的期望净现金流量和期望净现值，从而对投资项目风险进行评价的一种方法。

具体计算公式为：

$$\overline{NCF_t}=\sum_{i=1}^{n}NCF_{ti}P_{ti}$$

$$\overline{NPV}=\sum_{t=0}^{m}\overline{NCF_t}\times PVIF_{k,t}$$

式中，$\overline{NCF_t}$ 为第 t 年的期望净现金流量；NCF_{ti} 为第 t 年的第 i 种结果的净现金流量；P_{ti} 为第 t 年的第 i 种结果发生的概率；n 为第 t 年可能结果的数量；$\overline{NPV}$ 为投资项目的期望净现值；$PVIF_{k,t}$ 为折现率为 k，第 t 年的复利现值系数；m 为未来现金流量的期数。

【例 9-20】 一项投资项目需要花费 400 000 元，项目的现金流入量如表 9-21 所示。

表 9-21　项目现金流入量　　金额单位：元

第 1 年		第 2 年	
概率	NCF	概率	NCF
0.3	120 000	0.4	75 000
		0.6	250 000
0.7	200 000	0.4	250 000
		0.6	400 000

该公司的折现率为 10%，请根据资料回答下列问题：

(1) 期望净现值为多少？

(2) 净现值为负的概率是多少？

(1) 相关计算如下：

$\overline{NCF_0}=-400\,000$(元)

$\overline{NCF_1}=0.3\times120\,000+0.7\times200\,000=176\,000$(元)

$\overline{NCF_2}=0.3\times(0.4\times75\,000+0.6\times250\,000)+0.7\times(0.4\times250\,000+0.6\times400\,000)=292\,000$(元)

$\overline{NPV}=-400\,000+176\,000\times(P/F,10\%,1)+292\,000\times(P/F,10\%,2)=1\,176$(元)

(2) 四种情况的汇总如表 9-22 所示。

表 9-22　四种情况汇总表　　金额单位：元

概率	NCF_1	NCF_2	NPV
0.12	120 000	75 000	−228 970
0.18	120 000	250 000	−84 420
0.28	200 000	250 000	−11 700
0.42	200 000	400 000	112 200

净现值为负的概率＝0.12＋0.18＋0.28＝0.58

（三）敏感性分析法

敏感性分析通常是假定其他因素不变，测定单因素发生的特定变化对项目净现值和内含报酬率带来的影响。例如，可测定销售收入、经营成本、生产能力、初始投资、寿命期、建设期等的变化对净现值及内含报酬率的影响，从而进一步考虑决策结果的可靠性和稳定性。敏感性的强弱是根据经济指标对其影响因素的反应程度决定的，若因素在很小的范围内变动及影响经济指标，说明该因素敏感性很强，反之敏感性则弱。

敏感性分析的目的一是研究因素变动引起的效益指标变动的范围；二是寻找影响投资项目的决定性因素，并分析产生不确定性的根源；三是分析比较不同方案敏感性的大小，选取风险较小的投资项目；四是通过最有利与最不利的经济效益的范围分析，确定最现实的方案组成。

敏感性分析法主要包括最大最小法和敏感程度法。

1. 最大最小法

最大最小法是测定单一因素变动对净现值或内含报酬率等效益指标影响的临界值，从而确定影响这些效益指标由正数变为负数（或相反）的各因素最大（或最小）值，找出其中对效益指标敏感或相对不敏感的因素，进一步考查决策结果的可靠性和稳定性。

最大最小法的主要步骤是：

（1）给定计算净现值的每个影响因素的预期值。计算净现值时需要使用预期的初始投资成本、现金流入量、现金流出量等因素，这些影响因素最可能发生变化的数字称为预期值。

（2）根据影响因素的预期值计算净现值，由此得出的净现值称为基准净现值。

（3）选择一个影响因素并假设其他影响因素不变，令净现值等于零，计算选定影响因素的临界值。

通过上述步骤可以得出使基准净现值由正数变为负数（或相反）的各因素最大（或最小）值，帮助决策者认识项目的特有风险。

【例 9-21】假设S公司对A项目的一次性初始投资成本为20 000元，预计使用年限为5年，期末无残值，每年现金流入量为10 000元，结果保留整数。请用最大最小法对该项目进行敏感性分析。

首先，根据各个影响因素的预期值计算方案的基准净现值。如果投资报酬率至少要达到20%，并以此作为衡量项目可行的基准尺度，则方案的基准净现值为：

$$10\,000\times(P/A,\ 20\%,\ 5)-20\,000=10\,000\times2.991-20\,000=9\,910(\text{元})$$

由于净现值为正数，该项目可行。

其次，在该例中影响净现值的四个因素包括年度现金流量、有效年限、折现率、初始投资成本，可在假设其他三个因素不变的前提下，分别进行每个影响因素的敏感性分析。

（1）对年度现金流量的敏感性分析，即确定年度现金流量的下限临界值。在投资报酬率为20%，设备有效期5年不变的情况下，年度现金流量的下限临界值为：

$$\frac{20\,000}{2.991}=6\,687(\text{元})$$

在其他因素不变的条件下，年度现金流入量在6 687～10 000元范围内变动，其净现值不会出现负数，不影响原项目的决策结果。如果低于6 687元，即变动率大于33%，净现值将小于0，该项目不可行。

（2）对有效年限的敏感性分析。假设x代表有效年限的下限临界值，则

$$10\,000\times(P/A,\ 20\%,\ x)-20\,000=0$$

$$(P/A,\ 20\%,\ x)=\frac{20\,000}{10\,000}=2$$

用插补法可求得：

$$x=2.8(\text{年})$$

这说明有效年限在2.8～5年之间变动，净现值为正数，该项目依然可行。如果有效年限小于2.8年，即变动率大于44%，则净现值为负数，该项目不可行。

（3）对折现率的敏感性分析。使净现值等于0的折现率即为内含报酬率：

$$10\,000\times(P/A,\ IRR,\ 5)-20\,000=0$$

$$(P/A,\ IRR,\ 5)=\frac{20\,000}{10\,000}=2$$

用插补法求得内含报酬率为41%。这表明当折现率高于41%，即变动率大于105%时，净现值为负数，该项目不可行。

（4）对初始投资成本的敏感性分析。

初始投资成本的临界值=10 000×2.991=29 910(元)

在其他因素不变的条件下，初始投资成本在20 000～29 910元范围内变动，其净现值不会出现负数，不影响原项目的决策结果。如果高于29 910元，即变动率大于49%，净现值将小于0，该项目不可行。

综上，可得出表9-23。

表9-23　各影响因素的敏感率汇总　　金额单位：元

影响因素	基准值	临界值	敏感率
年度现金流量	10 000	6 687	33%
有效年限	5	2.8	44%
折现率	20%	41%	105%
初始投资成本	20 000	29 910	49%

由于敏感率是指影响因素变动多少时净现值会变为 0，所以，敏感率越小，代表净现值对此项因素越敏感。由此可知，对该项目影响最大的为年度现金流量。

2. 敏感程度法

敏感程度法是测定单一因素变动的百分比对净现值或内含报酬率等效益指标的影响程度，这种影响程度以敏感系数来表达，并根据敏感系数的大小，找出其中对效益指标敏感或相对不敏感的因素，来进一步考察决策结果的可靠性和稳定性。

敏感程度法的主要步骤如下：

(1) 计算项目的基准净现值。方法与最大最小法相同。

(2) 选定一个影响因素，如每年税后营业现金流入，假设其发生一定程度的变化，而其他因素不变，重新计算净现值。

(3) 计算选定影响因素的敏感系数。

$$敏感系数=\frac{目标值变化百分比}{选定变量变动百分比}$$

它表示选定因素变化 1%时目标值变动的百分数，可以反映目标值对于选定因素变化的敏感程度。

(4) 根据上述分析结果对项目的敏感性做出判断。

【例 9-22】 沿用例 9-21 的资料，请用敏感程度法对该项目进行敏感性分析。

首先，计算基准净现值。基准净现值的计算与最大最小法相同，如果投资报酬率至少要达到 20%，并以此作为衡量项目可行的基准尺度，则方案的基准净现值为：

$$基准净现值=10\,000\times2.991-20\,000=9\,910(元)$$

由于净现值为正数，该项目可行。

其次，进行敏感性分析。

(1) 假设每年现金流入量增加 10%或减少 10%，测试净现值的变化情况。

每年现金流入量增加 10%时：

$$净现值=10\,000\times(1+10\%)\times2.991-20\,000=12\,901(元)$$

每年现金流入量减少 10%时：

$$净现值=10\,000\times(1-10\%)\times2.991-20\,000=6\,919(元)$$

现金流入量增加 10%时的敏感系数：

$$敏感系数=\frac{\frac{12\,901-9\,910}{9\,910}}{10\%}=302\%$$

现金流入量减少 10%时的敏感系数：

$$敏感系数=\frac{\frac{6\,919-9\,910}{9\,910}}{10\%}=-302\%$$

（2）假设有效年限增加10%或减少10%，测试净现值的变化情况。

有限年限增加10%时：

$$净现值=10\,000\times(P/A，20\%，5.5)-20\,000=10\,000\times3.166-20\,000$$
$$=11\,660(元)$$

有效年限减少10%时：

$$净现值=10\,000\times(P/A，20\%，4.5)-20\,000=10\,000\times2.799-20\,000$$
$$=7\,990(元)$$

有效年限增加10%时的敏感系数：

$$敏感系数=\frac{\frac{11\,660-9\,910}{9\,910}}{10\%}=177\%$$

有效年限减少10%时的敏感系数：

$$敏感系数=\frac{\frac{7\,990-9\,910}{9\,910}}{10\%}=-194\%$$

（3）假设折现率增加10%或减少10%，测试净现值的变化情况。

折现率增加10%时：

$$净现值=10\,000\times(P/A，22\%，5)-20\,000=10\,000\times2.864-20\,000=8\,640(元)$$

折现率减少10%时：

$$净现值=10\,000\times(P/A，18\%，5)-20\,000=10\,000\times3.127-20\,000$$
$$=11\,270(元)$$

折现率增加10%时的敏感系数：

$$敏感系数=\frac{\frac{8\,640-9\,910}{9\,910}}{10\%}=-128\%$$

折现率减少10%时的敏感系数：

$$敏感系数=\frac{\frac{11\,270-9\,910}{9\,910}}{10\%}=137\%$$

（4）假设初始投资成本增加10%或减少10%，测试净现值的变化情况。

初始投资成本增加10%时：

净现值=10 000×2.991−20 000×(1+10%)=7 110(元)

初始投资成本减少10%时：

净现值=10 000×2.911−20 000×(1−10%)=11 110(元)

初始投资成本增加10%时的敏感系数：

$$敏感系数=\frac{\frac{7\,110-9\,910}{9910}}{10\%}=-283\%$$

初始投资成本减少10%时的敏感系数：

$$敏感系数=\frac{\frac{11\,110-9\,910}{9\,910}}{10\%}=202\%$$

综上，可得出表9-24。

表9-24　各影响因素波动10%的敏感系数汇总

影响因素	波动率	NPV波动率	敏感系数
年度现金流量	增加10%	增加30.2%	302%
	减少10%	减少30.2%	−302%
有效年限	增加10%	增加17.7%	177%
	减少10%	减少30.2%	−194%
折现率	增加10%	减少12.8%	−128%
	减少10%	增加13.7%	137%
初始投资成本	增加10%	减少28.3%	−283%
	减少10%	增加20.2%	202%

由于敏感系数表示影响因素变动10%时净现值变动的百分比，所以，敏感系数越大，代表净现值对此项因素越敏感。由此可知，对该项目影响最大的为年度现金流量。

依此方法可以分别计算出净现值对年度现金流量、有效年限、折现率、初始投资成本等影响因素的敏感系数，找出最为敏感和相对不敏感的影响因素，从而对项目风险进行全面评估。一般来说，现金流入量是对净现值影响最为敏感的因素。上例中测定了现金流入量增减变化10%对净现值的影响，这些信息可以帮助决策者认识到项目的特有风险和应关注的重点。如上例中现金流入量减少10%就会使项目失去投资价值。如果实际中这种可能性较大，就应考虑放弃项目或者重新设计项目，至少要有应对的预案。现金流入量是引发净现值变化的主要敏感因素，现金流入量变动10%，项目净现值变动302%。

敏感性分析是实际中通常采用的风险分析方法，计算过程简单并易于理解，但也存在以下缺点：

(1) 进行敏感性分析时，只允许一个影响因素发生变动，假设其他影响因素保持不变，而在现实中这些影响因素通常是相互关联的，虽然变动幅度不同，但可能会一起发生变动。

(2) 每次测算一个影响因素变化对净现值的影响，可以得到一系列分析结果，但是没有给出每个结果发生的可能性。

练习题

一、复习思考题

1. 非折现的现金流量法包括哪些具体方法？
2. 折现的现金流量法包括哪些具体方法？
3. 会计报酬率与内含报酬率有何不同？
4. 内含报酬率有哪些缺陷？
5. 什么是现金流量？
6. 在计算现金流量时，折旧是如何处理的？为什么？
7. 营业现金净流量有哪些计算方法？
8. 固定资产更新项目的现金流量有何特点？
9. 在长期决策中，为什么要考虑风险？
10. 什么是敏感性分析？如何进行敏感性分析？

二、计算分析题

1. 某公司拟进行一项固定资产投资，该项目的现金流量表（部分）如表 9－25 所示。

表 9－25 现金流量表（部分）

单位：万元

项目	建设期			经营期				合计
	0	1	2	3	4	5	6	
现金净流量	－1 000	－1 000	100	1 000	(B)	1 000	1 000	2 900
累计现金净流量	－1 000	－2 000	－1 900	(A)	900	1 900	2 900	—
折现净现金流量	－1 000	－943.4	89	839.6	1 425.8	747.3	705	1 863.3

要求：

(1) 计算表中用英文字母表示的项目的数值。

(2) 计算下列指标：投资回收期；净现值；现值指数。

(3) 评价该项目的财务可行性。

2. 某公司有两个投资项目，总投资额都是10 000元，有效期为5年，预计第5年年末的残值为2 000元。用直线法计提折旧，资本成本为10%。各项目在有效期内的年现金净流量如表9-26所示。

表9-26 各项目在有效期内的年现金净流量　　单位：元

年份	甲项目	乙项目
1	1 000	3 000
2	2 000	3 000
3	3 000	3 000
4	4 000	3 000
5	5 000	3 000

要求：分别用净现值法、现值指数法对甲、乙两个投资项目进行评价。

3. 某固定资产项目需要一次性投入价款50万元，投产后即可生产5年，按直线法计提折旧，期末无残值。投产使用后，每年可使产品销售收入（不含增值税）增加80万元，同时使经营成本增加45万元。假设所得税税率为25%，资本成本为20%。

要求：根据上述资料分别计算净现值和内含报酬率，并分析这一项目的可能性。

4. 某厂有一套设备需5年建成，每年年末投资454 000元，资本成本为10%，该厂生产设备投产后，每年可获净利180 000元，计提折旧277 167元，该生产设备的使用年限为10年，期末无残值。

要求：用净现值法和现值指数法评价该项目。

三、案例分析题

天水华天科技股份有限公司（简称华天科技）是2003年11月12日由天水华天微电子有限公司、甘肃省电力建设投资开发公司、杭州士兰微电子股份有限公司、杭州友旺电子有限公司、自然人杨国忠和葛志刚、上海贝岭股份有限公司、无锡硅动力微电子有限公司签署《发起人协议》，一致同意共同发起设立的公司。2003年12月17日，甘肃省人民政府发布《甘肃省人民政府关于同意设立天水华天科技股份有限公司的批复》（甘政函〔2003〕146号）批准公司设立。公司的主要经营范围是集成电路封装、测试以及进出口和对外投资等。

近年来，我国集成电路产业增长强劲。根据国家统计局公布的数据，2020年我国集成电路产量达到2 614.7亿只，同比增长29.6%，产量创下新高。从销售额来看，据中国半导体行业协会统计，2020年我国集成电路产业销售额为8 848亿元，同比增长17%。

目前，封装测试行业已经成为我国集成电路产业链中最具国际竞争力的环节。2020年，封装测试行业销售额为2 509.5亿元，同比增长6.8%。受益于行业高景气，华天科技2020年实现净利润2.54亿元，同比增长113.37%，创历史新高。进入2021年，集成电路产业的景气度依旧高涨，华天科技交出了亮眼的一季度成绩单。4 月 26 日晚间，华天科技披露一季报，公司一季度实现营业收入 25.97 亿元，同比增长 53.49%；归属于上市公司股东的净利润为 2.82 亿元，同比大增 349.85%；毛利率为 23.66%，同比增长 5.11%。

根据《中国半导体产业发展状况报告（2020 年版）》的相关数据，预计 2022 年我国集成电路销售额将达到 11 662.6 亿元。安信证券研究报告指出，集成电路市场需求持续旺盛会带动封装测试行业景气度维持较长时间，华天科技的产能利用率将会持续维持高位，高盈利水平有望延续。

从目前的发展来看，封装测试行业正在经历从传统封装（SOT，QFN，BGA 等）向先进封装（FC，FIWLP，FOWLP，TSV，SIP 等）的转型。

公司积极布局先进封装，产能持续释放。行业方向的转变使华天科技近年来不断加强先进封装技术和产品的研发力度。报告期内，公司研发人员为 3 146 人，较上年的 2 592 人增长 21.37%；研发投入金额为 4.62 亿元，同比增长 14.84%。共获得国内专利授权 30 项，其中发明专利 13 项；美国专利授权 1 项。

此外，华天科技还在昆山、西安、南京工厂持续布局先进封装领域。其中，昆山基地专注于高端封装领域，可提供具有全球领先水平的 3D 封装 Bumping 与 TSV 技术的晶圆级集成电路封装，这是公司未来发展的重点，2020 年实现净利润 7 448.06 万元。2021 年 1 月 6 日，总投资 20 亿元的昆山高可靠性车用晶圆级先进封装生产线项目也正式投产。项目达产后，预计每年将新增传感器高可靠性晶圆级集成电路先进封装能力 36 万片，新增年产值 10 亿元。

西安基地专注于 SiP 等中高端封装领域，2020 年实现净利润 1.03 亿元。南京基地主要进行存储器、MEMS、人工智能等集成电路产品的封装测试，一期项目已于 2020 年 7 月 18 日正式投产。

此外，华天科技还在 2018 年收购了掌握 Bumping，SiP，FC，MEMS 等先进封装技术的 Unisem，加速拓展欧洲及国际市场，2020 年实现净利润约为 2.26 亿元。

华天科技还于报告期内推出了 51 亿元的定增预案，进一步扩大封装测试产能。具体来看，公司拟投入资金 9 亿元用于集成电路多芯片封装测试扩大规模项目、10 亿元用于高密度系统级集成电路封装测试扩大规模项目、12 亿元用于 TSV 及 FC 集成电路封装测试产业化项目、13 亿元用于存储及射频类集成电路封装测试产业化项目。若上述项目顺利进行，达产后，华天科技预计年销售收入可增加 30.54 亿元，税后利润将增加 3.19 亿元。

要求：

1. 分析华天科技的定增投资项目的可行性。
2. 结合半导体产业以及国家政策导向，对华天科技的发展前景进行分析。

第十章

营运资本管理

引导案例

芜湖海螺型材科技股份有限公司（简称海螺型材）与北新集团建材股份有限公司（简称北新建材）是两家建材行业的上市公司。北新建材（000786）是1997年5月由国有独资的北新建材（集团）有限公司独家发起设立的股份有限公司。1997年6月6日，公司股票正式在深交所挂牌上市。

海螺型材（000619）是由安徽红星宣纸股份有限公司与芜湖海螺塑料型材有限责任公司进行资产置换后变更登记成立的股份有限公司。安徽红星宣纸股份有限公司是采取募集方式设立的股份有限公司，由中国宣纸集团公司独家发起，对其所属宣纸生产单位和经营性净资产进行重组而筹建。1996年，经证监会批准，向社会公开发行股票。2000年6月，安徽红星宣纸股份有限公司变更为芜湖海螺型材科技股份有限公司。

两家上市公司虽然处于同一行业，但采用的营运资本管理政策存在极大差别。表10-1呈现了近年来两家上市公司的部分财务信息。从节选的财务信息看，两家上市公司对流动资产、流动负债的配置方针存在明显区别，体现了营运资本管理政策的差异。那么，什么是营运资本管理？营运资本管理政策存在哪些类型？不同类型的营运资本管理政策各有什么利弊？这些内容是本章的讲解重点。

表10-1　海螺型材与北新建材部分财务信息

单位：元

报表日期	2012-12-31	2011-12-31	2010-12-31
海螺型材			
流动资产合计	2 509 350 000	2 250 220 000	1 558 400 000
资产总计	4 487 690 000	4 058 250 000	3 337 640 000
流动负债合计	536 636 000	772 649 000	879 317 000
负债合计	2 052 470 000	1 840 180 000	1 189 320 000
北新建材			
流动资产合计	2 550 110 000	2 343 740 000	2 153 470 000
资产总计	9 418 310 000	8 514 760 000	7 357 080 000
流动负债合计	3 886 960 000	3 500 460 000	3 021 210 000
负债合计	4 956 990 000	4 772 120 000	4 137 060 000

学习目标

1. 理解营运资本的概念与特点。
2. 理解营运资本投资策略和筹资策略。
3. 理解企业持有现金的动机，掌握最佳现金持有量的确定方法。
4. 理解应收账款管理的目标，掌握应收账款政策制定的方法。
5. 理解存货的功能与成本，掌握存货经济订货批量确定的方法。

第一节　营运资本管理策略

一、营运资本的概念和类型

（一）营运资本的概念

狭义的营运资本是指流动资产与流动负债的差额。从广义的角度来看，营运资本也称营运资金，是指一个企业投放在流动资产上的长期资金，具体包括货币资金、应收账款、应收票据、存货、其他应收款等流动资产占用的资金扣除应付账款、应付票据、其他应付款等流动负债提供的短期资金来源后的净额。

如果流动资产等于流动负债，则投放在流动资产上的资金是由流动负债融资的；如果流动资产大于流动负债，则与此相对应的净流动资产要以长期负债或所有者权益的一定份额为资金来源。会计上不强调流动资产与流动负债的关系，而只是用它们的差额来反映一个企业的偿债能力，这不利于财务人员对营运资本的认识和管理。从财务角度看营运资本应该是流动资产与流动负债关系的总和，在这里“总和”不是数额的加总，而是关系的反映，这有利于财务人员意识到对营运资本的管理要注意流动资产与流动负债这两个方面的问题。

（二）营运资本的类型

1. 流动资产

流动资产是指可以在一年内或超过一年的一个正常营业周期内变现或运用的资产，流动资产具有占用时间短、周转快、易变现等特点。企业拥有较多的流动资产，可以在一定程度上降低财务风险。流动资产主要包括以下项目：货币资金、交易性金融资产、应收票据、应收账款、预付款项、存货和其他可以迅速变现的资产。

2. 流动负债

流动负债是指需要在一年内或超过一年的一个正常营业周期内偿还的债务。流动负债又称短期融资，具有成本低、偿还期短的特点，必须认真进行管理，否则将使企业承受较大的风险。流动负债主要包括以下项目：短期借款、应付票据、应付账款、应付职工薪酬、应付税费等。

二、营运资本的管理原则

（一）合理确定营运资本需要量

企业营运资本的需要量与企业生产经营活动有直接关系，当企业产销量不断增加时，流动资产会不断增加，流动负债也会相应增加；而当企业产销量不断减少时，流动资产和流动负债也会相应减少。因此，企业财务人员应分析生产经营状况，采用一定的方法预测营运资本的需要量，还要合理地使用营运资本。

（二）在满足生产经营的前提下节约使用营运资本

在营运资本管理中，应正确处理保证生产经营需要和节约使用资金二者之间的关系。要在保证生产经营需要的前提下，遵守勤俭节约的原则，挖掘资金潜力，精打细算地使用资金。

（三）通过加速资金周转提高资金的利用效果

营运资本周转是指企业的营运资本从现金投入生产经营开始，到最终转化为现金的过程。在其他因素不变的情况下，加速营运资本的周转，也就相应地提高了资本的利用效率。因此，企业要加速存货、应收账款等流动资产的周转，用有限的资金取得最优的经济效益。

【知识拓展】经营周期

经营周期是指企业从支付现金购买产品或劳务开始，到售出这些产品或劳务收回现金为止整个过程所需要花费的时间。其中，经营是指企业的生产经营活动，周期是指企业的现金流出到现金流入的现金循环过程。企业经营周期的长短主要取决于企业的经营活动。

对于服务性行业的企业来说，其经营周期是指从为提供服务的员工发放工资到从接受服务的客户处收到服务费所需要的时间。对于销售性行业的企业来说，其经营周期是指从供应商处购买商品到将商品销售给客户并收回货款所需要的时间。

$$经营周期＝存货周转天数＋应收账款周转天数－应付账款周转天数$$

该指标经常可以作为判断企业流动性强弱的标准。存货周转期下降说明存货周转天数缩短，经营周期缩短。应收账款减少会导致应收账款周转天数缩短，经营周期缩短；提供给顾客的现金折扣增加会使应收账款周转天数缩短，经营周期缩短；提前付款会使应付账款周转天数缩短，经营周期延长。

（四）保证足够的短期偿债能力

流动资产、流动负债以及二者之间的关系能较好地反映企业的短期偿债能力。流动负债是在短期内需要偿还的债务，而流动资产是在短期内可以转化为现金的资产。因此，如果一个企业的流动资产比较多，流动负债比较少，说明企业的短期偿债能力较强；反之，则说明短期偿债能力较弱。但如果企业的流动资产太多，流动负债太少，也不是正常现象，这可能是因为流动资产闲置，资产利用效率不足。

【文献链接】
中国上市公司
资本效率与财务
风险调查

【案例启示】
蔚来汽车

三、流动资产和流动负债的再划分

（一）长期和短期的划分——长期资本和营运资本

从长期和短期的角度来进行划分，可将资产分为流动资产和长期资产，其中长期资产是在经营中反复使用的资产。而对负债，可将其划分为流动负债和长期负债。长期负债与股东权益又一起构成了长期资本。流动资产与流动负债的差额就是营运资本，同样，也是长期资本中用于流动资产的部分。

（二）长期和短期的再划分——季节性影响

根据季节性影响，又可以对流动资产和流动负债进行再次划分。流动资产可以分为波动性流动资产和稳定性流动资产。其中，波动性流动资产是指受季节性、周期性影响的流动资金；稳定性流动资产是指淡季也需要保留的流动资产。流动负债可以分为临时性流动负债和自发性流动负债。临时性流动负债通常为短期借款，自发性流动负债主要是经营性流动负债，如应付账款。

四、营运资本的管理策略

（一）营运资本投资策略

1. 激进型投资策略

激进型投资策略是指企业持有尽可能少的现金和小额的有价证券投资，在存货上做少量投资，采用严格的销售信用政策或者禁止赊销。激进型流动资产投资策略表现为较低的流动资产与收入比率。这种投资策略能节约流动资产的持有成本，但企业要承担较大的短缺成本。

2. 保守型投资策略

保守型投资策略是指企业持有较多的现金、有价证券以及充足的存货，提供给客户宽松的付款条件并保持较高的应收账款水平。保守型流动资产投资策略表现为较高的流动资产与收入比率。这种投资策略承担较大的流动资产持有成本，但短缺成本较小。

【知识拓展】
交易过度
与资金过剩

3. 适中型投资策略

适中型投资策略是指企业按照预期的流动资产周转天数、销售额及其增长率、成本水平和通货膨胀等因素确定最优的投资规模，安排流动资产投资。适中型投资策略能获得流动资产最优的投资规模，这取决于持有成本和短缺成本总计的最小化。

（二）营运资本筹资策略

营运资本筹资策略是指在总体上如何为流动资产筹资，采用短期资金来源还是长期资金来源，或者兼而有之。制定营运资本筹资策略，就是确定流动资产所需资金中短期资金和长期资金的比例。

营运资本筹资策略通常用经营性流动资产中长期筹资来源的比重来衡量。该比率称为易变现率。

$$易变现率=\frac{(股东权益+长期负债+经营性流动负债)-长期资产}{经营性流动资产}$$

易变现率高，资金来源的持续性强，偿债压力小，管理起来比较容易，称为宽松的筹资策略。易变现率低，资金来源的持续性弱，偿债压力大，称为严格的筹资策略。从最宽松的筹资策略到最严格的筹资策略之间，分布着一系列宽严程度不同的筹资策略。流动资产筹资策略的稳健程度，可以用易变现率的大小识别。企业处于营业低谷期时的易变现率为 1，是适中型流动资产筹资策略，大于 1 是保守型流动资产筹资策略，小于 1 则是激进型流动资产筹资策略。

1. 激进型筹资策略

临时性流动负债在全部资金来源中所占的比例有所加大，部分稳定性流动资产的资金需求也靠临时性流动负债来满足，具有较大的风险。由于临时性流动负债的成本一般低于长期负债和权益资本成本，所以，激进型筹资策略下企业的资本成本较低。如果企业能够做到不断地用短期资金满足长期资金的需要那当然是很好的，但事实上很难做到这一点。激进型筹资策略是一种筹资成本较低，但收益性和风险性均较高的营运资本筹集策略。

激进型筹资策略的特点：临时性流动负债不仅能满足波动性流动资产的资金需要，还能解决部分稳定性流动资产的资金需要。具体如图 10－1 所示。

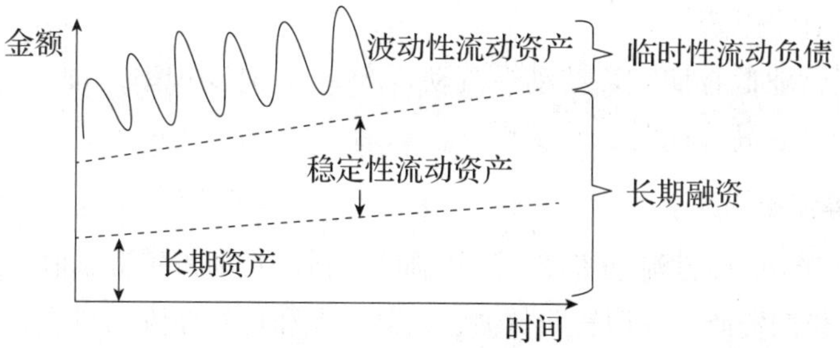

图 10－1　激进型筹资策略

激进型筹资策略的匹配关系：

波动性流动资产＜临时性流动负债(短期金融负债)

长期资产＋稳定性流动资产＞股东权益＋长期负债＋经营性流动负债

假设企业没有金融资产，则

(1) 当处于营业低谷期时，波动性流动资产＝0，易变现率＜1；

(2) 当处于营业高峰期时，易变现率＜1。

【案例启示】
辉山乳业
“短贷长投”的
严重后果

2. 保守型筹资策略

如果企业将所筹集的长期资本用于部分短期资产，这样安排的长短资本比例所形成的资本组合就是比较保守的资本组合。因为将部分短期资产和全部长期资产都用长期资本来融通，另一部分短期资产用短期资本来融通，风险虽然小了，但资本成本高了，会相应地减少利润。这是一种风险和收益都较小的营运资本筹集策略。

保守型筹资策略的特点：临时性流动负债只满足部分波动性流动资产的资金需要，另一部分波动性流动资产和全部稳定性流动资产，则由长期资金支持。具体如图 10－2 所示。

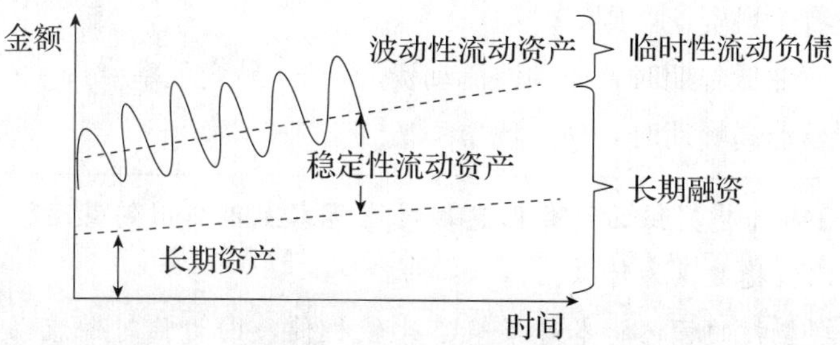

图 10－2　保守型筹资策略

保守型筹资策略的匹配关系：

波动性流动资产＞临时性流动负债(短期金融负债)

长期资产＋稳定性流动资产＜股东权益＋长期负债＋经营性流动负债

假设企业没有金融资产，则

(1) 当处于营业低谷期时，波动性流动资产＝0，易变现率＞1；

(2) 当处于营业高峰期时，易变现率＜1。

3. 适中型筹资策略

该策略是指对于临时性流动资产，运用临时性流动负债筹集资金满足其需要；对于稳定性流动资产和长期资产，运用长期负债、权益资本和自发性流动负债筹集资金满足其需要。适中型筹资策略要求企业临时性流动负债筹资计划严密，实现现金流动与预期安排相一致。在季节性低谷时，企业应当除了自发性流动负债外，没有其他流动负债；只有在临时性流动资产的需求高峰期，企业才举借各种临时性债务。这种策略基于资产与负债能够完全匹配，显然是一种理想的、对企业资金管理有着较高要求的营运资本筹集策略。

适中型筹资策略的特点：尽可能贯彻筹资的匹配原则，即长期投资由长期资金支持，短期投资由短期资金支持。具体如图 10－3 所示。

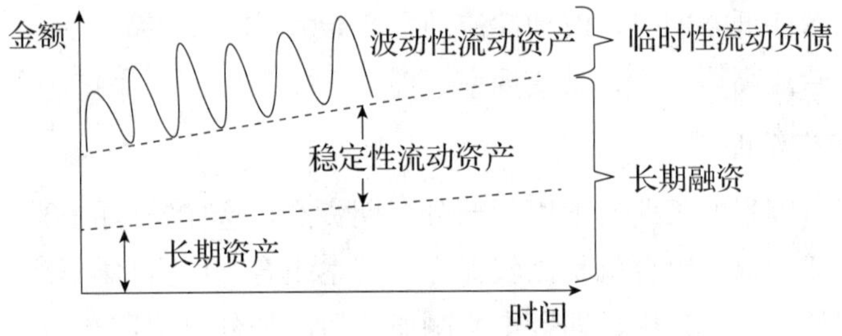

图 10－3　适中型筹资策略

适中型筹资策略的匹配关系：

波动性流动资产＝临时性流动负债(短期金融负债)

长期资产＋稳定性流动资产＝股东权益＋长期负债＋经营性流动负债

假设企业没有金融资产，则

(1) 当处于营业低谷期时，波动性流动资产＝0，易变现率＝1；

(2) 当处于营业高峰期时，易变现率＜1。

请结合表 10－1 中提供的财务信息，讨论哪家上市公司的营运资本筹集策略比较激进，哪家比较稳健，为什么?

解析：海螺型材的营运资本筹集策略比较稳健，因为临时性流动负债对临时性流动资产的资金需要保障不足，企业所有的长期资产、稳定性流动资产和一部分临时性流动资产用长期负债和股东权益来筹资，只有一部分临时性流动资产由短期资金筹集。

北新建材的营运资本筹集策略比较激进，因为临时性流动负债对临时性流动资产的资金需要保障有余，企业全部的临时性流动资产和一部分稳定性流动资产由短期资金筹集，而另一部分稳定性流动资产和全部长期资产则由长期资金筹集。

第二节　现金管理

一、企业持有现金的动机和成本

（一）企业持有现金的动机

1. 交易性动机

交易性动机是指持有现金以满足日常业务的现金支付需要。

2. 预防性动机

预防性动机是指持有现金以应付意外情况的现金支付需要。影响因素包括：

（1）企业愿意承担风险的程度；

（2）企业临时举债能力的强弱；

（3）企业对现金流量预测的可靠程度。

3. 投机性动机

投机性动机是指持有现金用于不寻常的购买机会。影响因素包括：

（1）企业在金融市场的投资机会；

（2）企业对待风险的态度。

【文献链接】
关于中国企业现金持有状况的研究与分析

（二）企业持有现金的成本

企业持有一定数量的现金，与此相关的成本主要由以下四部分组成。

1. 机会成本

机会成本是指企业因持有现金而丧失的再投资机会。企业把一定的资金投放在现金资产上是有一定代价的，这个代价就是放弃具有更高报酬率的投资机会。现金持有量越大，机会成本越高，机会成本与现金的持有量成正比例关系。

机会成本＝现金持有量×有价证券利率（或企业要求的报酬率）

2. 管理成本

管理成本是指企业持有现金而发生的管理费用，包括安全设施的建造、管理人员的工资等。管理成本是一种相对固定的成本，与企业现金持有量之间不存在明显的线性关系，但是如果现金持有量超过一定范围大幅变化，管理成本也会相应发生变化。

3. 短缺成本

短缺成本是指企业由于缺乏必要的现金资产不能满足业务开展的需要所付出的代价。短缺成本与现金持有量呈反向变动关系，现金持有量越大，短缺成本就越低。

4. 交易成本

交易成本是指企业用现金购入有价证券或转让有价证券换取现金所花费的经济费用。例如，委托买卖佣金、委托手续费、证券过户费、交割手续费等。交易成本并不都是固定费用，有的具有变动成本的性质，如委托买卖佣金或手续费等。交易成本随现金持有量的增大而减小，与现金持有量呈反向变动关系。

二、现金预算管理

现金预算管理是现金管理的核心环节和方法。

（一）现金预算的概念

【知识拓展】
资金链管理：
“现金为王”

现金预算（cash budget）就是在企业长期发展战略的基础上，以现金管理的目标为指导，充分调查和分析各种现金收支影响因素，运用一定的方法合理估测企业未来一定时期的现金收支状况，并对预期差异采取相应对策的活动。

现金预算可以按月、周或日为基础进行编制，也可以覆盖几个月甚至一年，其主要根据企业的生产经营特点和管理要求而定。

（二）现金预算的作用

企业现金持有量不足或过多，都说明现金管理不力，所以对现金的流入和流出进行有效的设计和管理，使现金持有量接近最优水平，需要对未来可能的现金收支数量和时间进行预测，编制现金预算。现金预算在现金管理上的作用表现在：

（1）可以揭示现金过剩或现金短缺的时期，使资金管理部门能够将暂时过剩的现金进行投资或在短缺时期来临之前安排筹资，以避免不必要的资金闲置或不足，减少机会成本。

（2）可以在实际收支实现以前了解经营计划的财务结果，预测未来时期企业对到期债务的直接偿付能力。

（3）可以对其他财务计划提出改进建议。

（三）现金预算的编制方法

现金预算的编制方法主要有两种：收支预算法和调整净收益法。

1. 收支预算法

收支预算法又称直接法，是目前最流行、应用最广泛的现金预算编制方法。其基本原理是通过将预算期内可能发生的一切现金收支分类列入现金预算表，确定收支差异并采取适当的财务对策。它具有直观、简便、便于控制等特点。

在收支预算法下，现金预算的编制主要分为以下四个步骤进行：

第一，计算预算期内的现金收入，即根据企业收入预算计划（包括销售收入预算、投资收入预算及其他收入预算）计算企业在预算期内所能获得的现金收入。

第二，计算预算期内的现金支出，即根据企业现金支出计划（如采购原材料、支付工人工资、支付税金等）计算企业在预算期内的现金支出。

第三，计算现金不足量或溢出量，即根据下列公式估算企业在预算期内的现金余缺水平。

$$\frac{\text{预算期内}}{\text{现金结余}}=\frac{\text{预算期初}}{\text{现金余额}}+\frac{\text{预算期内}}{\text{现金流入}}-\frac{\text{预算期内}}{\text{现金流出}}-\frac{\text{预算期末}}{\text{现金余额}}$$

第四，现金融通，即根据计算出的期末现金结余情况进行短期投融资。如果现金不足，则提前安排筹资（如向银行借款等）；若现金富余，则提前归还贷款或投资于有价证券，以增加收益。

2. 调整净收益法

调整净收益法又称间接法，是指将企业按权责发生制计算的会计净收益调整为按收付实现制计算的现金净收益，并在此基础上加减有关现金收支项目，使净收益与现金流量相互关联，从而确定预算期现金余缺情况并做出财务安排。

采用此方法编制现金预算，首先应编制预计利润表，求出预算期的净收益；然后逐笔处理影响损益及现金收支的各会计事项；最后算出预算期现金余额。这个计算过程类似于从净利润入手编制现金流量表。

调整净收益法将在权责发生制和收付实现制基础上计算的净收益统一起来，克服了净收益与现金流量不平衡的缺点，但是现金余额增加额不能直观明细地反映在生产过程中，在一定程度上影响了对现金预算执行情况的分析和控制。

【例 10-1】甲公司编制销售预算的相关资料如下：

资料一：甲公司预计每季度销售收入中，有 70% 在本季度收到现金，30% 于下季度收到现金，不存在坏账。2016 年年末应收账款余额为 6 000 万元。假设不考虑增值税及其影响。

资料二：甲公司 2017 年的销售预算如表 10-2 所示。

表 10-2　甲公司 2017 年销售预算

项目	第 1 季度	第 2 季度	第 3 季度	第 4 季度	全年
预计销售量（万件）	500	600	650	700	2 450
预计单价（元/件）	30	30	30	30	30
预计销售收入（万元）	15 000	18 000	19 500	21 000	73 500

要求：根据表格中的信息，计算四个季度各自的现金流入。

第 1 季度现金收入＝6 000＋15 000×70％＝16 500（万元）

第 2 季度现金收入＝18 000×70％＋15 000×30％＝17 100（万元）

第 3 季度现金收入＝18 000×30％＋19 500×70％＝19 050（万元）

第 4 季度现金收入＝19 500×30％＋21 000×70％＝20 550（万元）

三、现金管理的方法

（一）力争现金流同步

如果企业的现金流入与现金流出发生时间趋于一致，其所持有的交易性现金余额将降到最低水平。

（二）使用现金浮游量

从企业开出支票，收票人收到支票并存入银行，至银行将款项划出企业账户，中间需要一段时间。现金在这段时间的占用称为现金浮游量。不过，在使用现金浮游量时，一定要控制好使用的时间，否则企业的银行存款会发生透支。

【知识拓展】
集团现金管理

（三）加速收款

加速收款主要指缩短应收账款的时间。要既利用应收账款吸引顾客，又缩短收款时间，在两者之间找到适当的平衡点。

【知识拓展】
现金浮游量管理

（四）推迟付款

推迟付款指企业在不影响自身信誉的前提下，尽可能地推迟应付账款的支付期，充分运用供货方所提供的信用优惠。

四、最佳现金持有量的确定

（一）成本分析模型

（1）机会成本：因持有一定现金余额而失去的投资收益。现金持有量与机会成本之间呈正相关。

（2）管理成本（固定成本）：因持有一定数量的现金而发生的管理费用。

（3）短缺成本：缺乏必要的现金，不能应付业务开支所需而使企业蒙受损失或为此付出交易成本等代价。现金持有量与短缺成本之间呈负相关。

决策方法：三项成本（机会成本、管理成本、短缺成本）之和最小的现金持有量就是最佳现金持有量（图 10－4 中的交点）。

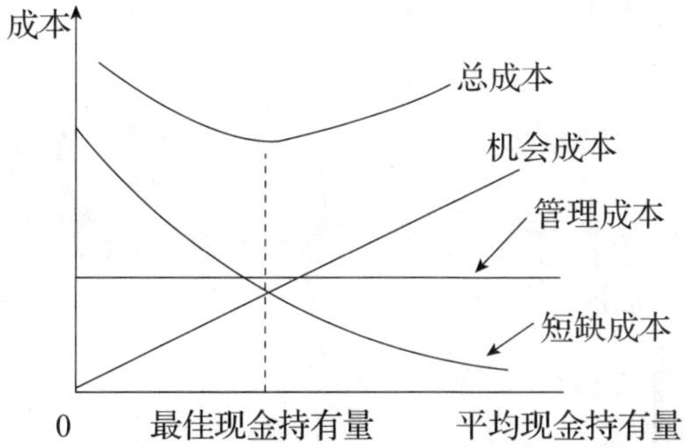

图 10－4　现金持有的成本示意图

【例 10－2】某公司现有 A，B，C，D 四种现金持有方案，运用成本分析模型确定公司的最佳现金持有量，如表 10－3 所示。

表 10－3　现金持有量备选方案　　金额单位：元

方案	A	B	C	D
现金持有量	100 000	200 000	300 000	400 000
机会成本率	10%	10%	10%	10%
短缺成本	48 000	25 000	10 000	5 000

根据表 10－3 采用成本分析模型编制该公司最佳现金持有量测算表，如表 10－4 所示。

表 10－4　最佳现金持有量测算表　　单位：元

方案及现金持有量	机会成本	短缺成本	相关总成本
A（100 000）	10 000	48 000	58 000
B（200 000）	20 000	25 000	45 000
C（300 000）	30 000	10 000	40 000
D（400 000）	40 000	5 000	45 000

通过比较分析上表中各方案的总成本可以看出，C 方案的相关总成本最低，因此，公司选择持有 300 000 元现金，即最佳现金持有量为 300 000 元。

（二）存货模型

1. 含义

存货模型是将存货经济订货批量模型用于确定目标现金持有量的模型。现金持有量的存货模型又称鲍曼模型。

2. 假设前提

（1）现金的支出过程比较稳定，波动较小，而且每当现金余额降至零时，均通过部分证券变现得以补足（不允许短缺）。

（2）企业预算期内现金需要总量可以预测。

(3) 证券的利率或报酬率以及每次固定性交易费用可以获悉。

3. 现金管理的相关成本

(1) 机会成本：企业因保留一定现金余额而丧失的再投资收益。

机会成本＝平均现金持有量×有价证券利息率

现金持有的机会成本如图 10-5 所示。

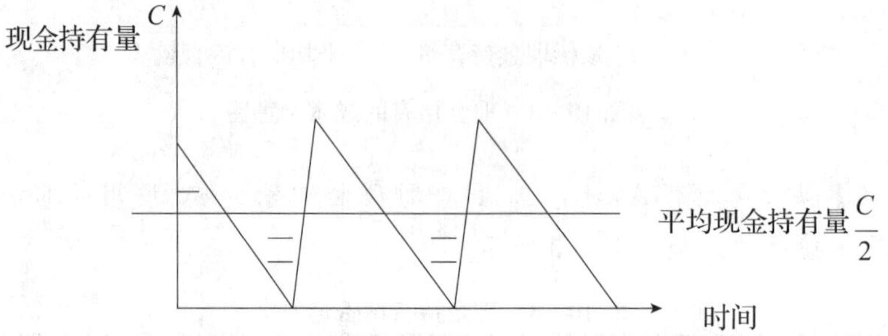

图 10-5　现金持有的机会成本示意图

(2) 交易成本：企业用现金购入有价证券以及转让有价证券换取现金时付出的交易费用。

交易成本＝交易次数×每次交易成本

现金持有的成本权衡如图 10-6 所示。

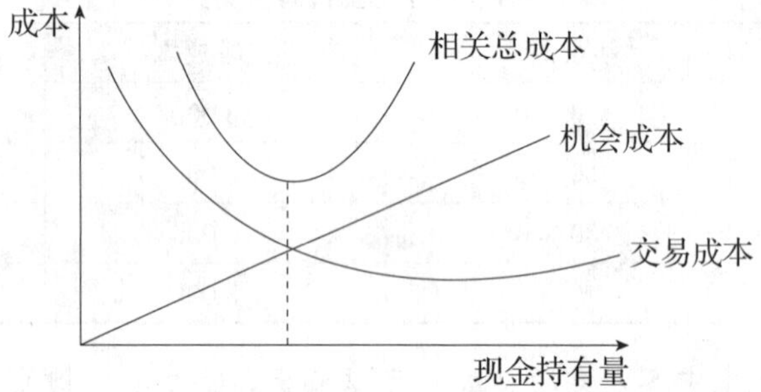

图 10-6　现金持有的成本权衡示意图

(3) 最佳现金持有量：是机会成本线与交易成本线交叉点所对应的现金持有量。

$$最佳现金持有量\ C=\sqrt{\frac{2\times T\times F}{K}}$$

式中，T 表示现金总需求；F 表示交易成本；K 表示机会成本率，也称有价证券利息率。

(4) 最小相关总成本。

$$最小相关总成本=\sqrt{2\times T\times F\times K}$$

$$最佳交易次数\ N=T/C$$

$$最佳交易间隔期=360/N$$

4. 存货模型的优缺点

优点：现金持有量的存货模型是一种简单、直观地确定最佳现金持有量的方法。

缺点：(1) 该模型假设现金需要量恒定；(2) 该模型假定现金流出量稳定不变，计划期内未发生其他净现金流入，现金需要靠变现证券满足，未考虑现金安全库存。这在实际工作中很少见。

【例 10-3】 某公司现金收支平衡，预计全年（按 360 天计算）的现金需要量为 250 000 元，现金与有价证券的交易成本为每次 500 元，有价证券年利率为 10%。根据存货模型，全年的现金管理最小相关总成本是多少？

$$最小相关总成本=\sqrt{2\times250\,000\times500\times10\%}=5\,000(元)$$

(三) 随机模型

随机模型是在现金需要量难以预知的情况下进行现金持有量控制的方法。

1. 基本原理

企业根据历史经验和现实需要，测算出现金持有量的控制范围，即确定出现金持有量的上限和下限，并将其控制在上下限之内，如图 10-7 所示。

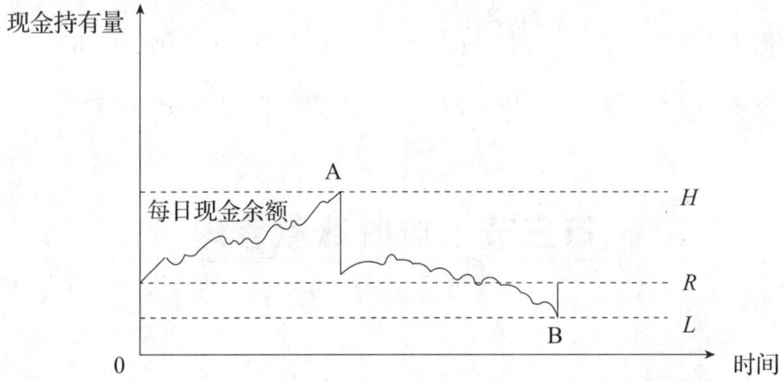

图 10-7 现金持有量的控制范围

2. 计算公式

(1) 现金返回线（R）的计算公式：

$$R=\sqrt[3]{\frac{3b\delta^2}{4i}}+L$$

式中，b 表示每次有价证券的固定交易成本；i 表示有价证券的日利息率；δ 表示预期每日现金余额变化的标准差；L 表示现金持有量的下限。

(2) 现金持有量的上限（H）的计算公式：

$$H=3R-2L$$

（3）下限的确定：受企业每日的最低现金需要量、管理人员的风险承受倾向等因素的影响。

3. 随机模型与存货模型的比较

（1）相同点：相关成本（机会成本、交易成本）。

（2）不同点：

① 适用范围不一样。

a. 存货模型：未来的现金需要量恒定。

b. 随机模型：建立在企业未来现金需要量和收支不可预测的前提下，因此计算出来的现金持有量比较保守。

② 现金安全储备考虑不一样。

a. 存货模型：不考虑。

b. 随机模型：现金持有量的下限。

【例 10－4】 某公司有价证券的年利率为 9%，每次固定交易成本为 50 元，公司认为任何时间其银行活期存款及现金余额均不能低于 1 000 元，又根据以往经验测算出现金余额波动的标准差为 800 元。计算其最优现金返回线和现金持有量的上限（结果保留至整数）。

$$i=9\%/360=0.025\%$$

$$最优现金返回线\ R=\sqrt[3]{\frac{3b\delta^2}{4i}}+L=\sqrt[3]{\frac{3\times50\times800^2}{4\times0.025\%}}+1\,000=5\,579(元)$$

$$现金持有量的上限\ H=3R-2L=3\times5\,579-2\times1\,000=14\,737(元)$$

第三节　应收账款管理

一、应收账款的成本

1. 机会成本

机会成本是指因资金投放在应收账款上而丧失的其他收入。这一成本的大小通常与企业维持赊销业务所需要的资金量（即应收账款投资额）、资金成本有关。

【知识拓展】
应收账款管理

应收账款机会成本可通过以下公式计算得出：

应收账款机会成本＝赊销业务所需资金×资金成本

赊销业务所需资金＝应收账款平均余额×变动成本率

应收账款平均余额＝日赊销额×平均收账天数

式中，平均收账天数一般按以客户各自赊销额占总赊销额比重为权数的所有客户收账天数的加权平均数计算；资金成本一般按有价证券利息率计算。

2. 管理成本

管理成本是指企业对应收账款进行管理所发生的费用支出。主要包括对客户的资信调查费用、收集各种信息的费用、应收账款账簿记录费用、催收账款所发生的费用、其他用于应收账款的管理费用。

3. 坏账成本

坏账成本是指因应收账款无法收回而给企业带来的损失。这一成本一般与应收账款的金额同方向变动，即应收账款越多，坏账成本也越多。基于此，为规避发生坏账成本给生产经营活动的稳定性带来的不利影响，企业应合理提取坏账准备。

【要点总结】应收账款相关成本

应收账款相关成本如表10-5所示。

表10-5 应收账款相关成本

应收账款相关成本	确定方式
应收账款机会成本	应收账款占用资金×资金成本 =应收账款平均余额×变动成本率×资金成本 =日赊销额×平均收现天数×变动成本率×资金成本
存货占用资金的应计利息	平均存货量×单位存货变动成本×资金成本
应付账款节省资金的应计利息	应付账款平均余额×资金成本
收账费用	一般为已知数
坏账损失	可能发生坏账的销售额（或赊销额）×坏账损失率
现金折扣损失	销售额（或赊销额）×享受现金折扣的比例×现金折扣率
其他相关成本	根据给出的条件确定

【例10-5】 某公司预测的年度赊销净额为4 500万元，应收账款收账期为30天，变动成本率为50%，资金成本为10%，一年按360天计算，则应收账款的机会成本为多少？

机会成本=4 500/360×30×50%×10%=18.75(万元)

二、应收账款政策的确定

应收账款政策又称信用政策，是指企业为对应收账款进行规划与控制确立的基本原则性行为规范，是企业财务政策的一个重要组成部分。应收账款政策包括信用标准、信用条件和收账政策，其中最重要的是信用标准的确定。

（一）信用标准

信用标准指客户获得企业的交易信用所应具备的条件。企业在设定某一客户的信用标准时，往往先要评估其赖账的可能性。这可以通过5C标准来进行，如表10-6所示。

表10-6 信用评价5C标准

信用品质的五个方面	含义
品质（character）	客户的信誉，即履行偿债义务的可能性
能力（capacity）	客户的偿债能力，即其流动资产的数量和质量以及与流动负债的比例
资本（capital）	客户的财务实力和财务状况，表明客户可能偿还债务的能力
抵押（collateral）	客户拒付款项或无力支付款项时能被用作抵押的资产
条件（condition）	可能影响客户付款能力的经济环境

（二）信用条件

1. 信用期限决策

（1）信用期间：企业允许客户从购货到付款之间的时间。

（2）现金折扣：企业对客户在商品价格上所做的扣减。现金折扣是鼓励购买者快速支付账单的价格削减方式，折扣额度根据付款期限而改变。

现金折扣是企业财务管理中的重要因素，对于销售企业，现金折扣有两方面的积极意义：缩短收款时间、减少坏账损失。负面作用是减少了现金流量，因为折扣部分冲减了财务费用，实际收到的钱就少了。因此，销售企业都试图将折扣率确定在平衡正面作用和负面作用的水平之上，分别计算改变信用期后增加的收益和增加的成本，如果增加的收益大于增加的成本，则应当改变信用期；反之，不应改变信用期。

【例10-6】某公司购买商品，价税合计为30 000元，信用条件为2/10，*n*/30。试分析该公司是否应选择在10天内付款，决策依据是什么？

2/10意味着若在10天内付款，购买者能够从发票面值中得到2%的折扣。否则，将在30天内支付发票的全部金额。公司若享受这一现金折扣，即意味着公司为取得2%的折扣即30 000×2%=600元要放弃29 400元在50天内的使用权，相当于承担年利息为14.9%(0.02/0.98×365/50)的利息成本。如果公司有闲置资金或能募集年利息低于14.9%的闲置资金，则享受此现金折扣有利；如果公司出现资金短缺现象，而在剩余50天内按照商业利率筹集29 400元的利息成本或者利用29 400元投资其他的机会成本高于14.9%，则公司在享受2%折扣（即节省600元）的同时会损失更多，应放弃此折扣。

2. 折扣期限和现金折扣决策

现金折扣是与信用期间结合使用的，决策时先要看各方案的延期与折扣能取得多大的收益增量，再看各方案带来的成本变化，最后选择税前收益最大的方案作为最佳方案。

【例10-7】甲公司全年销售额为30 000元（一年按300天计算），信用政策是1/20，*n*/30，平均有40%的顾客（按销售额计算）享受现金折扣优惠，无顾客逾期付款。计算甲公司应收账款的年平均余额。

应收账款平均收现天数＝20×40%＋30×60%＝26(天)

应收账款年平均余额＝日赊销额×平均收现天数＝30 000/300×26＝2 600(元)

企业在进行商业决策时，可以采用总额分析法，也可以采用差量分析法。总额分析法是指以收益作为最终的评价指标，按照销售收入减去成本的模式计算利润，由此决定方案取舍的一种决策方法。差量分析法是指在了解各种备选方案产生的预期收入、预期成本差异的基础上，从中选出最优方案的方法。总额分析法与差量分析法的区别如表 10－7 所示。

表 10－7　总额分析法与差量分析法的区别

总额分析法	差量分析法
(1) 计算各个方案的收益。 收益＝销售收入－变动成本＝边际贡献＝销售量×单位边际贡献 注意：固定成本如有变化应予以考虑	(1) 计算收益的增加。 增加的收益＝增加的销售收入－增加的变动成本－增加的固定成本＝增加的边际贡献－增加的固定成本
(2) 计算各个方案实施信用政策的成本。 第一，计算占用资金的应计利息；第二，计算收账费用和坏账损失；第三，计算折扣成本(若提供现金折扣时)	(2) 计算实施信用政策成本的增加。 第一，计算占用资金的应计利息增加；第二，计算收账费用和坏账损失的增加；第三，计算折扣成本的增加（提供现金折扣时）
(3) 计算各方案税前损益。 税前损益＝收益－成本费用	(3) 计算改变信用期间增加的税前损益。 增加的税前损益＝增加的收益－增加的成本费用
(4) 决策原则：选择税前收益最大的方案为优	(4) 决策原则：如果改变信用期间增加的税前损益大于 0，可以改变

（三）收账政策

收账政策是指当客户违反信用条件，拖欠甚至拒付账款时所采用的收款策略与措施，即企业为最大限度收回被拖欠账款所采取的合理方式。

由于诸多原因，企业总有一部分应收账款难以收回。因此，在制定信用政策时，企业应当充分考虑客户有可能违反信用规定，一旦款项遭到拖欠甚至拒付时应采取的对策。如果企业采取积极的收账措施，就会减少坏账损失，同时也会增加应收账款的收账费用；如果企业采取消极的收账措施，虽然会减少收账费用，但会增加坏账损失。在其他条件相同时，在一定范围内收账费用越高，坏账比率越低，平均收账期也就越短，但这种关系并不是线性的。初始的收账支出可能只能减少很少的坏账损失，进一步增加收账费用将产生显著作用，直到某一点后它能减少的坏账损失将越来越少，这个点称为饱和点。

企业在制定收账政策时，应该考虑到饱和点问题，不能无限制地增加收账费用，应在增加的收账费用与减少的坏账损失之间进行权衡。

【法条链接】
信用报告管理机构

【知识拓展】
应收账款质押贷款与应收账款保理

第四节　存货管理

一、存货的功能与成本

（一）存货的功能

存货的功能是指存货在企业生产经营活动中发挥的作用。主要表现在以下几个方面。

1. 保证企业生产经营的正常需要

必要的原材料、在产品、产成品存货是企业生产经营正常进行的前提和保障。有时存货的供应可能会中断或者减少，有时由于生产不均衡可能会停工待料，所以，储存适当的存货能够维持生产的连续性，实现均衡生产，降低成本。

2. 满足市场销售的需要

企业有了足够的产成品存货，可以增强企业销售的机动性。由于市场销售存在波动性，产品库存不足会导致企业丧失推销的机会，失去客户和市场。所以，储存适当的存货可以满足市场的需要。

3. 保持必要的保险储备，防止意外发生

企业在采购、运输、生产和销售的各环节，都可能发生意外事故而导致存货不足，影响企业的生产经营。所以，保持适量的存货保险储备，可避免或减少损失。

（二）存货的成本

存货的成本是存货在订货、购入、储存过程中所发生的各种费用，以及存货短缺造成的经济损失。它一般包括以下几个部分。

1. 购置成本

购置成本是指购买货物、取得货物所有权所支出的费用，通常包括货物的买价、运杂费、装卸费、保险费及相关税费等。它主要取决于购货数量和单位购置成本两个因素。

2. 订货成本

订货成本是指订购货物所发生的有关费用，包括采购部门发生的费用、订货过程中的文件处理费、邮电费等。可用一定的方法将其分为变动性和固定性两部分，其中，变动性订货成本是与订货次数直接相关的费用，固定性订货成本是维持采购部门正常活动所必须支出的费用。

3. 储存成本

储存成本是指在储存过程中所发生的费用，包括仓库和房屋的折旧费、修理费、保险费和占用资金的利息等。也可用一定的方法将其分为变动性和固定性两部分，其中，变动性储存成本是指与储存数量直接相关的费用，固定性储存成本则是维持一定的储存能力所必须支出的费用。

4. 缺货成本

缺货成本是指未能储存足够的存货无法满足生产经营需要所造成的经济损失，如存货短缺引起的停工损失、少生产产品而损失的边际利润、因延期交货而支付的罚金以及商誉的损失等。缺货成本取决于保险储备量，保险储备量越高，缺货的可能性越小，缺货成本越低；反之，缺货的可能性越大，缺货成本越高。

【知识拓展】
准时制生产方式

存货成本的分类如表 10－8 所示。

表 10－8　存货成本的分类

类别	具体项目		计算公式	与订货批量的相关性
取得成本	购置成本		年需要量×单价	有批量折扣时→相关成本
				无批量折扣时→无关成本
	订货成本	固定性订货成本	—	与订货批量无关→无关成本
		变动性订货成本	年订货次数×每次订货成本	与订货批量成反比→相关成本
储存成本	固定性储存成本		—	与订货批量无关→无关成本
	变动性储存成本		平均储存量×单位储存成本	与订货批量成正比→相关成本
缺货成本	直接损失、间接损失		—	不允许缺货→无关成本
				允许缺货→相关成本

二、经济订货批量

1. 经济订货批量的概念

经济订货批量是指按照存货管理的目的，通过合理的进货批量和进货时间使存货总成本最低的进货批量，也称经济订货量或经济批量。

2. 经济订货批量基本模型的假设条件

（1）能及时补充存货，即存货可瞬时补充。

（2）能集中到货，即不是陆续入库。

（3）不允许缺货，即无缺货成本。

（4）需求量稳定，并能预测。

（5）存货单价不变。

（6）企业现金充足，不会因现金短缺而影响进货。

（7）所需存货市场供应充足，可以随时买到。

3. 决策相关成本

$$变动性储存成本=年平均库存\frac{Q}{2}\times单位存货的年储存成本K_C$$

$$变动性订货成本=年订货次数\frac{D}{Q}\times每次订货成本K$$

式中，D 表示年需要量；Q 表示库存。

存货的储存成本如图 10－8 所示。

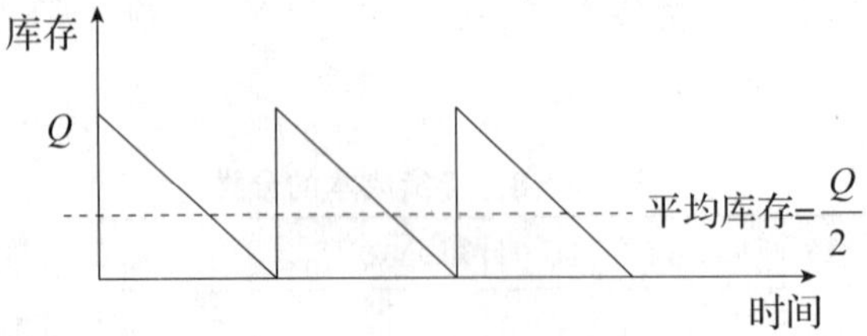

图 10－8　库存变动示意图

4. 经济订货批量基本模型及其变形

（1）经济订货批量（Q^*）基本模型：

$$Q^*=\sqrt{\frac{2KD}{K_C}}$$

（2）基本模型演变形式：

$$每年最佳订货次数N^*=\frac{D}{Q^*}$$

$$存货相关总成本TC(Q^*)=\sqrt{2KDK_C}=\frac{D}{Q^*}\times K+\frac{Q^*}{2}\times K_C$$

$$最佳订货周期t^*=\frac{1}{N^*}$$

$$经济订货批量占用资金I^*=年平均库存\frac{Q^*}{2}\times单位购置成本U$$

【例 10－8】 C公司是一家冰箱生产企业，全年需要压缩机 360 000 台，均衡耗用。全年生产时间为 360 天，每次订货费用为 160 元，每台压缩机持有费率为 80 元，每台压缩机的进价为 900 元。请分别计算经济订货批量、全年最佳订货次数、最低存货相关成本。

$$经济订货批量=\sqrt{2\times3\,600\,000\times160/80}=1\,200(台)$$

最佳订货次数＝3 600 000/1 200＝300(次)

最低存货相关成本＝$\sqrt{2\times 3\,600\,000\times 160\times 80}$＝96 000(元)

【知识拓展】
特殊条件下的
经济订货批量模型

【知识拓展】
自动化存货管理

第五节　短期债务管理

一、短期债务融资的特点

短期负债所筹资金的可使用时间较短，一般不超过 1 年。特点主要包括：

(1) 筹资速度快，容易取得。短期负债在较短时间内即可归还，故债权人顾虑较少。

(2) 筹资富有弹性。短期负债的限制相对较少，筹资企业的资金使用较为灵活。

(3) 筹资成本较低。一般来说，短期负债的利率低于长期负债，短期负债筹资的成本也就较低。

(4) 筹资风险高。短期负债需在短期内偿还，企业若届时资金安排不当，就会陷入财务危机。

二、短期债务融资的形式

商业信用和短期银行借款是两个最主要的短期融资来源，也因此成为流动负债日常管理的重点。

(一) 商业信用

商业信用是指在商品交易中由于延期付款或预收货款所形成的企业间的借贷关系。商业信用筹资最大的优越性在于容易取得。如果没有现金折扣或使用不带息票据，商业信用筹资不负担成本。其缺陷在于放弃现金折扣时所付出的成本较高。商业信用的具体形式有应付账款、应付票据、预收账款等。

1. 应付账款

与应收账款相对应，应付账款也有付款期、折扣等信用条件。应付账款可以分为：

免费信用、有代价信用、展期信用。免费信用，即买方企业在规定的折扣期内享受折扣而获得的信用；代价信用，即买方企业放弃折扣付出代价而获得的信用；展期信用，即买方企业超过规定的信用期推迟付款而强制获得的信用。

（1）应付账款的成本。如果买方企业购买货物后在卖方规定的折扣期内付款，便可享受免费信用，在这种情况下企业没有因为享受信用而付出代价。

$$放弃现金折扣的成本=\frac{折扣百分比}{1-折扣百分比}\times\frac{360}{信用期-折扣期}$$

放弃现金折扣的成本与折扣百分比的大小、折扣期的长短同方向变化。

（2）利用现金折扣的决策。如果能以低于放弃折扣的隐含利息成本（实质是一种机会成本）的利率借入资金，便应在现金折扣期内用借入的资金支付账款，享受现金折扣。如果在折扣期内将应付账款用于短期投资，所得的投资收益率高于放弃折扣的隐含利息成本，则应放弃折扣去追求更高的收益。如果企业因缺乏资金而欲展延付款期，则需要在降低了的放弃折扣成本与展延付款带来的损失之间做出选择。展延付款带来的损失主要是指企业因信誉恶化而丧失供应商乃至其他贷款人的信用，或日后招致苛刻的信用条件。如果面对两个以上提供不同信用条件的卖方，应通过衡量放弃折扣成本的大小选择信用成本最小（或所获利益最大）的一个。

【例 10-9】甲公司采购一批材料，全款为 100 万元，乙供应商规定的付款条件为：10 天之内付款则支付 98 万元；30 天之内付款则支付全额 100 万元。

根据资料，回答下列问题：

（1）计算放弃现金折扣的成本。

（2）如果银行短期借款利率为 15%，确定对该公司最有利的付款日期和价格。

（3）如果目前的短期投资收益率为 40%，确定对该公司最有利的付款日期和价格。

（4）如果有另外一个丙供应商提供“1/10，n/30”的信用条件，假设银行短期借款利率为 15%，应该选择哪个供应商？

（1）折扣百分比＝(100－98)/100×100%＝2%

放弃现金折扣的成本＝[2%/(1－2%)]×[360/(30－10)]×100%＝36.73%

（2）因为放弃现金折扣的成本高于银行短期借款的利率 15%，所以应该享受折扣，并通过短期借款用更低的成本取得所需的资金。因此，最有利的付款日期为第 10 天付款，价格为 98 万元。

（3）放弃现金折扣的成本也可以看作享受折扣时的收益，因为享受折扣的收益率低于短期投资收益率，所以应当放弃现金折扣，并将资金用于收益率更高的短期投资。因此，最有利的付款日期为第 30 天付款，价格为 100 万元。

（4）放弃 B 供应商现金折扣的成本＝[1%/(1－1%)]×[360/(30－10)]×100%
＝18.18%

因为放弃现金折扣的成本均高于银行短期借款利率，所以应该选择享受现金折扣；

又因为放弃乙供应商现金折扣的成本高于放弃丙供应商现金折扣的成本，所以应该选择享受乙供应商的现金折扣。

2. 应付票据

应付票据的利率一般比银行借款利率低，且不用保持相应的补偿余额和支付协议费，所以应付票据的筹资成本低于银行借款成本。但是应付票据到期必须归还，如果延期便要交付罚金，因而风险较大。

3. 预收账款

预收账款是卖方企业在交付货物之前向买方预先收取部分或全部货款的信用形式。对于卖方来讲，预收账款相当于向买方借用资金后用货物抵偿。预收账款一般用于生产周期长、资金需要量大的货物销售。

【知识拓展】
应付票据

【案例启示】联想的“3+1”企业信用管理模式

联想集团有限公司（简称联想）是“3+1”企业信用管理模式的受益企业之一。联想的信用管理机制是全员参与的信用管理体系，不同岗位各司其职，共同管理联想的信用。通过企业信用管理，联想培养了一批合作良好、非常重视联想信誉状况的客户，公司内部形成一套运行良好、适合联想业务特点的信用管理机制，应收账款周转率和坏账等信用管理指标呈现良性，提升了公司的竞争力。用联想创始人柳传志的话来说，联想的赊销和信用管理对联想的二次腾飞居功至伟。可见，拥有一个科学的信用管理制度对在买方市场中竞争的企业来讲具有多么大的作用。请分析联想是否采用了商业信用筹资，为什么？

分析： 商业信用是商品交易中以延期付款、预收货款进行购销活动而形成的借贷关系。联想在销售过程中，通过赊销、信用管理等方式提高资金运转效率，降低资金使用成本，辅以科学的应收账款和坏账管理，为联想的发展提供了极大助力。

（二）短期银行借款

短期银行借款是指企业向银行和其他非银行金融机构借入的期限在1年（含）以内的借款。

1. 短期银行借款的种类

我国目前的短期银行借款按照目的和用途，主要分为生产周转借款、临时借款、结算借款等。按照国际通行做法，短期银行借款还可依偿还方式的不同，分为一次性偿还借款和分期偿还借款；依利息支付方法的不同，分为收款法借款、折现法借款和加息法借款；依有无担保，分为抵押借款和信用借款等。

2. 短期银行借款的信用条件

短期银行借款往往附带信贷限额、周转信贷额度、补偿性余额等多项信用条件。在实务中，企业需要根据不同的信用条件来进行相应的短期借款决策。表10-9列示了常见的短期银行借款的信用条件。

表 10-9 短期银行借款的信用条件

信用条件	含义	说明
信用额度	银行对借款企业规定的无担保贷款的最高额	无法律效用，银行不承担必须提供全部信贷限额的义务
周转信贷协定	银行具有法律义务承诺提供不超过某一最高限额的贷款协定	有法律效用，在协议的有效期内，只要企业的借款总额未超过最高限额，银行必须满足企业任意时期提出的借款要求
补偿性余额	银行要求借款企业在银行中保持按贷款限额或实际贷款额一定百分比（一般为10%～20%）的最低存款余额	补偿性余额提高了实际利率 实际利率=名义利率÷(1−补偿性余额比率)×100%
借款抵押	银行发放贷款时要求企业有抵押品担保	借款抵押是一种风险贷款，手续比较复杂，利率较高
偿还条件	到期一次偿还、贷款期内等额偿还	企业希望一次性偿还，银行希望贷款期内定期等额偿还
其他承诺	银行有时还要求企业为取得贷款而做出其他承诺，如及时提供财务报表、保持适当的财务水平（如特定的流动比率）等	如企业违背所做出的承诺，银行可要求企业立即偿还全部贷款

【例 10-10】甲公司与某银行签订周转信贷协议，银行承诺一年内随时满足甲公司最高 8 000 万元的贷款，承诺费按承诺贷款额度的 0.5%于签订协议时交付，公司为贷款支付的承诺费在一年后返还，甲公司在签订协议的同时申请一年期贷款 5 000 万元，年利率为 8%，按年单利计息，到期一次性还本付息，在此期间未使用承诺贷款额度的其他贷款。计算该笔贷款的实际成本。

实际支付的利息=5 000×8%=400(万元)

支付的承诺费(未使用部分)=(8 000−5 000)×0.5%=15(万元)

实际成本=(400+15)/(5 000−8 000×0.5%)×100%=8.37%

3. 短期银行借款的成本

(1) 借款利率。借款利率分为以下三种：

① 优惠利率。优惠利率是银行向财力雄厚、经营状况好的企业提供贷款时收取的名义利率，为贷款利率的最低限。

② 浮动优惠利率。这是一种随其他短期利率的变动而浮动的优惠利率，即随市场条件的变化而随时调整变化的优惠利率。

③ 非优惠利率。银行贷款给一般企业时收取的高于优惠利率的利率。这种利率经常在优惠利率的基础上增加一定的百分比。

（2）借款利息的支付方法。

① 收款法。收款法是指在借款到期时向银行支付利息的方法。

② 贴现法。贴现法是指银行向企业发放贷款时，先从本金中扣除利息部分，到期时借款企业偿还贷款全部本金的一种计息方法。采用这种方法，贷款的实际利率高于名义利率。例如，某企业从银行取得借款 10 000 元，期限为 1 年，年利率（即名义利率）为 8%，利息额 800 元（10 000×8%）；按照贴现法付息，企业实际可利用的贷款为 9 200 元（10 000－800），该项贷款的实际利率为 8.7%（800/9 200）。

【知识拓展】
贷款利率规则

③ 加息法。加息法是指银行发放分期等额偿还贷款时采用的利息收取方法。在分期等额偿还贷款的情况下，银行要将根据名义利率计算的利息加到贷款本金上，计算出贷款的本息和，要求企业在贷款期内分期偿还本息和的金额。由于贷款分期均衡偿还，借款企业实际上只平均使用了贷款本金的半数，却支付了全额利息。

【知识拓展】
短期融资券
与超短期融资券

如果企业的短期银行借款利息是按月支付的，或者短期银行借款的利息数额不大时，根据会计的重要性原则，可以在实际支付或收到银行的计息通知时，直接计入财务费用；如果短期银行借款利息是按季支付的，或者是在借款到期时连同本金一起归还，并且利息金额较大的，为了正确计算各期盈亏应按照预提的方法，按月预提，计入损益。

【知识拓展】
供应链金融

练习题

一、单项选择题

1. 在流动资产投资策略中，保守型流动资产投资策略的（　　）。

A. 流动资产投资规模最大，风险最大，收益性最差

B. 流动资产投资规模最小，风险最小，收益性最差

C. 流动资产投资规模最小，风险最大，收益性最好

D. 流动资产投资规模最大，风险最小，收益性最差

2. 受季节性、周期性影响的流动资产指的是（　　）。

A. 金融资产　　B. 长期资产

C. 波动性流动资产　　D. 稳定性流动资产

二、复习思考题

1. 什么是广义营运资本？什么是狭义营运资本？

2. 营运资本投资策略包含哪些？

3. 营运资本筹资策略包含哪些？

4. 企业持有现金的动机是什么？

5. 企业应收账款政策包括哪些内容?

6. 什么是信用评价5C分析法?

7. 应收账款保理的作用是什么?

8. 简述存货的功能和成本。

9. 简述经济订货批量基本模型的原理。

三、计算分析题

1. 甲公司是一个汽车挡风玻璃批发商，为5家汽车制造商提供挡风玻璃。该公司总经理拟降低与存货有关的总成本，请你帮助他确定最佳的采购批量。

有关资料如下：

(1) 挡风玻璃的单位进货成本U为1 300元。

(2) 全年需要量D预计为9 900块。

(3) 每次订货发出与处理订单的成本K为38.2元。

(4) 每次订货需要支付运费68元。

(5) 每次收到挡风玻璃后需要验货，验货时外聘一名工程师，验货需要6小时，每小时支付工资12元。

(6) 为储存挡风玻璃需要租用公共仓库，仓库租金每年2 800元，另外按平均存量加收每块玻璃12元/年。

(7) 挡风玻璃为易碎品，损坏成本为年平均存货价值的1%。

(8) 公司的年资本成本为5%。

(9) 从订货至挡风玻璃到货，需要6个工作日。

(10) 在进行有关计算时，每年按300个工作日计算。

要求：

(1) 计算每次订货成本K。

(2) 计算每块挡风玻璃的年储存成本K_C。

(3) 计算经济订货批量Q^*。

(4) 计算与经济订货批量有关的存货总成本$TC(Q^*)$。

2. 假定某存货的年需要量D为3 600件，单位存货年储存成本K_C为2元，单位缺货成本K_U为4元，平均交货时间L为10天；已经计算出经济订货批量Q为300件，每年订货次数N为12次。交货期内的存货需要量及其概率分布如表10-10所示。

表10-10 某存货交货期内的需要量及其概率分布表

需要量（件）	70	80	90	100	110	120	130
概率	0.01	0.04	0.20	0.50	0.20	0.04	0.01

要求：确定再订货点R。

四、案例分析题

无锡商业大厦股份有限公司（简称大厦股份）创立于1999年9月，由原江苏无锡商业大厦有限公司整体变更而来，是无锡市名牌商店、全国百城万店无假货示范店。公司与1 000多家名优品生产厂家建立了稳定的业务关系，总经销、总代理品牌达150余种。公司率先在国内贸易系统采用分期付款方式销售汽车并取得成功，被国家有关部门称为“无锡模式”在全国同行业推广。公司创办的东方百业网，2001年入选“江苏省电子商务试点企业”和“江苏省专业网站建设示范工程”。公司依托传统百货零售、汽车销售、连锁超市三大业务板块，主营业务收入占全市社会消费品零售总额比重从1999年的2.49%上升到2001年的3.01%，位居全市商业企业第一位。1999—2001年，实现销售额和净利润的年均复合增长率分别为21.2%和8.1%，在同行业内领先。由于毛利率偏低的汽车收入占总销售收入比重上升，主营业务毛利率呈现逐渐下降趋势，三年的平均水平为12.86%，低于无锡市零售商业14.81%的毛利率平均水平。

公司日常经营所需流动资金主要依赖于银行借款和资金周转中形成的应付账款等短期负债，短期负债占总负债的比例达96.81%。另外，公司经营业态较为单一，主营商品零售，64%的收入和90%的利润来自百货零售。

要求：

1. 大厦股份的短期负债管理可能存在什么隐患？

2. 结合大厦股份的行业特点分析该公司利用银行借款和应付账款进行流动资金融资的利弊。

第十一章

股利理论与政策

引导案例

苹果公司创立于1976年，到1980年，该公司研究生产的家用电脑已经销售13万多台，销售收入达到1.17亿美元。1980年苹果公司首次公开发行股票上市。上市以后，公司快速成长，到1986年，公司的销售收入达到19亿美元，实现净利润1.54亿美元。1980—1986年，苹果公司的净利润年增长率达到53%。1986年，苹果公司与马克公司联合进入办公用电脑市场。办公用电脑市场的主要竞争对手是实力非常强大的IBM公司，尽管竞争非常激烈，1987年，苹果公司仍然取得了骄人的成绩，销售收入实现了42%的增长。

但是，人们仍然对苹果公司能否持续增长表示怀疑。为了增强投资者的信心，特别是吸引更多的机构投资者，苹果公司在1987年4月23日宣布首次分配季度股利，每股支付现金股利0.12美元，同时按1：2的比例进行股票分割（即每1股分拆为2股）。股票市场对苹果公司首次分配股利反应非常强烈，股利分配方案宣布当天，股价就上涨了1.75美元，在4个交易日里，股价上涨了约8%。

在之后的三年多时间里，苹果公司的经营业绩保持良好的增长。截至1990年，苹果公司实现销售收入55.58亿美元，净利润4.75亿美元，1986—1990年，销售收入平均年增长率为31%，净利润平均年增长率为33%。但是1990年以后，苹果公司的业绩开始逐年下降，1996年亏损7.42亿美元，1997年亏损3.79亿美元。苹果公司的股价也从1990年的每股48美元跌到1997年的每股24美元。尽管经营业绩发生较大变化，但苹果公司从1987年首次分配股利开始，一直坚持每年支付大约每股0.45美元的现金股利，直到1996年，由于经营困难不得不停止发放股利。

公司在制定股利政策时会考虑哪些因素？苹果公司为什么在1987年首次宣告发放股利？苹果公司采用了哪种股利政策？有何利弊？苹果公司为什么在1987年首次发放股利时，还对股票进行分割？本章将带领大家学习这些内容。

学习目标

1. 了解股利支付的方式与程序。

2. 理解股利无关理论、“一鸟在手”理论和税差理论的基本思想。

3. 掌握不同股利政策的决定因素和基本做法。

4. 掌握公司发放现金股利与股票股利的动机以及股票回购与股票分割对公司价值和投资者收益的影响。

第一节 股利支付方式与程序

一、股利支付的方式

股利支付方式可以分为不同的种类，主要有以下四种。

(一) 现金股利

现金股利是以现金支付的股利，它是股利支付最常见的方式。公司选择发放现金股利除了要有足够的留存收益外，还要有足够的现金，而现金充足与否往往会成为公司发放现金股利的主要制约因素。

(二) 财产股利

财产股利是以现金以外的其他资产支付的股利，主要是以公司所拥有的其他公司的有价证券如债券、股票等，作为股利支付给股东。

【知识拓展】
现金股利发放的
衡量指标

(三) 负债股利

负债股利是以负债方式支付的股利，通常把公司的应付票据支付给股东，有时也以发放公司债券的方式支付股利。

财产股利和负债股利实际上是现金股利的替代，但这两种股利支付形式在我国公司实务中很少使用。

【知识拓展】
上市公司现金
分红的描述性统计

(四) 股票股利

股票股利是公司以增发股票的方式所支付的股利，在我国实务中通常也称其为“红股”。股票股利对公司来说，并没有现金流出，也不会导致公司的财产减少，而只是将公司的留存收益转化为股本和资本公积。但发放股票股利会增加流通在外的股票数量，同时降低股票的每股价值。它不改变公司股东权益的总额，但会改变股东权益的构成。

二、股利支付的程序

公司股利的发放必须遵守相关要求，按照日程安排来进行。一般情况下，先由董事会提出分配预案，然后提交股东大会决议通过才能进行分配。股东大会决议通过分配预案后，要向股东宣布发放股利的方案，并确定股权登记日、除息日和股利发放日。

（1）股利宣告日，即股东大会决议通过并由董事会将股利支付情况予以公告的日期。公告中将宣布每股应支付的股利、股权登记日、除息日以及股利发放日。

（2）股权登记日，即有权领取本期股利的股东资格登记截止日期。凡是在此指定日期收盘之前取得公司股票，成为公司在册股东的投资者都可以享受公司分派的股利。在这一天之后取得股票的股东则无权领取本次分派的股利。

【法条链接】
股利分配相关的法律法规

（3）除息日，即领取股利的权利与股票分离的日期。在除息日之前购买的股票才能领取本次股利，而在除息日当天或者以后购买的股票，则不能领取本次股利。由于失去了“付息”的权利，除息日的股票价格会下跌。

（4）股利发放日，即公司按照公布的分红方案向股权登记日在册的股东实际支付股利的日期。

【案例启示】中国葛洲坝集团股份有限公司 2020 年度利润分配方案

中国葛洲坝集团股份有限公司 2020 年度利润分配方案公告

本公司董事会及全体董事保证本公告内容不存在任何虚假记载、误导性陈述或者重大遗漏，并对其内容的真实性、准确性和完整性承担个别及连带责任。

重要内容提示：

（1）每股分配比例：每股派送现金红利人民币 0.073 元（含税）。

（2）本次分配以实施权益分派股权登记日登记的总股本为基数，具体日期将在权益分派实施公告中明确。

（3）本年度现金分红比例低于 30%，主要原因是公司围绕各主业稳健开展投资需要大量资金投入。

一、利润分配方案内容

经中兴华会计师事务所（特殊普通合伙）审计，2020 年度公司实现归属于上市公司股东的净利润为 4 282 298 034.25 元，2020 年期末公司累计可供分配的利润为 19 129 433 160.37 元，母公司累计可供分配的利润为 9 007 310 707.79 元。扣除其他权益工具永续债和永续中票持有者的股利 938 575 000 元后，公司当年实现归属于上市公司普通股股东的净利润为 3 343 723 034.25 元，提取法定盈余公积后，当年实现的可供分配利润为 2 592 628 283.97 元。经公司董事会审议，公司 2020 年度利润分配方案如下：

拟以公司总股本 4 604 777 412 股为基数，向全体普通股股东每 10 股派发现金红利人民币 0.73 元（含税），共计分配现金人民币 336 148 751.08 元，占合并报表中归属于上市公司普通股股东的净利润的比例为 10.05%。本年度公司不实施资本公积金转增股本。

本方案尚需提交公司 2020 年年度股东大会审议。

二、本年度现金分红比例低于30%的情况说明

（一）公司所处行业情况及特点

目前国际市场基础设施建设的刚性需求依然强劲，国家积极实施“一带一路”倡议，助力中央企业走出去；国内加大对基建补短板、脱贫攻坚战、区域发展等战略的政策支持力度，公司工程建设业务所处的国内公路、房建、铁路、市政、水利及水体治理、城市地下综合体、港口与航道等领域的市场需求依然较大，基建市场整体处于平稳较快发展的趋势。

（二）公司发展阶段和自身经营模式

目前，公司围绕建筑主业，不断培育核心竞争力；坚持加强战略规划设计，引领其他业务不断提升发展质量。公司市场签约、营业收入等主要经营指标再创新高，资产质量持续改善，企业活力全面激发，为公司实现高质量可持续发展奠定了坚实基础。

工程建设业务是公司核心业务和营业收入的主要来源，其中，国内项目主要模式为PPP（政府和社会资本合作）和施工总承包等，国际项目主要模式为施工总承包和EPC（设计、采购、施工总承包）等。

（三）公司盈利水平及资金需求

近五年来，公司净资产收益率始终保持较好水平，为股东创造了较为稳定的投资回报。为了确保公司在建项目顺利履约，围绕主业稳健开展投资，公司需要较往年更多的现金资产。此外，随着公司全面深化改革，在技术创新、科研投入等方面也需要加大资金投入。

（四）公司保留一定比例留存未分配利润的原因

2020年，公司坚定不移地落实新发展理念，形成了“承包投资双轮驱动、国际国内协调发展、工业制造转型升级、金融贸易行稳致远”的新格局。2021年，公司深化投资理念，出台“十四五”投资发展规划，明确投资业务发展目标、思路和举措，计划完成投资1 168亿元，围绕公司各主业格局稳健开展投资需要大量资金投入。

（五）公司留存未分配利润的确切用途以及预计收益情况

公司留存未分配利润主要用于对主业领域的投资，为投资提供保障。随着资产负债约束、降杠杆、防范化解债务风险工作的进一步推进，为优化财务结构，提升投资能力，公司需合理控制带息负债规模，保持净资产稳步增长，实现投资与工程承包、资本运作与生产经营协同发展，给投资者带来长期持续回报。

三、履行的决策程序

（一）董事会会议的召开、审议和表决情况

公司于2021年3月19日召开第七届董事会第三十四次会议，以8票同意、0票反对、0票弃权，审议通过了《关于公司2020年度利润分配及资本公积金转增股本的预案》。

（二）独立董事意见

本预案符合公司所属行业实际情况和公司发展战略需求，维护了中小股东的利益，有利于公司持续、稳定、健康发展，决策程序和分配内容符合相关规定，同意将该利润

分配预案提交股东大会审议。

（三）监事会意见

公司于2021年3月19日召开第七届监事会第十五次会议，以6票同意、0票反对、0票弃权，审议通过了《关于公司2020年度利润分配及资本公积金转增股本的预案》，认为该分配预案满足公司章程的规定要求，符合公司持续、稳定的利润分配政策，有利于公司的长期可持续发展。该分配预案审议程序规范合法，同意提交公司股东大会审议。

四、相关风险提示

本次利润分配方案充分考虑了公司业务发展规划和未来资金需求等因素，不会对公司经营现金流产生重大影响，不会影响公司正常经营和长期发展。本次利润分配方案尚需提交公司2020年年度股东大会审议通过后方可实施。

特此公告。

中国葛洲坝集团股份有限公司董事会

2021年3月20日

请基于上述案例材料思考以下问题：

（1）案例公司的股利政策考虑了哪些因素？

（2）对于投资者来说，不发放现金股利而是将资金留存在企业有何意义？

分析：

（1）案例公司的股利政策考虑了资金需求、财务灵活性、公司盈利水平、上市公司的监管规则等。

（2）企业留存未分配利润可以用来为投资提供保障，优化财务结构，提升投资能力，帮助企业抓住投资机会，给投资者带来长期持续回报。

第二节 股利理论

股利是在企业税后净利润中支付的部分，本质上是一种利润再分配。这种分配行为是在企业累计或当年有盈余时才会做的事情。

股利理论是解释股利与股价间关系的理论，主要包括股利无关理论和股利相关理论。

企业价值的评估方法包括现金流量折现模型与相对价值模型。流量折现模型可以在实体现金流量基础上折现，也可以在股权现金流量基础上折现。实体现金流量是在管理用财务报表的税后经营净利润的基础上扣减净经营资产的增量，然后折现计算而来。现金流量折现模型的关键是确定管理用财务报表的税后经营净利润数据，计算净经营资产增量数据。而这些都与股利分配方式无关，所以企业价值与股利分配无关。这便是股利无关理论的根基。

企业价值评估的现金流量折现模型本质上是建立在有效的市场基础上的，而股利无关理论是建立在企业价值评估的现金流量折现模型基础上的，所以股利无关理论是建立在市场有效的基础上，或者说是建立在完全市场理论上的。股利无关理论又称为完全市场理论。虽然股利的分配是在净利润之后的一种分配行为，但股利的利润再分配行为会通过某种机制或行为传导给市场，这便是股利相关理论的根基。

一、股利无关理论

股利无关理论（也称 MM 理论）认为，在一定的假设条件限定下，股利政策不会对公司的价值或股票的价格产生任何影响。一个公司的股票价格完全由公司的投资决策的获利能力和风险组合决定，而与公司的利润分配政策无关。

该理论是建立在完全市场理论之上的，假定条件包括：

（1）市场具有强式效率。

（2）不存在任何公司或个人所得税。

（3）不存在任何筹资费用（包括发行费用和各种交易费用）。

（4）公司的投资决策与股利决策彼此独立（公司的股利政策不影响投资决策）。

【知识拓展】
“MM”的
人物简介

二、股利相关理论

（一）“一鸟在手”理论

“一鸟在手”理论认为，由于企业在经营过程中存在诸多不确定性因素，股东会认为现实的现金股利要比未来的资本利得更为可靠，会更偏好于确定的股利收益。因此，资本利得好像林中之鸟，虽然看上去很多，但不一定抓得到。而现金股利好像在手之鸟，是股东有把握按时、按量得到的现实收益。

根据“一鸟在手”理论所体现的收益与风险的选择偏好，股东更偏好于现金股利而非资本利得，倾向于选择股利支付率高的股票。

【知识拓展】
戈登的股利理论

（二）信号理论

信号理论从放松 MM 理论的投资者和管理者拥有相同的信息假定出发，认为管理者与公司外部投资者之间存在信息不对称。管理者拥有更多关于公司前景方面的内部信息，股利是管理者向外界传递其掌握的内部信息的一种手段。如果他们预计公司的发展前景良好、未来业绩将大幅度增长，就会通过增加股利的方式将这一信息及时告诉股东和潜在投资者；相反，如果预计公司的发展前景不太好、未来盈利将持续性不理想，那么他们往往会维持甚至降低现有的股利水平，这等同于向股东和潜在投资者发出了不利的信号。因此，股利能够传递公司未来盈利能力的信息，对股票价格有一定的影响。当公司支付的股利水平上升时，

【知识拓展】
信号理论

公司的股价会上升；当公司支付的股利水平下降时，公司的股价也会下降。

（三）代理理论

代理理论认为，股利政策有助于减缓管理者与股东之间的代理冲突，即股利政策是协调股东与管理者之间代理关系的一种约束机制。该理论认为，股利的支付能够有效降低代理成本。首先，股利的支付减少了管理者对自由现金流量的支配权，这在一定程度上可以抑制公司管理者的过度投资或在职消费行为，保护外部投资者的利益；其次，较多的现金股利发放减少了内部融资，公司要进入资本市场寻求外部融资，从而将接受资本市场更多、更严格的监督，这样便通过资本市场的监督减少了代理成本。因此，高水平的股利政策降低了公司的代理成本，但同时增加了外部融资成本，理想的股利政策应使两种成本之和最小。

【知识拓展】
委托代理理论

（四）客户效应理论

客户效应理论认为投资者不仅对资本利得和股利收益有偏好，即使是投资者本身，因其所处不同等级的边际税率，对公司股利政策的偏好也是不同的。收入高的投资者因适用较高的税率表现出偏好低股利支付率的股票，希望少分现金股利或不分现金股利，以更多的留存收益进行再投资，从而提高所持有股票的价格。而收入低的投资者以及享有税收优惠的养老基金投资者偏好高股利支付率的股票，希望公司支付较高且稳定的现金股利。

（五）税差理论

税差理论又称所得税差异理论，认为由于普遍存在税率和纳税时间的差异，资本利得收益比股利收入更有助于实现收益最大化目标，公司应当采用低股利政策。一般来说，对资本利得收益征收的税率低于对股利收入征收的税率。即使两者没有税率上的差异，由于资本利得收益的纳税时间选择更具有弹性，投资者仍可以享受延迟纳税带来的收益差异。

> 在开篇案例中，苹果公司为什么决定在 1987 年首次宣告发放股利？
>
> **解析：**苹果公司试图向市场传递一种关于公司潜在的成长性和渗透到办公用电脑市场的美好前景的信号。发放股利也可能是对公司良好经营业绩的证实，苹果公司首次发放股利使得市场确信公司的成功不是暂时的。

【法条链接】
上市公司现金
分红的相关政策

【文献链接】
半强制分红政策
与中国上市公司分红行为

第三节　股利政策类型与股利影响因素

一、股利政策类型

(一) 剩余股利政策

1. 含义

剩余股利政策是公司在有良好的投资机会时，根据目标资本结构测算出必要的权益资本与既有权益资本的差额，税后利润首先要满足权益资本需要，然后将剩余部分作为股利发放的政策。剩余股利政策有利于公司目标资本结构的保持。

2. 特点

采用剩余股利政策的根本原因是保持理想的资本结构，使加权平均资本成本最低。剩余股利政策的根本目的是降低公司的筹资成本。

剩余股利政策的决策步骤如下：

(1) 根据公司的投资计划确定公司的最佳资本预算。

(2) 根据公司的目标资本结构及最佳资本预算预计公司资金需求中所需要的权益资本数额。

(3) 尽可能用留存收益来满足资金需求中所需增加的股东权益数额。

(4) 留存收益在满足公司股东权益增加的需求后，如果有剩余，再用来发放股利。

【例 11-1】 某股份公司发行在外的普通股为 30 万股，该公司 2018 年的税后利润为 300 万元，2019 年为 500 万元。该公司准备在 2020 年再投资 250 万元，目前的资本结构为最优资本结构，资金总额为 10 000 万元，其中，自有资金为 6 000 万元，负债资金为 4 000 万元。另外，已知该公司 2018 年发放的股利为每股 4.8 元。如果该公司采用剩余股利政策，则其在 2019 年的每股股利为多少？

权益资本占总资本的比率＝6 000/10 000×100％＝60％

负债资本占总资本的比率＝40％

目标资本结构下投资所需的股东权益数额＝250×60％＝150(万元)

用于股利发放的剩余盈余＝500－150＝350(万元)

每股股利＝350/30＝11.67(元)

(二) 固定股利或稳定增长股利政策

1. 含义

固定股利或稳定增长股利政策是指公司将每年派发的股利固定在某一特定水平上或

者在此基础上维持某一固定增长率，逐年稳定增长。

2. 特点

固定股利或稳定增长股利政策的优点：

（1）向市场传递公司经营业绩正常或稳定增长的信息，有利于树立公司良好的形象，增强投资者对公司的信心，使公司的股票价格保持稳定或上升。

（2）有利于投资者有规律地安排股利收入和支出。

固定股利或稳定增长股利政策的缺点：

（1）股利的支付与盈余脱节。当盈余较低时仍要支付固定或稳定增长的股利，这可能导致公司的资金短缺，财务状况恶化。

（2）不能像剩余股利政策那样保持较低的资本成本。

【例 11-2】某股份公司发行在外的普通股为 30 万股，该公司 2018 年的税后利润为 300 万元，2019 年为 500 万元。该公司准备在 2020 年再投资 250 万元，目前的资本结构为最优资本结构，资金总额为 10 000 万元，其中，自有资金为 6 000 万元，负债资金为 4 000 万元。另外，已知该公司 2018 年的每股股利为 4.8 元，相比 2017 年增长 10%。如果该公司采用固定股利政策或稳定增长股利政策，则其在 2019 年的每股股利为多少？

分析：固定股利政策是将每年发放的股利固定在某一特定水平上并在较长的时期内保持不变，只有当公司认为未来盈余将会显著地、不可逆转地增长时才会提高年度的股利发放额。所以 2019 年每股发放的股利应该与 2018 年每股发放的股利相等，即 4.8 元。

若采用稳定增长股利政策，则 2019 年的每股股利增长率与 2018 年的股利增长率保持一致：

$$每股股利=4.8\times(1+10\%)=5.28(元)$$

（三）固定股利支付率政策

1. 含义

固定股利支付率政策是指公司确定一个股利占盈余的比率，长期按此比率支付股利的政策。

2. 特点

固定股利支付率政策的优点：能使股利与公司盈余紧密地配合，体现多盈多分、少盈少分、无盈不分的原则。

固定股利支付率政策的缺点：各年的股利变动较大，极易给投资者造成公司发展不稳定的感觉，对稳定股票价格不利。

【例 11-3】某股份公司发行在外的普通股为 30 万股，该公司 2018 年的税后利润为 300 万元，2019 年为 500 万元。该公司准备在 2020 年再投资 250 万元，目前的资本结构为最优资本结构，资金总额为10 000万元，其中，自有资金为6 000万元，负债资金为4 000万元。另外，已知该公司2018年的每股股利为4.8元。如果该公司采用固定股利支付率政策，则其在2019年的每股股利为多少？

分析：采用固定股利支付率政策时，公司应确定一个股利支付比例，长期按此比例支付股利。

2018年每股盈余＝300/30＝10(元)

2018年股利占盈余的比例＝4.8/10×100%＝48%

2019年发放股利＝500×48%＝240(万元)

2019年每股股利＝240/30＝8(元)

（四）低正常股利加额外股利政策

1. 含义

低正常股利加额外股利政策是指公司在一般情况下每年只支付固定的、数额较低的股利，在盈余较多的年份再根据实际情况向股东发放额外股利。但额外股利并不固定，不意味着公司永久地提高了规定的股利支付率。

【知识拓展】
各国的股利政策

2. 特点

该股利政策具有较大灵活性，使一些依靠股利度日的股东每年至少可以得到较低但比较稳定的股利收入，从而维持住这部分股东。

在开篇案例中，苹果公司采用的是哪种股利政策？评价这种股利政策的利弊。

解析：尽管经营业绩发生较大变化，但苹果公司从1987年首次分配股利开始，一直坚持每年支付大约每股0.45美元的现金股利，直到1996年，由于经营困难不得不停止发放股利。这说明苹果公司采用的是固定股利政策。

固定股利政策的优点在于：

(1) 可以向投资者传递公司经营状况稳定的信息。

(2) 有利于投资者有规律地安排股利收入和支出。

(3) 有利于股票价格的稳定。

其缺点在于：

(1) 股利分配只升不降，股利支付与公司盈利相脱离，即无论公司盈利多少，均要按固定的乃至固定增长的比率派发股利。

(2) 在公司的发展过程中，难免会出现经营状况不好或短暂的困难时期，如果这时仍执行固定股利政策，那么派发的股利金额大于公司实现的盈利，必将侵蚀公司的留存收益，甚至侵蚀公司现有的资本，给公司的财务运作带来很大压力，最终影响公司正常的生产经营活动。

二、股利影响因素

（一）法律因素

法律的限制因素包括资本保全的限制、企业积累的限制、净利润的限制、超额累积利润的限制、无力偿付的限制。

1. 资本保全的限制

公司不能使用资本（包括股本和资本公积）发放股利。

2. 企业积累的限制

【知识拓展】资本保全

按照法律规定，公司税后利润必须先提取法定公积金，此外还鼓励公司提取任意公积金，只有当提取的法定公积金达到注册资本的50％时，才可以不再提取。

3. 净利润的限制

规定公司年度累计净利润必须为正数时才可发放股利，以前年度亏损必须足额弥补。

4. 超额累积利润的限制

许多国家规定公司不得超额累积利润，一旦公司的保留盈余超过法律规定的水平，将被加征额外税额。

5. 无力偿付的限制

基于对债权人利益的保护，如果一个公司已经无力偿付负债，或股利支付会导致公司失去偿债能力，则不需要支付股利。

（二）股东因素

公司的股利分配政策必须经股东大会决议通过才能实施，股东对股利分配政策具有举足轻重的影响。一般来说，影响公司股利分配政策的股东主要有以下目的：

1. 追求稳定的收入，规避风险

这些股东是“一鸟在手”理论的支持者，他们认为留存收益可能使股票价格上升而使资本利得收益具有较大的不确定性，还是取得现实的股利比较稳妥，可以规避风险。因此，这些股东倾向于多分配股利。

2. 担心控制权的稀释

有的大股东持股比例较高，对公司拥有一定的控制权，他们出于自己对公司的控制权可能被稀释的担心，往往倾向于公司少分配现金股利、多留存利润。因为公司发放大量的现金股利，可能会造成未来经营资金的紧缺，这样就不得不通过资本市场来筹集资金。如果通过借债筹资，就会增加公司的财务风险；如果通过发行新股筹资，虽然公司的老股东有优先认股权，但必须要拿出一笔数额可观的资金，否则其持股比例就会降低，其对公司的控制权就有被稀释的危险。因此，他们宁愿少分现金股利，也不愿自己的控制权被稀释。

3. 规避所得税

不少国家的税法规定，投资者进行股票交易的资本利得收益免税或低税率，而分得的股息、红利收入却要征收较高的个人所得说。各国的税率有所不同，有的国家个人所得税采用累进税率，边际税率很高。因此，高收入阶层的股东为了避税往往反对公司发放过多的现金股利，而低收入阶层的股东因个人税负较轻，可能更希望公司多分红利。现阶段我国税法规定，股东从公司分得的股息和红利按20%的比例税率缴纳个人所得税，而对股票交易的资本利得收益目前还没有开征个人所得税。因此，对股东来说，股票价格上涨获得的资本利得收益比分得股息、红利更具吸引力。

（三）公司因素

公司的限制因素主要包括盈余的稳定性、公司的流动性、举债能力、投资机会、资本成本和债务需要，具体如表11-1所示。

表11-1　公司的限制因素

限制因素	说明
盈余的稳定性	盈余相对稳定的公司有可能支付较高的股利，盈余不稳定的公司一般采取低股利政策
公司的流动性	公司的流动性较低时往往支付较低的股利
举债能力	具有较强举债能力的公司有可能采取较宽松的股利政策，而举债能力较弱的公司往往采取较紧的股利政策
投资机会	有良好投资机会的公司往往少发现金股利，缺乏良好投资机会的公司倾向于支付较高的现金股利
资本成本	保留盈余（不存在筹资费用）的资本成本低于发行新股。从资本成本考虑，如果公司有扩大资金的需要，也应当采取低现金股利政策
债务需要	具有较高债务偿还需要的公司一般采取低现金股利政策

（四）其他限制

主要包括债务合同约束和通货膨胀。

从债务合同约束的角度来看，公司在借入长期债务时，债权人为了防止公司过多发放股利，影响其偿债能力，增加债务风险，会在债务合同中对公司现金股利的发放做出一定的限制。这种限制包括：规定每股股利的最高限额；规定未来股利只能用贷款协议签订后新增的收益来支付，而不能动用签订协议之前的留存利润；规定公司的流动

【文献链接】
大股东控制与利益输送方式选择

比率、利息保障倍数低于一定标准时，不得分配现金股利等。公司的股利分配政策必须满足上述契约的约束。

从通货膨胀的角度来看，在通货膨胀时期，公司计提的折旧不能满足重置固定资产的需要，需要动用盈余来补足，因此这时的股利政策往往偏紧。

第四节　股票回购与股票分割

一、股票回购

（一）股票回购概述

1. 股票回购的含义及方式

股票回购是指上市公司出资将其发行在外的普通股以一定价格购买回来予以注销或作为库存股的一种资本运作方式。公司不得随意收购本公司的股份，只有满足相关的法律规定才允许股票回购。

股票回购的方式主要包括公开市场回购、要约回购和协议回购。其中，公开市场回购是指公司在公开交易市场上以当前市价回购股票；要约回购是指公司在特定期间向股东以高于当前市价的某一价格回购既定数量的股票；协议回购则是指公司以协议价格直接向一个或几个主要股东回购股票。

2. 股票回购的动机

在证券市场上，股票回购的动机有很多，主要包括以下几点：

（1）现金股利的替代。现金股利政策会使公司产生未来派现的压力，而股票回购不会。当公司有富余资金时，通过回购股东所持股票将现金分配给股东，这样股东就可以根据自己的需要选择继续持有股票或出售股票获得现金。

（2）改变公司的资本结构。无论是现金回购还是举债回购股份，都会提高公司的财务杠杆水平，改变公司的资本结构。当权益资本在资本结构中所占的比例较大时，为了调整资本结构而进行股票回购，可以在一定程度上降低整体的资本成本。

（3）传递公司信息。由于信息不对称和预期差异，证券市场上的公司股价可能被低估，而过低的股价将会对公司产生负面影响。一般情况下，投资者会认为股票回购是公司认为其股价被低估而采取的应对措施。

（4）基于控制权的考虑。控股股东为了保证其控制权，往往采取直接或间接方式回购股票，从而巩固既有的控制权。另外，股票回购使流通在外的股份数变少，股价上升，可以有效防止恶意收购。

3. 股票回购的影响

股票回购对上市公司的影响主要表现在以下几个方面：

（1）股票回购需要大量资金，容易造成资金紧张，降低资产流动性，影响公司的后续发展。

（2）股票回购无异于股东退股和公司资本的减少，可能会使公司的发起人股东更注重创业利润的实现，不仅在一定程度上削弱了对债权人利益的保护，也忽视了公司的长远发展，损害了公司的根本利益。

（3）股票回购容易导致公司操纵股价。公司回购自己的股票容易利用内幕消息进行炒作，加剧公司行为的非规范化，损害投资者的利益。

【法条链接】
股份回购的
相关法规

【案例启示】
JR 公司的
股票回购

（二）与现金股利的对比

1. 股票回购可以看作一种现金股利的替代方式

股票回购是上市公司利用现金等方式，从股票市场上回购本公司发行在外的一定数量的股票的行为。现金股利是以现金形式分配给股东的股利。两者的相同点是都会使公司的股东权益减少、现金减少。

2. 股票回购与现金股利的特征区别

股票回购是上市公司用自有资金回购二级市场上自己所发行的股票，这种回购行为并不会向股东支付任何现金股利，一般来说这种行为会对该公司的股价形成正面的利好，而发放现金股利是上市公司向每一个股东按一定的股权比例支付股利的行为。

股票回购与现金股利在特征与意义上存在很大差异。从税收角度来看，股票回购属于股东得到的资本利得，需缴纳资本利得税，税负低；而发放现金股利后股东需缴纳个人所得税，税负高。同时，两者的持续性存在较大差别。最后，股票回购对于股东权益的影响取决于资本利得税与现金股利税的相对高低。表 11－2 与表 11－3 分别总结了两者在特征及意义上的区别。

表 11－2　股票回购与现金股利的特征区别

股票回购	现金股利
（1）股东得到的资本利得，需缴纳资本利得税，税负低	（1）发放现金股利后股东需缴纳个人所得税，税负高
（2）股票回购对股东权益具有不稳定的影响	（2）稳定到手的收益

续表

股票回购	现金股利
(3) 不属于股利支付方式	(3) 属于股利支付方式
(4) 可配合公司资本运作的需要	

表 11-3　股票回购与现金股利的意义区别

对股东的意义	对公司的意义
股票回购使股东取得资本利得，当资本利得税率小于现金股利税率时，股东将得到税负减少的好处	股票回购有利于增加公司的价值： (1) 向市场传递股价被低估的信号； (2) 有助于提高每股收益； (3) 避免股利波动带来的负面影响； (4) 提高股价，在一定程度上能降低公司被收购的风险； (5) 调节所有权结构

二、股票分割

(一) 股票分割的含义

【案例启示】
百度的股票分割

股票分割又称股票拆细或拆股，即将一股股票拆分成多股股票的行为。股票分割一般只会增加发行在外的股票总数，不会对公司的资本结构产生任何影响。股票分割与股票股利非常相似，都是在不增加股东权益的情况下增加了股份的数量；不同的是，股票股利虽不会引起股东权益总额的改变，但会引起股东权益内部结构的变化，而股票分割之后，股东权益总额及其内部结构都不会发生任何变化，变化的只是股票面值。

(二) 股票分割的作用

(1) 降低股票价格。股票分割会使每股市价降低，买卖该股票所需的资金量减少，可以促进股票的流通和交易。

(2) 向市场和投资者传递公司发展前景良好的信号，有助于提高投资者对公司股票的信心。

(3) 可以为公司发行新股做准备。公司股票价格太高会使许多潜在的投资者力不从心而不敢轻易对公司的股票进行投资。在新股发行之前，利用股票分割降低股票价格，可以促进新股的发行。

(4) 有助于公司并购政策的实施，增加对被并购方的吸引力。

(5) 股票分割带来的股票流通性的提高和股东数量的增加，可以在一定程度上加大其他公司对该公司恶意收购的难度。

（6）股票分割在短期内不会给投资者带来太多的收益或亏损，即给投资者带来的不是现实的利益，而是今后可多分股利和更高收益的希望，是利好消息，因此对除权日后股票价格上涨有刺激作用。

> 在开篇案例中，苹果公司为什么在 1987 年首次发放股利时，还对股票进行分割？
>
> **解析：**人们普遍认为没有现金股利的股票分割就好比用两张五元的纸币换取一张十元的纸币。感觉钱包鼓了，但实际状况并未改善。然而，伴随着现金股利的股票分割可以强化公司是优质企业的信号。此外，有时公司进行股票分割是因为公司认为低股价可以吸引更多的个人投资者，提高股票的流动性。

（三）股票股利与股票分割

股票股利是上市公司直接从当年利润中拿出一部分分给投资者，股票分割是将一张较大面值的股票拆分成几张较小面值的股票。股票分割对公司的资本结构不会产生任何影响，一般只会使发行在外的股票总数增加，资产负债表中股东权益各账户（股本、资本公积、留存收益等）的余额都保持不变，股东权益的总额也保持不变。股票分割给投资者带来的不是现实的利益，但是投资者持有的股数增加了，给投资者带来了今后可多分股利和更高收益的希望，因此股票分割往往比股票股利派发对股价上涨的刺激作用更大。

1. 股票股利与股票分割的相同点

（1）普通股股数增加。

（2）每股收益和每股市价下降。

（3）资本结构不变（资产总额、负债总额、股东权益总额不变）。

（4）往往给人们传递一种公司正处于发展中的信息，从纯粹经济的角度看，二者没有区别。

2. 股票股利与股票分割的不同点

股票股利与股票分割的区别如表 11－4 所示。

表 11－4　股票股利与股票分割的区别

股票股利	股票分割
（1）面值不变	（1）面值变小
（2）股东权益内部结构变化	（2）股东权益内部结构不变
（3）属于股利支付方式	（3）不属于股利支付方式
（4）在公司股价上涨幅度不大时，往往通过发放股票股利将股价维持在理想的范围之内	（4）在公司股价暴涨且预期难以下降时，才采用股票分割的办法降低股价

【例 11-4】某公司现有发行在外的普通股 100 万股，每股面值 1 元，资本公积 300 万元，未分配利润 800 万元，若按 10%的比例发放股票股利并按股票面值折算，则公司资本公积的报表列示为多少？

发放股票股利增加的股本=增加的股数×每股面值

减少的未分配利润=增加的股数×每股折算价格

本题中发放的股票股利按照股票面值折算，因此，减少的未分配利润=增加的股本，发放股票股利对资本公积没有影响，资本公积还是 300 万元。

三、股票反分割

(一) 股票反分割的含义

股票反分割的含义与股票分割相反，如果公司认为其股票价格过低，不利于其在市场上的声誉和未来的再筹资时，为提高股票的价格会采取反分割措施。股票反分割又称股票合并或逆向分割，是指将多股面值较低的股票合并为一股面值较高的股票的行为。股票反分割显然会降低股票的流通性，提高公司股票投资的门槛，它向市场传递的信息通常都是不利的。

【案例启示】
人人网的
股票反分割

(二) 与其他行为的比较

股票反分割造成的影响与股票分割相反，它会减少流通股数，起到对每股收益、每股市价的反稀释作用。

练习题

一、单项选择题

1. 由于现金股利比资本利得相对稳定，因此公司应维持较高的股利支付率，这种观点属于（　　）。

A. 股利无关理论　　B. “一鸟在手”理论

C. 客户效应理论　　D. 代理理论

2. 要获得收取股利的权利，投资者购买股票的最迟日期是（　　）。

A. 股权登记日　　B. 股利宣告日

C. 除息日　　D. 股利发放日

二、多项选择题

1. 股票分割对股东的意义包括（　　）。

A. 股票分割后，只要每股现金股利的下降幅度小于股票分割的幅度，股东仍能多获得现金股利

B. 股票分割向社会传递有利消息，降低了股价反而促使购买股票的人增加、股价上扬，进而增加股东财富

C. 降低股价，传递有利消息，吸引更多的投资者

D. 传递继续发展的消息

2. 关于股利支付政策，下列说法正确的是（　　）。

A. 具有较强的举债能力的公司往往采取较宽松的股利政策

B. 盈余相对稳定的公司有可能支付较高的股利

C. 资产流动性较低的公司往往支付较低的股利

D. 有良好投资机会的公司往往少发股利

三、复习思考题

1. 股利支付包括哪些方式？

2. 股利支付需要经历哪些程序？

3. 存在哪些解释股利政策的理论？

4. 现金股利与股票股利存在哪些区别？

5. 公司为何要进行股票分割与股票反分割？

四、计算分析题

某公司 2019 年度的税后利润为 1 200 万元，该年分配股利 600 万元，2021 年拟投资 1 000 万元引进一条生产线以扩大生产能力，该公司目标资本结构为自有资金占 80%，借入资金占 20%。该公司 2020 年度的税后利润为 1 300 万元。

要求：

1. 如果该公司执行的是固定股利政策，并保持资本结构不变，则 2021 年度该公司为引进生产线需要从外部筹集多少资金？

2. 如果该公司执行的是固定股利支付率政策，并保持资本结构不变，则 2021 年度该公司为引进生产线需要从外部筹集多少资金？

3. 如果该公司执行的是剩余股利政策，本年不需要计提盈余公积金，则 2020 年度公司可以发放多少现金股利？

五、案例分析题

珠海格力电器股份有限公司（简称格力电器）1996 年在深交所上市，2008 年我国颁布半强制分红的政策之后，格力电器持续高额发放现金股利。大多数年份股利支付率都超过行业平均水平，截至 2018 年总共发放现金股利 417 亿元，且从 2011 年起每股股利的发放有了量的飞跃提升，并在 2014 年达到顶峰，2015 年也维持在了每股 1.5 元的水平，接着继续稳步提高到 2016 年的每股 1.8 元。与行业股利支付数据相比，格力电器堪称“家电行业股利分配慷慨户”，具体如表 11－5 所示。

表 11-5　格力电器和行业股利支付表

年份	每股股利（元）	送股比	转增比	格力电器股利支付率	行业股利支付率
2008	0.3		0.5	18.9%	38%
2009	0.5	0.5		32.0%	30%
2010	0.3			19.6%	27%
2011	0.5			26.6%	29%
2012	1.0			40.4%	33%
2013	1.5			41.3%	31%
2015	1.5			71.5%	38%
2016	1.8			69.7%	34%
2017	0			0	35%
2018	2.1			47.9%	33%

然而，值得注意的是，2017 年格力电器的分红数量为 0。格力电器 2018 年 4 月 25 日晚通过 2017 年年报公告当年不分红后，4 月 26 日开盘价大跌，从 25 日收盘价的每股 50.07 元跌至 26 日开盘价的每股 45.12 元，跌幅达 9.89%，日个股总市值下跌超过 2 700 万元，日个股交易金额暴增近 143 亿元，可见零分红方案公布后，投资者纷纷抛售了所持有的格力电器股票。

根据格力电器的反馈，公司主营的空调业务具有资产投入大、受季节和地域影响显著、物流成本日益提高的特点，因此，格力电器为进一步强化其在行业内的竞争优势，正在规划和实施一系列项目，包括升级智慧工厂、新建空调基地等。由于新项目均处于规划阶段或项目初期，预计占用的资金量较大并且存在相当程度的不确定性，故公司无法确定 2017 年的现金分红金额。

接着在 2018 年 8 月 31 日公布的 2018 年半年报中，格力电器公布了其中期分红的方案：向全体股东每 10 股派发现金股利 6 元（含税），即每股现金分红 0.6 元，这也是格力电器自上市以来第一次进行中期分红。

要求：

1. 格力电器为何在 2017 年之前连续高额分红，这给公司带来了怎样的收益？
2. 格力电器为何在 2018 年 8 月首次进行中期分红？

附　录

附表1　复利终值系数表

计算公式：$f=(1+i)^n$

期数	1%	2%	3%	4%	5%	6%	7%	8%	9%	10%
1	1.010 0	1.020 0	1.030 0	1.040 0	1.050 0	1.060 0	1.070 0	1.080 0	1.090 0	1.100 0
2	1.020 1	1.040 4	1.060 9	1.081 6	1.102 5	1.123 6	1.144 9	1.166 4	1.188 1	1.210 0
3	1.030 3	1.061 2	1.092 7	1.124 9	1.157 6	1.191 0	1.225 0	1.259 7	1.295 0	1.331 0
4	1.040 6	1.082 4	1.125 5	1.169 9	1.215 5	1.262 5	1.310 8	1.360 5	1.411 6	1.464 1
5	1.051 0	1.104 1	1.159 3	1.216 7	1.276 3	1.338 2	1.402 6	1.469 3	1.538 6	1.610 5
6	1.061 5	1.126 2	1.194 1	1.265 3	1.340 1	1.418 5	1.500 7	1.586 9	1.677 1	1.771 6
7	1.072 1	1.148 7	1.229 9	1.315 9	1.407 1	1.503 6	1.605 8	1.713 8	1.828 0	1.948 7
8	1.082 9	1.171 7	1.266 8	1.368 6	1.477 5	1.593 8	1.718 2	1.850 9	1.992 6	2.143 6
9	1.093 7	1.195 1	1.304 8	1.423 3	1.551 3	1.689 5	1.838 5	1.999 0	2.171 9	2.357 9
10	1.104 6	1.219 0	1.343 9	1.480 2	1.628 9	1.790 8	1.967 2	2.158 9	2.367 4	2.593 7
11	1.115 7	1.243 4	1.384 2	1.539 5	1.710 3	1.898 3	2.104 9	2.331 6	2.580 4	2.853 1
12	1.126 8	1.268 2	1.425 8	1.601 0	1.795 9	2.012 2	2.252 2	2.518 2	2.812 7	3.138 4
13	1.138 1	1.293 6	1.468 5	1.665 1	1.885 6	2.132 9	2.409 8	2.719 6	3.065 8	3.452 3
14	1.149 5	1.319 5	1.512 6	1.731 7	1.979 9	2.260 9	2.578 5	2.937 2	3.341 7	3.797 5
15	1.161 0	1.345 9	1.558 0	1.800 9	2.078 9	2.396 6	2.759 0	3.172 2	3.642 5	4.177 2
16	1.172 6	1.372 8	1.604 7	1.873 0	2.182 9	2.540 4	2.952 2	3.425 9	3.970 3	4.595 0
17	1.184 3	1.400 2	1.652 8	1.947 9	2.292 0	2.692 8	3.158 8	3.700 0	4.327 6	5.054 5
18	1.196 1	1.428 2	1.702 4	2.025 8	2.406 6	2.854 3	3.379 9	3.996 0	4.717 1	5.559 9
19	1.208 1	1.456 8	1.753 5	2.106 8	2.527 0	3.025 6	3.616 5	4.315 7	5.141 7	6.115 9
20	1.220 2	1.485 9	1.806 1	2.191 1	2.653 3	3.207 1	3.869 7	4.661 0	5.604 4	6.727 5
21	1.232 4	1.515 7	1.860 3	2.278 8	2.786 0	3.399 6	4.140 6	5.033 8	6.108 8	7.400 2
22	1.244 7	1.546 0	1.916 1	2.369 9	2.925 3	3.603 5	4.430 4	5.436 5	6.658 6	8.140 3
23	1.257 2	1.576 9	1.973 6	2.464 7	3.071 5	3.819 7	4.740 5	5.871 5	7.257 9	8.954 3
24	1.269 7	1.608 4	2.032 8	2.563 3	3.225 1	4.048 9	5.072 4	6.341 2	7.911 1	9.849 7
25	1.282 4	1.640 6	2.093 8	2.665 8	3.386 4	4.291 9	5.427 4	6.848 5	8.623 1	10.834 7
26	1.295 3	1.673 4	2.156 6	2.772 5	3.555 7	4.549 4	5.807 4	7.396 4	9.399 2	11.918 2
27	1.308 2	1.706 9	2.221 3	2.883 4	3.733 5	4.822 3	6.213 9	7.988 1	10.245 1	13.110 0
28	1.321 3	1.741 0	2.287 9	2.998 7	3.920 1	5.111 7	6.648 8	8.627 1	11.167 1	14.421 0
29	1.334 5	1.775 8	2.356 6	3.118 7	4.116 1	5.418 4	7.114 3	9.317 3	12.172 2	15.863 1
30	1.347 8	1.811 4	2.427 3	3.243 4	4.321 9	5.743 5	7.612 3	10.062 7	13.267 7	17.449 4

续表

期数	11%	12%	13%	14%	15%	16%	17%	18%	19%	20%
1	1.110 0	1.120 0	1.130 0	1.140 0	1.150 0	1.160 0	1.170 0	1.180 0	1.190 0	1.200 0
2	1.232 1	1.254 4	1.276 9	1.299 6	1.322 5	1.345 6	1.368 9	1.392 4	1.416 1	1.440 0
3	1.367 6	1.404 9	1.442 9	1.481 5	1.520 9	1.560 9	1.601 6	1.643 0	1.685 2	1.728 0
4	1.518 1	1.573 5	1.630 5	1.689 0	1.749 0	1.810 6	1.873 9	1.938 8	2.005 3	2.073 6
5	1.685 1	1.762 3	1.842 4	1.925 4	2.011 4	2.100 3	2.192 4	2.287 8	2.386 4	2.488 3
6	1.870 4	1.973 8	2.082 0	2.195 0	2.313 1	2.436 4	2.565 2	2.699 6	2.839 8	2.986 0
7	2.076 2	2.210 7	2.352 6	2.502 3	2.660 0	2.826 2	3.001 2	3.185 5	3.379 3	3.583 2
8	2.304 5	2.476 0	2.658 4	2.852 6	3.059 0	3.278 4	3.511 5	3.758 9	4.021 4	4.299 8
9	2.558 0	2.773 1	3.004 0	3.251 9	3.517 9	3.803 0	4.108 4	4.435 5	4.785 4	5.159 8
10	2.839 4	3.105 8	3.394 6	3.707 2	4.045 6	4.411 4	4.806 8	5.233 8	5.694 7	6.191 7
11	3.151 8	3.478 6	3.835 9	4.226 2	4.652 4	5.117 3	5.624 0	6.175 9	6.776 7	7.430 1
12	3.498 5	3.896 0	4.334 5	4.817 9	5.350 3	5.936 0	6.580 1	7.287 6	8.064 2	8.916 1
13	3.883 3	4.363 5	4.898 0	5.492 4	6.152 8	6.885 8	7.698 7	8.599 4	9.596 4	10.699 3
14	4.310 4	4.887 1	5.534 8	6.261 3	7.075 7	7.987 5	9.007 5	10.147 2	11.419 8	12.839 2
15	4.784 6	5.473 6	6.254 3	7.137 9	8.137 1	9.265 5	10.538 7	11.973 7	13.589 5	15.407 0
16	5.310 9	6.130 4	7.067 3	8.137 2	9.357 6	10.748 0	12.330 3	14.129 0	16.171 5	18.488 4
17	5.895 1	6.866 0	7.986 1	9.276 5	10.761 3	12.467 7	14.426 5	16.672 2	19.244 1	22.186 1
18	6.543 6	7.690 0	9.024 3	10.575 2	12.375 5	14.462 5	16.879 0	19.673 3	22.900 5	26.623 3
19	7.263 3	8.612 8	10.197 4	12.055 7	14.231 8	16.776 5	19.748 4	23.214 4	27.251 6	31.948 0
20	8.062 3	9.646 3	11.523 1	13.743 5	16.366 5	19.460 8	23.105 6	27.393 0	32.429 4	38.337 6
21	8.949 2	10.803 8	13.021 1	15.667 6	18.821 5	22.574 5	27.033 6	32.323 8	38.591 0	46.005 1
22	9.933 6	12.100 3	14.713 8	17.861 0	21.644 7	26.186 4	31.629 3	38.142 1	45.923 3	55.206 1
23	11.026 3	13.552 3	16.626 6	20.361 6	24.891 5	30.376 2	37.006 2	45.007 6	54.648 7	66.247 4
24	12.239 2	15.178 6	18.788 1	23.212 2	28.625 2	35.236 4	43.297 3	53.109 0	65.032 0	79.496 8
25	13.585 5	17.000 1	21.230 5	26.461 9	32.919 0	40.874 2	50.657 8	62.668 6	77.388 1	95.396 2
26	15.079 9	19.040 1	23.990 5	30.166 6	37.856 8	47.414 1	59.269 7	73.949 0	92.091 8	114.475 5
27	16.738 7	21.324 9	27.109 3	34.389 9	43.535 3	55.000 4	69.345 5	87.259 8	109.589 3	137.370 6
28	18.579 9	23.883 9	30.633 5	39.204 5	50.065 6	63.800 4	81.134 2	102.966 6	130.411 2	164.844 7
29	20.623 7	26.749 9	34.615 8	44.693 1	57.575 5	74.008 5	94.927 1	121.500 5	155.189 3	197.813 6
30	22.892 3	29.959 9	39.115 9	50.950 2	66.211 8	85.849 9	111.064 7	143.370 6	184.675 3	237.376 3

续表

期数	21%	22%	23%	24%	25%	26%	27%	28%	29%	30%
1	1.210 0	1.220 0	1.230 0	1.240 0	1.250 0	1.260 0	1.270 0	1.280 0	1.290 0	1.300 0
2	1.464 1	1.488 4	1.512 9	1.537 6	1.562 5	1.587 6	1.612 9	1.638 4	1.664 1	1.690 0
3	1.771 6	1.815 8	1.860 9	1.906 6	1.953 1	2.000 4	2.048 4	2.097 2	2.146 7	2.197 0
4	2.143 6	2.215 3	2.288 9	2.364 2	2.441 4	2.520 5	2.601 4	2.684 4	2.769 2	2.856 1
5	2.593 7	2.702 7	2.815 3	2.931 6	3.051 8	3.175 8	3.303 8	3.436 0	3.572 3	3.712 9
6	3.138 4	3.297 3	3.462 8	3.635 2	3.814 7	4.001 5	4.195 9	4.398 0	4.608 3	4.826 8
7	3.797 5	4.022 7	4.259 3	4.507 7	4.768 4	5.041 9	5.328 8	5.629 5	5.944 7	6.274 9
8	4.595 0	4.907 7	5.238 9	5.589 5	5.960 5	6.352 8	6.767 5	7.205 8	7.668 6	8.157 3
9	5.559 9	5.987 4	6.443 9	6.931 0	7.450 6	8.004 5	8.594 8	9.223 4	9.892 5	10.604 5
10	6.727 5	7.304 6	7.925 9	8.594 4	9.313 2	10.085 7	10.915 3	11.805 9	12.761 4	13.785 8
11	8.140 3	8.911 7	9.748 9	10.657 1	11.641 5	12.708 0	13.862 5	15.111 6	16.462 2	17.921 6
12	9.849 7	10.872 2	11.991 2	13.214 8	14.551 9	16.012 0	17.605 3	19.342 8	21.236 2	23.298 1
13	11.918 2	13.264 1	14.749 1	16.386 3	18.189 9	20.175 2	22.358 8	24.758 8	27.394 7	30.287 5
14	14.421 0	16.182 2	18.141 4	20.319 1	22.737 4	25.420 7	28.395 7	31.691 3	35.339 1	39.373 8
15	17.449 4	19.742 3	22.314 0	25.195 6	28.421 7	32.030 1	36.062 5	40.564 8	45.587 5	51.185 9
16	21.113 8	24.085 6	27.446 2	31.242 6	35.527 1	40.357 9	45.799 4	51.923 0	58.807 9	66.541 7
17	25.547 7	29.384 4	33.758 8	38.740 8	44.408 9	50.851 0	58.165 2	66.461 4	75.862 1	86.504 2
18	30.912 7	35.849 0	41.523 3	48.038 6	55.511 2	64.072 2	73.869 8	85.070 6	97.862 2	112.455 4
19	37.404 3	43.735 8	51.073 7	59.567 9	69.388 9	80.731 0	93.814 7	108.890 4	126.242 2	146.192 0
20	45.259 3	53.357 6	62.820 6	73.864 1	86.736 2	101.721 1	119.144 6	139.379 7	162.852 4	190.049 6
21	54.763 7	65.096 3	77.269 4	91.591 5	108.420 2	128.168 5	151.313 7	178.406 0	210.079 6	247.064 5
22	66.264 1	79.417 5	95.041 3	113.573 5	135.525 3	161.492 4	192.168 3	228.359 6	271.002 7	321.183 9
23	80.179 5	96.889 4	116.900 8	140.831 2	169.406 6	203.480 4	244.053 8	292.300 3	349.593 5	417.539 1
24	97.017 2	118.205 0	143.788 0	174.630 6	211.758 2	256.385 3	309.948 3	374.144 4	450.975 6	542.800 8
25	117.390 9	144.210 1	176.859 3	216.542 0	264.697 8	323.045 4	393.634 4	478.904 9	581.758 5	705.641 0
26	142.042 9	175.936 4	217.536 9	268.512 1	330.872 2	407.037 3	499.915 7	612.998 2	750.468 5	917.333 3
27	171.871 9	214.642 4	267.570 4	332.955 0	413.590 3	512.867 0	634.892 9	784.637 7	968.104 4	1 192.533 3
28	207.965 1	261.863 7	329.111 5	412.864 2	516.987 9	646.212 4	806.314 0	1 004.336 3	1 248.854 6	1 550.293 3
29	251.637 7	319.473 7	404.807 2	511.951 6	646.234 9	814.227 6	1 024.018 7	1 285.550 4	1 611.022 5	2 015.381 3
30	304.481 6	389.757 9	497.912 9	634.819 9	807.793 6	1 025.926 7	1 300.503 8	1 645.504 6	2 078.219 0	2 619.995 6

附表 2　复利现值系数表

计算公式：$f=(1+i)^{-n}$

期数	1%	2%	3%	4%	5%	6%	7%	8%	9%	10%
1	0.990 1	0.980 4	0.970 9	0.961 5	0.952 4	0.943 4	0.934 6	0.925 9	0.917 4	0.909 1
2	0.980 3	0.961 2	0.942 6	0.924 6	0.907 0	0.890 0	0.873 4	0.857 3	0.841 7	0.826 4
3	0.970 6	0.942 3	0.915 1	0.889 0	0.863 8	0.839 6	0.816 3	0.793 8	0.772 2	0.751 3
4	0.961 0	0.923 8	0.888 5	0.854 8	0.822 7	0.792 1	0.762 9	0.735 0	0.708 4	0.683 0
5	0.951 5	0.905 7	0.862 6	0.821 9	0.783 5	0.747 3	0.713 0	0.680 6	0.649 9	0.620 9
6	0.942 0	0.888 0	0.837 5	0.790 3	0.746 2	0.705 0	0.666 3	0.630 2	0.596 3	0.564 5
7	0.932 7	0.870 6	0.813 1	0.759 9	0.710 7	0.665 1	0.622 7	0.583 5	0.547 0	0.513 2
8	0.923 5	0.853 5	0.789 4	0.730 7	0.676 8	0.627 4	0.582 0	0.540 3	0.501 9	0.466 5
9	0.914 3	0.836 8	0.766 4	0.702 6	0.644 6	0.591 9	0.543 9	0.500 2	0.460 4	0.424 1
10	0.905 3	0.820 3	0.744 1	0.675 6	0.613 9	0.558 4	0.508 3	0.463 2	0.422 4	0.385 5
11	0.896 3	0.804 3	0.722 4	0.649 6	0.584 7	0.526 8	0.475 1	0.428 9	0.387 5	0.350 5
12	0.887 4	0.788 5	0.701 4	0.624 6	0.556 8	0.497 0	0.444 0	0.397 1	0.355 5	0.318 6
13	0.878 7	0.773 0	0.681 0	0.600 6	0.530 3	0.468 8	0.415 0	0.367 7	0.326 2	0.289 7
14	0.870 0	0.757 9	0.661 1	0.577 5	0.505 1	0.442 3	0.387 8	0.340 5	0.299 2	0.263 3
15	0.861 3	0.743 0	0.641 9	0.555 3	0.481 0	0.417 3	0.362 4	0.315 2	0.274 5	0.239 4
16	0.852 8	0.728 4	0.623 2	0.533 9	0.458 1	0.393 6	0.338 7	0.291 9	0.251 9	0.217 6
17	0.844 4	0.714 2	0.605 0	0.513 4	0.436 3	0.371 4	0.316 6	0.270 3	0.231 1	0.197 8
18	0.836 0	0.700 2	0.587 4	0.493 6	0.415 5	0.350 3	0.295 9	0.250 2	0.212 0	0.179 9
19	0.827 7	0.686 4	0.570 3	0.474 6	0.395 7	0.330 5	0.276 5	0.231 7	0.194 5	0.163 5
20	0.819 5	0.673 0	0.553 7	0.456 4	0.376 9	0.311 8	0.258 4	0.214 5	0.178 4	0.148 6
21	0.811 4	0.659 8	0.537 5	0.438 8	0.358 9	0.294 2	0.241 5	0.198 7	0.163 7	0.135 1
22	0.803 4	0.646 8	0.521 9	0.422 0	0.341 8	0.277 5	0.225 7	0.183 9	0.150 2	0.122 8
23	0.795 4	0.634 2	0.506 7	0.405 7	0.325 6	0.261 8	0.210 9	0.170 3	0.137 8	0.111 7
24	0.787 6	0.621 7	0.491 9	0.390 1	0.310 1	0.247 0	0.197 1	0.157 7	0.126 4	0.101 5
25	0.779 8	0.609 5	0.477 6	0.375 1	0.295 3	0.233 0	0.184 2	0.146 0	0.116 0	0.092 3
26	0.772 0	0.597 6	0.463 7	0.360 7	0.281 2	0.219 8	0.172 2	0.135 2	0.106 4	0.083 9
27	0.764 4	0.585 9	0.450 2	0.346 8	0.267 8	0.207 4	0.160 9	0.125 2	0.097 6	0.076 3
28	0.756 8	0.574 4	0.437 1	0.333 5	0.255 1	0.195 6	0.150 4	0.115 9	0.089 5	0.069 3
29	0.749 3	0.563 1	0.424 3	0.320 7	0.242 9	0.184 6	0.140 6	0.107 3	0.082 2	0.063 0
30	0.741 9	0.552 1	0.412 0	0.308 3	0.231 4	0.174 1	0.131 4	0.099 4	0.075 4	0.057 3

续表

期数	11%	12%	13%	14%	15%	16%	17%	18%	19%	20%
1	0.900 9	0.892 9	0.885 0	0.877 2	0.869 6	0.862 1	0.854 7	0.847 5	0.840 3	0.833 3
2	0.811 6	0.797 2	0.783 1	0.769 5	0.756 1	0.743 2	0.730 5	0.718 2	0.706 2	0.694 4
3	0.731 2	0.711 8	0.693 1	0.675 0	0.657 5	0.640 7	0.624 4	0.608 6	0.593 4	0.578 7
4	0.658 7	0.635 5	0.613 3	0.592 1	0.571 8	0.552 3	0.533 7	0.515 8	0.498 7	0.482 3
5	0.593 5	0.567 4	0.542 8	0.519 4	0.497 2	0.476 1	0.456 1	0.437 1	0.419 0	0.401 9
6	0.534 6	0.506 6	0.480 3	0.455 6	0.432 3	0.410 4	0.389 8	0.370 4	0.352 1	0.334 9
7	0.481 7	0.452 3	0.425 1	0.399 6	0.375 9	0.353 8	0.333 2	0.313 9	0.295 9	0.279 1
8	0.433 9	0.403 9	0.376 2	0.350 6	0.326 9	0.305 0	0.284 8	0.266 0	0.248 7	0.232 6
9	0.390 9	0.360 6	0.332 9	0.307 5	0.284 3	0.263 0	0.243 4	0.225 5	0.209 0	0.193 8
10	0.352 2	0.322 0	0.294 6	0.269 7	0.247 2	0.226 7	0.208 0	0.191 1	0.175 6	0.161 5
11	0.317 3	0.287 5	0.260 7	0.236 6	0.214 9	0.195 4	0.177 8	0.161 9	0.147 6	0.134 6
12	0.285 8	0.256 7	0.230 7	0.207 6	0.186 9	0.168 5	0.152 0	0.137 2	0.124 0	0.112 2
13	0.257 5	0.229 2	0.204 2	0.182 1	0.162 5	0.145 2	0.129 9	0.116 3	0.104 2	0.093 5
14	0.232 0	0.204 6	0.180 7	0.159 7	0.141 3	0.125 2	0.111 0	0.098 5	0.087 6	0.077 9
15	0.209 0	0.182 7	0.159 9	0.140 1	0.122 9	0.107 9	0.094 9	0.083 5	0.073 6	0.064 9
16	0.188 3	0.163 1	0.141 5	0.122 9	0.106 9	0.093 0	0.081 1	0.070 8	0.061 8	0.054 1
17	0.169 6	0.145 6	0.125 2	0.107 8	0.092 9	0.080 2	0.069 3	0.060 0	0.052 0	0.045 1
18	0.152 8	0.130 0	0.110 8	0.094 6	0.080 8	0.069 1	0.059 2	0.050 8	0.043 7	0.037 6
19	0.137 7	0.116 1	0.098 1	0.082 9	0.070 3	0.059 6	0.050 6	0.043 1	0.036 7	0.031 3
20	0.124 0	0.103 7	0.086 8	0.072 8	0.061 1	0.051 4	0.043 3	0.036 5	0.030 8	0.026 1
21	0.111 7	0.092 6	0.076 8	0.063 8	0.053 1	0.044 3	0.037 0	0.030 9	0.025 9	0.021 7
22	0.100 7	0.082 6	0.068 0	0.056 0	0.046 2	0.038 2	0.031 6	0.026 2	0.021 8	0.018 1
23	0.090 7	0.073 8	0.060 1	0.049 1	0.040 2	0.032 9	0.027 0	0.022 2	0.018 3	0.015 1
24	0.081 7	0.065 9	0.053 2	0.043 1	0.034 9	0.028 4	0.023 1	0.018 8	0.015 4	0.012 6
25	0.073 6	0.058 8	0.047 1	0.037 8	0.030 4	0.024 5	0.019 7	0.016 0	0.012 9	0.010 5
26	0.066 3	0.052 5	0.041 7	0.033 1	0.026 4	0.021 1	0.016 9	0.013 5	0.010 9	0.008 7
27	0.059 7	0.046 9	0.036 9	0.029 1	0.023 0	0.018 2	0.014 4	0.011 5	0.009 1	0.007 3
28	0.053 8	0.041 9	0.032 6	0.025 5	0.020 0	0.015 7	0.012 3	0.009 7	0.007 7	0.006 1
29	0.048 5	0.037 4	0.028 9	0.022 4	0.017 4	0.013 5	0.010 5	0.008 2	0.006 4	0.005 1
30	0.043 7	0.033 4	0.025 6	0.019 6	0.015 1	0.011 6	0.009 0	0.007 0	0.005 4	0.004 2

续表

期数	21%	22%	23%	24%	25%	26%	27%	28%	29%	30%
1	0.826 4	0.819 7	0.813 0	0.806 5	0.800 0	0.793 7	0.787 4	0.781 3	0.775 2	0.769 2
2	0.683 0	0.671 9	0.661 0	0.650 4	0.640 0	0.629 9	0.620 0	0.610 4	0.600 9	0.591 7
3	0.564 5	0.550 7	0.537 4	0.524 5	0.512 0	0.499 9	0.488 2	0.476 8	0.465 8	0.455 2
4	0.466 5	0.451 4	0.436 9	0.423 0	0.409 6	0.396 8	0.384 4	0.372 5	0.361 1	0.350 1
5	0.385 5	0.370 0	0.355 2	0.341 1	0.327 7	0.314 9	0.302 7	0.291 0	0.279 9	0.269 3
6	0.318 6	0.303 3	0.288 8	0.275 1	0.262 1	0.249 9	0.238 3	0.227 4	0.217 0	0.207 2
7	0.263 3	0.248 6	0.234 8	0.221 8	0.209 7	0.198 3	0.187 7	0.177 6	0.168 2	0.159 4
8	0.217 6	0.203 8	0.190 9	0.178 9	0.167 8	0.157 4	0.147 8	0.138 8	0.130 4	0.122 6
9	0.179 9	0.167 0	0.155 2	0.144 3	0.134 2	0.124 9	0.116 4	0.108 4	0.101 1	0.094 3
10	0.148 6	0.136 9	0.126 2	0.116 4	0.107 4	0.099 2	0.091 6	0.084 7	0.078 4	0.072 5
11	0.122 8	0.112 2	0.102 6	0.093 8	0.085 9	0.078 7	0.072 1	0.066 2	0.060 7	0.055 8
12	0.101 5	0.092 0	0.083 4	0.075 7	0.068 7	0.062 5	0.056 8	0.051 7	0.047 1	0.042 9
13	0.083 9	0.075 4	0.067 8	0.061 0	0.055 0	0.049 6	0.044 7	0.040 4	0.036 5	0.033 0
14	0.069 3	0.061 8	0.055 1	0.049 2	0.044 0	0.039 3	0.035 2	0.031 6	0.028 3	0.025 4
15	0.057 3	0.050 7	0.044 8	0.039 7	0.035 2	0.031 2	0.027 7	0.024 7	0.021 9	0.019 5
16	0.047 4	0.041 5	0.036 4	0.032 0	0.028 1	0.024 8	0.021 8	0.019 3	0.017 0	0.015 0
17	0.039 1	0.034 0	0.029 6	0.025 8	0.022 5	0.019 7	0.017 2	0.015 0	0.013 2	0.011 6
18	0.032 3	0.027 9	0.024 1	0.020 8	0.018 0	0.015 6	0.013 5	0.011 8	0.010 2	0.008 9
19	0.026 7	0.022 9	0.019 6	0.016 8	0.014 4	0.012 4	0.010 7	0.009 2	0.007 9	0.006 8
20	0.022 1	0.018 7	0.015 9	0.013 5	0.011 5	0.009 8	0.008 4	0.007 2	0.006 1	0.005 3
21	0.018 3	0.015 4	0.012 9	0.010 9	0.009 2	0.007 8	0.006 6	0.005 6	0.004 8	0.004 0
22	0.015 1	0.012 6	0.010 5	0.008 8	0.007 4	0.006 2	0.005 2	0.004 4	0.003 7	0.003 1
23	0.012 5	0.010 3	0.008 6	0.007 1	0.005 9	0.004 9	0.004 1	0.003 4	0.002 9	0.002 4
24	0.010 3	0.008 5	0.007 0	0.005 7	0.004 7	0.003 9	0.003 2	0.002 7	0.002 2	0.001 8
25	0.008 5	0.006 9	0.005 7	0.004 6	0.003 8	0.003 1	0.002 5	0.002 1	0.001 7	0.001 4
26	0.007 0	0.005 7	0.004 6	0.003 7	0.003 0	0.002 5	0.002 0	0.001 6	0.001 3	0.001 1
27	0.005 8	0.004 7	0.003 7	0.003 0	0.002 4	0.001 9	0.001 6	0.001 3	0.001 0	0.000 8
28	0.004 8	0.003 8	0.003 0	0.002 4	0.001 9	0.001 5	0.001 2	0.001 0	0.000 8	0.000 6
29	0.004 0	0.003 1	0.002 5	0.002 0	0.001 5	0.001 2	0.001 0	0.000 8	0.000 6	0.000 5
30	0.003 3	0.002 6	0.002 0	0.001 6	0.001 2	0.001 0	0.000 8	0.000 6	0.000 5	0.000 4

附表3 年金终值系数表

计算公式：$f=\frac{(1+i)^n-1}{i}$

期数	1%	2%	3%	4%	5%	6%	7%	8%	9%	10%
1	1.000 0	1.000 0	1.000 0	1.000 0	1.000 0	1.000 0	1.000 0	1.000 0	1.000 0	1.000 0
2	2.010 0	2.020 0	2.030 0	2.040 0	2.050 0	2.060 0	2.070 0	2.080 0	2.090 0	2.100 0
3	3.030 1	3.060 4	3.090 9	3.121 6	3.152 5	3.183 6	3.214 9	3.246 4	3.278 1	3.310 0
4	4.060 4	4.121 6	4.183 6	4.246 5	4.310 1	4.374 6	4.439 9	4.506 1	4.573 1	4.641 0
5	5.101 0	5.204 0	5.309 1	5.416 3	5.525 6	5.637 1	5.750 7	5.866 6	5.984 7	6.105 1
6	6.152 0	6.308 1	6.468 4	6.633 0	6.801 9	6.975 3	7.153 3	7.335 9	7.523 3	7.715 6
7	7.213 5	7.434 3	7.662 5	7.898 3	8.142 0	8.393 8	8.654 0	8.922 8	9.200 4	9.487 2
8	8.285 7	8.583 0	8.892 3	9.214 2	9.549 1	9.897 5	10.259 8	10.636 6	11.028 5	11.435 9
9	9.368 5	9.754 6	10.159 1	10.582 8	11.026 6	11.491 3	11.978 0	12.487 6	13.021 0	13.579 5
10	10.462 2	10.949 7	11.463 9	12.006 1	12.577 9	13.180 8	13.816 4	14.486 6	15.192 9	15.937 4
11	11.566 8	12.168 7	12.807 8	13.486 4	14.206 8	14.971 6	15.783 6	16.645 5	17.560 3	18.531 2
12	12.682 5	13.412 1	14.192 0	15.025 8	15.917 1	16.869 9	17.888 5	18.977 1	20.140 7	21.384 3
13	13.809 3	14.680 3	15.617 8	16.626 8	17.713 0	18.882 1	20.140 6	21.495 3	22.953 4	24.522 7
14	14.947 4	15.973 9	17.086 3	18.291 9	19.598 6	21.015 1	22.550 5	24.214 9	26.019 2	27.975 0
15	16.096 9	17.293 4	18.598 9	20.023 6	21.578 6	23.276 0	25.129 0	27.152 1	29.360 9	31.772 5
16	17.257 9	18.639 3	20.156 9	21.824 5	23.657 5	25.672 5	27.888 1	30.324 3	33.003 4	35.949 7
17	18.430 4	20.012 1	21.761 6	23.697 5	25.840 4	28.212 9	30.840 2	33.750 2	36.973 7	40.544 7
18	19.614 7	21.412 3	23.414 4	25.645 4	28.132 4	30.905 7	33.999 0	37.450 2	41.301 3	45.599 2
19	20.810 9	22.840 6	25.116 9	27.671 2	30.539 0	33.760 0	37.379 0	41.446 3	46.018 5	51.159 1
20	22.019 0	24.297 4	26.870 4	29.778 1	33.066 0	36.785 6	40.995 5	45.762 0	51.160 1	57.275 0
21	23.239 2	25.783 3	28.676 5	31.969 2	35.719 3	39.992 7	44.865 2	50.422 9	56.764 5	64.002 5
22	24.471 6	27.299 0	30.536 8	34.248 0	38.505 2	43.392 3	49.005 7	55.456 8	62.873 3	71.402 7
23	25.716 3	28.845 0	32.452 9	36.617 9	41.430 5	46.995 8	53.436 1	60.893 3	69.531 9	79.543 0
24	26.973 5	30.421 9	34.426 5	39.082 6	44.502 0	50.815 6	58.176 7	66.764 8	76.789 8	88.497 3
25	28.243 2	32.030 3	36.459 3	41.645 9	47.727 1	54.864 5	63.249 0	73.105 9	84.700 9	98.347 1
26	29.525 6	33.670 9	38.553 0	44.311 7	51.113 5	59.156 4	68.676 5	79.954 4	93.324 0	109.181 8
27	30.820 9	35.344 3	40.709 6	47.084 2	54.669 1	63.705 8	74.483 8	87.350 8	102.723 1	121.099 9
28	32.129 1	37.051 2	42.930 9	49.967 6	58.402 6	68.528 1	80.697 7	95.338 8	112.968 2	134.209 9
29	33.450 4	38.792 2	45.218 9	52.966 3	62.322 7	73.639 8	87.346 5	103.965 9	124.135 4	148.630 9
30	34.784 9	40.568 1	47.575 4	56.084 9	66.438 8	79.058 2	94.460 8	113.283 2	136.307 5	164.494 0

续表

期数	11%	12%	13%	14%	15%	16%	17%	18%	19%	20%
1	1.000 0	1.000 0	1.000 0	1.000 0	1.000 0	1.000 0	1.000 0	1.000 0	1.000 0	1.000 0
2	2.110 0	2.120 0	2.130 0	2.140 0	2.150 0	2.160 0	2.170 0	2.180 0	2.190 0	2.200 0
3	3.342 1	3.374 4	3.406 9	3.439 6	3.472 5	3.505 6	3.538 9	3.572 4	3.606 1	3.640 0
4	4.709 7	4.779 3	4.849 8	4.921 1	4.993 4	5.066 5	5.140 5	5.215 4	5.291 3	5.368 0
5	6.227 8	6.352 8	6.480 3	6.610 1	6.742 4	6.877 1	7.014 4	7.154 2	7.296 6	7.441 6
6	7.912 9	8.115 2	8.322 7	8.535 5	8.753 7	8.977 5	9.206 8	9.442 0	9.683 0	9.929 9
7	9.783 3	10.089 0	10.404 7	10.730 5	11.066 8	11.413 9	11.772 0	12.141 5	12.522 7	12.915 9
8	11.859 4	12.299 7	12.757 3	13.232 8	13.726 8	14.240 1	14.773 3	15.327 0	15.902 0	16.499 1
9	14.164 0	14.775 7	15.415 7	16.085 3	16.785 8	17.518 5	18.284 7	19.085 9	19.923 4	20.798 9
10	16.722 0	17.548 7	18.419 7	19.337 3	20.303 7	21.321 5	22.393 1	23.521 3	24.708 9	25.958 7
11	19.561 4	20.654 6	21.814 3	23.044 5	24.349 3	25.732 9	27.199 9	28.755 1	30.403 5	32.150 4
12	22.713 2	24.133 1	25.650 2	27.270 7	29.001 7	30.850 2	32.823 9	34.931 1	37.180 2	39.580 5
13	26.211 6	28.029 1	29.984 7	32.088 7	34.351 9	36.786 2	39.404 0	42.218 7	45.244 5	48.496 6
14	30.094 9	32.392 6	34.882 7	37.581 1	40.504 7	43.672 0	47.102 7	50.818 0	54.840 9	59.195 9
15	34.405 4	37.279 7	40.417 5	43.842 4	47.580 4	51.659 5	56.110 1	60.965 3	66.260 7	72.035 1
16	39.189 9	42.753 3	46.671 7	50.980 4	55.717 5	60.925 0	66.648 8	72.939 0	79.850 2	87.442 1
17	44.500 8	48.883 7	53.739 1	59.117 6	65.075 1	71.673 0	78.979 2	87.068 0	96.021 8	105.930 6
18	50.395 9	55.749 7	61.725 1	68.394 1	75.836 4	84.140 7	93.405 6	103.740 3	115.265 9	128.116 7
19	56.939 5	63.439 7	70.749 4	78.969 2	88.211 8	98.603 2	110.284 6	123.413 5	138.166 4	154.740 0
20	64.202 8	72.052 4	80.946 8	91.024 9	102.443 6	115.379 7	130.032 9	146.628 0	165.418 0	186.688 0
21	72.265 1	81.698 7	92.469 9	104.768 4	118.810 1	134.840 5	153.138 5	174.021 0	197.847 4	225.025 6
22	81.214 3	92.502 6	105.491 0	120.436 0	137.631 6	157.415 0	180.172 1	206.344 8	236.438 5	271.030 7
23	91.147 9	104.602 9	120.204 8	138.297 0	159.276 4	183.601 4	211.801 3	244.486 8	282.361 8	326.236 9
24	102.174 2	118.155 2	136.831 5	158.658 6	184.167 8	213.977 6	248.807 6	289.494 5	337.010 5	392.484 2
25	114.413 3	133.333 9	155.619 6	181.870 8	212.793 0	249.214 0	292.104 9	342.603 5	402.042 5	471.981 1
26	127.998 8	150.333 9	176.850 1	208.332 7	245.712 0	290.088 3	342.762 7	405.272 1	479.430 6	567.377 3
27	143.078 6	169.374 0	200.840 6	238.499 3	283.568 8	337.502 4	402.032 3	479.221 1	571.522 4	681.852 8
28	159.817 3	190.698 9	227.949 9	272.889 2	327.104 1	392.502 8	471.377 8	566.480 9	681.111 6	819.223 3
29	178.397 2	214.582 8	258.583 4	312.093 7	377.169 7	456.303 2	552.512 1	669.447 5	811.522 8	984.068 0
30	199.020 9	241.332 7	293.199 2	356.786 8	434.745 1	530.311 7	647.439 1	790.948 0	966.712 2	1 181.881 6

续表

期数	21%	22%	23%	24%	25%	26%	27%	28%	29%	30%
1	1.000 0	1.000 0	1.000 0	1.000 0	1.000 0	1.000 0	1.000 0	1.000 0	1.000 0	1.000 0
2	2.210 0	2.220 0	2.230 0	2.240 0	2.250 0	2.260 0	2.270 0	2.280 0	2.290 0	2.300 0
3	3.674 1	3.708 4	3.742 9	3.777 6	3.812 5	3.847 6	3.882 9	3.918 4	3.954 1	3.990 0
4	5.445 7	5.524 2	5.603 8	5.684 2	5.765 6	5.848 0	5.931 3	6.015 6	6.100 8	6.187 0
5	7.589 2	7.739 6	7.892 6	8.048 4	8.207 0	8.368 4	8.532 7	8.699 9	8.870 0	9.043 1
6	10.183 0	10.442 3	10.707 9	10.980 1	11.258 8	11.544 2	11.836 6	12.135 9	12.442 3	12.756 0
7	13.321 4	13.739 6	14.170 8	14.615 3	15.073 5	15.545 8	16.032 4	16.533 9	17.050 6	17.582 8
8	17.118 9	17.762 3	18.430 0	19.122 9	19.841 9	20.587 6	21.361 2	22.163 4	22.995 3	23.857 7
9	21.713 9	22.670 0	23.669 0	24.712 5	25.802 3	26.940 4	28.128 7	29.369 2	30.663 9	32.015 0
10	27.273 8	28.657 4	30.112 8	31.643 4	33.252 9	34.944 9	36.723 5	38.592 6	40.556 4	42.619 5
11	34.001 3	35.962 0	38.038 8	40.237 9	42.566 1	45.030 6	47.638 8	50.398 5	53.317 8	56.405 3
12	42.141 6	44.873 7	47.787 7	50.895 0	54.207 7	57.738 6	61.501 3	65.510 0	69.780 0	74.327 0
13	51.991 3	55.745 9	59.778 8	64.109 7	68.759 6	73.750 6	79.106 6	84.852 9	91.016 1	97.625 0
14	63.909 5	69.010 0	74.528 0	80.496 1	86.949 5	93.925 8	101.465 4	109.611 7	118.410 8	127.912 5
15	78.330 5	85.192 2	92.669 4	100.815 1	109.686 8	119.346 5	129.861 1	141.302 9	153.750 0	167.286 3
16	95.779 9	104.934 5	114.983 4	126.010 8	138.108 5	151.376 6	165.923 6	181.867 7	199.337 4	218.472 2
17	116.893 7	129.020 1	142.429 5	157.253 4	173.635 7	191.734 5	211.723 0	233.790 7	258.145 3	285.013 9
18	142.441 3	158.404 5	176.188 3	195.994 2	218.044 6	242.585 5	269.888 2	300.252 1	334.007 4	371.518 0
19	173.354 0	194.253 5	217.711 6	244.032 8	273.555 8	306.657 7	343.758 0	385.322 7	431.869 6	483.973 4
20	210.758 4	237.989 3	268.785 3	303.600 6	342.944 7	387.388 7	437.572 6	494.213 1	558.111 8	630.165 5
21	256.017 6	291.346 9	331.605 9	377.464 8	429.680 9	489.109 8	556.717 3	633.592 7	720.964 2	820.215 1
22	310.781 3	356.443 2	408.875 3	469.056 3	538.101 1	617.278 3	708.030 9	811.998 7	931.043 8	1 067.279 6
23	377.045 4	435.860 7	503.916 6	582.629 8	673.626 4	778.770 7	900.199 3	1 040.358 3	1 202.046 5	1 388.463 5
24	457.224 9	532.750 1	620.817 4	723.461 0	843.032 9	982.251 1	1 144.253 1	1 332.658 6	1 551.640 0	1 806.002 6
25	554.242 2	650.955 1	764.605 4	898.091 6	1 054.791 2	1 238.636 3	1 454.201 4	1 706.803 1	2 002.615 6	2 348.803 3
26	671.633 0	795.165 3	941.464 7	1 114.633 6	1 319.489 0	1 561.681 8	1 847.835 8	2 185.707 9	2 584.374 1	3 054.444 3
27	813.675 9	971.101 6	1 159.001 6	1 383.145 7	1 650.361 2	1 968.719 1	2 347.751 5	2 798.706 1	3 334.842 6	3 971.777 6
28	985.547 9	1 185.744 0	1 426.571 9	1 716.100 7	2 063.951 5	2 481.586 0	2 982.644 4	3 583.343 8	4 302.947 0	5 164.310 9
29	1 193.512 9	1 447.607 7	1 755.683 5	2 128.964 8	2 580.939 4	3 127.798 4	3 788.958 3	4 587.680 1	5 551.801 6	6 714.604 2
30	1 445.150 7	1 767.081 3	2 160.490 7	2 640.916 4	3 227.174 3	3 942.026 0	4 812.977 1	5 873.230 6	7 162.824 1	8 729.985 5

附表 4　年金现值系数表

计算公式：$f=\frac{1-(1+i)^{-n}}{i}$

期数	1%	2%	3%	4%	5%	6%	7%	8%	9%	10%
1	0.990 1	0.980 4	0.970 9	0.961 5	0.952 4	0.943 4	0.934 6	0.925 9	0.917 4	0.909 1
2	1.970 4	1.941 6	1.913 5	1.886 1	1.859 4	1.833 4	1.808 0	1.783 3	1.759 1	1.735 5
3	2.941 0	2.883 9	2.828 6	2.775 1	2.723 2	2.673 0	2.624 3	2.577 1	2.531 3	2.486 9
4	3.902 0	3.807 7	3.717 1	3.629 9	3.546 0	3.465 1	3.387 2	3.312 1	3.239 7	3.169 9
5	4.853 4	4.713 5	4.579 7	4.451 8	4.329 5	4.212 4	4.100 2	3.992 7	3.889 7	3.790 8
6	5.795 5	5.601 4	5.417 2	5.242 1	5.075 7	4.917 3	4.766 5	4.622 9	4.485 9	4.355 3
7	6.728 2	6.472 0	6.230 3	6.002 1	5.786 4	5.582 4	5.389 3	5.206 4	5.033 0	4.868 4
8	7.651 7	7.325 5	7.019 7	6.732 7	6.463 2	6.209 8	5.971 3	5.746 6	5.534 8	5.334 9
9	8.566 0	8.162 2	7.786 1	7.435 3	7.107 8	6.801 7	6.515 2	6.246 9	5.995 2	5.759 0
10	9.471 3	8.982 6	8.530 2	8.110 9	7.721 7	7.360 1	7.023 6	6.710 1	6.417 7	6.144 6
11	10.367 6	9.786 8	9.252 6	8.760 5	8.306 4	7.886 9	7.498 7	7.139 0	6.805 2	6.495 1
12	11.255 1	10.575 3	9.954 0	9.385 1	8.863 3	8.383 8	7.942 7	7.536 1	7.160 7	6.813 7
13	12.133 7	11.348 4	10.635 0	9.985 6	9.393 6	8.852 7	8.357 7	7.903 8	7.486 9	7.103 4
14	13.003 7	12.106 2	11.296 1	10.563 1	9.898 6	9.295 0	8.745 5	8.244 2	7.786 2	7.366 7
15	13.865 1	12.849 3	11.937 9	11.118 4	10.379 7	9.712 2	9.107 9	8.559 5	8.060 7	7.606 1
16	14.717 9	13.577 7	12.561 1	11.652 3	10.837 8	10.105 9	9.446 6	8.851 4	8.312 6	7.823 7
17	15.562 3	14.291 9	13.166 1	12.165 7	11.274 1	10.477 3	9.763 2	9.121 6	8.543 6	8.021 6
18	16.398 3	14.992 0	13.753 5	12.659 3	11.689 6	10.827 6	10.059 1	9.371 9	8.755 6	8.201 4
19	17.226 0	15.678 5	14.323 8	13.133 9	12.085 3	11.158 1	10.335 6	9.603 6	8.950 1	8.364 9
20	18.045 6	16.351 4	14.877 5	13.590 3	12.462 2	11.469 9	10.594 0	9.818 1	9.128 5	8.513 6
21	18.857 0	17.011 2	15.415 0	14.029 2	12.821 2	11.764 1	10.835 5	10.016 8	9.292 2	8.648 7
22	19.660 4	17.658 0	15.936 9	14.451 1	13.163 0	12.041 6	11.061 2	10.200 7	9.442 4	8.771 5
23	20.455 8	18.292 2	16.443 6	14.856 8	13.488 6	12.303 4	11.272 2	10.371 1	9.580 2	8.883 2
24	21.243 4	18.913 9	16.935 5	15.247 0	13.798 6	12.550 4	11.469 3	10.528 8	9.706 6	8.984 7
25	22.023 2	19.523 5	17.413 1	15.622 1	14.093 9	12.783 4	11.653 6	10.674 8	9.822 6	9.077 0
26	22.795 2	20.121 0	17.876 8	15.982 8	14.375 2	13.003 2	11.825 8	10.81	9.929 0	9.160 9
27	23.559 6	20.706 9	18.327 0	16.329 6	14.643 0	13.210 5	11.986 7	10.935 2	10.026 6	9.237 2
28	24.316 4	21.281 3	18.764 1	16.663 1	14.898 1	13.406 2	12.137 1	11.051 1	10.116 1	9.306 6
29	25.065 8	21.844 4	19.188 5	16.983 7	15.141 1	13.590 7	12.277 7	11.158 4	10.198 3	9.369 6
30	25.807 7	22.396 5	19.600 4	17.292 0	15.372 5	13.764 8	12.409 0	11.257 8	10.273 7	9.426 9

续表

期数	11%	12%	13%	14%	15%	16%	17%	18%	19%	20%
1	0.900 9	0.892 9	0.885 0	0.877 2	0.869 6	0.862 1	0.854 7	0.847 5	0.840 3	0.833 3
2	1.712 5	1.690 1	1.668 1	1.646 7	1.625 7	1.605 2	1.585 2	1.565 6	1.546 5	1.527 8
3	2.443 7	2.401 8	2.361 2	2.321 6	2.283 2	2.245 9	2.209 6	2.174 3	2.139 9	2.106 5
4	3.102 4	3.037 3	2.974 5	2.913 7	2.855 0	2.798 2	2.743 2	2.690 1	2.638 6	2.588 7
5	3.695 9	3.604 8	3.517 2	3.433 1	3.352 2	3.274 3	3.199 3	3.127 2	3.057 6	2.990 6
6	4.230 5	4.111 4	3.997 5	3.888 7	3.784 5	3.684 7	3.589 2	3.497 6	3.409 8	3.325 5
7	4.712 2	4.563 8	4.422 6	4.288 3	4.160 4	4.038 6	3.922 4	3.811 5	3.705 7	3.604 6
8	5.146 1	4.967 6	4.798 8	4.638 9	4.487 3	4.343 6	4.207 2	4.077 6	3.954 4	3.837 2
9	5.537 0	5.328 2	5.131 7	4.946 4	4.771 6	4.606 5	4.450 6	4.303 0	4.163 3	4.031 0
10	5.889 2	5.650 2	5.426 2	5.216 1	5.018 8	4.833 2	4.658 6	4.494 1	4.338 9	4.192 5
11	6.206 5	5.937 7	5.686 9	5.452 7	5.233 7	5.028 6	4.836 4	4.656 0	4.486 5	4.327 1
12	6.492 4	6.194 4	5.917 6	5.660 3	5.420 6	5.197 1	4.988 4	4.793 2	4.610 5	4.439 2
13	6.749 9	6.423 5	6.121 8	5.842 4	5.583 1	5.342 3	5.118 3	4.909 5	4.714 7	4.532 7
14	6.981 9	6.628 2	6.302 5	6.002 1	5.724 5	5.467 5	5.229 3	5.008 1	4.802 3	4.610 6
15	7.190 9	6.810 9	6.462 4	6.142 2	5.847 4	5.575 5	5.324 2	5.091 6	4.875 9	4.675 5
16	7.379 2	6.974 0	6.603 9	6.265 1	5.954 2	5.668 5	5.405 3	5.162 4	4.937 7	4.729 6
17	7.548 8	7.119 6	6.729 1	6.372 9	6.047 2	5.748 7	5.474 6	5.222 3	4.989 7	4.774 6
18	7.701 6	7.249 7	6.839 9	6.467 4	6.128 0	5.817 8	5.533 9	5.273 2	5.033 3	4.812 2
19	7.839 3	7.365 8	6.938 0	6.550 4	6.198 2	5.877 5	5.584 5	5.316 2	5.070 0	4.843 5
20	7.963 3	7.469 4	7.024 8	6.623 1	6.259 3	5.928 8	5.627 8	5.352 7	5.100 9	4.869 6
21	8.075 1	7.562 0	7.101 6	6.687 0	6.312 5	5.973 1	5.664 8	5.383 7	5.126 8	4.891 3
22	8.175 7	7.644 6	7.169 5	6.742 9	6.358 7	6.011 3	5.696 4	5.409 9	5.148 6	4.909 4
23	8.266 4	7.718 4	7.229 7	6.792 1	6.398 8	6.044 2	5.723 4	5.432 1	5.166 8	4.924 5
24	8.348 1	7.784 3	7.282 9	6.835 1	6.433 8	6.072 0	5.746 5	5.450 9	5.182 2	4.937 1
25	8.421 7	7.843 1	7.330 0	6.872 9	6.464 1	6.097 1	5.766 2	5.466 9	5.195 1	4.947 6
26	8.488 1	7.895 7	7.371 7	6.906 1	6.490 6	6.118 2	5.783 1	5.480 4	5.206 0	4.956 3
27	8.547 8	7.942 6	7.408 6	6.935 2	6.513 5	6.136 4	5.797 5	5.491 9	5.215 1	4.963 6
28	8.601 6	7.984 4	7.441 2	6.960 7	6.533 5	6.152 0	5.809 9	5.501 6	5.222 8	4.969 7
29	8.650 1	8.021 8	7.470 1	6.983 0	6.550 9	6.165 6	5.820 4	5.509 8	5.229 2	4.974 7
30	8.693 8	8.055 2	7.495 7	7.002 7	6.566 0	6.177 2	5.829 4	5.516 8	5.234 7	4.978 9

续表

期数	21%	22%	23%	24%	25%	26%	27%	28%	29%	30%
1	0.826 4	0.819 7	0.813 0	0.806 5	0.800 0	0.793 7	0.787 4	0.781 3	0.775 2	0.769 2
2	1.509 5	1.491 5	1.474 0	1.456 8	1.440 0	1.423 5	1.407 4	1.391 6	1.376 1	1.360 9
3	2.073 9	2.042 2	2.011 4	1.981 3	1.952 0	1.923 4	1.895 6	1.868 4	1.842 0	1.816 1
4	2.540 4	2.493 6	2.448 3	2.404 3	2.361 6	2.320 2	2.280 0	2.241 0	2.203 1	2.166 2
5	2.926 0	2.863 6	2.803 5	2.745 4	2.689 3	2.635 1	2.582 7	2.532 0	2.483 0	2.435 6
6	3.244 6	3.166 9	3.092 3	3.020 5	2.951 4	2.885 0	2.821 0	2.759 4	2.700 0	2.642 7
7	3.507 9	3.415 5	3.327 0	3.242 3	3.161 1	3.083 3	3.008 7	2.937 0	2.868 2	2.802 1
8	3.725 6	3.619 3	3.517 9	3.421 2	3.328 9	3.240 7	3.156 4	3.075 8	2.998 6	2.924 7
9	3.905 4	3.786 3	3.673 1	3.565 5	3.463 1	3.365 7	3.272 8	3.184 2	3.099 7	3.019 0
10	4.054 1	3.923 2	3.799 3	3.681 9	3.570 5	3.464 8	3.364 4	3.268 9	3.178 1	3.091 5
11	4.176 9	4.035 4	3.901 8	3.775 7	3.656 4	3.543 5	3.436 5	3.335 1	3.238 8	3.147 3
12	4.278 4	4.127 4	3.985 2	3.851 4	3.725 1	3.605 9	3.493 3	3.386 8	3.285 9	3.190 3
13	4.362 4	4.202 8	4.053 0	3.912 4	3.780 1	3.655 5	3.538 1	3.427 2	3.322 4	3.223 3
14	4.431 7	4.264 6	4.108 2	3.961 6	3.824 1	3.694 9	3.573 3	3.458 7	3.350 7	3.248 7
15	4.489 0	4.315 2	4.153 0	4.001 3	3.859 3	3.726 1	3.601 0	3.483 4	3.372 6	3.268 2
16	4.536 4	4.356 7	4.189 4	4.033 3	3.887 4	3.750 9	3.622 8	3.502 6	3.389 6	3.283 2
17	4.575 5	4.390 8	4.219 0	4.059 1	3.909 9	3.770 5	3.640 0	3.517 7	3.402 8	3.294 8
18	4.607 9	4.418 7	4.243 1	4.079 9	3.927 9	3.786 1	3.653 6	3.529 4	3.413 0	3.303 7
19	4.634 6	4.441 5	4.262 7	4.096 7	3.942 4	3.798 5	3.664 2	3.538 6	3.421 0	3.310 5
20	4.656 7	4.460 3	4.278 6	4.110 3	3.953 9	3.808 3	3.672 6	3.545 8	3.427 1	3.315 8
21	4.675 0	4.475 6	4.291 6	4.121 2	3.963 1	3.816 1	3.679 2	3.551 4	3.431 9	3.319 8
22	4.690 0	4.488 2	4.302 1	4.130 0	3.970 5	3.822 3	3.684 4	3.555 8	3.435 6	3.323 0
23	4.702 5	4.498 5	4.310 6	4.137 1	3.976 4	3.827 3	3.688 5	3.559 2	3.438 4	3.325 4
24	4.712 8	4.507 0	4.317 6	4.142 8	3.981 1	3.831 2	3.691 8	3.561 9	3.440 6	3.327 2
25	4.721 3	4.513 9	4.323 2	4.147 4	3.984 9	3.834 2	3.694 3	3.564 0	3.442 3	3.328 6
26	4.728 4	4.519 6	4.327 8	4.151 1	3.987 9	3.836 7	3.696 3	3.565 6	3.443 7	3.329 7
27	4.734 2	4.524 3	4.331 6	4.154 2	3.990 3	3.838 7	3.697 9	3.566 9	3.444 7	3.330 5
28	4.739 0	4.528 1	4.334 6	4.156 6	3.992 3	3.840 2	3.699 1	3.567 9	3.445 5	3.331 2
29	4.743 0	4.531 2	4.337 1	4.158 5	3.993 8	3.841 4	3.700 1	3.568 7	3.446 1	3.331 7
30	4.746 3	4.533 8	4.339 1	4.160 1	3.995 0	3.842 4	3.700 9	3.569 3	3.446 6	3.332 1

图书在版编目（CIP）数据

财务管理 / 杨慧辉主编；宣扬，杨亚娥副主编. --
北京：中国人民大学出版社，2022.1
普通高等学校应用型教材. 会计与财务
ISBN 978-7-300-30235-5

Ⅰ.①财… Ⅱ.①杨… ②宣… ③杨… Ⅲ.①财务管理-高等学校-教材 Ⅳ.①F275

中国版本图书馆 CIP 数据核字（2022）第 011093 号

普通高等学校应用型教材·会计与财务
财务管理
主　编　杨慧辉
副主编　宣　扬　杨亚娥
Caiwu Guanli

出版发行	中国人民大学出版社		
社　址	北京中关村大街 31 号	邮政编码	100080
电　话	010－62511242（总编室）		010－62511770（质管部）
	010－82501766（邮购部）		010－62514148（门市部）
	010－62515195（发行公司）		010－62515275（盗版举报）
网　址	http://www.crup.com.cn		
经　销	新华书店		
印　刷	北京市鑫霸印务有限公司		
规　格	185 mm×260 mm　16 开本	版　次	2022 年 1 月第 1 版
印　张	19.25 插页 1	印　次	2022 年 1 月第 1 次印刷
字　数	416 000	定　价	48.00 元

教师教学服务说明

中国人民大学出版社财会出版分社以出版经典、高品质的会计、财务管理、审计等领域各层次教材为宗旨。

为了更好地为一线教师服务，近年来财会出版分社着力建设了一批数字化、立体化的网络教学资源。教师可以通过以下方式获得免费下载教学资源的权限：

在中国人民大学出版社网站 www.crup.com.cn 进行注册，注册后进入“会员中心”，在左侧点击“我的教师认证”，填写相关信息，提交后等待审核。我们将在一个工作日内为您开通相关资源的下载权限。

如您急需教学资源或需要其他帮助，请在工作时间与我们联络：

中国人民大学出版社　财会出版分社

联系电话：010-62515987，62511076

电子邮箱：ckcbfs@crup.com.cn

通讯地址：北京市海淀区中关村大街甲 59 号文化大厦 1501 室（100872）